民商法论丛
Civil and Commercial Law Series

域外不动产登记制度比较研究

Comparative Study of Foreign Real Estate Registration Systems

主　编　楼建波
副主编　唐勇　石珦

北京大学出版社
PEKING UNIVERSITY PRESS

图书在版编目(CIP)数据

域外不动产登记制度比较研究/楼建波主编.—北京:北京大学出版社,2009.6

(民商法论丛)

ISBN 978-7-301-15335-2

Ⅰ.域… Ⅱ.楼… Ⅲ.不动产-注册-法律-研究-中国 Ⅳ.D923.24

中国版本图书馆CIP数据核字(2009)第093899号

书　　　名:域外不动产登记制度比较研究
著作责任者:楼建波　主编　唐勇　石珩　副主编
责任编辑:周菲
标准书号:ISBN 978-7-301-15335-2/D·2324
出版发行:北京大学出版社
地　　　址:北京市海淀区成府路205号　100871
网　　　址:http://www.pup.cn
电　　　话:邮购部 62752015　发行部 62750672　编辑部 62752027
　　　　　　出版部 62754962
电子邮箱:law@pup.pku.edu.cn
印　刷　者:北京汇林印务有限公司
经　销　者:新华书店
　　　　　650毫米×980毫米　16开本　25.5印张　409千字
　　　　　2009年6月第1版　2009年6月第1次印刷
定　　　价:38.00元

未经许可,不得以任何方式复制或抄袭本书之部分或全部内容。
版权所有,侵权必究
举报电话:010-62752024　电子邮箱:fd@pup.pku.edu.cn

序　言

　　自我国《物权法》颁布实施之后，理论界对于物权法理论研究的重心渐次由立法研究转向法律解释，实务界则一如既往地关注新法的可适用性。就我国《物权法》的各项规定而言，其更多是对既有理论的承认，也有所创新，但很多规定仍有待进一步细化。比如对于不动产登记、建筑物区分所有权等，这些在日本等国都有专门立法配套的制度，我国《物权法》目前配置条文有限，不能满足实践需要。至于是采取特别立法，还是通过有权解释的方式来扩充我国《物权法》的适用，可另当别论。但从各个具体制度的生长角度，全方位地加快研讨的步伐，实属必要。本书正是此类努力的成果之一。

　　本书研究的对象是域外各国的不动产登记制度，从比较法角度考察采取不同模式的登记制度的国家不动产登记各项具体制度的差异，以相对中立的笔触描绘出各国具体制度的轮廓，同时作了必要的评价，在一些章节的末尾提出了作者的个人见解，并尝试建构我国不动产登记的各项具体制度。

　　本书特点之一在于立意。本书作者不再纠缠于不动产登记模式的讨论，而是认为在我国《物权法》确定了不动产登记要件主义的大背景下，只要是优良的具体制度、方法，如符合吾国实际，径可采"拿来主义"。因而，放下立法研究阶段的不动产登记模式之争，以开放的眼光重新审视不同地区不动产登记制度各个具体的合理因子，将它们凸显出来，作为我国不动产登记各项具体制度的路径备选。在此层面上，首先"休眠"了作者个人的主观判断，而展现出各项具体制度。随后，才在可能的范围内，将作者的分析和选择偏好呈现给读者。

　　本书特点之二在于研究进路。本书作者采集了三十多个国家和地区的不动产登记法，并从中挑选出十六个样本，对所选中样本进行深入的、全方面的考察，抽离出十五个左右的登记要素，建立表格进行纵向比较，客观、中立地对以往的知识进行验证,并将样本中典型的制度抽离出来进行了专门的阐述,颇具新意。

  本书特点之三在于研究成果多元化。本书作者在研究过程中,将一些原先没有介绍进来的国外不动产登记法进行了翻译,并将翻译成果作为附录列于书中;本书作者还将各个国家不动产登记具体制度的比较表格也作为附录呈现给读者。

  当然,最重要的,还是本书的正文部分。本书作者对于各项具体制度的阐释,包括对不动产登记模式、登记簿、房地关系、登记类型、登记时间、登记费用等具体制度设计方面的建议,颇有创新之处,而且具有一定的可操作性。

  文章一旦写成,其某种意义上便与作者分离了,而由读者赋予其价值。诚望本书能对我国不动产登记制度的进一步完善有所裨益。

魏振瀛
2008 年 12 月 26 日

前　言

　　2007年10月1日颁布的《中华人民共和国物权法》（以下简称《物权法》）正式施行已有一年多，其中第二章第一节专节规定了不动产登记制度，进一步肯定了不动产物权变动的登记要件主义和明确规定了更正登记、异议登记、预告登记、登记赔偿原则、按件计费等，但该节规定属于"粗线条"，对于不动产登记的制度操作，几乎可以说是空白。该法第10条规定："不动产登记，由不动产所在地的登记机构办理。国家对不动产实行统一登记制度。统一登记的范围、登记机构和登记办法，由法律、行政法规规定。"这实际上将不动产登记制度的建构留给了物权法的实施细则或者专门的统一不动产登记法。

　　理论方面，民法学界对于不动产登记制度的讨论非常详尽，不仅对不动产登记的各种模式，更对各项专门制度，如异议登记、预告登记、登记赔偿等进行了专门讨论。实践方面，北洋政府在1922年即已颁布了《房地产登记条例》，建立了不动产登记制度。1930年国民党政府颁布《土地法》，规定要对土地及地上定着物——建筑物进行登记。1946年国民党政府又颁布了《土地登记规则》，并建立了土地登记的程序制度。新中国成立后，我们根据1947年颁布的《中国土地法大纲》及1950年颁布的《中华人民共和国土地改革法》的规定，开展了土地改革运动。在土地改革中，对农村的土地进行了清丈、划界工作，并由人民政府向农民发放土地证和房产证。在城市，则逐步开展土地登记工作。20世纪50年代初，登记主要适用于土地，以后城市房屋也逐步实行了登记制度，并由人民政府颁发城市房屋所有权证。但自50年代后期开始，房地产登记工作逐渐放松，尤其是在"十年动乱"期间，房地产管理完全遭到破坏，机构被撤销，登记制度废弛。权属不明、产籍不清现象十分普遍，权属纠纷日益增多。改革开放以后，不动产登记制度逐渐恢复,并健全了产籍管理机构,有关登记的法律法规也逐步建立起来。①1986年颁布的《中华人民共和国土地管理法》(以下简称《土地管理法》)第11条规定:"农村集体所有制土地必须登记造册,核发证书,确认所有权。"1994年颁布的《中华人民共和国城市房地产管理法》(以下简称《城市房地产管理法》)第59条规定:"国家实行土地使用权和房屋的有权登记发证制度。"1995年的《中华人民共和国担保法》(以下简称《担保法》)第41、42条规定:"不动产抵押必须办理登记手续。"这几条规定构成了物权法颁布前我国不动产登记制度的重要内容。②

就操作现状而言:法律层面上,《物权法》颁布前,关于不动产登记的立法在法律层面上主要有《土地管理法》、《城市房地产管理法》及《担保法》等,并没有一部专门的不动产登记法。各地方法律法规因为没有统一的上位法,对于登记的规定又各具特色,对同一事项的规定甚至截然相反。因此,学者建议"在制定物权法的同时,必须制定统一的不动产登记法"。③ 物权法颁布后,因仅有原则性规定,上述问题仍然存在。实务层面上,我国目前的土地登记和房产登记是分离的,或称为"多头执政":土地登记的最高机构是国土资源部,房产登记的最高机构是原建设部;国有土地所有权是由各级地方政府作为国家的代表来行使的,政府兼具有国家土地所有权的代表者和土地行政管理者的双重身份,而集体土地所有权上土地使用权等权利的设定审批权在县、乡两级政府;林木由林业管理所有权的登记,房屋由城建部门管理产权的登记。登记机关的不统一,也决定了权属证书的不统一,土地有国有土地使用权证书,房屋有房屋所有权证书。这种分离一直为理论界和实务界所诟病,北京的做法是将两个机构在同一办公地点分开办公,这样一定程度上便利了当事人申请登记,但仍然是分开登记,发放两个不同的权属证书。上海统一了权属证书和登记机构,降低了成本,提高了效率,

---

① 王利明:《试论我国不动产登记制度的完善》(上),载《人大报刊复印资料·民商法学》2002年第1期,第2—3页。
② 王利明:《物权法研究》,中国人民大学出版社2002年版,第198页。
③ 参见孙宪忠:《中国物权法总论》,法律出版社2003年版,第247页。

成效显著。① 房地产登记机关的不统一，主要是由于旧的行政管理体制造成的，这种状况既不符合法理，也不符合国际惯例；在当今世界，凡建立不动产登记制度的国家和地区，不论这种登记被称为土地登记还是被称为不动产登记，总是在一个机构统一进行的。② 就登记机构的不统一而言，其不效率是不言而喻的。这种不统一，一方面是旧有行政体制遗留所致，另一方面也是由于我国目前没有统一的不动产登记法，而客观上又存在部门利益之争。改革必然遭遇阻力，加上要统一全国范围的各部门、大大小小各级不动产登记机构，成本巨大。物权法明确国家对不动产实行统一登记制度，使得机构和权属证书的统一有法可循，有望提高不动产登记的效率。此外，我国登记制度的另一个特点是对登记机构的组成人员无严格的专业性要求，"专家"色彩不浓。在法国、德国等登记人员的水准非常高，有些国家直接就是由法官进行不动产登记。我们国家没有一套资格认证的标准，也没有其他职业准入的要求，非常大众化，基本是按照普通行政工作人员的要求配置登记机关的工作人员。当然我们不否认随着登记实践的进行，登记机关的工作人员经验会越来越丰富，也越来越专业，而专业的职业准入需要付出很大的成本。但是，专业性可以带来更强的信用和减少登记错误导致的交易风险，从而实现登记的高效率。③

　　正是在上述背景下，我们的研究在充分肯定学界理论充足、实务界经验丰富的前提下，试图展开另一个视角的研究。有鉴于目前学界对于登记制

---

　　① 上海市人大常委会2002年通过的《房地产登记条例》规定："上海市房屋土地资源管理局（以下简称市房地资源局）是本市房地产行政主管部门，负责房地产登记管理工作"；"房地资源局应当建立全市统一的房地产登记册和登记信息系统，制作统一的房地产权证书和登记证明，并制定房地产登记技术规范"。该规定统一了土地和房屋的登记机构和权属证书。

　　② 孙宪忠：《土地登记的法理和登记机关的选择》，载《中国土地科学》1998年第2期，第21页。

　　③ 仅建设部2001年修订的《城市房屋权属登记管理办法》（已失效）第30条规定"从事房屋权属登记的工作人员必须经过业务培训，持证上岗"。《物权法》颁布施行后，2007年11月28日国土资源部颁布的《土地登记办法》（2008年2月1日起施行）第4条规定"国家实行土地登记人员持证上岗制度。从事土地权属审核和登记审查的工作人员，应当取得国务院国土资源行政主管部门颁发的土地登记上岗证书"；2008年1月22日建设部颁布的《房屋登记办法》（2008年7月1日起施行）第6条规定"房屋登记人员应当具备与其岗位相适应的专业知识。从事房屋登记审核工作的人员，应当取得国务院建设主管部门颁发的房屋登记上岗证书，持证上岗"。

度的研究,多限于几个典型国家/地区制度的研究,比如权利登记多研究德国,契据登记多研究法国,托伦斯登记多研究澳大利亚和英国。当然,从典型意义上讲,确实这些国家/地区已然充分,但很多时候也会让我们感到"意犹未尽",一方面对于这些国家的制度,学者并未全然将其呈现在我们面前;另一方面缺乏对各个制度细节的比较,也使得我们在具体制度的路径选择上相对单一。而我们秉持兼采百家之长的观点,将我们的写作建立在以下"辛苦活"基础上:(1)尽可能多地收集世界各国专门的不动产登记法(36个国家/地区);(2)择其典型者,组织翻译;(3)从中挑选出相对充足的样本(16个国家/地区),对所选中样本进行深入的、全方面的考察;(4)在(3)的基础上,抽离出基本要素和附属要素(共 15 个要素),进而建立表格进行纵向比较;(5)客观、中立地对以往的知识进行验证,并将样本中典型的制度抽离出来。

因此,我们研究的基础是在对 16 个样本(德国、瑞典、瑞士、韩国、我国台湾地区、法国、日本、意大利、我国香港特别行政区、我国澳门特别行政区、澳大利亚昆士兰州、英国、爱尔兰、新西兰、美国夏威夷州、美国明尼苏达州)逐个充分考察的基础上,横向上(登记模式)分为权利登记模式、契据登记模式和托伦斯登记,纵向上抽离出 15 个要素(不动产界定、强制登记、登记性质、实质/形式审查、登记内容、登记效力、登记簿/权属证书、登记机关、房地关系、登记种类、登记时间、登记费用、中央/地方、登记查阅、登记赔偿),通过比较,验证现行理论和获取可借鉴制度。

其中需要特别说明的是关于基本要素和附属要素的分类,基本要素主要是根据目前学界通说,将区分三种不同登记模式的特征列为基本要素,而其他制度关键因素列为附属要素。我们的讨论一方面是对现行的理论成果保持客观中立,一方面也借助了现有的概念体系。

我们没有预设一个结论,所以我们的努力,可以说是证成,也可说是证伪。

目 录

第一章　不动产登记模式的固化和开放 …………………………… (1)
第二章　不动产界定比较研究 ………………………………………… (5)
　　一、我国已有立法对于"不动产"的界定 ………………………… (5)
　　二、其他国家(地区)对"不动产"界定 ………………………… (10)
　　三、对我国相关立法之建议 ……………………………………… (16)
第三章　房地关系比较研究 …………………………………………… (18)
　　一、房地关系概述 ………………………………………………… (18)
　　二、德国房地合一及相关制度 …………………………………… (20)
　　三、日本房地分离及相关制度 …………………………………… (23)
　　四、中国房地关系制度选择 ……………………………………… (27)
第四章　登记机关比较研究 …………………………………………… (31)
　　一、比较法视野下的登记机构 …………………………………… (31)
　　二、我国的不动产登记机关 ……………………………………… (45)
　　三、统一我国的不动产登记机关 ………………………………… (48)
第五章　登记类型比较研究 …………………………………………… (54)
　　一、不动产登记类型概述 ………………………………………… (54)
　　二、不动产登记类型的比较研究 ………………………………… (57)
　　三、我国不动产登记类型的现状 ………………………………… (80)
　　四、完善我国新的登记类型 ……………………………………… (91)
第六章　登记簿比较研究 ……………………………………………… (104)
　　一、不动产登记簿的功能 ………………………………………… (104)
　　二、不动产登记簿的设置 ………………………………………… (105)
　　三、我国不动产登记簿设置情况及相应建议 …………………… (112)

第七章　登记查阅比较研究……………………………（116）
一、登记查阅之理论基础……………………………………（116）
二、域外制度介绍和分析……………………………………（116）
三、我国的情况及建议………………………………………（119）

第八章　登记时间比较研究……………………………（121）
一、缩短登记时间之意义……………………………………（121）
二、域外制度介绍和分析……………………………………（121）
三、我国的情况及建议………………………………………（122）

第九章　登记费用比较研究……………………………（124）
一、域外不动产登记收费制度………………………………（124）
二、我国不动产登记费用制度的构建………………………（128）

第十章　登记赔偿比较研究……………………………（132）
一、不动产登记赔偿之理论基础……………………………（132）
二、因登记机构的原因而导致登记错误时的不动产
　　登记赔偿…………………………………………………（134）
三、由当事人原因和混合原因引起的登记错误的不动产
　　登记赔偿责任略论………………………………………（143）
四、中国不动产登记赔偿制度之构建………………………（144）
五、结语………………………………………………………（146）

余论……………………………………………………………（147）

参考文献………………………………………………………（148）

附录一　不动产登记要素比较总表…………………………（151）

附录二　法律法规翻译
夏威夷修正法……………………………………………………（170）
明尼苏达州 2006 法案…………………………………………（231）
1964 年爱尔兰权利登记法……………………………………（274）
2006 年爱尔兰契据权利登记法………………………………（316）
1908 年契约登记法……………………………………………（342）
1952 年土地转让法……………………………………………（358）
1952 年土地转让法……………………………………………（393）

后记……………………………………………………………（399）

第一章　不动产登记模式的固化和开放

通说认为存在三种较为典型的不动产登记模式,即权利登记模式、契据登记模式和托伦斯登记。就特征而言,契据登记模式采形式审查主义、登记无公信力、登记与否不予强制、登记簿的编成采人的编成主义、动态登记(即登记不动产变动的状态);权利登记模式采实质审查主义、登记具有公信力、登记采强制主义、登记簿的编制采物的编成主义、静态登记(登记以土地权利的静态为主);托伦斯登记采实质审查主义、登记具有公信力、任意登记、交付土地权利状书为登记人应该享有的权利确定凭证等。①

我们认可这种划分是为了区分起见,我们也按照这种标准,结合学界的通说,将我们的样本分为这三类,其中权利登记模式为德国、瑞典、瑞士、韩国、我国台湾地区等5个国家\地区,契据登记模式为法国、日本、意大利、我国香港特别行政区、我国澳门特别行政区等5个国家\地区,托伦斯登记为澳大利亚昆士兰州、英国、爱尔兰、新西兰、美国夏威夷州、美国明尼苏达州等6个国家\地区。下面我们对通说的上述特征②一一进行比较。

(一)强制登记\任意登记

权利登记模式中,德国、瑞典、瑞士为强制登记,韩国为"除法律有特别规定外,均为任意登记,依当事人自由申请登记而为",我国台湾地区为"强制登记,但建筑物所有权第一次登记目前并未规定应采取强制登记"。

契据登记模式中,法国、意大利、我国香港特别行政区为任意登记,日本

---

① 参见王轶:《物权变动论》,中国人民大学出版社2001年版,第154—159页;陈华彬:《物权法原理》,国家行政学院出版社2002年版,第164、165页。

② 参见《不动产登记要素比较总表》(附件),下文直接摘自该表的内容以引号标示;另,基本要素中的"不动产界定"在报告后面,将专节介绍,本处不作讨论。

也为任意登记,即除法律另有规定情形外,除非有当事人的申请或官厅、公署的嘱托,不得进行,但也存在除外情形,即关于不动产标示的登记,可由登记官依职权进行;我国澳门特别行政区为任意登记,但存在除外情形,即属法律规定应依职权作出的情形。

托伦斯登记的6个标本中,澳大利亚昆士兰州、新西兰、美国夏威夷州、美国明尼苏达州都为强制登记,而英国则"一部分为强制登记,一部分为任意登记,《英国土地登记法》第4条和第5条分别规定了任意登记和强制登记的权利范围",爱尔兰则"权利中有一部分是要求强制登记,另一部分任意登记。契约不要求强制登记"。

这样我们可以清晰地看到:在权利登记模式的5个样本中,3个为强制登记,1个以任意登记为主,还有1个是不完全的强制登记;在契据登记模式的5个样本中,3个为任意登记,2个虽为任意登记,但存在除外情形;在托伦斯登记的6个样本,则与我们的传统看法正好相反,4个为强制登记,2个为强制登记与任意登记并存,这也与我们认为的托伦斯登记系第一次登记以后都以登记为要件的传统认识相异。

(二)登记性质(生效要件\对抗要件)

就登记性质而言,16个样本纵向比较基本符合通说的观点,但仍然有"活跃"的因子存在。权利登记模式下的韩国对于不动产物权变动,登记为生效要件;对于地上权、地役权、传贳权(典权)、抵押权相关的一些事项,其存续期间、地价、利息、支付时期等内容的登记仅具对抗效力。契据模式下的意大利土地登记采二元性的性质,即以对抗要件为原则,特殊情况下采生效要件;同是契据登记模式下的我国澳门特别行政区对抵押权的登记,属生效要件;对抵押权以外的权利的登记,为对抗要件。托伦斯登记制下的爱尔兰,则是个综合体,对契据的登记为对抗要件。

(三)形式审查\实质审查

一般认为采取实质审查还是形式审查,往往与登记性质有关。即如采生效要件,则应为实质审查;如采对抗要件,则应为形式审查。从逻辑上,我们也可以自然地推导出这点联系,但即便这样,16个样本也不是整齐划一的。日本为契据登记模式,日本学界认为其采用的是形式审查,但它仍然具备一定的实质审查性(以日本《不动产登记法》第49条登记申请的驳回、第50条登记官的调查权的规定为佐证);而现有材料也显示权利登记模式下的韩国采取的却是形式审查。

(四) 登记内容(静态登记\动态登记)

对于登记的内容,由于各国国内法的差异,也呈现出不同的内容。但就16个样本而言,静态登记和动态登记也不是泾渭分明的,两者的混合性在权利登记模式和契据登记模式的10个样本中体现得不明显,但在托伦斯登记下,则较强地显现了出来。如英国,"既要登记权利,也要登记权利的处分,还要登记土地上的负担,还要登记土地上的限制";再如爱尔兰更是既登记"权利和土地上的负担",也登记契据。

(五) 有无公信力

有无公信力是权利登记模式、托伦斯登记两者与契据登记模式的显著区别,这一点在我们16个样本的分析中也得到了很好的验证,但仍然不是绝对的。如权利登记模式下的韩国登记便无公信力,而托伦斯登记模式下的美国明尼苏达州之登记具有的又是相对的公信力。后者即在法院作出登记判决并颁发权利证书6个月以内,判决书所确定的当事人以外的人可以对判决所确定的权利提起诉讼;而判决书所确定的当事人则可以上诉,从而推翻该判决。当然一旦过了上述6个月的期限或上诉期限,该权利就是不可争的。

(六) 登记簿\权属证书

登记簿与权属证书则是权利登记模式、契据登记模式两者与托伦斯登记的显著区别,其中托伦斯登记既有登记簿又有权属证书,而前两者仅具登记簿。对于仅具登记簿的权利登记模式和契据登记模式,因其登记内容的差异,又决定了前者倾向于采取物的编成主义,后者倾向于采人的编成主义(记录权利的变动)。关于此一点,我们后面将专章讨论,但也还是能看到日本采登记簿之物的编成主义,使得这一因素也"活跃"了起来。

如果我们可以立体地表现出这些因素的差异，我们看到的将是一个生动活泼的画面，上述六个基本要素都是作为通说区分三种模式差别的，但在我们的样本中，这些要素并不整齐划一，恰恰体现出的是强烈的混合性和共生性。除了个别因素（登记性质）具备较强的稳定性外，其他因素在制度配置上并不能被捆绑在某一种模式上，从这种意义上讲，存在的不是三种登记模式，我们这就有16个样本而存在接近16种的模式。

将各国的登记制度归纳为三种或几种固定的模式主要是为了研究的方便，而非终极目的。通过上面的分析，我们尝试表达：一定程度上，可以认为模式的讨论意义不大，我们不应该让登记模式往固定化的方向走，认为模式选择，非此即彼，孰优孰劣，干系重大。这些因素越是灵活（flexible），越让我们看到不应该固守某种模式，而应该以开放的姿态去建构我国的不动产登记制度。

析言之，通过上面的比较，我们开始认为各种模式并无优劣之分，几乎不能将各国的制度绝对地归入某一模式，除了我们用来作为典型的德国、法国和澳大利亚。这样，展现在我们面前的便不是简单的模式选择或套用，而是对于每一个因素我们都有两条以上的路径选择（除了物权法已经确定的生效要件主义），我们都可以结合我国的历史、传统作出最符合我们国情的制度建构。

这便回到我们的国家本位上来，我们国家有13亿多人口、960多万平方公里的土地，没有一个国家具备这样的特殊性和复杂性，并非人多地少的日本可比，也非人少地多的美国可比。不动产登记制度在理论上不像采不采物权行为无因性那么重要，尤其是在确定了不动产登记要件主义之后，其更主要是一个技术操作层面上的问题，而不会对民法基本理论产生重大影响。理论上意义不大，但在实践层面却影响重大，关系着土地资源的配置和日以万计的土地、房屋交易，关系着民众、企业的投资信心……

本书力图展现的不是各种模式的优劣，而是各项具体登记制度的选择路径，下面的章节便是对九项具体制度的路径研究。明确了这些，该是本章下结论的时候了，即不存在三种固定的登记模式，在不动产登记要件主义确定了的大背景下，只要是优良的具体制度、方法，如符合吾国实际，径可采"拿来主义"。

第二章　不动产界定比较研究

我国《物权法》第 9 条规定：

"不动产物权的设立、变更、转让和消灭，经依法登记，发生效力；未经登记，不发生效力，但法律另有规定的除外。

依法属于国家所有的自然资源，所有权可以不登记。"

此条奠定了我国不动产登记制度的立法基础。它告诉我们，不动产物权的得丧变更，除非法律另有规定，须经登记才发生效力。然而，理解此条的前提在于，到底什么是不动产？如何准确理解"不动产"的内涵？又如何合理界定"不动产"的外延？

一、我国已有立法对于"不动产"的界定

《物权法》似乎对"什么是不动产"这个问题进行了有意的回避。整部《物权法》尽管多次提及"不动产"的概念，却始终没有对"不动产"进行界定。这是立法者的疏忽吗？作为一部由国内权威的民法学者共同参与的法律，疏于对一个极为重要的概念进行界定，似乎是不大可能的。事实上，无论是梁慧星教授提出的《物权法》草案建议稿，还是王利明教授提出的《物权法》草案建议稿，都对"不动产"进行了界定[①]，而且两者的界定基本相同：

不动产，指依自然性质或者法律的规定不可移动的物，包括土地、

---

① 参见梁慧星：《中国物权法草案建议稿——条文、说明、理由与参考立法例》，社会科学文献出版社 2000 版，第 6 页；王利明主编：《中国物权法草案建议稿及说明》，中国法制出版社 2001 年版。

土地定着物、与土地尚未脱离的土地生成物、因自然或者人力添附于土地并且不能分离的其他物。

因此,在笔者看来,之所以最后颁布的《物权法》没有对"不动产"进行界定,很有可能是立法者有意回避了对"不动产"的界定。而回避的原因可能是以下两个:第一,其他法律对于"不动产"的界定已经足够明确,因此无须在《物权法》中再重新界定;第二,大众对于不动产的概念有非常清晰的了解,而且基本达成一致,所以无须在《物权法》中再重新界定。

下面试分析上述两个理由是否成立:

第一,是否是因为其他法律对于"不动产"的界定已经足够明确,因此无须在《物权法》中再重新界定?

从我国已有立法来看,明确对"不动产"一词进行界定的只有1995年颁布的《担保法》。《担保法》第92条规定:"本法所称不动产是指土地以及房屋、林木等地上定着物。"此条以列举的方式对"不动产"作出了定义。此条规定是否可以使得《物权法》免于对"不动产"进行重新界定呢?笔者认为,这个理由不够充分。首先,《担保法》第92条明确指的是"本法所称不动产",因此不能当然认为这个定义就适用于《物权法》。其次,即使从法律解释学的角度出发,运用体系解释的方法——当法律用语的含义不够明晰时,要联系其他法律来进行解释,我们也仍然难以借助于《担保法》描述出一副边界清晰的"不动产图景"。因为《担保法》第92条本身对于不动产的界定就不够清晰,它没有给出"不动产"的内涵,而仅仅列举了不动产的外延,即使是列举出来的外延,也仍然不够清晰,到底什么是"土地"?草原、沼泽等自然资源算不算土地?于是,对于"不动产"的界定又转而需要求诸于对"土地"的界定。

我国的现行立法对于"土地"如何界定呢?

我国现行立法并没有对"土地"一词作出明确界定,但是如果仔细探究我国已有立法中与土地相关的表述,我们就可以看出,立法者对"土地"一词的认识有一个变化的过程,具体来说包括三个阶段:

- 第一阶段:20世纪80年代——对"土地"作狭义理解

1982年《宪法》规定:

> 第九条 矿藏、水流、森林、山岭、草原、荒地、滩涂等自然资源,都

属于国家所有,即全民所有;由法律规定属于集体所有的森林和山岭、草原、荒地、滩涂除外。

第十条　城市的土地属于国家所有。

农村和城市郊区的土地,除由法律规定属于国家所有的以外,属于集体所有;宅基地和自留地、自留山,也属于集体所有。

这两条分别针对草原、森林等自然资源和土地进行规定,这意味着1982《宪法》认为矿藏草原、森林等自然资源和土地是不同的客体,也就是说草原、森林等自然资源不属于土地。

1986年《中华人民共和国民法通则》(以下简称《民法通则》)第74条第1款规定:

劳动群众集体组织的财产属于劳动群众集体所有,包括:

(一)法律规定为集体所有的土地和森林、山岭、草原、荒地、滩涂等;

这条把土地和草原、森林等自然资源并列描述,这也同样意味着《民法通则》认为草原、森林等自然资源不属于土地。

同样在1986年颁布的《土地管理法》则不仅没有对"土地"的概念进行界定,反而在其9条第2款规定:

确认林地、草原的所有权或者使用权,确认水面、滩涂的养殖使用权,分别依照《森林法》、《草原法》和《渔业法》的有关规定办理。

这意味着《土地管理法》不调整森林、草原等自然资源,也给人们一种这样的印象:《土地管理法》下的"土地"似乎不包括森林、草原等自然资源[①]。

总之,在20世纪90年代以前,我国立法对于"土地"一词的界定都是非常狭窄的,仅仅包括耕地、宅基地、建设用地等,而不包括森林、草原等自然资源。

- 第二阶段:20世纪90年代到本世纪初——对"土地"的广义理解

在90年代以后,我国立法对于"土地"一词的界定则逐渐放宽:

---

① 注意,从这条并不能当然得出一个非常肯定的结论——《土地管理法》的立法者认为土地不包括林地、草地等自然资源。只是有这种可能而已。

国务院于 1991 年发布的《土地管理法实施条例》①第 3 条规定：

下列土地属于全民所有即国家所有：

（三）国家未确定为集体所有的林地、草地、山岭、荒地、滩涂、河滩地以及其他土地。

从此条我们可以明确看出，它是把林地、草地等自然资源包括在土地的外延之内的。

另外 1998 年修改通过的《土地管理法》第 4 条规定：

国家实行土地用途管制制度。

国家编制土地利用总体规划，规定土地用途，将土地分为农用地、建设用地和未利用地。严格限制农用地转为建设用地，控制建设用地总量，对耕地实行特殊保护。

前款所称农用地是指直接用于农业生产的土地，包括耕地、林地、草地、农田水利用地、养殖水面等；建设用地是指建造建筑物、构筑物的土地，包括城乡住宅和公共设施用地、工矿用地、交通水利设施用地、旅游用地、军事设施用地等；未利用地是指农用地和建设用地以外的土地。

从这条可以看出，它对土地作出了非常宽泛的解释，其中农用地就包括了林地、草地等自然资源。这就意味着修改后的《土地管理法》逐渐认可土地包括了林地、草地等自然资源。②

- 第三阶段:《物权法》颁布到现在——峰回路转？

尽管前面我们似乎已经看到产生了一种对"土地"作广义理解的趋势，然而 2007 年颁布的《物权法》又让我们无所适从。

---

① 该条例于 1999 年 1 月 1 日被新条例废止。
② 尽管如此，我们仍需注意到的一个事实是，修改后的《土地管理法》第 11 条仍然规定："确认林地、草原的所有权或者使用权，确认水面、滩涂的养殖使用权，分别依照《中华人民共和国森林法》、《中华人民共和国草原法》和《中华人民共和国渔业法》的有关规定办理。"此条是否仍然可以解释为立法者认为该法所称土地不包括林地、草地等自然资源？笔者认为如此解释不妥，因此在修改之后，该法已经明确规定土地已经包括林地、草地，所以尽管规定林地、草地的确权要依据其他法律，但这仅仅是意味着《土地管理法》认为林地、草地等特殊土地的管理需要依据特别的法律。

首先,《物权法》第 47 条和第 48 条仿照宪法规定:

  第四十七条 城市的土地,属于国家所有。法律规定属于国家所有的农村和城市郊区的土地,属于国家所有。
  第四十八条 森林、山岭、草原、荒地、滩涂等自然资源,属于国家所有,但法律规定属于集体所有的除外。

这两条针对土地和森林、草原等自然资源分别作出规定,给人一种印象就是森林、草原等自然资源不属于土地。

其次,《物权法》第 58 条又规定:

  集体所有的不动产和动产包括:
  (一)法律规定属于集体所有的土地和森林、山岭、草原、荒地、滩涂……

这一条将土地和森林、草原等自然资源并列,明显可以看出立法者并不认可森林、草原等自然资源属于土地。

总之,我国立法对于"土地"的界定经历了一个变迁的过程,而现今仍然有效的立法对于"土地"的理解又存在一定的矛盾冲突之处。因此,在现行法的语境之下,借助于"土地"一词来界定"不动产"似乎只是徒劳之举。

也因此,我们可以看出,应该不是由于其他法律对于"不动产"的界定已经足够明确,所以《物权法》无须重新界定。

第二,是否是由于大众对于不动产的概念有非常清晰的了解,而且基本达成一致,所以无须在《物权法》中再重新界定?

在普通民众的日常用语中,其实使用"不动产"一词的几率很低,人们往往会用其下位概念如房屋、土地等来表达其所指称的事物。"不动产"其实是一个高度抽象的学理概念,通常也仅限于学理讨论以及法律实践,因此学界对它的理解,几乎可以等同于大众对它的理解。

学界对于不动产如何界定?

前文已述,我国梁慧星教授和王利明教授对于"不动产"一词的界定基本一致:先是把其内涵定义为"指依自然性质或者法律的规定不可移动的物",然后把外延概括为"土地、土地定着物、与土地尚未脱离的土地生成物、因自然或者人力添附于土地并且不能分离的其他物"。另外魏振瀛教授主编的《民法》(北京大学出版社 2007 年第三版)对于"不动产"则这样界定:

不动产是指不能移动或者移动会损害其用途或价值的物。不动产主要指土地及土地上的定着物。此外其他学者对不动产的界定也大抵类似。

由此,我国学者对于"不动产"的界定有如下两个特点:第一,在内涵上强调其"不可移动性";第二,在外延上,强调其与土地的相关性,也就是说在讨论其外延时,都是以"土地"为基础。正因为如此,如果要准确理解"不动产"一词的概念,那么准确界定"土地"又显得尤为重要。而正如前文所述,"土地"一词的含义在现行法的语境下是不清晰的,同时学者对于"土地"的概念也往往缺乏界定。因此,严格说来,学者对于"不动产"的界定也未必有清晰的认识,说他们就此达成了共识,那更值得怀疑?

综上所述,从我国当前的立法来看,无论是《物权法》本身,还是其他法律都没有对"不动产"作一个非常清晰准确的界定,即使求诸于学理,也难以得出一个满意的答案。这显然不利于我国不动产登记制度之建构与运作。因此,我们需要学习借鉴其他国家的成熟经验,结合我国的实际情况,完善"不动产"之界定。

二、其他国家(地区)对"不动产"界定

(一) 我国台湾地区

我国台湾地区"民法"第 66 条规定:

> 称不动产者,谓土地及其定着物。
> 不动产之出产物,尚未分离者,为该不动产之部分。

从该条规定可以看出,台湾地区"民法"对"不动产"之定义和我国《担保法》以及大陆学者对"不动产"之定义基本一致。显然台湾地区"民法"如果仅仅作如此规定,也会产生和大陆相同的问题——难以确定"土地"之范围。但是台湾地区的"土地法"解决了这个问题,该法第 1 条明确规定:

> 本法所称土地,谓水陆及天然富源。

在第 2 条又进一步作了更为细致的界定:

> 土地依其使用,分为下列各类:第一类建筑用地,如住宅、官署、机

关、学校、工厂、仓库、公园、娱乐场、会所、祠庙、教堂、城堞、军营、炮台、船埠、码头、飞机基地、坟场等属之。第二类直接生产用地,如农地、林地、渔地、牧地、狩猎地、矿地、盐地、水源地、池塘等属之。第三类交通水利用地,如道路、沟渠、水道、湖泊、港湾、海岸、堤堰等属之。第四类其他土地,如沙漠、雪山等属之。前项各类土地,得再分目。

这样一来,再结合其"民法"第66条之规定,我们就能很清楚地看到台湾地区所谓"不动产"之内涵与外延。而且也能清楚地看到,在台湾地区,不动产是包括林地、草地等自然资源的。

(二) 日本

日本对"不动产"之界定和我国台湾地区极为相似:
首先《日本民法典》第86条明确规定:

> 土地及其定着物为不动产。

然后又在其《不动产登记法施行令》第3条规定:

> 土地种类,依土地主要用途,划分水田、旱田、宅地、盐田、矿泉地、池沼、山林、牧场、原野、墓地、寺院地、运河用地、水道用地、污水沟、贮水池、堤坝、井沟、保安林、公用道路、公园及其他杂地确定①。

从这条规定来看,在日本,"土地"一词所涵盖的范围非常广泛:包括了林地和草地在内的各种自然资源。当然也因此,其"不动产"之外延也非常广泛。

(三) 德国

《德国物权法》并没有明确将"物"区分为"不动产"(德语:liegenschaften)和"动产"(德语:bewegliche Sachen),而是将"物"区分为"土地"(德语:Grundstucke)与"动产"。但是在学理上则仍有"不动产"与"动产"之分。而且从学理阐述来看,"不动产"和"土地"一词几乎是同等概念②。

---

① 张光博主编:《外国经济法·日本国》(卷二),吉林人民出版社、中国经济法制音像出版社1994年版,第359页。

② 参见〔德〕鲍尔/施蒂尔纳:《德国物权法》(上册),张双根译,法律出版社2004年版,第18—19页。

因此,如要了解德国法关于"不动产"之界定,需要从"土地"之界定开始。

在德国,立法者考虑到"土地"这个概念人人熟知,法典本身并没有对其进行定义,因此对诸如"自然资源是否属于土地"这样的问题难以从法典本身找到答案,而需要根据德国一般的社会观念来加以判断。但值得注意的是,在德国,"土地"一词不同于"土壤",对其理解,须依据土地登记簿的内容,严格说来,所谓"土地"应该指的是被当做"土地"而登记于土地登记簿的地表的一部分[①]。

总之,在德国法上,界定"土地"或者"不动产",首先要依据一般社会观念,另外要看土地登记簿的内容。

(四)法国

在法国,对"不动产"通过列举的方式进行了定义:

《法国民法典》第 517 条首先区分了三大类不动产,或者说阐明了某物之所以当做是不动产的三个依据:

> 财产,或依其性质,或依其用途,或依其附着客体而为不动产。

而在随后的第 518 条到 526 条则分别界定了这三大类不动产:

第 518 条规定:

> 地产与建筑物,依其性质为不动产。

第 519 条规定:

> 固定于支柱以及属于建筑物之一部分的风磨、水磨依其性质,亦为不动产。

第 520、521 条规定:

> 连于根系、尚未收割的庄稼与树上尚未摘取的果实,亦为不动产。谷物一经收割,以及已经摘取的果实,即使尚未运走,为动产。如庄稼仅部分收割,仅此已收割的部分为动产。通常定期采伐的矮树木或待采伐的多年生高大树木,仅随树木之伐倒,始成为动产。

---

① 参见〔德〕鲍尔/施蒂尔纳:《德国物权法》(上册),张双根译,法律出版社 2004 年版,第 18—19 页。

第522条规定：

土地所有人向土地承租人或分成制佃农提供的用于耕作的牲畜，不论对其是否估价，只要其依契约效力与土地不分开，视为不动产。土地所有人出租给土地承租人或分成制佃农以外的其他人租养的牲畜，为动产。

第523条规定：

房屋内或其他不动产上，用于引水的管道为不动产，并属于其附着之地产的一部分。

第524条规定：

土地所有人为土地之利用与经营，在土地上安置的物件，依其用途，为不动产。依此而言，下列各项，在由土地所有人为利用与经营土地而安置时，即依其用途而为不动产：

——与耕作相关联的牲畜；

——农具；

——给予土地承租人或对等分成制佃农的种子；

——鸽舍中养的鸽子；

——兔笼中养的兔子；

——蜂巢中养的蜂群；

——(1984年6月29日—84-512号法律)《农村法典》第402条未指明的水面以及同一法典第432条与第433条所指的水面中放养的鱼类；

——压轧机械、锅炉、蒸馏器、酿酒桶与大木桶；

——经营铸造场、造纸场与其他工厂所必需的用具；

——禾草与肥料。

由土地所有人永久固定于土地上的其他一切动产物品，亦因其用途而为不动产。

第525条规定：

凡是以石浆、石灰或水泥附着于土地的动产物品，或者非经折断或不受损坏，或者不经破碎附着之土地部分或不受损坏，即不能拔取的动产物品,即视所有人已将其永久性固定于土地之上。

居住套房内安置在墙上的镜子,如其与之附着的墙上的护板连成一体不能分开,亦视已被永久固定。画幅与其他装饰物,亦同。

至于雕塑,在其被安放于专门为此留制的墙壁框架内,非经损坏或打碎即不能取走时,此种雕塑为不动产。

第526条规定:

以下所列,因其附着客体而为不动产:

——不动产之用益权;

——地役权与土地使用权;

——旨在请求返还不动产的诉权。①

从上述定义来看,法国对于"不动产"之界定超出我们通常所理解的"不动产"的范围。我们通常所指的"不动产"仅仅是指的法国民法中的第一类不动产——依其性质而成为不动产的不动产,至于所谓的"依其用途而成为不动产"的不动产,比如农具、鸽子等,我们通常认为是"动产",而所谓的"依其所依附的客体而成为不动产"的不动产,我们则通常认为是附着于不动产上的权利而非不动产本身。

如果单纯就法国《民法典》的上述条文而言,我们会发现这些条文其实也存在和我国民法相同的问题,就是没有对"土地"进行界定,因此尽管花费了这么多条文来界定不动产,却还是不能清楚地告诉我们不动产是什么。但是可能在法国学者看来,这几条已经足够清晰地界定了不动产,因为他们可能对什么是"土地"有着非常一致的看法,当然也有可能在法国还有其他的法律对于"土地"进行了界定。

(五)意大利

《意大利民法典》中第二分节"动产与不动产"第812条(物的类别)对不动产作了如下定义:

土地、泉水、河流、树林、房屋和其他建筑物,即使是临时附着于土

---

① 罗结珍译:《法国民法典》,中国法制出版社1999年版,第167—169页。

地的建筑物以及在一般情况下那些或是自然或者人为地与土地结为一体的物品是不动产。固定在河岸或者河床上并且为永久使用而建造的磨坊、浴场、以及其他漂浮在水面上的建筑视为不动产。所有其他的财产是动产。

从上述定义来看,在意大利,树林、河流等自然资源是不属于土地的,但是它们和土地一样,都属于不动产的范围。总之,意大利对于"不动产"一词的界定也是比较清晰的。

（六）柬埔寨

柬埔寨王国《土地法》第2条对"不动产"作了如下定义:

本法所称的不动产包括依其自然属性、用途和法律确定的不动产:依其自然属性确定的不动产指所有自然的土地,如:林地、垦地、耕地、闲地、未耕地、滩涂及附着于土地的不可移动的人造建筑和改良;依其用途确定的不动产指滋生于土地或构成建筑,除非损坏或替换不可分离的物体,如:树木、建筑装饰材料等;依法律确定的不动产指不动产和动产的权利被法律确定为不动产。

这个定义的特点在于:首先认为土地包括林地、草地等自然资源;其次,认为树木、建筑装饰材料等滋生于土地或构成建筑的物不属于土地,但仍然是"不动产"的组成部分。

总之,这个定义也比较清晰地界定了"不动产"的范围。

（七）英美法

我们通常把英语中的 real property 翻译成"不动产",但实际上,real property 和大陆法系国家所通常理解的"不动产"并不完全一致。

在英美法上,和 real property 相对应的词叫做 personal property（通常译为"动产"）,这两者区分的标准在于它受何种诉讼管辖:如果受对物之诉（real actions）管辖,也就是说财产受到侵夺的原告可以通过诉讼回复对财产的占有,那么它就是 real property;如果受对人之诉（personal actions）管辖,也就说侵夺他人财产的被告有权选择归还原物还是赔偿损失,那么它就是动产。

按照这种划分,一般说来,土地以及土地上的利益是 real property。但是也存在例外情况,那就是地产租赁权,在英美法上,地产租赁权尽管是土地上的利益,但是由于受对人之诉管辖,所以是 personal property[①]。

三、对我国相关立法之建议

从前面的分析,我们可以看出,我国现行法律法规没有对"不动产"作一个清晰的界定,这种界定的缺失会阻碍《物权法》第 10 条所确定的"不动产统一登记"原则的真正落实。如果不作清晰的界定,我们就根本难以得知哪些"不动产"应当纳入上述"统一登记"的体系中去,这样现有的这种不合理的"多头登记"模式就至少可以在现有法律体系之内以一种"不违法"的状态运行。因此,为了达到"不动产统一登记"的目的,实现所有不动产由一个机关进行登记,我们完全有必要通过立法的方式明确界定《物权法》所指称的"不动产"。事实上,我们注意到,《物权法》第 10 条第 2 款第 2 句规定:"统一登记的范围、登记机构和登记办法,由法律、行政法规决定",其中"统一登记的范围"这一表述实际上已经授权了法律和行政法规来对"不动产"进行界定,可能只是因为在《物权法》制定之时考虑到难以在短时间内实现"多头登记"向"统一登记"的转变,所以才授权其他法律和行政法规在适当的时候对"不动产"进行界定。因此,我们要讨论的不是应不应对不动产进行界定,而是何时对"不动产"进行界定以及如何对"不动产"进行界定。

关于何时对"不动产"进行清晰界定,从理论上来说,应当越快越好,只有这样才能尽快实现"不动产统一登记"。

关于如何对"不动产"进行界定,笔者认为可以借鉴大陆法系国家对于"不动产"的界定方式。

在大陆法系国家,除德国考虑到大众对于"土地/不动产"之概念非常熟悉,因此并未对"土地"作明确界定外,其他国家和地区均通过各种不同的形式对"不动产"一词进行了明确的界定,界定的方式大体可以分为两大类:一

---

① 高富平、吴一鸣:《英美不动产法:兼与大陆法比较》,清华大学出版社 2007 年版,第 33—34 页。

是直接在民法典中对其"不动产"作非常详尽清晰的界定,比如法国;一是在民法典中只作抽象概括,而在其他的特别法中作更为详尽具体之界定,诸如日本和我国台湾地区。但无论采取何种方式,绝大多数国家都将草原、森林等自然资源包括在"不动产"之中。

考虑到我国《民法典》的制定可能是一个旷日持久的浩大工程,为了早日实现对"不动产"之界定,笔者认为可以考虑在即将制定的《不动产登记法》或者《不动产登记条例》中,对"不动产"进行详细界定。

至于"不动产"之具体内容,笔者认为应当借鉴大陆法系国家的普遍做法,将草原、森林等自然资源也涵盖进去。其理由包括如下几个方面:

首先,它符合普遍之社会观念。在一般人看来,无论是"草原"还是"森林",无疑都是"不动"的,它们和其他"土地"一样,对于社会生活意义非常重大,是人类生存的基础。

其次,它有利于我国《物权法》基本理论之完整与和谐。我国《物权法》第 2 条已经明确将"物"一分为二:动产和不动产,如果我们不将草原和森林等自然资源纳入"不动产"之中,那么难道它可以算作"动产"吗?算作"动产"显然是不符合一般社会观念的;这样一来,就只能算作第三类"物"了,其结果就是打破了《物权法》的这种"动产"和"不动产"的二元体系。

最后,它将有利于从根本上解决我国现行的不动产"多头登记"问题。众所周知,"多头登记"带来了一系列的负面问题:不同登记机关之间管辖冲突;出现管辖真空地带;登记资料分散;增加当事人负担;资源浪费;等等。如果不将草原和森林等自然资源纳入"不动产"之中,由于在草原和森林等自然资源上所设置的物权也有登记的必要[①],这样必然导致一些游离于"统一"的不动产登记体系之外的其他登记体系的存在,也就是说"多头登记"问题并没有得以彻底解决。

[①] 《物权法》第 127 条第 2 款规定:"县级以上地方人民政府应当向土地承包经营权人发放土地承包经营权证、林权证、草原使用权证,并登记造册,确认土地承包经营权。"第 129 条规定:"土地承包经营权人将土地承包经营权互换、转让,当事人要求登记的,应当向县级以上地方人民政府申请土地承包经营权变更登记;未经登记,不得对抗善意第三人。"

第三章　房地关系比较研究[①]

一、房地关系概述

建筑物是土地上最重要的定着物,与位于土地之上的其他物体不同,建筑物具有不可移动性和长期存在性的特点。建筑物一经建成,非经毁损,一般不能与土地相分离。因此,调整土地的归属与利用,就不可避免地涉及建筑物的问题。[②] 所以,对于土地与房屋的关系而言,它在自然属性方面的关系是如何设计其法律关系的基础性与制约性因素。这是因为,尊重客观规律是人类社会生活中的一项基本法则。无论各国在立法模式的设计上有多大不同,都必须坚持土地与建筑物物理特性之间的协调性。

对于房屋与土地之间的关系,世界各国存在不同的立法模式,在大陆法系立法例下,概言之,有"房地合一"与"房地分离"两种。二者区别的核心在于房屋是否能够独立地成为所有权的客体。在房地合一的立法例下,房屋不能单独成为所有权的客体,而是土地的重要组成部分。但是在房地分离的立法例下,房屋与土地分别成为不同的权利客体。德国与瑞士是采用房地合一模式的国家,而日本、法国、我国以及我国台湾地区则采房地分离主义立法例。

《德国民法典》第94条第1款规定:"定着于土地和地面的物特别是建筑物,以及与地面连在一起的土地出产物,属于土地的重要成分。"同时,第95条规定:"仅仅为临时目的而附着于土地和地面的物,不属于土地的成分。因他人土地上的权利的行使而由权利人附着于土地的建筑物或其他工

[①] 主要以大陆法系房地关系为语境。
[②] 参见江平主编:《中国土地立法研究》,中国政法大学出版社1999年版,第205页。

作物，亦同。"而再依第 93 条之规定，"凡物的成分，不毁坏或在本质上改变其中任何一个成分就不能互相分离的（重要成分），不得为特别权利的客体。"① 因此，房屋作为土地的成分，一般不能成为物权的客体。与此对照，《日本民法典》第 86 条则简单明确地规定："土地及其定着物为不动产。"由此可见，在日本法上，土地与房屋是作为不同的不动产予以对待的。

  房地合一的原则起源于罗马法，罗马法采取了一切建筑物从属于土地的原则。德国继续采用房地合一的原则，与《德国民法典》制定时的历史环境有关。当时，德国尚为一个农业国，立法者心中的社会图像，总是带有"磨坊、铁匠铺、酿造厂和制造厂"的秩序良好的小村镇情景。② 在日本，有学者指出："德国民法，止以土地为不动产，而别认物质构成部分，若建筑物，若植物，与土地有不可分离之关系，皆视为土地之构成部分。然偏于理论，与本邦不视建筑物与土地为一体之习惯不合，民法之所以不采用者，职此故也。"③可见，房地合一还是房地分离，取决于当时的社会历史状况。

  但是既然立法上对房地关系有不同的界定，而房屋与土地在物权体系中又占有重要位置，房地合一还是房地分离的制度设计必将引起相关制度上的差异。这是因为，每一个制度并不是孤立存在的，制度之间必须构成一个和谐的系统。例如，房地关系的不同可能会引起二者在与之相关的地上权制度、抵押权制度等方面的区别，另外，这些相关制度的设置也必须以"房地合一"或"房地分离"的关系作为基础。本章即以制度内部的和谐为出发点，探讨德国与日本在与房地关系相关的某些重要制度之间的差异。同时，本章也将关注中国的问题，将对中国的房地关系现状、存在的问题以及改进措施等问题加以阐述。

---

  ① 陈卫佐译注：《德国民法典》（第二版），法律出版社 2006 年版。但该译者将第 93 条翻译为"特别权利的客体"似有不妥，有学者将其译为"独立权利之客体"。参见【德】鲍尔/施蒂尔纳：《德国物权法》（上册），张双根译，法律出版社 2004 年版，第 25 页。
  ② 参见孙宪忠：《德国当代物权法》，法律出版社 1997 年版，第 15 页。
  ③ 参见〔日〕富井政章：《民法原论》（第一卷），陈海瀛等译，中国政法大学出版社 2003 年版，第 194 页。

二、德国房地合一及相关制度

(一)"重要成分"的界定及其法律效力

依据上文援引的德国物权法相关条款,可见一般而言房屋属于土地的重要成分。首先需要明确"重要成分"这一概念的含义。物的重要组成部分,并不是指对物的本质,即表明物的特性、质量或使用等方面具有特别意义的组成部分,而是就物的分割而言的,即如果一个物的组成部分和其他部分相分离就不再具有经济价值。① 与之相对应的概念是物的一般成分,如果一个物的组成部分很容易被分离,并且在流通中被作为独立物对待,而且也很容易被替代并使物得到重新利用,比如轮胎,它就不是一个物的"重要"的组成部分,而是物的"非重要"的组成部分。② 依据《德国民法典》第93条之规定,物的重要成分和一般成分的区别在于:物的重要成分不能单独成为权利的客体,而一般成分通常与其主物同命运,但也可以通过特别约定单独成为权利客体。例如,在汽车的买卖中,汽车轮胎可以成为所有权保留买卖的客体。

除重要成分、一般成分的概念外,德国法上还存在表见成分的概念。例如在某些情形下,某些动产常常仅是为了某一临时目的,或因在他人土地上行使某一物权,而附着于一土地上。这些成分的效力尽管在外表上像重要成分,但其所有权人的利益,又优先于土地所有权人的利益,因此这些表见成分虽然仍紧密附着于土地,但在法律上是独立的。③ 例如,在租赁的地产上建立起来的建筑物或工厂,如果承租人的打算是,一旦租赁关系结束就将这些建筑物迁移或拆除,这些建筑物就属于上文所引《德国民法典》第95条规定的情形,从而不被视为土地的成分,而是独立的所有权客体。

---

① 参见〔德〕卡尔·拉伦茨:《德国民法通论》(上册),王晓晔等译,法律出版社2004年版,第387页。
② 同上注,第389页。
③ 参见〔德〕鲍尔/施蒂尔纳:《德国物权法》(上册),张双根译,法律出版社2004年版,第27页。

重要成分概念的首要意义在于:重要成分不得为独立权利之客体。《德国民法典》第 946 条就规定:"动产附合于土地而成为土地的重要成分的,土地所有权及于该动产。"再如,某承租人 P 在 E 的土地上,建造了一座造价昂贵且其寿命会超过用益租赁期限的巨大贮藏库,因为该建筑物并非出于临时目的,因而不属于表见成分而属于重要成分,因此其所有权归 E。P 在用益租赁关系终止后能否请求补偿,则取决于 E 与 P 之间的契约关系,在必要时可依据不当得利之规定。除此之外,德国学者认为重要成分还有如下两方面的法律效力。[①] 首先,物上的物权变动,其效力永远及于该物的重要成分。此乃强行法,当事人之间的另外约定仅具有债法上的效力。其次,限制物权的效力亦及于物的重要成分。《德国民法典》第 1120 条规定:"抵押权及于从土地分离出来的出产物及其他成分,但它们在分离时依照第 954 条至第 957 条归土地所有人或自主占有人以外的人所有的除外。"该条并未规定抵押权的效力及于物的重要成分,但在土地抵押权实现时,作为土地重要成分的房屋也当属于抵押责任的范围之内。

(二) 房地合一的例外:住宅所有权与地上权

在房地合一的体制下,没有土地所有权就意味着没有独立的属于自己的安身立命之所。而大部分社会的中下阶层都没有土地,因此房屋租赁对他们而言就是获得居住之所的最重要方式。统计报告显示,在德国,1998 年的租赁住宅大约有 2050 万套,而所有权住宅大约是 1250 万套。[②] 而且该数据是在大力推行住宅所有权与地上权制度很多年后的数据,由此可见租赁在居住问题上的重要性。因此我们还可以理解为何在租赁关系方面,债权物权化是其一个重要特征。这显然是为了回应社会生活的需要,因为既然租赁成为民众获得住所的主要方式,承租人便成为一个重要和庞大的利益团体,对其利益予以倾斜保护有利于维护社会的和谐与稳定。

但"居者有其屋"恐怕是包括德国人在内的所有人都怀有的一个目标。而依据房地合一的原则,有屋须先有地。德国的立法者一直致力于推进"拥

---

① 参见〔德〕鲍尔/施蒂尔纳:《德国物权法》(上册),张双根译,法律出版社 2004 年版,第 26 页。
② 参见〔德〕沃尔夫:《物权法》,吴越、李大雪译,法律出版社 2004 年版,第 69 页。

有自己之家"的发展趋势,并采取了不同的法律形式。① 其中住宅所有权与地上权是两种最重要的法律形式,并且二者均构成房地合一原则的例外。二者都力求使得社会中下阶层能够取得住宅的所有权:住宅所有权使得个人可对住宅这种依据房地合一的原则不能单独成为权利客体的物享有真正的所有权,而地上权则使得在他人的土地之上建造自己的房屋成为可能。事实上,自《德国民法典》1900 年生效以来其物权法只是两次被修改,而且这两次修改走的是同一条道路:在他人的土地上设定一项新物权。其中之一是"地上权",另一种是"住宅所有权"。②

德国法上的住宅所有权,是指包含多个居住单位的高层或多层建筑物内的居住者的所有权,即公寓型住宅的所有权,类似于我国法上的建筑物区分所有权。住宅所有权是德国民法中所有权的一种形式,并未体现在《德国民法典》中。德国制定了专门的《住宅所有权及长期居住权法》(1951 年 3 月 15 日生效),该法打破了土地吸附建筑物的原则,使得有限的土地上可以容纳更多的住宅。住宅所有权制度在德国具有重要意义,可以满足低收入阶层的住房需要,缓解因住房而产生的社会矛盾。③ 德国法上有关居住所有权的制度,与现代法上建筑物区分所有权的有关制度类似。其中有一点值得关注。德国法上规定了住宅所有权的两种设立方式。第一种,合同授权方式,这主要适用于共同出资建筑住房,以及房地产商出售建成住宅的住宅所有权设立。第二种,分割住宅方式,即现时的住宅所有权人团体将共有住宅中的一部分以及辅助设施分割于其中一人或数人,为其设立独立所有权的行为,这种方式适用于继承或分家析产的情况。按照法律的规定,以这种方式达成的协议必须向不动产登记机关表达之并在登记之后生效。④

依德国法律的规定,地上权是在他人指定的土地的地表之上或者地面以下以建筑为目的的可以转让、可以继承的权利。因此,地上权隶属于德国法中的不动产用益物权体系。德国于 1919 年 1 月 15 日颁布《地上权条

---

① 参见〔德〕鲍尔/施蒂尔纳:《德国物权法(上册)》,张双根译,法律出版社 2004 年版,第 631 页。
② 参见〔德〕海因·克茨:《〈德国当代物权法〉序》,载于孙宪忠:《德国当代物权法》,法律出版社 1997 年版,第 1 页。
③ 参见孙宪忠:《德国当代物权法》,法律出版社 1997 年版,第 210 页。
④ 同上注,第 212 页。

例》,废止了《德国民法典》中关于地上权的规定,对所有权人与地上权人之间的关系进行了详细的补充,强化了地上权的地位。地上权和其他性质的不动产用益物权如永佃权、用益权、地益权等权利的根本区别为:地上权的本质在于在他人土地上为自己建造建筑物,而不是进行种植、垦殖或者养殖,或者取得其他利益。

德国学者指出,地上权在法律上和土地所有权几乎受到同等的对待。[①] 在地上权与建筑物的关系方面,《地上权条例》第12条第1款规定:"在地上权支配的土地上建造的建筑物是地上权的必要组成部分。在设立地上权时已经存在的建筑物同样是地上权的必要部分。建筑物为土地的负担所承担的责任在地上权纳入不动产登记时消灭。"这意味着,地上权所负担的建筑物是地上权的重要成分。同时,在地上权上可还以创设其他物权,这些可以创立的物权类型有次地上权、抵押权、土地债务、定期金土地债务和实物负担。创设这些物权同样须遵守合意和不动产登记的原则。在地上权上设立担保物权时,须遵守一定的特殊规则,例如,地上权抵押所担保的债权不得超过地上权价值的一半,地上的建筑物的价值也计算在内。[②]

三、日本房地分离及相关制度

(一) 日本借地权制度

日本法将房屋与土地分别视为独立的物权客体,这是房地分离原则的体现。但对他人所有的土地加以利用是社会现实生活的客观需要。对他人之物的利用的权利即用益权,在日本民法中表现为物权属性的用益物权和债权属性的租借权、借用权两种形态。[③] 在《日本民法典》制定之时,社会上广泛存在着租借土地用于建造房屋的现象,为此,起草民法典的法律家们认为,有关租赁土地的法律应该以《日本民法典》第2编第4章中的用益物权

---

① 参见〔德〕沃尔夫:《物权法》,吴越、李大雪译,法律出版社2004年版,第62页。
② 参见孙宪忠:《德国当代物权法》,法律出版社1997年版,第235页。
③ 参见〔日〕近江幸治:《物权法》,王茵译,渠涛审校,北京大学出版社2006年版,第193页。

之一的地上权为基础。但是,事实上在民法典实施之后,在有关租赁土地的法律关系中几乎都是引用第 3 编第 2 章第 7 节有关租赁的规定。于是,在日本就出现了以租赁的法律条文来规范土地租赁和房屋租赁的现象。① 这是因为租赁权相比具有物权属性的地上权而言,更有利于维护出租人的利益,而当租赁市场处于卖方市场的情况下,出租人具有对土地利用形式的选择权。

但土地租赁导致承租人利益受损,日本先后颁布了《建筑物保护法》(1909 年)、《借地法》(1921 年)、《借房法》(1921 年),并随着社会生活的发展对这些法律不断予以修订,由此逐步确立了借地权的物权化。1991 年,日本立法者将以上三部法律废除,取而代之以一部《借地借房法》。② 对于借地权,即以建筑物的所有为目的地上权或土地承租权,由《借地借房法》予以专门调整。将以对建筑物所有为目的的权利单独设定为借地权之后,地上权的适用范围就相当狭窄了,它是以所有在他人土地上的工作物或竹木为目而使用该土地的权利,"工作物"指房屋、桥梁、水渠、水池、高尔夫球场、电线杆、铜像、井、隧道、地铁设施等地上、地下的一切建造物。③ 因此,在日本法中并存着借地权与地上权这两种与土地有关的用益权。

《借地借房法》中"借地"一章对借地权的存续期间、借地权的效力、借地条件的变更和定期借地权等问题作出了明确规定。其中,借地权的存续期间为三十年,契约规定更长时间的,从其规定。一般情形下,在借地契约存续期间届满时,如果建筑物仍然存续,借地权人请求更新契约时,借地人一般不得提出异议。如果提出异议也须符合严格的条件,只有在借地人必须使用土地的情形下,并且考虑从借地经过、土地利用状况,并考虑借地人作为土地腾退条件或土地腾退对换而向借地权人为财产给付的申告,借地人才有权对借地权人的续约请求提出异议。有关借地权的效力,土地上已登记的建筑物属借地权人所有时,借地权虽未登记,也可以之对抗第三人。

---

① 参见段匡:《日本民法百年中的债法总论和契约法》,http://www.kantsuu.com/riben/74751.shtml,最后访问时间:2008 年 7 月 26 日。
② 参见王书江:《日本民事立法的沿革》,载于王书江译:《日本民法典》,中国法制出版社 2000 年版,第 8 页。
③ 参见〔日〕近江幸治:《物权法》,王茵译,渠涛审校,北京大学出版社 2006 年版,第 197 页。

借地权存续期间届满而未更新契约时,借地权人可以请求借地人以时价购买建筑物及借地权人依权原附设于土地的其他物。

日本法中的借地权仍具有某些债权的性质。例如《借地借房法》第19条规定:"借地权人欲将承租权标的土地上的建筑物转让与第三人,如该第三人取得或转租承租权对借地人并无不利之虞,但借地人仍不承诺承租权的转让或转租时,法院可以依借地权人的申请,以许可代替借地人的承诺。于此情形,为平衡当事人的利益,法院可以命令变更以承租权转让或转租为条件的借地条件,或伴随许可命令为财产给付。"可见,借地权转租或转让须获得借地人同意,这是租赁法的基本规则,但借地权转让或转租的特殊之处在于法院的介入与裁决。

(二)房地分离与抵押权制度

因为房地分离的原因,房屋与土地可以分别成为抵押权的客体,因此实践中可能出现三种情形。

第一种情形下,某甲享有土地所有权,某乙享有建筑物所有权及借地权,土地所有权被设定抵押权并被拍卖给第三人某丙。《日本民法典》第370条规定:"除抵押地上存在的建筑物外,抵押权及于附加于标的不动产的,与之连成一体的物。"由此可见,当抵押权的客体仅为土地所有权时,建筑物不能成为抵押权的客体。因此在这一情形下,某丙成为新的土地所有权人,某乙仍然是建筑物所有权人并对某丙享有借地权。

广泛存在的第二种情形是,如果在某甲拥有所有权的土地上,某乙享有借地权和其上的建筑物所有权,某乙将建筑物抵押,后某乙无力偿还到期债务,为实现抵押权将建筑物拍卖给某丙,此时应当如处理?《借地借房法》第20条第1款规定:"第三人依拍卖或公卖取得承租权标的土地上的建筑物,如该第三人取得承租权对借地人并无不利之虞,但借地人仍不承诺承租权的转让或转租时,法院可以依第三人的申请,以许可代替借地人的承诺。于此情形,为平衡当事人利益,法院可以命令并更借地条件或命令为财产给付。"依此规定,某丙可以取得建筑物所有权并且经某甲同意或经法院裁决而享有对某甲的借地权。可见,这与上文所引的第19条有相似之处,都体现了借地权的债权属性,并引入法院的裁决机制,以解决房地分离情形下很容易出现的一个困境——新的建筑物所有权人获得了对建筑物的所有权却不享有对土地的某种权利。

第三种情形与法定地上权的产生有关,即当土地及土地之上的建筑物归于一人,且土地或建筑物其中之一被设定抵押权或被分别抵押给不同主体,则抵押权实现时的法律关系如何。《日本民法典》第388条规定:"土地及土地上存在的建筑物归于统一所有人,而仅以土地或建筑物进行抵押,于拍卖时,视为抵押人设定地上权。但其地租,因当事人请求,由法院予以确定。"可见,法定地上权产生的根本原因在于所有权人可以将土地与房屋分别抵押,当建筑物所有权与土地所有权分别归于不同的主体时,必须对建筑物所有权人赋予某种土地上的权源,因为房屋所有权必须以其享有对土地的某种权利为基础,否则房屋所有权就成了无源之水、无本之木。

（三）房地分离与不动产登记制度

登记制度的目的有两项:其一是征收地租,其二是土地交易（权利变动）的公示。在日本,前者在近代社会以前就已出现,由当时的统治者实施。后者在土地自身商品化（特别是土地的抵押化）后始出现。日本近代的登记制度始于1886年制定的以法国法为范本的所谓《旧登记法》,后随着现行民法典的制定,1899制定了现行的《不动产登记法》,几经修改并沿用至今。①

在日本,登记事务一般情况下以管辖不动产所在地的法务局、地方法务局或其支局、派出所为登记所,而予以统一掌管。同时日本《不动产登记法》采取了对土地与房屋分别登记的模式。② 其第14条规定:"登记簿分为土地登记簿及建筑物登记簿两种。"第15条规定:"登记簿中,就一宗土地或一个建筑物备一用纸。但是,对于区分一栋建筑物的建筑物,就属于该一栋建筑物的全部建筑物备一用纸。"登记簿中,每一用纸分为标示部、甲部及乙部,甲乙部各设事项栏及顺位号数栏。但是,甲部及乙部无可记事项时,可不予设置。其中,标示部记载有关土地或建筑物标示的事项,甲部事项栏记载有关所有权的事项,乙部记事栏记载有关所有权以外权利的事项。顺位号数栏记载事项栏中记载的登记事项的顺序。

---

① 参见〔日〕近江幸治:《物权法》,王茵译,渠涛审校,北京大学出版社2006年版,第92页。

② 本文引用的日本《不动产登记法》可参见王书江译:《日本民法典》,中国法制出版社2000年版,第209—267页。

有关土地标示的登记,应登记的事项包括:土地所在的郡、市、区、镇、村及里;土地号数;土地种类;土地面积等。建筑物标示的登记,则应登记下列事项:建筑物所在的郡、市、区、镇、村、里及土地号数;房屋号数;种类、构造及室内面积;建筑物有号数时,其号数;有附属建筑物时,其种类、构造及室内面积等事项。

四、中国房地关系制度选择

(一)德日两国制度比较及其借鉴意义

上文在制度层面上介绍了德国与日本在房地关系方面的基本制度。可以看出,无论对于德国还是日本而言,房地关系都是由一系列相关的制度组成,而不是由简单的房地合一或房地分离就可以概括的,而且总体而言,制度总是伴随着社会生活的发展变化处于不断的演进之中。例如,在德国,一开始确立的房地合一制度并不能适应社会生活的实际需要,因此地上权、住宅所有权制度随之产生并且不断发展,这些制度相互配合并且相互之间具有逻辑上的一致性。在日本,房地分离原则是与地上权、借地权等有关制度配套使用的。由此可见,两国的制度具有两个共同特征:其一,制度之间必须形成一个完整的逻辑体系;其二,制度必须适应社会生活的需求。

评价制度优劣的标准之一在于其是否适应自身的社会需求,在认为制度适应社会生活的前提下我们仍可以从效率、正义等标准考量制度的优劣。从法律关系的简易程度来判断,德国有关制度中的法律关系更为简单。除去建筑物区分所有权制度两国基本相同之外,德国法上与房地合一相关的是地上权制度,虽然地上权也是对房地合一原则的突破,但地上权仍然可以吸收建筑物所有权,因此德国法上土地的权利主要是土地所有权与地上权,法律关系清晰可辨。但反观日本法,法律关系则较为复杂。土地上存在土地所有权、借地权与房屋所有权等权利类型,而且房屋与土地可以分开转让。因此有日本民法学家评价说,如果将土地和建筑物分别作为两个独立的不动产时,土地所有人和借地人之间的法律关系会变得异常复杂,并会产生许多现实的问题。为了解决这些问题,日本采用制定特别法的方式作了许多努力,但问题并没有彻底解决。① 也有日本的民法学家尖锐地指出:"我国将建筑物和土地视为两个独立的不动产是土地制度设计中最大的败笔"。②

中国房地关系有其自身特色。土地公有制决定了个人不可能成为土地所有权的主体,但是对个人而言,居住又是基本的生活需求,"居者有其屋"也是多年以来主导中国社会的价值观之一,所以中国立法需要明确个人对房屋的所有权。因此,中国立法采取了将土地与房屋作为不同的物加以对待的立法态度。但在房屋与土地的关系上,中国的立法规定又与日本不同,日本法中将借地权确立为在他人土地上拥有建筑物的土地权源,借地权仍然具有债权的属性。而在中国法上,确立了"房随地走,地随房走"的原则。《物权法》第146条规定:"建设用地使用权转让、互换、出资或者赠与的,附着于该土地上的建筑物、构筑物及其附属设施一并处分。"第147条规定:"建筑物、构筑物及其附属设施转让、互换、出资或者赠与的,该建筑物、构筑物及其附属设施占用范围内的建设用地使用权一并处分。"第182条规定:"以建筑物抵押的,该建筑物占用范围内的建设用地使用权一并抵押。以建设用地使用权抵押的,该土地上的建筑物一并抵押。抵押人未依照前款规定一并抵押的,未抵押的财产视为一并抵押。"这种房屋与土地之间的关系与德国上的地上权制度颇为类似,即无论如何,房屋是地上权的重要成分,这在实质上保证了房屋与土地的一体性。

由此可见,在中国现行的法律制度中,房屋与土地之间的关系既不是单纯的如日本采取的房地分离体制,又不像德国采取的房地合一体制,中国法上的房地关系有自身的特色。

(二)建设用地使用权与房屋所有权关系的制度建构

中国的土地使用权是由多种权利组成的权利体系,其中最重要的是建

---

① 参见〔日〕藤井俊二:《土地与建筑物的法律关系——两者是一个物还是两个独立的物》,申政武译,载于渠涛主编:《中日民商法研究》(第四卷),法律出版社2004年出版,第121页。

② 参见〔日〕清水诚:《我国登记制度的回顾——素描和试论》,收录于日本司法书士联合会编:《不动产登记制度的历史和展望》,第125页(有斐阁1986年版)。转引自〔日〕藤井俊二:《土地与建筑物的法律关系——两者是一个物还是两个独立的物》,申政武译,载于渠涛主编:《中日民商法研究》(第四卷),法律出版社2004年出版,第122页。

设用地使用权。如上文所述,我国立法上一直实行的是土地使用权与建筑物所有权主体一致的原则。这一原则有利于避免各种权属纠纷。但是尽管法律努力使土地使用权主体与建筑物所有权主体保持一致,但土地与建筑物又是被作为不同的客体来对待的,所以在实际生活中二者极有可能产生分离,与此有关的问题在理论与实践中存在争议。

首先是土地使用权与房屋所有权能否转让给不同的主体。有学者认为,既然土地使用权和房屋所有权是两种不同性质的物权,因此在交易中发生两种权利的分离现象是不可避免的。出现了分离现象以后,可以根据登记制度消除两种权利的冲突。王利明教授认为该观点有一定道理,但他认为即使存在公示制度也容易发生各种纠纷。① 前文所引的《物权法》第146、147条规定了一并处分的原则,全国人大常委会法工委的有关人士对此解释说:"在我国,建筑物、其他附着物的归属虽然相对独立于土地的权属,但在转让中必须实行'房地合一'原则,否则将会出现在土地上的'空中楼阁',既不符合生活逻辑,也不利于保护土地权利人和建筑物所有权人的合法权益。"②"这两条的规定,实际上构建了一个整体:只要建设用地使用权和地上房屋有一个发生了转让,另外一个就要相应转让。"③

其次是土地使用权和房屋所有权能否分别抵押。王利明教授认为,将二者分别抵押,并不一定像出售一样导致不动产权利主体分离的结果,因为在抵押权实现时,需要对土地使用权和房屋所有权分别拍卖或变卖,如果法律规定在变价时房地权利的受让主体必须是同一人,不能出售给不同的主体,这样就可以避免权利主体的分离现象。因此,如果当事人将两种权利分别抵押,不能认为该抵押是无效的。④ 但《物权法》采取了不同的主张。其第182条规定:"以建筑物抵押的,该建筑物占用范围内的建设用地使用权一并抵押。以建设用地使用权抵押的,该土地上的建筑物一并抵押。抵押人未依照前款规定一并抵押的,未抵押的财产视为一并抵押。"这是因为,在实践中出现了一些将房屋抵押、但不抵押建设用地使用权,或者抵押建设用地使用权、但不抵押房屋所有权的情况,甚至有的人将房屋所有权与建设用

---

① 参见王利明:《物权法研究》,中国人民大学出版社2002年版,第320页。
② 参见王胜明主编:《物权法学习问答》,中国民主法制出版社2007年版,第243页。
③ 同上注,第244页。
④ 参见王利明:《物权法研究》,中国人民大学出版社2002年版,第321页。

地使用权分别抵押给不同的人,从而引发抵押权实现的困境,使债权人的利益受到损害。① 笔者认为,如果将土地使用权和房屋所有权分别抵押给不同的主体,虽然在理论上存在实现抵押权时二者的受让主体相一致的可能性,但是我们无法确保在实现抵押权时土地使用权和房屋所有权会归于同一主体,另外,在现在的状况下,房屋所有权和土地使用权的价值一般也是一并评估,将二者分开评估并抵押也不现实。

再次是建设用地使用权到期之后如何处理房屋与土地的关系,这也是《物权法》争议较多且广为关注的问题。《物权法》第149条规定:"住宅建设用地使用权期间届满的,自动续期。非住宅建设用地使用权期间届满后的续期,依照法律规定办理。该土地上的房屋及其他不动产的归属,有约定的,按照约定;没有约定或者约定不明确的,依照法律、行政法规的规定办理。"根据有关法律的规定,建设用地使用权到期后面临如何续期的问题,物权法草案也曾对建设用地使用权的续期作出规定,但是如果需要申请续期,在建筑物区分所有法律关系广泛存在的情形下,由谁续期、如何续期等都将成为问题,而住宅问题又是关系到稳定的大问题,因此物权法对住宅建设用地使用权和非住宅建设用地使用权作出了区分规定。物权法草案在规定住宅建设用地使用权自动续期的同时也规定"续期的期限,土地使用费支付的标准和办法,由国务院规定"。但对土地使用费的交纳问题,存在不同的观点。立法者认为,绝大多数住宅建设用地使用权的期限为70年,如何科学地规定建设用地使用权人届时应当承担的义务,目前还缺少足够的科学依据,应当慎重研究,物权法不作规定为宜。而且物权法不作规定,也不影响国务院根据实际情况作出相关的规定。② 对于非住宅建设用地使用权到期后的有关问题,《物权法》第149条第2款作出了规定。

结合《物权法》的有关规定可以看出,中国法在建设用地使用权与房屋所有权的关系方面,尽管将二者视为不同的权利类型,但坚持了主体一致的原则,并且注重维护二者之间关系的长久性与稳定性。与德国、日本等域外房地关系相比,中国的相关制度具有自身的特色。

---

① 参见王胜明主编:《物权法学习问答》,中国民主法制出版社2007年版,第300页。
② 同上注,第247页。

第四章　登记机关比较研究

如前所述,新颁布的《物权法》规定国家对不动产实行统一登记制度,所以关于不动产登记机关的统一问题成了理论界现在讨论的热点。确立统一的不动产登记机关以强化不动产物权保护的准确性及其力度,符合社会主义市场经济的要求。下文通过对国外一些国家的不动产登记机关的设置进行比较分析,探讨我国不动产登记机关的选择和确立的基本思路。

一、比较法视野下的登记机构

(一)权利登记制国家/地区

1. 德国

(1)机构设立

德国《土地登记条例》第 1 条即是关于不动产登记机关及其管辖的规定,其中第 1 款规定:"不动产登记簿由地方法院(土地登记局)掌管。土地登记局对位于本区域内的地产有管辖权。"根据这一规定,德国的土地登记局的设立实行属地管辖权原则,即按照地产的所在地来决定登记管辖权问题。如果一宗地产上有多个土地登记局时,则按照该条例第 1 条第 2 款等条文的规定,由权利人自愿选择其中的一个土地登记局作为登记机构。

德国的法院体系分为基层法院、州法院、州高级法院和联邦高级法院,德国的土地登记局一般设立在基层法院,也就是县一级。它们对所在地的一切土地登记事务具有管辖权。其职责是按有关规定审查批准土地登记事宜,填写登记册,办理与登记有关的各部门间的公务,不受政府和上级法院的干预,自主行政。由于德国是一个联邦制国家,经济主权在各州政府(当然这一点现在已经大大削弱了),而且各州的地方政府设置并不相同,所以一般来说土地登记局设立在县一级政府内,其事务接受州政府的领导,但在某些州里(如巴登—符腾堡州)则设立了专门的属于国家的土地登记局。在城市州里,有些只设立一个不动产登记局,有些则设立数个土地登记局。

(2) 机构的性质

土地登记局是地方法院的一个组成部分。但是作为法院的土地登记局并不是普通法院,从德国法院系统的设置来看也不是特别法院。它们和其他法院有明确的分工,土地登记局的管辖范围,只是不动产登记,此外别无其他。因此,(1)土地登记局的本质是法院,但它们不是一般的法院,它们对一般的刑事案件和民事案件并无管辖权。(2)因土地登记局属法院性质,故其进行的不动产登记行为是司法行为,其行为的结果和法院初审判决的效力等同。因土地登记而产生的争议不必再起诉,而是直接向上一级法院上诉。(3)对土地登记的上诉,管辖权在州一级法院的民事法庭。

(3) 机构的职责及人员组成

土地登记局的职责是:按照《土地登记规则》的有关规定,审查批准土地登记事宜;填写土地登记簿册;办理与土地登记有关的部门之间的公务。

德国各州的土地登记局人员组成具有一定相似性,主要由法律工作者、行政管理人员和仲裁法官组成。土地登记局的登记官员是法官而不是行政人员,但是又不同于一般的法院,而有其专门的任命和考核方式。[1] 土地登记的具体审查、批准核实工作,主要由法律工作者承担。遇到难题或产业主对登记事宜不服上诉的,则需要仲裁官来裁决。管理人员,主要是负责来去行文收发,登记簿册的管理,接待来访或申请登记者等日常事务。法律工作者是土地登记局的骨干,他们负责土地登记册的填写和依法登记,若不按土地登记的原则填写土地登记册,造成土地登记错误的,法律工作者要负法律

---

[1] 孙宪忠:《德国当代物权法》,法律出版社1998年版,第141—143页。

责任。①

2. 瑞士

瑞士的土地登记业务是由土地登记所承担的,即土地登记属于土地登记所(Grundbuchamt)的权限。瑞士在每一管区(Kreise)均设立有登记所。在瑞士,通常以一个州(Kaanten)为管区。由于瑞士实行的是联邦制,所以《瑞士民法典》953条规定各州可自行明确规定本州的土地登记所的主管官厅的设置、登记区域的划定、主管官员的任命和俸禄以及监督组织,如果没有设立主管官厅,则规定由州政府代理土地登记的主管官厅职责。登记的具体事务则由土地"登记薄管理人(grundbuchuerwalter)"——一般称为登记官——掌管。②

3. 瑞典

按照1972年的《瑞典土地管理法》,瑞典的土地登记由区法院下属的、专门的土地登记管理部门——土地登记局——负责,每个土地登记局负责的土地登记区域范围与瑞典的司法管辖区域基本吻合。③ 这样的土地登记部门一共有93个,受全国法院行政部门的管理和监督。④

4. 韩国

(1) 登记所

在韩国,不动产登记机关包括地方法院(或其分院)以及地方法院在其管辖范围内设立的处理管辖区内部分登记事务的登记所,它们均为司法机关。⑤ 所谓登记所,是指承担登记事务的国家机关。依韩国法院组织法,在韩国承担登记事务的国家机关为"法院"(《法院组织法》第2条第3项)。但在法院中,由地方法院及其分院掌管该管辖区内的登记事务(《法院组织法》第3条第3项,《不动产登记法》第7条)。此外,为了处理该管辖区域内的部分登记事务,地方法院在该管辖范围内,除分院外,可以另设称为"登记

---

① 国土资源部地籍管理司:《国外及港澳台土地登记制度比较研究》,北京大学法学院房地产法研究中心存本,第145—146页。
② 同上书,第218页。
③ 雷爱先、毛振强:《近观瑞典土地管理》,载《河南国土资源》2005年第2期,第38页。
④ 刘敏:《瑞典的地籍系统》,载《国土资源》2006年10月号,第53页。
⑤ 国土资源部地籍管理司:《国外及港澳台土地登记制度比较研究》,北京大学法学院房地产法研究中心存本,第349页。

所"的官署(《法院组织法》第 3 条第 2 项),但该登记所的设立、废止以及管辖,均依大法院规则的规定(《法院组织法》第 3 条第 3 项)。在韩国根据《关于登记所的设置及其管辖区域的规则》(大法院规则 1075 号)而设立的称为"登记所"的官署,目前已有 151 个所。因此,在目前韩国承担登记事务的国家机关,共有 12 个地方法院、38 个分院以及 151 个称"登记所"的官署。

(2) 登记公务员

所谓登记公务员,指在地方法院及其分院以及登记所办理登记事务的公务员,由地方法院院长从地方法院及其分院以及登记所的法院书记官、法院事务官、法院主事或者法院主事补中指定而产生。登记事务在其性质上,必须要公平、严格执行,故对于一定的登记事项,设关于除斥登记官的规定。①

5. 台湾地区

我国台湾地区"土地法"以及"土地登记规则"中所称"土地"是包含了建筑物在内的,因此台湾的土地登记也就是不动产登记。②

台湾地区"土地法"第 39 条规定:"土地登记,由市县地政机关办理之。但各该地政机关得在辖区内分设登记机关,办理登记及其他有关事项。""土地登记规则"第 4 条规定:"土地登记,由土地所在地之市县地政机关办理之。但该市、县(市)地政机关在辖区内另设登记机关者,由该土地或建物所在地之登记机关办理之。建物跨越二个以上登记机关辖区者,由该建物门牌所属之登记机关办理之。"目前台湾地区各县(市)、台北市及高雄市均于辖区内分设地政事务所,经常办理登记业务,是最基层的土地登记机关。

(二) 契据登记制国家/地区

1. 法国

法国的不动产登记机关为地方官署,性质上属于行政机关。③ 在不动产

---

① 崔吉子:《韩国的不动产登记制度》,载《民商法论丛》第 26 卷,香港金桥文化出版有限公司 2003 年版。
② 许坚:《日本、香港等国家和地区土地登记制度及启示》,载《中外房地产导报》1998 年第 16 期,第 46 页。
③ 王彦:《我国未来不动产登记机关的合理选择》,载《石家庄经济学院学报》2007 年 4 月,第 105 页。

登记机制中,抵押登记员和公证人起了决定性的作用。

(1) 抵押登记员

不动产登记是一种特殊的行政管理活动。从性质上讲,抵押登记机关属于行政机关,但其职能却是直接对私法上的权利进行管理和保护。抵押登记员为这一职能的执行人。事实上,抵押登记员的地位便反映了抵押登记机关这种特殊的混合性质:一方面,抵押登记员为隶属于法国经济和财政部的国家公务员;但另一方面,其地位又相似于司法助理人员。这表现为,其工资待遇来源于民事主体为公示程序所需要交付的费用。与此相适应,抵押登记员就其违法行为应当承担的民事责任为个人责任而非国家责任。《法国民法典》第2197条规定,抵押登记员应对交由其公示的行为的公示错误或在其发放的证书中的某些疏漏承担赔偿责任。这一责任的判断,被委托给司法秩序法庭。[①]

(2) 公证人

如前所述,从历史上看,不动产登记制度的建立与抵押借贷和赠与有密切关系,而抵押借贷和赠与则必须有公证人的介入。事实上,基于交易安全保护的需要,随着时间推移,不动产公示与公证行为之间的联系不断扩大和加强,以至于从一定意义上讲,在法国,对于设定或转让不动产权利的法律行为的调整,较之抵押登记员,公证人的地位和作用更为重要,公证人是不动产登记主要的"提供者"和这一制度的主要"用户"。[②]

2. 日本

(1) 机构设立

日本的土地等不动产登记机关是在法务省内部的民事局下面设立的,分法务局、地方法务局、支局、派出所四种形式,并通称为登记所。其设置情况如下图:

---

① 国土资源部地籍管理司:《国外及港澳台土地登记制度比较研究》,北京大学法学院房地产法研究中心存本,第132页。

② 同上注,第135页。

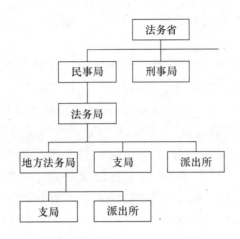

图1　日本土地登记机构设置图[①]

日本全国共设8个法务局,它们分别是东京、大阪、名古层、广岛、福冈、仙台、札幌、高松法务局;另外还设有42个地方法务局,278个支局,886个派出所,总计1090个登记所。法务机关不仅负责土地等不动产登记,还负责商业登记、户籍管理、刑事管理等。

法务局及其下属机构都是法务省根据需要设置的,地方政府无权设置法务机构。各级法务机关的设置和其管辖区域与行政区划是不相一致的。这就是说日本的法务省实行的是直属中央的垂直领导结构。[②]

（2）机构人员

法务局、地方法务局、支局的最高官员称"局长",派出所负责人称"所长"。法务局局长、地方法务局局长由法务大臣任命。法务局局长及其以下各级官员都是由国家规定的公务员考试录取人员逐级提拔上来的,不实行任期制。这与选举产生的大臣以上的政府官员的任期不同。

各登记所的土地登记业务根据《不动产登记法》第12条的规定由登记官负责办理。登记官是由法务局长或法务局局长授权的地方法务局局长在该登记所工作的法务事务官中指定的。各登记所根据其规模设一人至数人

[①] 国土资源部地籍管理司:《国外及港澳台土地登记制度比较研究》,北京大学法学院房地产法研究中心存本,第163页。

[②] 同上注,第162—163页。

的登记官。每一个具体的土地等不动产的登记事务,在管辖该不动产所在地的登记所办理。当不动产跨数个登记所的管理区域时,依法务省令的规定,由法务大臣或法务局长或地方法务局长指定管辖登记所。法务大臣可将属于某个登记所管辖的事务,委任给其他登记所办理。[①]

3. 我国香港特别行政区

香港的不动产登记机关为土地注册处,是一个行政机关。1993年5月1日,香港政府将隶属于注册总署的田土注册处独立出来,成立土地注册处;同年4月31日,立法局通过决议,成立土地注册处营运基金。土地注册处的任务是:维持一套快捷有效的土地注册制度,以便土地交易可以有秩序地进行。土地注册处的目标是:提供物有所值的服务,满足客户的需要,达到业务及营运计划定下的目标。

如图2所示,土地注册处以土地注册处处长为首,其下有三名首长级人员,分别是土地注册经理、副首席律师和业务经理。土地注册处由十个功能

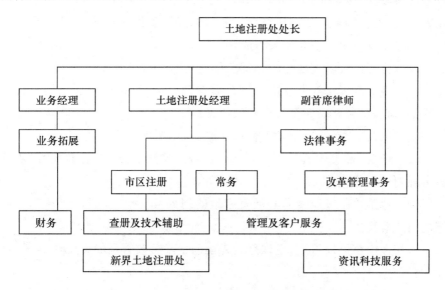

图2　土地注册处管理架构图[②]

---

① 国土资源部地籍管理司:《国外及港澳台土地登记制度比较研究》,北京大学法学院房地产法研究中心存本,第163页。

② 同上书,第355页。

分部组成:法律事务、市区注册、查册及技术辅助、新界土地注册处、常务、管理及客户服务、业务拓展、财务、改革管理事务、资讯科技服务。[①]

4. 我国澳门特别行政区

澳门特区是由行政法务司属下的法务局里的物业登记局负责土地及不动产的登记工作。而澳门特别行政区涉及土地管理的行政机构为运输工务司,其下设立的与土地有关的管辖部门有:土地工务运输局、地图绘制暨地籍局、房屋局、建设发展办公室、环境委员会等。土地工务运输局下属土地管理厅及城市规划厅、建设发展办公室负责土地规划与管理工作,土地批给事宜由业务执行上附属于土地公务运输局的土地委员会提出意见;地图绘制暨地籍局负责土地划界及地籍管理工作;经济财政司属下财政局负责土地及不动产的税收工作。土地委员会为澳门特别行政区政府的土地政策制定者,土地委员会由土地工务运输局局长担任委员会主席,委员由地图绘制暨地籍局局长、物业登记局局长、临时澳门市政局代表、临时海岛市市政局代表、土地工务运输局属下法律厅厅长、城市建设厅厅长、土地管理厅厅长以及一名无投票权秘书等8人组成。

澳门特别行政区土地行政管理工作的基本内容包括:

(1) 房地产买卖双方在立契官公署办理公证后,在物业登记局进行产权登记,副本送交财政局作为征税的依据;

(2) 依据《土地法》实施规范化的土地批给制度;

(3) 依据《都市建筑总规章》,土地工务运输局通过"街道准线图"协助城市规划的实施;

(4) 地图绘制暨地籍局开展每宗地的划界及工地的放样工作,确保城市规划的落实。

从管理内容可以看出,土地登记是澳门土地行政管理的重要环节。[②]

5. 意大利

意大利不动产登记簿的管理和更新,由 Agenzia del Territorio 来承担,它是隶属于经济财政部的政府机关,同时还承担着地籍簿管理、绘图和为税收而

[①] 李倩:《香港的房地产登记制度及其启示》,载《中国房地产》2000年12月,第62页。
[②] 国土资源部地籍管理司:《国外及港澳台土地登记制度比较研究》,北京大学法学院房地产法研究中心存本,第368—369页。

进行的不动产评估等工作。意大利在全国各地都设有专事土地登记的不动产登记机关。意大利规定登记应当在财产(土地)所有地的不动产登记机关进行。

在意大利,对不动产登记薄在登记机关还设有专门的保管人。法律明确规定保管人的义务(见《意大利民法典》第2677条)是:应当妥为保管登记、抵押登记、注明的复印件及尚未来得及进行登记的证明。而且保管人亦应当将其保存的原件的复印件、或者在法院管辖区以外的但由设有登记机构办公地址的地区的登记机关所提供的公证人文件中的原件的复印件、或者存放于公共档案馆内的原件的复印件,交给申请人。①

(三)托伦斯登记制国家

1. 澳大利亚

澳大利亚土地登记的权力在州政府,联邦政府和地方政府可以和其他法人一样拥有土地权利,其所有或使用的土地在州政府土地登记机关登记。② 澳大利亚各州都设有土地登记的政府机构。如在南澳大利亚州负责土地登记的是州环境与自然资源部直接领导下的州土地登记局,该局有350人,负责全州的土地登记工作。新南威尔士州土地登记局也是直属州土地与水保护部的领导,该局有639人,散布州内各地,负责进行全州的土地登记。这几个州的土地登记局都是本州土地权利登记的唯一机构,州土地登记局在地方政府不设分支机构,但州土地登记局与地方政府在土地登记工作上职权分工明确,地方政府对土地用途、规划进行审批后,州土地登记局对产权进行审查、登记。只有经过土地登记局登记后的土地,其土地持有人的权利才受法律保护。

新南威尔士州土地登记局是澳大利亚土地登记工作最出色的局之一。该局的机构设置如图3所示。局本部设有八个处:测量处、土地文件登记处、产权证颁发处、法律处、信息技术处、行政服务处、土地信息服务处、管理计划与审计处。该局的主要职责是:土地登记申请的受理、审核;土地证书的颁发;土地登记资料的管理、查询及公众咨询等。土地登记之前所涉及的

---

① 国土资源部地籍管理司:《国外及港澳台土地登记制度比较研究》,北京大学法学院房地产法研究中心存本,第264—265页。
② 夏俊:《有了土地才有一切——托伦斯土地登记制度概述》,载《今日国土》2006年Z3期,第54页。

具体地籍测量和土地估价工作则由同属州土地与水保护部直接领导下的土地测量局与土地估价局来负责监督实施,土地登记局只是做一些土地边界的核查工作。但土地登记局与土地测量局及土地估价局在地籍图件及数据应用方面,有着密切的业务联系。①

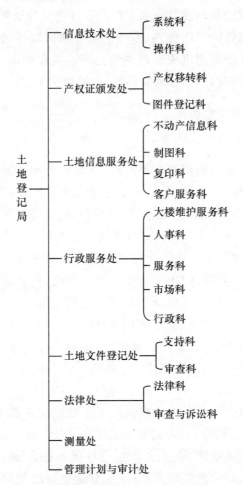

图3 新南威尔士州土地登记局组织机构图②

---

① 袭燕燕:《澳大利亚土地登记制度》,载《国土资源》2003年11期,第55页。
② 国土资源部地籍管理司:《国外及港澳台土地登记制度比较研究》,北京大学法学院房地产法研究中心存本,第289页。

昆士兰州不动产的登记，集中在州政府土地登记机关一个部门，已从一个早先手工书写的纸质登记，发展到一个安全可靠、便捷高效的数据库环境。昆士兰州自然资源矿产和水利部土地信息和产权局，是根据1994年土地产权法成立的，以州为一个登记区，在全州设有33个办事机构，主要对外提供土地登记资料查询、登记文件受理、登记注册3项服务。一些与土地相关的登记，也都在州政府土地登记机关进行。①

土地登记的运作实行资质登记师制度。土地登记系统的运行操作实行的是总登记师、副总登记师、登记师制度。对每个登记案件的受理、审核、交核、批准签发、错误认定、错误纠正等每一项程序都有相应分工并负有相应权利和责任。②

2. 英国

英国负责土地登记事务的机构是土地登记局，该机构早在1862年就设置了。该机构在行政上隶属于司法部领导。土地登记局是政府唯一从事土地权属的审查、确认、登记、发证以及办理过户换证的部门。

英国全国分为三个土地登记系统，英格兰、威尔士为一系统，苏格兰为一系统，北爱尔兰为一系统。英格兰、威尔士的土地登记系统，总部设在伦敦，称为英国土地登记局。

英国土地登记局下设21个土地登记分局（其中有19个地区），遍布英格兰和威尔士各县（区），各登记分局之间为平行机构，职能相同，所颁发的土地登记证书为同一制式，均代表国家土地登记局。英国土地登记局对19个分局实行垂直领导，即英国土地登记局负责制定政策，协调有关部门之间的关系，处理复杂的登记问题，不具体操办登记事务。19个分局为总局的派出机构，财政、人事均由总局负责安排。因此，英国的土地登记工作不受各级政府部门的行政干扰。土地登记局中的最高领导是政府中的司法大臣。英国的每个土地登记分局约有600名工作人员，加上伦敦局本部的工作人员，总共1.2万人，其中测绘专业队伍2000人。另外，局本部和各分局都有多名律师，局总登记师、各处负责人，也必须由已取得律师资格的人担

---

① 夏俊：《有了土地才有一切——托伦斯土地登记制度概述》，载《今日国土》2006年Z3期，第54页。

② 国土资源部地籍管理司：《国外及港澳台土地登记制度比较研究》，北京大学法学院房地产法研究中心存本，第281页。

任。各分局主要设法律、制图两个专业。在苏格兰和北爱尔兰地区的土地登记处则分别由当地政府专设土地登记机构,独立负责本地区的土地登记事务。

从性质上看,英国土地登记局是政府的一个部门,是执行国家法律的机构。但从财政安排上来看,它又独立于政府的财政预算之外,只是依靠土地登记费维持整个系统的运作和发展。其前提是土地登记收费不纳入政府税务部,完全由土地登记局独立安排。其最大的一个优势是土地登记局有权根据房地产市场交易情况,调整年度间的土地登记收费标准,并以此来满足该局系统的年度预算。①

英国土地登记实行的是房随地走、一并登记的制度。对于承载建筑物的土地,本着房从属于地、房随地走的原则,一并登记,但不另外发放单独的房屋产权证书,而是在土地权属证书及所附宗地地籍图中,用文字和图形载明。因而土地登记局同时是政府唯一的房屋权属管理部门,土地、房屋的产权证,是一个证而不是两个证。不论私房公房的买卖、租赁,都必须在土地登记局登记。主管城市建设、住房建设的环境事务部,无管理房地产权属的职能。②

3. 爱尔兰

在爱尔兰,并行着两套财产登记系统——权属登记和契据登记。从1892年以来,权属登记机关一直是土地登记处(Land Registry),而契据登记更是从1708年起就开始由契据登记处(Registry of Deeds)管理。2006年,爱尔兰颁布了新的《契据权属登记法》,将两个登记机关统一到了财产登记机关(The Property Registration Authority,PRA)的管理下,这个机关由司法、平等暨法律改革大臣领导。

新设立的PRA的主要职能在于管理控制契据登记和土地登记,并且扩大权属登记在土地上的应用。该机关的主要业务有:检查法律文书以及相关的地图,记录下它们对登记簿以及地图将产生的法律方面的影响。其中包括:权属的初始登记、之后发生在土地上的交易的登记、契据的记录、提供

---

① 国土资源部地籍管理司:《国外及港澳台土地登记制度比较研究》,北京大学法学院房地产法研究中心存本,第252—253页。

② 同上注,第255页。

权属证明以及一系列相关的服务。

土地登记处出于行政管理的目的,以地域为基础进行设置。在都柏林设立了四个办事处,在沃特福德设立了一个办事处,此外,在其他郡设立了24个地方办事处。契据登记处位于都柏林,它被分成两个主要单位——登记单位(the Registration Unit)和调查单位(the Search Unit),登记单位负责契据登记,而调查单位负责官方调查(Official Searches)等事项。

4. 新西兰

新西兰负责土地登记的机构是司法部。另外,测量与土地信息部则在技术上辅助司法部完成土地登记工作。测量与土地信息部的办事机构将有关的地籍测量结果或土地权属等地籍资料送司法部下属的有关办事机构,经它审核后,予以登记,颁发土地证书,确认土地权利人的权利。司法部作为国家的权利登记机关,不仅要负责土地权利的登记工作,同时还承担婚姻、出生、死亡等方面的登记工作。司法部作为国家的政府职能部门,它本身并不具体负责登记工作,而由该部下属的各地区办公室承担具体登记工作。司法部内专门设置了公共登记司,该司设置了土地契约登记处,它主要负责两个方面的工作:一是向公众解释有关的法律问题,二是向司法部汇报全国的土地登记工作情况并对部下属办事机构进行指导。

新西兰按照土地利用的状况将全国的土地利用分为12个土地登记区,各土地登记区内设立土地登记办公室,负责本登记区内的土地登记工作。土地登记中所涉及到的地籍测量和土地估价工作由登记区内的测量与土地信息办公室和估价办公室负责。土地登记办公室受新西兰司法部(公共登记司土地契约登记处)的垂直领导,并不接受地方政府的领导。土地登记机关主要负责土地登记申请的受理、审核,土地证书的颁发,土地登记资料的管理、查询及公众咨询等项业务。另外,土地登记办公室在地籍图件及数据应用方面,和测量与土地信息办公室有着密切的业务关系。

土地登记办公室的工作由地方土地登记师或助理土登记师负责,其职责是负责土地登记的审核、注册登记及核发证书。其余工作人员负责土地登记文件的收发、打印、资料管理及有关业务咨询等工作。地方土地登记师或助理登记师应具备的条件是:具有法律方面的职称或学位,具有多年从事法律工作的经验。①

5. 美国

美国的土地机构分两种情况：其一，按美国一些州的法律，土地登记应当在行政法规指定的机构（statutorily designated offices）进行，这种机构可能是县登记机构（a county recorder office）、州代理机构（a state agency）或者是城镇事务官（a town clerk）。一些州通常在其所辖各县内分别设有土地登记机构，一般称为注册处；此外，一些州在人口稠密的地方，还专门设有土地登记机构。其二，美国有一些州的土地登记由地方法院负责，比如夏威夷州和明尼苏达州。除政府的这些机构外，美国还有私人建立的权源保险公司进行不动产权利登记保险业务。这样的公司在美国约有160个，多数为地方公司，仅对一个州内的土地权源进行保险。公司在承保前，要派员进行详细调查，做成产权状况摘要报告，方可根据产权瑕疵大小对其土地权利进行担保。②

（四）结论

考察上述国家关于不动产登记机关的规定，我们发现它们具有下述几个共同点：

1. 不动产都由统一的登记机关进行登记

设立专门的登记机构对不动产进行统一登记，是不动产变动公示具有公信力的基本要求。多机构多头登记，必然带来信息分散和冲突的问题，不但会损害物权人的利益，也无法实现明晰物权状态、保护财产秩序和第三人利益的目标。唯有由专门机构对不动产进行统一登记，才能使不动产登记信息规范、集中、连续，便于查阅和避免错误的发生，符合效率的原则。③

2. 不动产登记机关都具有独立性

纵观上述各国不动产登记机关的设置，大多具有一个共同的特点，就是独立于地方政府，不受地方政府的控制，而由中央登记机关垂直领导，比如

---

① 国土资源部地籍管理司：《国外及港澳台土地登记制度比较研究》，北京大学法学院房地产法研究中心存本，第343—344页。
② 同上注，第96页。
③ 张剑文：《不动产登记机构的改革》，载《国家检察官学院学报》2007年8月，第152页。

日本的法务省、英国的土地登记局等。

3. 不动产登记机关工作人员的专业性

不动产登记由于涉及很多法律、地理方面的专业知识,所以对于不动产登记人员的资质要求,一般都很高。比如德国的登记官员,有其专门的任命和考核方式;澳大利亚实行资质登记师制;英国和爱尔兰土地登记人员组成中必须要有一定的律师比例。

二、我国的不动产登记机关

(一) 我国不动产登记机关的现状

1949年到1956年,我国也曾建立有不动产登记制度,之后一直中断。到20世纪90年代,当时登记只是作为不动产行政管理部门的一种行政管理手段,法律明确规定不动产登记不是不动产物权变动的公示手段,这种登记与民法上的不动产物权的变动没有法律上的联系。1998年第七届全国人民代表大会第一次会议通过的宪法修正案,正式确立了国有土地使用权有偿转让制度,之后我国的不动产事业有了飞速发展。目前,除了上海市等少数地区外,我国大多数地区实行的是不动产分别登记制度,而这种分别登记由诸多部门进行。下面仅介绍其中三种类型:

一是土地登记机关。依照现行的法律规定,国有土地所有权是由各级地方政府作为国家的代表来行使的,政府兼具国家土地所有权的代表者和土地行政管理者的双重身份。集体土地所有权上土地使用权等权利的设定审批权在县、乡两级政府。土地登记的内容主要有:(1) 土地权属性质。我国土地实行国家所有和集体所有,因国家土地所有权不必登记,所以登记的土地权属性质分为集体土地所有权、国有土地使用权、集体土地使用权及他项权利;(2) 土地权利来源;(3) 土地权利主体;(4) 土地权属界址;(5) 土地面积;(6) 土地用途;(7) 土地使用限制;(8) 土地等级和价格。

二是房产登记机关。原建设部《城市房屋产权产籍管理暂行办法》规定,县级以上地方人民政府房地产行政主管部门负责本行政区域城市房屋产权产籍的管理工作;城市房屋产权的取得、转移、变更和他项权利的设立,均应依《城镇房屋所有权登记暂行办法》的规定,向房屋所在地的市、县人民政府房地产行政主管部门申请登记,经审查确认产权后,发给房屋产权证。中央房地产管理机构为建设部的专设部门,地方的房地产管理机构为省(自治区)的建设厅(建设委员会)、直辖市的房地产管理局、市县的房地产管理局。所以,我国房屋登记机构一般是房产部门。房屋登记的主要内容有:所有权人、所有权性质、房屋坐落、地号(即房屋所在的土地编号)、房屋状况、契税交纳情况、使用土地面积、土地登记证号以及他项权利。

三是林木登记的相关规定。林木由林业管理部门管理,有关林木所有权的登记也在该部门进行。①

(二) 形成我国不动产登记机关现状的原因

我国大陆的这种做法,根据孙宪忠教授的解释,原因是从1956年起土地权利退出财产法的范畴,在1988年之后才又重新进入财产法范畴。而此时房产权、林地权等已经进入了财产法范畴。而且先于土地登记建立了自己的登记制度。这些登记在历史上也曾发挥了一定的积极作用,因此得到许多人的支持。我国现行立法为照顾这一现实,采取了不动产登记分散在多个部门的做法。② 但是,这些在计划经济体制下或者经济体制转型时期曾经发挥过积极作用的登记类型,是违背市场经济体制下的登记法理的,也是与市场经济发达国家的普遍做法不相符的。

(三) 我国分散的不动产登记机关造成的弊端

我国的实践已经证明这种繁杂的登记体制产生了非常严重的弊端,总结起来,这些弊端主要有:

1. 分散登记造成不动产物权法律基础的不统一,其结果是妨害正常的不动产物权秩序。

在分散登记的情况下,登记造成了法律基础不统一,产生法律"相克",即权利实现的法律不能。例如,按照我国《担保法》,在不动产上设定抵押权

---

① 马颖:《我国不动产物权登记机关的立法选择》,载《河北广播电视大学学报》2006年第1期,第56—57页。

② 孙宪忠:《论物权法》,法律出版社2001年版,第463页。

时,如果土地上无建筑物的,该抵押权的设立在土地部门登记;如果土地上有建筑物的,则抵押权的设立在房产部门登记。同样按照《担保法》,在土地权利上设定抵押权时,地上物同时纳入抵押;而在地上物上设定抵押权时,土地物权也同时纳入抵押。在实践中,土地权利人常常为开发土地而借贷,并为该债权设定一个抵押权,这个抵押权是在土地部门登记设立的;在土地开发之后即房屋建成后,为生产经营的需要又要借贷,为该债权又设定一个抵押权,该抵押权是在房产部门登记的;按照担保法,这两个抵押权的支配范围是重合的,故它们存在着实现的竞争。后来设立的抵押权虽然在时间上居后,但是抵押权人对先前在土地上设定的抵押权并不知情,法律也没有提供让其知情的机会,故上述两个抵押权人当然认为自己是第一顺位的抵押权人。由于这两个抵押权分别登记在不同的登记簿上,故它们之间在法律上没有顺位的先后,所以并不能依法确定哪个权利先实现,哪个权利后实现。在这种情况下,不论采取哪一种解决方案,都会违背立法的本意,也会对两个抵押权人不公平。这种情况,在法学上称为"权利实现的法律不能",即法律本身妨害着权利的正常实现。这是分散登记造成的必然后果。

  2. 分别登记增加了公民和法人的不合理负担,妨害我国不动产市场的顺利发展。

  本来,不动产权利人就一项不动产物权的变动只需要进行一次登记,而现在各涉及部门均要其在自己的部门登记,甚至通过公开的方式不承认别的部门登记的法律效力。这样,公民、法人就一项不动产物权变动不得不多次登记,这不但加重了他们的负担,而且也损害了登记的严肃性和法律的权威性。

  3. 分别登记导致各有权登记的部门职责不明,造成各部门不断扯皮闹矛盾。①

  登记机关的不统一,易出现各登记机关之间职能协调的困难,由此带来行政效率的低下,加上受部门利益的驱动,易滋生行政腐败,表现在权力的行使上就是以权谋私,所谓权力的私有化也是这个道理。20世纪80年代,我国重建不动产登记制度时借鉴了原苏联立法经验,亦十分强调国家目标,可谓历史上退步式的回归。在转轨时期,部门利益又使登记目标加上了部

---

① 曲珍英:《房产登记的法理和登记机关的选择》,载《政法论丛》2005年4月,第58页。

门利益的目标,同时这也给我国建立统一的登记机关增添了难度。

4. 交易当事人为有关不动产的登记获得信息之困难。

多个不动产管理部门对不动产进行登记管理,交易当事人必须到不同的管理部门进行查询核实,从而给当事人造成极大的不便。①

三、统一我国的不动产登记机关

根据土地财产法即民法物权法的法理,我国应当早日建立符合市场经济体制要求的不动产统一登记的制度。我国的不动产登记机关应当统一,这是一个必然的趋势。因为在当今世界,市场经济发达的国家和地区,凡建立不动产登记制度的国家和地区,不论这种登记被称为土地登记还是被称为不动产登记,总是在一个机构进行的。而且将来的统一,必然是以土地为基础和为核心的统一,因为这是自罗马法以来一切建立不动产登记制度的市场经济国家和地区的共同做法。其理论根据是,不动产物权的核心是土地的物权。实际上,从罗马法以来,确实也没有将不动产登记分散在多个部门的其他例子。故不论是依据法理,还是依据市场经济发达国家和地区的经验,我国的不动产登记都必须统一。

(一)建立统一的不动产登记机关的几种学说

鉴于上述分散登记的种种弊端,国内学者一致认为我国今后的不动产登记法或者物权法应结束目前这种不动产登记机关的多头执政局面,设立统一的不动产登记机关,并且,这已经为新出台的《物权法》所肯定。《物权法》第10条第2款规定:"国家对不动产实行统一登记制度……"但是,对于统一的不动产登记机关究竟应当由哪个部门负责,学者们却没有达成统一的意见,目前主要有以下几种学说:

1. 法院说

德国、瑞士等大陆法系国家对不动产实行法院登记制度。我国也属大

---

① 周红锵、林平:《试论我国不动产物权登记机关的统一》,载《杭州师范学院学报》2004年5月,第207页。

陆法系,因此许多学者建议也应由法院统一管辖不动产登记。如由梁慧星教授主持起草的《中国物权法草案建议稿》第 20 条中规定:"不动产登记,由不动产所在地的县级法院统一管辖。"其主要理由是:

第一,现行建设部管理下的房地产部门虽然拥有最为详尽的不动产登记资料,但是该部门的登记是以房产登记为基础,其登记内容不能概括不动产的全部(尤其是土地),且只是对城市房产的登记;

第二,现在国土资源部下属的土地管理部门虽然掌握着全国的土地登记资料,在土地登记基础上建立不动产登记符合法理,但是将不动产登记纳入到土地登记将遭到房产登记和林业登记等部门的反对;

第三,法院登记也符合国际惯例。[①]

陈华彬教授也认为,考虑到我国现在的多头登记的混乱局面,现在各部门都竞相争当登记机关,将登记权力交给一个机关或在政府下专设不动产登记局都难以解决这些问题,所以应效仿德国,实行由法院登记的制度。[②]

也有学者认为,法院较行政机关中立,由法院登记可以做到公正客观,避免行政机关尤其是主管机关在登记过程中出现利益冲突,进而影响登记的公正性。

2. 行政机关说

关于由行政机关进行登记,一些学者从历史和现实的角度进行了分析。1922 年由北洋政府司法部发布的《不动产登记条例》中规定的登记机关为地方审判厅或县公署;1927 年国民政府定都南京后,司法行政部通令各省地方法院,仍予援用办理不动产登记。但是后来国民政府因为登记的混乱而颁布《土地法》,将登记机关统一改为市县地政机关[③],该地政机关为行政机关属性,现在这一制度在台湾地区仍然适用。新中国成立以后,我国的不动产登记机关一直为行政机关。有人认为,我国现在已经建立了相对完善的登记制度,这些机关在担任登记主体的过程中积累了大量的经验和资料,

---

[①] 梁慧星:《中国物权法草案建议稿条文、说明、理由与参考立法例》,社会科学文献出版社 2000 年版,第 142—143 页。

[②] 陈华彬:《中国物权法草案:一个比较、借鉴也确定中国物权法的特色的过程——对中国物权法草案建议稿的分析》,中国民商法律网,网址:http://www.civillaw.com.cn/Article/default.asp? id=13826,最后访问时间:2008 年 8 月 15 日。

[③] 温丰文:《土地法》,台湾正中书局 1994 年版,第 131 页。

由行政机关继续进行登记能够较好地发挥这些行政机关的优势。另外,也有学者援引英美国家的登记机关多为行政机关的立法例来证明我国也应采取行政登记的做法,在此不赘述。

3. 公证机构说

还有一部分学者认为,应当由社会公证机构来统一承担不动产登记的职能,其主要理由有以下几点:

(1) 不动产登记程序和公证程序具有共同点。

从国际上看,无论是采取哪种登记模式,一般都要经过申请、审查、记载等步骤,还需要当事人的共同意思表示,即双方当事人同意发生物权变动。[①] 而公证程序有申请、受理、审查、出证等步骤,对约定事项也需要当事人的共同意思表示。

(2) 公证机构的独立性、中立性是公证证明客观性的保障。

(3) 目前,公证机构遍布全国各省市及区县,从机构建制上符合不动产登记机构的要求。

(4) 从公证队伍结构上看,公证人员符合不动产登记适任的要求。[②]

(二) 法院说和公证机关说的弊端

诚然,法院说和公证机关说都有其一定的道理,但是同时也存在着无法克服的弊端。

1. 法院说的弊端

(1) 由于目前我国各级法院承担着繁重的审判任务,如果又让它承担繁重的登记工作,未免负担过重,尤其是要让它承担登记的实质审查工作,这样法院就必须投入大量的人力和物力,这可能是法院难以胜任的。在其他由法院来承担登记工作的国家,也都出现了这种现象。比如波兰和塞尔维亚,这两个国家都是由法院来承担登记工作,这导致它们的法院的审判效

[①] 屈茂辉:《市场交易的内在需要与物权行为立法》,载《中国法学》2000年第2期,第103页。

[②] 陈宏榕:《立法上应确立统一的不动产登记机构》,载《引进与咨询》2002年第6期,第89—90页。

率非常低。①

（2）在物权发生争议的情况下，法院要确定真正的权利人，必须要审查登记的真实性问题，然而如果由法院进行登记，登记的结果必然对法院最后的裁判产生影响。登记部门的登记对法院的最终确定权也会产生一定的影响。

（3）由法院承担登记义务，如果法院的工作人员没有按照登记的规则进行登记、玩忽职守或徇私舞弊，或在登记中运用欺骗性手段而造成登记错误的，按理应承担相应的责任，但如果由法院追究责任，将十分困难。即使追究责任，也会影响到司法的权威性，因为受害人有可能起诉作为登记机关的法院，这有损于司法的权威。

（4）尽管登记是一种公示方法，但在我国，登记也具有一定的行政监督作用。因此，登记与对不动产的监管工作应当联系在一起。②

（5）让法院承担登记工作会导致登记效率低下。根据统计显示，由法院承担登记工作的国家的平均登记时间比由非法院承担登记工作的国家的平均工作时间长70%。③

2. 公证机关说的弊端

（1）作为不附属任何权威部门的公证机关，在从事对物权的实质性审查时，缺乏一定的权威性。一方面，它不能像行政机关那样借助于行政权力来进行实质性审查工作；另一方面，它又不具备法院那样的司法权威性，能使物权公示获得较大的确定的公信力。总而言之，它缺乏必要的权力基础。

（2）正如第一点所说，公证机关进行登记缺乏必要的权力基础，所以对于当事人的虚假登记、诈骗登记，它无法直接追究当事人的法律责任，仍要借助于行政机关或者司法机关的力量。④

---

① 《国际不动产登记制度报告会论文》(2006年)，北京大学法学院房地产法研究中心存本。

② 王利明：《试论我国不动产登记制度的完善》，载《求索》2001年6月，第44页。

③ 《国际不动产登记制度报告会论文》(2006年)，北京大学法学院房地产法研究中心存本。

④ 羿瑞华、杨涛：《关于统一我国物权登记机构的新构思》，载《成都纺织高等专科学校学报》2004年10月，第10页。

（3）由公证机关进行登记还需要组建新的登记队伍和增加技术成本。①

（4）我国物权登记制度的目的是双重的。主要目的是为了物权的公示性，使其发生公信力，其次在于对物特别是不动产进行行政监管。而公证机关显然不能体现出这双重功能的制度作用。②

（三）应当由统一的行政机关负责不动产登记事宜

我们认为，从我国现阶段的实际情况来看，由统一的行政机关负责不动产登记事宜较为可行，理由如下：

1. 根据《土地管理法》及其实施细则和《城市房地产管理法》等基本法律，主管房地产登记的机关为各级人民政府土地主管部门和房产主管部门，而非司法机关。即使在实现了房地产统一登记的深圳、上海和珠海等地，也仍然是由属于行政机关的房地产登记局或处来进行登记的。在我国现行房地产登记的行政管理体制下，这些登记机关已经形成了较具规模的房地产登记资料和房地产登记人员，成为了将来制定统一的不动产登记法的"路径依赖"。如果重新设立隶属于法院系统的不动产登记局，则会破坏现有的利益格局，付出较大的代价，而且还会面临重新熟悉这些登记资料的成本，迟延登记秩序的形成。

2. 从现代行政权与司法权之间的关系来看，现代的行政权已经不是纯粹的执行管理权，也包含了越来越多的准立法权和准司法权。因而由行政机关进行房地产登记，兼有行政管理和司法性，可以更好地实现多重目标。

3. 在进行不动产登记的过程中，也需要国家进行其他的一些管理活动，比如统计房地产登记的信息，并将这些信息作为国家政策调整的依据。由于这些活动不仅具有行政性，还需要较高的专业性，不适合由司法机关来进行。③

4. 实行行政登记符合我国现行行政法和行政诉讼的关系设计。我国行政诉讼法规定，对具体行政行为不服的，当事人有权向法院提起行政诉讼

---

① 马颖：《我国不动产物权登记机关的立法选择》，载《河北广播电视大学学报》2006年第1期，第58页。

② 羿瑞华、杨涛：《关于统一我国物权登记机构的新构思》，载《成都纺织高等专科学校学报》2004年10月，第10页。

③ 李昊等：《不动产登记程序的制度建构》，北京大学出版社2005年版，第22页。

或申请行政复议。而现行不动产登记行为即是一种具体行政行为,如果登记当事人对行政机关的登记或不予登记行为不服,可以依法提起行政诉讼或申请复议,提起诉讼后经法院裁判并生效的,应以该裁判确定的内容来确定当事人的不动产登记关系,即使与原登记机关作出的登记处理不一致,也应以该裁判为准,登记机关应严格按生效裁判来更正其错误登记。如果是其他利害关系人对登记行为有异议的,也可以依法向法院提起民事诉讼,经法院审理并作出最终生效裁判的,也应以该裁判为准。试想,如果实行司法登记,则对登记不服的要提起上诉程序,而这种上诉又不同于一般民事或行政案件的上诉,我们就还有必要专门制定关于不动产登记案件的诉讼法,这样就难免浪费大量的立法资源,又造成法律之间的不协调。①

5. 实行行政登记有利于登记的效率化。目前,很多国家都在进行登记方面的改革,其中一个重要方面就是如何使登记更有效率。根据一项调查显示,让登记更有效率的其中一个重要措施就是:让行政机关负责登记事项。并且很多原本由法院负责登记工作的国家现在已经或者正在准备改为由行政机关负责登记,如洪都拉斯、多米尼加、萨尔瓦多、塞尔维亚和瑞典等。②又如,根据一项调查显示,在地籍管理部门和登记部门是一个部门的国家,整个登记过程所用的时间比其他国家会少40天左右。并且在实行行政登记的国家中,超过一半的国家的地籍管理机关与登记机关是合一的。1999年,萨尔瓦多取消了司法登记,然后将登记机关与地籍管理机关合一,这使得该国的平均登记时间少了好几个月。洪都拉斯、塞尔维亚和瑞典也正准备这样做。③

---

① 王彦、刘建民:《我国未来不动产登记机关的合理选择》,载《石家庄经济学院学报》2007年4月,第108页。
② 《国际不动产登记制度报告会论文》(2006年),北京大学法学院房地产法研究中心存本。
③ 同上注。

第五章 登记类型比较研究

一、不动产登记类型概述

依据不同的标准,不动产登记可以区分为不同的类型。

(一) 实体权利登记与程序权利登记

以登记对象为标准,不动产物权登记可分为实体权利登记和程序权利登记。

所谓实体权利登记,就是指对于当事人所享有的实体权利的登记。而所谓程序权利登记,在不动产法上就是顺位登记。所谓顺位,是指对他人的不动产所享有的权利在该不动产所承担的一系列他人权利中的顺序中的位置。① 一切不动产客体上均可承担性质各不相同的多个不动产物权,如在一项地产之上,即可同时存在所有权、以使用收益为目的的用益权、以管线架设为目的的地役权、租赁权、依顺位排列的多个抵押权等。在一个不动产之上负担两个以上的他物权时,这些他物权有一个权利实现竞争的问题。这些权利的权利人能否全部实现其权利,完全取决于他们的权利所处的登记顺位。②

(二) 所有权登记与他项权利登记

在不动产物权实体权利登记中,又可以按照具体登记的权利分为所有权登记与他项权利登记。

---

① 孙宪忠:《德国当代物权法》,法律出版社1997年版,第149页。
② 孙宪忠:《论物权法》,法律出版社2001年版,第453页。

顾名思义，所有权登记就是以不动产的所有权为对象而进行的登记。所有权登记之外的其他登记一般称之为他项权利登记。它们是在不动产所有权确立之后因对所有权的各种变更，或者说是所有权人对其不动产的各种处分而产生新的物权形态而必须进行的登记。一般包括：(1) 创设物权登记，如在不动产上创设使用权、用益权、地役权、抵押权，以及设立有物权化倾向的租赁权的登记等。(2) 移转物权登记，即已完全成立的物权作为独立财产在民事主体之间进行转让而进行的登记，在我国，它包括不动产的所有权、使用权、用益权、抵押权的移转登记。(3) 变更物权登记，指在不涉及其他人的情况下权利主体对自己的权利内容的变更，如国有土地使用权的权利人变更土地使用目的、或者扩大与缩小原来的权利范围的登记等。(4) 废止物权登记，包括权利人抛弃其不动产物权的登记，和不动产因自然灭失而为的登记等。①

(三) 权利登记与表彰登记(标示登记)

以登记内容为标准，不动产物权登记可分为权利登记和表彰登记。

权利登记，是指对所有权和他物权的设立、移转、变更、消灭等所进行的登记。它是不动产物权的直接公示方法，不仅公示不动产物权的现状，还公示其变动情况。在形式主义物权变动模式下，公示和物权变动完全吻合，不存在没有公示的物权变动，登记具有形成力。在意思主义物权变动模式下，物权变动时并不一定具备公示效果，但物权变动欲对抗第三人时却必须依赖公示，登记只有对抗力而没有形成力。

表彰登记又称标示登记，是指对土地、建筑物和其他地上附着物的物理现状如面积、种类、构造、用途等进行的登记。它不直接反映物权的归属和变动，也不直接负载物权变动的公示机能，但对于确定物权的权利内容和范围意义重大。如果表彰登记的内容和不动产的物理现状不一致，权利登记也不可能符合实体的真实权利关系，从这个层面上讲，表彰登记可以称作权利登记的前提和基础。

---

① 孙宪忠：《论不动产物权登记》，载《中国法学》1996 年第 5 期，第 59 页。

(四) 终局登记与预告登记

根据登记的目的、内容、完成时间和效力的不同,不动产物权登记可分为终局登记和预告登记。

终局登记又称本登记,是指将不动产物权的设立、移转、变更、消灭等情形记入登记簿中,使当事人所期待的不动产物权变动发生效力的登记。在进行终局登记后,当事人所要设立、移转、变更、消灭的不动产物权即刻发生设立、移转、变更、消灭的法律效果。可见,终局登记是不动产物权完成权的登记,即权利人或者利益人在登记时取得或者消灭一项已经完成的不动产物权的登记。在终局登记中,当事人已经具备所需的实在要件即有关当事人实体权利义务关系的条件,以及形式要件即不动产登记机关所要求的申请程序条件。

预告登记是与终局登记相对应的一种登记制度,是一种特殊的不动产登记制度,也被称作预登记或预先登记,在日本被称作假登记。预告登记无终局登记所具有的发生物权变动的效力,它是在当事人所期待的不动产物权变动所需要的条件缺乏或者尚未成就时,为保护其取得未来物权之请求权而将此权利进行的一种登记,登记的客体是请求权。预告登记作出后,并不导致不动产物权的设立或变动,而只是使登记申请人取得一种请求将来发生物权变动的权利。在不动产物权交易中,契约的成立与不动产的登记之间通常会有一定的时间差,债权契约成立后,暂时不具备终局登记的条件,不动产所有人或他物权人虽然负有在将来移转所有权或他物权的义务,债权人享有请求债务人为移转登记的权利,但是债权人享有的该项请求权仅具有债权性质,无对抗第三人的效力,在登记公信力和对抗力的作用下,当事人仍有权将该不动产处分给第三人,第三人完成移转登记后,就合法地取得该标的物的所有权。为保护债权人的登记请求权,法律便规定了不动产预告登记制度,债权人可在不动产物权登记的条件成熟前,先行将有关的不动产请求权进行预告登记,纳入预告登记的请求权,对后来发生的与该项请求权内容相同的不动产物权的处分行为,具有排他的效力,以确保将来只发生该请求权所期待的法律效果。① 在这里,为保障债权请求权的预告登记,实质上是通过公示使债权请求权具有对抗第三人的效力,从而获得了物权的性质,可见预告登记制度乃物权法原理运用于债权法领域的结果。②

(五) 初始登记、变更登记、更正登记、涂销登记

从不动产登记机关的工作程序来看,不动产登记可分为初始登记、变更登记、更正登记和涂销登记。初始登记的含义已如上述。变更登记的含义中包括了上述的创设物权的登记和移转物权的登记。所谓更正登记指的是对错误登记的改正登记。而涂销登记指的是对灭失的不动产物权进行的登记。这四种登记在不动产登记法的程序及其条件方面是各不相同的。

二、不动产登记类型的比较研究

(一) 德国不动产登记的类型

1. 终局登记

如前所述,终局登记是指将不动产物权的设立、移转、变更、消灭等情形记入登记簿中,使当事人所期待的不动产物权变动发生效力的登记。在德国法中,应登记的土地物权主要包括所有权、住宅所有权与部分所有权、地上权、用益权、抵押权等。而当事人因法律规定而取得土地物权的,即在先占、继承、征收、强制执行和法院判决的情况下,可在登记前先取得所有权,但非经登记,不得处分。

除以上实体权利登记以外,德国法还规定了程序权利登记,即土地物权顺位登记。同项物权要据登记先后顺序确定顺位。不同项物权根据登记日期确定,同一天登记的具有相同顺位。顺位可由权利人协议变更,但必须将

---

① 梁慧星:《中国物权法草案建议稿——条文、说明、理由与参考立法例》,社会科学文献出版社 2000 年版,第 169 页。

② 孙宪忠:《德国民法物权体系研究》,载梁慧星主编:《民商法论丛》第 5 卷,法律出版社 1997 年版,第 277 页。

变更在土地登记簿中登记。①

2. 预告登记(Vormerkung)

所谓预登记,指的是为保全关于地产地的请求权而将此权利进行的登记。一般的土地登记,都是地产物权完成权的登记,即权利人或者利益人在登记时取得或者消灭一项已经完成的土地物权的登记;而预登记,权利人或者利益人在登记时只能取得或者涂销关于不动产的请求权,即在未来才能变成完成权的登记。《德国民法典》中规定的预登记主要有"转让预登记"及"涂销预登记"两种类型。同时在德国其他法律中也有其他性质的预登记。

(1) 转让预登记(Auflassungsvormerkung)

所谓转让预登记,就是保全要求土地所有权人或者其他物权的持有人将其权利转让(或者称之为出让)的请求权的预登记。《德国民法典》第883条第1款规定:"为保全转让或者废止土地上一项物权的请求权、或者保全或者废止前述物权上的权利的请求权、或者变更这些权利的内容和顺位的请求权,可以在土地登记簿中为预登记。为保全未来的或者附条件的请求权的预登记亦为许可"。由此可见,转让预登记为保全目的在于地产物权变化的债权请求权而设立的预登记。德国民法中这种预登记是主要的。

(2) 涂销预登记(Loschungsvormerkung)

涂销预登记,指的是当土地所有权与抵押权竞合(即发生所有权人抵押权)时,为保全后序顺位的抵押权,债权人要求土地所有权人涂销其优先顺位的抵押权的预登记。在发生土地的所有权与抵押权竞合、而且所有权人抵押权处于优先顺位的情形时,后序顺位的抵押权将遇到永远难以实现的困难。因此依法律规定,后序顺位抵押权人(或者同顺位抵押权人、后序顺位或同顺位的土地债务人、定期金土地债务人法律地位等同)享有要求土地所有权人涂销其优先抵押权的请求权(《德国民法典》第1179a条及第1179b条)。但这一请求权并无排他性效力,后序顺位抵押权人的利益仍有受损害之虞。对此,后序顺位抵押权人可以根据《德国民法典》第1179条的规定为涂销预登记,以保全自己此种情形下的请求权。

---

① 国土资源部地籍管理司:《国外及港澳台土地登记制度比较研究》,北京大学法学院房地产法研究中心存本,第152页。

德国《土地登记条例》第18条也规定了一种预登记,它指的是当在一项权利上同时有多个申请时,地产登记机关为保护权利的顺位而为先申请的人在土地登记簿上所为的预登记。它和民法实体法的预登记本质有所不同。另外,在德国还有公法上的预登记,它是为保全依据公法而产生的地产先买权或者取得权而建立的。①

3. 异议登记(Widerspruch)

不正确登记在土地登记中按常理应属意外的情况,但是它在实践中出现却也是能够理解的。不正确登记出现之后,主要受损害的可能是权利人自己。而第三人利益因登记的正确性推定效力不受影响。对不正确登记的纠正,在德国民法中有两种方式,其一是"异议登记",其二是下文将论述的"更正登记"。

所谓"异议登记",全称是"对抗土地登记的正确性的异议抗辩登记",指的是当事人发现土地登记簿中关于自己的权利的记载有误,因为更正登记需要举证,费时较长,从而将自己对土地登记簿中关于自己权利登记的正确性的异议抗辩予以登记的程序。《德国民法典》第899条规定,在发生登记权利与实际权利有所不同的情形时,权利人可以申请将"对抗土地登记的正确性的异议抗辩纳入登记"。异议抗辩的效力在于,它能够赋予登记权利人一个针对土地登记的正确性的异议抗辩权,使得第三人不能依据上述"登记的正确性推定效力"而取得土地的有关权利。异议抗辩登记并不具有封锁后来的物权变更登记的效力(此乃是更正登记的任务),但权利人获得的抗辩权也足以使自己的利益得到保护。一般说来,异议抗辩登记只是一种进行更正登记之前临时性的应急措施,其目的是防止更正登记前的权利受损。但在法理上,异议抗辩也可以是一项有长期效力的登记。②

异议登记发生在如下场合:其一,物权合意不存在,或者物权合意为无效、被撤销的场合;其二,因登记人员的过失而为错误登记的场合。在因登记原因的不合法,或者登记人员的过失而为错误登记的情况下,权利人得提起更正之诉,更正已经进行的不正确登记,并予以回复,以保证登记如实反映真实的权利状态。但是,在更正之前,如果登记权利人与第三人进行交

---

① 孙宪忠:《德国当代物权法》,法律出版社1997年版,第155—156页。
② 同上注,第158页。

易,就会使第三人根据登记簿的记载取得登记公信力的利益。为防止此种情况的发生,同时也是为保全前述原因发生的请求权,此时得为异议登记,从而排除登记公信力的作用。异议登记是为防止第三人借公信力取得受让利益,而对第三人产生一种对抗的效力,即对抗第三人对登记物的取得。"第三人信赖土地登记取得物权者,得受公信力之保护,必须就其取得业已登记者为限"①。

根据《德国民法典》第 899 条第 2 款的规定,异议登记申请的程序既可以依假处分,又可以依利害关系人的同意为之。其中,为异议登记而作出的假处分指令无需证明异议人的权利已经受到损害,只需要说明其登记原因即可,所以,与德国民事诉讼法上所规定的假处分略有不同,但法院仍得命异议人提供担保。

4. 更正登记

更正登记,顾名思义就是对不正确的不动产登记进行更正的登记程序。②《德国民法典》第 894 条规定:"如果土地登记簿中的内容在有关土地的权利、此权利上的权利或者在第 892 条第 1 款所列举种类的处分权限制方面,与真实的法律状态不一致时,自己的权利未登记或者未正确登记的人,或者登记不存在的负担或者限制而受损害的人,可以要求因更正而涉及其权利的人同意在土地登记簿中加以更正。"

5. 土地物权变动中的登记

土地物权的变动,即广义的土地物权变更,指的是各种有关土地物权变动的事实,这些物权的变动事实都要求在土地登记簿上予以表示。《德国民法典》规定的土地物权变动的事实有如下几种:

(1) 所有权的移转,土地所有权从一个权利人移转于另一个权利人的事实。该法典第 873 条第 1 款规定,土地物权的移转必须由当事人成立合意,并将此权利变更的事实,登记于土地登记簿内。土地所有权移转合意的表达方式为:土地物权的移转必须由当事人成立合意,并将此权利变更的事实,登记于土地登记簿内。民法典第 925 条第 1 款规定:"依第 873 条为移转不动产所有权所应当具备的合意,必须由出让人和取得人双方同时出席,

---

① 张文龙:《民法物权实务研究》,汉林出版社 1977 年版,第 185 页。
② 孙宪忠:《德国当代物权法》,法律出版社 1997 年版,第 159 页。

向有权管辖的登记机关表示之(即出让)。在不损害土地登记机关的地位的前提下,公证机构也可以管辖让与合意的领受。出让合意也可以在司法和解中表达。"

(2) 在土地上设立权利负担,即在土地上设立一项限制物权。如在土地上设立地上权、地役权、土地收益权、地产留置权、抵押权及土地债务等土地他项权利。这种行为的性质是设权行为,其性质属于典型的物权行为。对设权行为,民法典的基本要求仍然是由双方当事人成立合意,并将合意纳入登记。

(3) 移转土地限制物权,即土地限制物权的权利人将自己的权利转让给他人的事实。如地上权人或者抵押权人将自己的权利让与他人等。这种行为的性质同样是一种出让行为。这种行为的成立有效,必须同样符合第873条规定的合意加登记原则。不过因这种行为涉及土地所有权人的利益,故一般认为,所有权人就是法典中所指出的"第三人"之一,纳入登记的意思必须有所有权人的意思。

(4) 权利内容的变更、即各种限制物权的内容的变更如权利支配范围的变更、权利存续期限的变更也就是解约期限的变更等。土地所有权依其性质没有内容变更的问题。《德国民法典》第877条规定,关于土地权利内容的变更的条件,一是必须符合合意加登记的原则,二是在权利上设定有第三人的权利时应该获得第三人的同意。权利人设定的第三人权利,当然主要是物权性质的权利,但也应当包括租赁权等债权性质的权利。

(5) 权利的废止。与其他各国的民法典不同,《德国民法典》规定废止土地物权必须具有严格的形式。该法典有两个条文规定了权利的废止。其中第875条规定的是权利上无权利负担时的废止,其基本条件是,除法律另有规定之外,废止一项土地物权必须有权利人放弃权利的意思表示以及在土地登记簿上的登记,而且该意思表示应向登记机关和得到放弃利益的人表达。在权利涂销之前,权利人所作的放弃意思表示只有在向登记机关作出、或者向得到放弃利益人交付涂销许可证时,权利人才受其意思表示的束缚。第876条规定的是权利上有权利负担时的废止,其基本条件是,权利上有第三人的权利而废止该权利时,除有意思表示和登记的条件之外,还必须得到第三人的同意,而且此项同意应该向登记机关和利益取得人表达。该项同意一经作出,即不得撤销。①

(二) 瑞士的不动产登记类型

瑞士法上的登记的种类,大抵可以区分为"正式登记"(终局登记)和"预告登记"。正式登记为登记制度的重心,土地物权的发生(取得)、移转、变更以至消灭,原则上皆应为此登记。

1. 预记登记(Vormerkung)——预告登记和异议登记

瑞士民法的预记登记,其功能大抵相当于德国民法的预告登记和异议登记。依《瑞士民法典》,预记登记被区分为三种:第一种是关于"人的权利"的预记登记,即债权的预记登记(《瑞士民法典》第 959 条);第二种是"处分权的限制的预记登记"(《瑞士民法典》第 960 条);第三种是"暂时的登记"(《瑞士民法典》第 961 条)。其中,第一、二两种,相当于德国民法的预告登记,第三种则相当于德国民法的异议登记。② 瑞士还规定预告登记不妨碍顺序上靠后的某权利的登记。

(1) 关于人的权利,即债权的预记登记(Vormerkung personlicher Rechte)

此种登记,类似于德国法的预告登记。但《瑞士民法典》第 959 条第 1 项规定:"对人的权利,以法律有其预告登记的明文规定者,如先买权、买回权、买受权、用益承租权及使用承租权等,得于土地登记簿册为预告登记。"从而与德国法不同,一方面,瑞士法把可以预记登记的对象,限制为法定的特定权利;另一方面,像承租权等与物权变动未有直接关联的债权,也被规定为预记登记的对象。

在瑞士,关于人的权利即债权的预记登记的本质,被解释为是赋予债权以对抗新所有人的效力的特殊登记制度。《瑞士民法典》第 959 条第 2 项规定:先买权等权利、因预记登记而事后取得的一切权利,有对抗的效力。例如,如果完成承租权的预记登记,则对往后取得该土地的所有权的人,也可主张承租权。但依预记登记,承租权无论如何也不能变质为物权,所以,于

---

① 国土资源部地籍管理司:《国外及港澳台土地登记制度比较研究》,北京大学法学院房地产法研究中心存本,第 155—156 页。

② 陈华彬:《外国物权法》,法律出版社 2004 年版,第 131 页。

第三人不法侵占租赁地时,承租人即不得依租赁权而请求排除侵害。

关于对人的权利(即债权)为预记登记所应具备的实质要件,一般认为,除需有特定的人的权利外,还需有就该权利为预记登记的当事人的约定。盖债权,并非以物权的直接变动为其目的。形式要件,通常认为,需有债务人(预记登记义务人)的申请和登记承诺。如预记登记义务人不为此行为的,则债权人(预记登记权利人)可依应为预记登记的约定,而提出应为预记登记之旨的诉求,并在获得(胜诉)判决后径为预记登记。

依瑞士民法,可以为预记登记的人的权利(债权)有:

第一,先买权(Vorkaufsrecht)。

先买权,又称优先购买权,即特定人依约定或法律规定,于所有人出卖其财产时,有依出卖人(所有人)和买受人(第三人)所约定的同一条件,优先承购买卖标的物的权利,论其性质,为一种期待权。

《瑞士民法典》第681条第1项规定:"先买权。于登记簿册为预告登记的,在预告登记所载明的期间内,得依所登记的条件对抗各所有人。无这项条件的登记时,得依土地出售与被告的条件而为对抗。"顺便提到,《瑞士民法典》之所以设此先买权,其目的在于防止土地所有权人把土地让与给第三人。

第二,买回权(Rückkaufsrecht)、买卖预约完结权(Kaufsrecht)。

买回权,即土地的让与人,可依自己的单方面的意思买回某块土地。买卖预约完结权,即权利人可依单方面的意思、并依一定的价格买取某特定的土地。"买回权,于土地登记簿册上为预告登记时,于预告登记所载明的期间内可以对抗各所有人"(《瑞士民法典》第683条第1项)。

《瑞士民法典》上的买回权,主要适用于这样的场合。例如,某市镇村以兴建劳动者的住宅为条件,把自己的土地让与给某乙。在某乙于特定期间内不履行约定的条件(不兴建劳动者住宅)时,市镇村即可依买回权而买回土地。

第三,赠与复归权(Schenkungsruckfallsrecht)。

所谓赠与复归权,即赠与之际,如受赠人较赠与人先期死亡的,可以请求使赠与物"复归"于自己的权利(《瑞士债务法》第247条第1项)。从而,在赠与的场合,如附有该复归权的,即发生同遗赠相同的法律效果。"复归权,于赠与土地或赠与关于土地的物权时,可在土地登记簿册上为预记登记

(《瑞士债务法》第 247 条第 1 项)。

第四,土地担保权人的次序(顺位)升进权(Nachrückungsrecht)。

在有次序(顺位)不同的两个以上的担保权时,先次序担保权消灭时,后次序担保权原则上不得升进,谓为次序(顺位)确定(《瑞士民法典》第 814 条第 1 项)。但瑞士民法,所有人与后次序(顺位)抵押权人,可就次序(顺位)的升进缔结特别的约定。于缔结了次序升进的特约时,后次序(顺位)担保权人,在先次序(顺位)担保权消灭时,即可请求升进自己的担保权次序。惟"土地担保权人递补(升进)其次序的约定,须经预记登记,始生物权的效力"(《瑞士民法典》第 814 条第 3 项)。

第五,用益承租权和使用承租权(Pacht und Miete)。

(2) 限制处分权的预记登记

依瑞士民法,限制处分权的预记登记,对于无过失而不知其限制的第三人,也为有效。处分权的限制,依瑞士民法有下列两种:

第一,直接的处分权的限制。它是指基于公法、私法的原因而由法律直接规定的对于处分权的限制。此种处分权的限制,无须为任何公示,受让人即受其拘束。易言之,无须进行登记,即可以对抗一切第三人,且不问第三人之为善意或恶意。此种形态的处分权的限制,包含公法上的处分权的限制(如《瑞士民法典》第 664 条的取得公有物,无主物的限制),和基于私法上的理由,而由法律直接规定的处分权的限制。

第二,间接的处分权的限制。此种处分权的限制,仅可对抗恶意的第三人,即不知处分权的限制而取得其物的人,照旧取得该物的所有权。但对于善意的第三人,则无此效力。从而,为了使此种限制的效力确实、可靠,遂有于登记簿册上加以公示的必要,而这正是限制处分权的预记登记。

依《瑞士民法典》第 960 条第 1 项,有下列原因之一者,可以对土地为限制处分的预记登记:

第一,为保全有争执或可执行的请求权,由官署发布命令的;

第二,设定抵押、宣告破产、减轻或延缓债务的;

此外,《瑞士民法典》第 960 条第 2 项规定:处分的限制,因预记登记而对于事后取得的一切权利,有对抗的效力。

(3) 暂时登记(die vorlaufige Eintragung)——异议登记

前已提到,瑞士民法之与德国民法的异议登记相当的,是暂时登记。依

《瑞士民法典》第 961 条第 1 项,有下列情形之一者,可以为暂时登记:

第一,为保全所主张的物权的。

第二,法律准许补充证明的。《瑞士民法典》第 965 条第 1 项规定:于土地登记簿册上为登记的,需在证明有处分权后为之。但有时处分权的存在,实质上虽已确定,但其他形式上的条件尚不具备(如登记承诺书的签署尚欠证明),此时,取得人、受让人等,仍得为暂时登记,但被暂时登记者,不因该登记而成为所有人。惟原登记名义人可以进行处分。如在日后提出证明的,则于暂时登记后,由登记名义人所为的处分,不生效力。

暂时登记,依利害关系人的承诺(同意),或法院的命令为之。只要该登记的权利被确认,其物权效力追溯到暂时登记之时。对于暂时登记申请,法官应依快速程序裁决,并在申请人以初步证据证明后准予暂时登记。在暂时登记中应确定其时空效力。在必要时还应规定向法官主张权利的期间。[①]

2. 正式登记(终局登记)

《瑞士民法典》第 943 条和第 958 条规定:(1) 不动产;(2) 不动产上的独立且持续的权利——所有权、地役权及土地负担、担保物权;(3) 矿山;(4) 不动产共有部分,应作为不动产在不动产登记簿上登记。对于特别情形,《瑞士民法典》第 944 条又规定"非私人所有的、并供公用的土地,除其物权应登记或州法允许其登记的以外,不得在不动产登记簿上登记","已登记的土地变更为不得登记的时候,须将其从不动产登记簿中删除"。

3. 抵押权的变动与登记

瑞士民法的不动产担保权,包括土地抵押证券(Grundprandverschreibung)、抵押债务证券(Schuldbrief)和地租证券三种,大致分别与德国民法的保全抵押、流通抵押和定期土地债务相当。惟抵押债务证券,通常为证券抵押。

需要注意的是,关于抵押权的物权变动,采登记主义之例外(即不采登记主义)者,为数不少。这一方面是由于抵押权具有附随性、伴随性所然,另一方面是因发行抵押证券的结果所造成的。故以下分别就抵押权的设定、登记移转和消灭等加以说明。

---

① 陈华彬:《外国物权法》,法律出版社 2004 年版,第 131—134 页。

(1) 抵押权的设定与登记

抵押权的设定,原则上和设定一般的不动产物权相同,即依当事人双方的物权的合意和登记为之。但设定所有人抵押权(Eigentümerhypothek)时,则只需有土地所有人的单方面的意思表示及进行登记即可。发行抵押证券时,抵押权本身,也依设定登记债权的合意而成立。但关于该抵押权的归属,依瑞士法,发行抵押证券前(即把证券交付给债权人前),抵押权便已成立,且已归债权人享有。因为,《瑞士民法典》第 856 条第 2 项规定:债务证券或地租证券一经登记,不待作成抵押证券,即生效力。

(2) 抵押权的移转(让与)与登记

抵押权,对于被担保的债权,具有附从性(Akzesslritatod. Abhangigkeit)(即附随于被担保债权的移转而移转)。那么,被担保债权是怎样实现其移转的呢? 在这一点上,登记抵押和证券抵押,存有差异。

第一,登记抵押。

《瑞士民法典》第 835 条规定:债权为土地抵押证券所担保者,其让与无须于土地登记簿册登记,即生效力。易言之,此种场合,是依债权让与的通常的方法为之。当然,与之不可分离的土地抵押证券,亦被随而让与。而且,土地抵押证券的让与(移转),不仅无须登记,且法律也未设关于登记的方法。因为《瑞士土地登记条例》第 66 条第 1 项有明确规定:土地抵押证券的移转,依债权让与的一般规定为之;抵押债务证券与地租证券的移转,依证券的交付为之。

第二,证券抵押。

在瑞士法上,让与基于证券抵押的担保债权时,需交付抵押证券(Pfandtitel)。《瑞士民法典》第 869 条规定:"让与基于债务证券或地租证券的债权时,概需交付抵押证券于其取得人。""抵押证券载明特定姓名的,并需记明取得人而将让与之旨记载于证券。"

以上依证券的交付的物权变动,被认为是登记主义之例外,即无需进行登记。但如果以抵押证券为登记簿的延长,则可认为仍然贯彻了登记主义。

(3) 抵押权的消灭与登记

在瑞士,被担保债权不成立或消灭时,抵押权本身并不因之而消灭,此际,抵押权由所有人享有,称为所有人抵押权。前已提到,此时因无被担保债权,所以严格言之,应谓为所有人土地债务。

(4) 所有人抵押权

抵押权与土地所有权,归属于同一人时,抵押权得因混同而消灭,系罗马法以来的一项原则。但是,如果严格贯彻此项原则,则会滋生诸多弊端。举其要者,例如,抵押权无论因何种原因而归属于所有人时,若皆认抵押权消灭,则往后所有人要获取新的融资时,即不得不重新履行为抵押设定的繁杂程序。而且,于存在后次序(顺位)的担保权时,因为后顺位的担保权要递升其次序,所以重实行设定的抵押权,即不得不位于其后的次序。鉴于此,瑞士民法遂规定了以土地所有人本身为权利人的抵押,称为所有人抵押。

所有人抵押,一般于下列场合得以成立:

第一,于设定证券抵押后,在把抵押证券交付给债权人前,所有人抵押权成立。

第二,土地所有人从一开始,即为自己发行抵押债务证券(《瑞士民法典》第 859 条第 2 项)。

第三,被担保债权不成立或消灭时,抵押权不消灭,所有人的抵押权成立。

(5) 顺位(次序)确定的原则

所有人土地债务,与"不伴有债权的所有人抵押权",一般有三项机能:一是所有人以自己为权利人而设定先顺位的抵押权,往后遇到好的融资机会时再利用之;二是设定抵押权之际,所有人保留其后设定优先于该抵押权的权利;三是先次序的抵押权所担保的债权不成立或消灭时,可以防止后次序的抵押权的次序升进。

为实现第二项机能,《瑞士民法典》第 813 条第 2 项规定:"土地抵押权得指定其为第二或其他任意顺位而设定之,但需于登记时,就一定金额保留其优先顺位。"

可见,瑞士民法认为:先设定的担保权,从一开始便处于后次序(顺位)。先次序(顺位),迄至嗣后被实际设定前,是一个"空位"(空白担保位置,die offene Pfandstelle)。例如,A 权利被保留应优先于其他权利,在设定 C 权利后,设定 B 权利,往后,依保留而设定 A 权利即是。此种场合,依瑞士民法,各权利的先后次序(顺位)是 A、C、B。由结果看,瑞士民法的这一规定比德国或其他国家为优。

为实现第三项机能,在瑞士民法,如前所述,被担保债权不成立或消灭时,即会使抵押权本身不成立或消灭。"债权被剥夺了的抵押权",仅存在于形式法上。抵押的效力,受设定之际"土地登记所表明的担保上的地位(即被规定的顺位)的限制"。先顺位的抵押权消灭时,后顺位的抵押权不得请求递升其顺位。此种场合,先顺位,以"空位"的形式继续其存在。但土地所有人和后顺位的抵押权人,可以订立顺位递升的约定,此约定一经预记登记,便有物权的效力。

4. 公法上的限制登记

《瑞士民法典》第962条要求,联邦内的各州得明文规定,将公法上的限制,如建筑工地的区域,在不动产登记簿上标明。而且州所制定的这一公法上的限制登记的规定须经联邦委员会批准后,才具法律效力。

5. 涂销登记、再登记和更正登记

瑞士的不动产登记法律中还设有涂销登记、再登记和更正登记的制度。

当物权的登记不正当,或正当的登记被不正当地涂销或更改时,其物权受到侵害的人,得诉请更改或涂销该登记。但在更改或涂销时,不妨碍善意第三人因信赖前述的不正当登记及被不正当地涂销或更改的登记,而进行的已登记了的交易所取得的物权及请求损害赔偿的权利(《瑞士民法典》第975条)。根据《瑞士民法典》第974条第2款,所谓的"不正当登记"是指凡无法律原因或依无约束力的法律行为而完成的登记,比如依通谋的意思表示而为的变更登记。

当登记因物权消灭而无任何意义时,供役人得请求涂销该登记。不动产登记簿管理人亦得依职权自行为之。但不动产登记簿管理人接受请求或依职权涂销登记时,应及时通知当事人。因上述涂销其权利受侵害的人,得诉请再登记(《瑞士民法典》第976条)。

如果不动产登记簿管理人要更正登记,并在未经当事人同意的情况下,仅得依法官的裁判为之。更正的方式亦可通过涂销不正当登记并加以重新登记之。对于单纯的书写错误,也可更正,但须依职权根据联邦委员会颁布的有关详细规定办理(《瑞士民法典》第977条)。[①]

---

① 国土资源部地籍管理司:《国外及港澳台土地登记制度比较研究》,北京大学房地产法研究中心存本,第233—236页。

(三) 韩国的不动产登记类型

在韩国法上,关于不动产登记的种类,主要划分为以下几种:①

1. 事实登记与权利登记

所谓事实登记,指在登记用纸标题部记载不动产位置、使用目的(建筑物为表示其结构)、面积等表示不动产自然状态的登记,又称"标题部登记"。

所谓权利登记,指在登记用纸中的甲区栏和乙区栏记载关于不动产权利关系的登记,又称"甲、乙区登记"。登记的实体法上的效力或权利变动效力,即是根据甲区、乙区上的登记内容而发生的。

韩国法上的这个事实登记与权利登记,类似于学理上所划分的表彰登记和权利登记。

2. 保存登记与权利变动登记

保存登记,指关于未登记不动产依该所有人申请初次进行的所有权登记。对于某项不动产所有权人申请保存登记时,与该不动产相关的登记用纸初次被开设,而此后的权利变动关系,均以此为基础而进行。即保存登记为此后有关权利关系变动登记的起点。需要说明的是,在不动产登记用纸的使用上,韩国与德国或法国有所不同。在韩国,先在登记机关备置一定式样的登记用纸,但不采纳对所有不动产进行强制登记的所谓登记的强制原则。在这种体制下,对于某项不动产开设登记用纸时,必须办理保存登记。例如,因土地的填拓或建筑物的新建而原始取得不动产的所有权人申请保存登记时,登记公务员在新的登记用纸上办理事实登记和权利关系登记。该登记用纸开设之后,此后的有关该不动产的所有登记均在该登记用纸的相关部分或相当栏进行。但需注意,新建设成的建筑物或新出现的土地等,在其性质上应当属于保存登记,但形式上办理移转登记。并且在保存登记申请书上,不需要记载登记原因,故权利的取得原因不被公示。

3. 记入登记、更正登记、变更登记、抹消登记、恢复登记、灭失登记

以登记内容为标准,登记可分为记入登记、更正登记、变更登记、抹消登

---

① 崔吉子:《韩国的不动产登记制度》,载《民商法论丛》第 26 卷,香港金桥文化出版有限公司 2003 年版。

记、恢复登记以及灭失登记。

所谓记入登记,指基于新的登记原因,在登记簿上记入一定事项的登记。一般所称登记,均属之。如所有权保存登记、所有权移转登记、抵押权设定登记等。

所谓更正登记,指为了更正由于程序上的错误或遗漏所发生的原始登记与事实关系的不一致而进行的登记。如在所有权移转登记,因申请人或登记公务员的过失误记或漏记的情形。

所谓变更登记,指为了更正由于登记事项变更所发生的既存登记与事实关系的不一致而进行的登记。如所有人住所或姓名发生变更的情形。

所谓抹消登记,指将现有的登记全部涂销的登记。即与登记相关的事实关系不再存在时,以消灭法律上事实关系为目的而进行的登记。

所谓恢复登记,指当既存登记不当被消灭时,恢复原登记使之与事实关系相符的登记。依据原登记的消灭原因,恢复登记又分为涂销恢复登记和灭失恢复登记。前者系指原登记的全部或部分不适当被涂销的情形,后者系指登记簿的全部或部分灭失的情形。

所谓灭失登记,指就不动产灭失情形所进行的登记。灭失登记虽属于"事实登记"或"标题部登记",但不动产已灭失时,与之相关的所有权利关系也随即消灭。办理灭失登记,应当在表示栏记载灭失原因后以红笔涂销,并闭锁该登记用纸。但就土地或建筑物的部分灭失,只办理关于面积或建筑物表示的变更登记,而非灭失登记。

4. 登记与附记登记

以登记方法或形式为标准,登记可分为主登记与附记登记。

所谓主登记,相对于附记登记又被称为"独立登记"。登记,原则上采取主登记的形式。所谓附记登记,指其本身不具有与先前登记相连接的独立的编号,而继续使用先前主登记的编号,只是在该主登记的编号下面标记附记登记编号的登记。一般而言,如更正登记或变更登记等,需要表示与先前登记具有同一性或其延长的事项时,或者如所有权以外权利的移转登记等,需要在登记簿上明确表示将要进行的登记与先前登记的权利具有同等顺位或效力的事项时,办理附记登记。

5. 终局登记与预备登记

以登记效力为标准,登记可分为终局登记与预备登记。

所谓终局登记,指直接发生不动产物权变动效力的登记。一般所称登记,均属之。终局登记相对于假登记又称"本登记"。

所谓预备登记,指与不动产物权变动无直接关系,只是间接为将来要发生的物权变动作准备的登记。预备登记分为假登记和预告登记。

(1) 假登记

所谓假登记,指为保全以不动产物权变动或不动产租赁权的变动为目的的请求权,且该请求权为附始期或附停止条件或其他将来可确定时所进行的登记。将来基于该请求权进行本登记时,该假登记的顺位即成为该本登记的顺位。所以办理假登记的真正目的在于保全将来要进行的本登记顺位。在严格区分义务负担行为(债权行为)和处分行为(物权行为)的立法体例下,请求权的发生与物权的变动在时间上不可避免地发生一定间隔。在这种情形,例如对于物权变动有请求权的不动产买受人,在其所期待的物权变动成立之前,应当采取暂时保护的措施。而不动产买受人作为债权人,其权利只有登记为物权人时,才能被安全保护,反之,债务人可以无视债权人的请求权。假登记制度,即是关于不动产请求权,以确保或保全该不动产变动请求权的方法实现保护权利人的目的。

假登记作为登记的一种类,原则上由假登记权利人和假登记义务人共同申请。但若添附假登记义务人承诺书,则允许假登记权利人单独申请。关于假登记的涂销,可以由假登记名义人单独申请。而且,添附登记名义人的承诺书或者可以与之对抗的裁判誊写本时,可以由登记上的利害关系人请求涂销登记。正因为假登记程序较为便利,在韩国一直被广泛利用。

(2) 预告登记

在韩国法上的预告登记,指因登记原因的无效或撤销提起涂销或恢复登记诉讼时(含败诉原告提起再审的情形),为了将该诉讼事实警告于第三人,由受理法院嘱托登记所而进行的登记。但其限于以登记原因的无效、撤消,可以对抗善意第三者的情形,否则不得办理预告登记。预告登记,与物权变动毫无相关,只具有警告第三人的事实上的效果而已,为登记的特殊类型。

（四）日本的不动产登记类型

1. 标示登记

标示登记的功能在于确认登记不动产的同一性,将其客观存在的事实正确地标示于登记簿。① 根据日本《不动产登记法》第 80 条,新产生土地时,所有人应于 1 个月内申请土地标示登记。在登记申请书上,应附具土地面积测量图、土地所有图及证明申请人所有权的书面文件。依该法第 93 条,建筑物为新建建筑物时,所有人应于 1 个月内申请建筑物标示登记,在登记申请书中,应附具建筑物的图式、各层平面图及证明申请人所有权的书面文件,就不动产的标示登记,也可由登记官依职权进行。

2. 假登记（预告登记）

在日本法中,假登记制度是一种类似于我们所说的预告登记的一种登记制度。假登记包括"为保全物权的假登记"和"为保全请求权的假登记"两部分。前者是指应登记的物权变动,已发生物权变动的效力,而登记申请所必要的手续上的要件尚未具备时;后者则是指物权变动未发生物权的效力时,进行暂时的处分。日本《不动产登记法》第 2 条、第 7 条、第 32 条、第 33 条和第 105 条分别就假登记的适用情形、假登记的顺位、假登记的申请实质要件及程序要件、假登记向本登记推进的效力作出了规定。

日本《不动产登记法》第 2 条规定:"假登记于下列各项情形进行:（1）未具备登记申请程序上需要的条件时;（2）欲保全前条所载权利的设定、移转、变更或者消灭的请求权时。""上述请求权为附始期、附停止条件或者其他可于将来确定者时,亦同。"可见,假登记适用于下列情形:第一,物权变动业已发生,但登记申请所必需的手续上的条件尚未具备;第二,为保全物权的设定、移转、变更或消灭的请求权;第三,为保全附有始期、停止条件或其他可于将来确定的物权变动的请求权。②

3. 预告登记（异议登记）

根据日本《不动产登记法》第 3 条和第 34 条的规定,预告登记是因登记

---

① 我妻荣:《日本物权法》,台湾五南图书出版股份有限公司 1999 年版,第 70 页。
② 王轶:《不动产法上的预备登记制度——比较法考察报告》,载蔡耀忠编:《中国房地产法研究》,法律出版社 2002 年版,第 153—154 页。

原因之法律行为或法律事实为无效或可撤销而提起登记之涂销或回复之诉讼时,由受诉法院,将就既存登记已有提起诉讼之事实,为预告第三人,依职权嘱托管辖登记所使其将诉旨载于登记簿之登记。① 其特点在于:

第一,在体系上与登记效力直接关联,即日本民法否定登记公信力,在登记错误时,一旦真实权利人在诉讼中取胜,第三人将丧失其从无处分权人处取得的权利,而预告登记通过对交易对象诉争状态的公示,为第三人决定是否进行交易提供了信息平台,从而能防止第三人遭受不测损害。比如,甲通过欺诈致使乙出卖其房屋并办理所有权移转登记,后乙请求法院撤销该买卖合同和涂销登记,如果没有预告登记,丙不知甲的物权存在瑕疵而取得该房屋,当乙胜诉时,就能从丙处追回该房屋;然而,通过预告登记,丙可以知悉甲和乙之间诉争的事实,能够避免因为信息不通畅而可能遭受的损害。

第二,在发生上以提起登记涂销或者回复之诉为前提条件,其启动机制只有法院嘱托,故预告登记是依附于诉讼的辅助性机制,不具有独立性。②

4. 涂销登记

依据日本《不动产登记法》的规定,涂销登记既包括权利消灭时的涂销登记,又包括违法登记的涂销登记,还有预告登记(也就是一般意义上的异议登记)的涂销登记。第三种涂销登记一般发生在两种情形下:一是提起的涂销或回复登记之诉败诉、撤诉、舍弃请求或诉讼和解的情形之下所谓的预告登记的涂销;另一种是登记原因被确认无效或撤销情形下的预告登记的涂销。该法第146条规定的假处分登记的涂销,第146条之五规定的保全加处分登记推进为本登记时对处分禁止登记的涂销也都属于这一类型。③

涂销登记适用的情形有:权利因权利人死亡而消灭、第一次所有权登记的涂销、信托登记的涂销、假登记的涂销、预告登记的涂销、后登记的涂销、权利因征用而消灭或违法登记的涂销。④

5. 消灭登记

日本《不动产登记法》第81条和第93条之十一分别规定了土地和建筑

---

① 张龙文:《民法物权实务研究》,汉林出版社1977年版,第181页。
② 常鹏翱:《异议登记的制度建构——法律移植的微观分析》,载《中国法学》2006年第6期,第47页。
③ 李昊等:《不动产登记程序的制度建构》,北京大学出版社2005年版,第357页。
④ 同上注,第358页。

物的灭失登记。在土地和建筑物灭失时,不动产登记簿标示部记载的所有人或所有人登记名义人,应于1个月内申请土地灭失登记;对河川区域内的土地灭失,河川管理人应从速嘱托灭失登记。①

6. 回复登记

所谓回复登记,也有译为恢复登记,是日本《不动产登记法》规定的一种类型,它是指与实体权利关系一致的登记,因不当原因而从登记簿上消灭时,对消灭的登记予以回复,以保持原有登记效力的一种登记类型。②

（1）灭失回复登记

灭失回复登记时指登记簿的全部或一部因水灾、地震等原因而发生物理上的灭失,予以回复的一种登记。它是对灭失的登记的一种恢复保存行为,不涉及新的权利关系的变动,故而其顺位不发生变动,而应依原有登记而定。③ 这在日本《不动产登记法》中体现为第23条。

（2）涂销回复登记

涂销回复登记指登记事项的全部或一部被不适法地涂销,为使登记回复到涂销前的状态而为的一种登记。该种登记规定在日本《不动产登记法》的第67条和第68条。

7. 更正登记

日本《不动产登记法》第63条规定:"登记官于权利登记完毕后,发现其登记有错误或遗漏时,应从速将其通知登记权利人及登记义务人。但是登记权利人或登记义务人为数人时,通知一人即可。"

（五）我国台湾地区的不动产登记类型

根据我国台湾地区"土地登记规则"的规定,不动产登记可以分成以下这些类型④:

1. 主登记和附记登记

这是台湾地区"土地登记规则"第10条的分类。

所谓主登记,是指因土地权利之得丧变更,而为新登记或于原登记之后

---

① 李昊等:《不动产登记程序的制度建构》,北京大学出版社2005年版,第371页。
② 同上注,第378页。
③ 肖厚国:《物权变动研究》,法律出版社2002年版,第243页。
④ 李何超、王振山:《台湾地籍制度与土地登记》,载《国土经济》2003年第4期,第44页。

增加新登记,为独立存在并生效之登记。诸如土地权利的取得、设定、移转、涂销等的登记。附记登记则是指不涉及土地权利之得丧变更,而就原有主登记之内容变更所谓之新登记。诸如权利内容变更登记、土地种类名称变更登记、更名登记、地址变更登记、书状补换给登记、更正登记、预告登记和其他限制登记等。① 主登记是在原登记事项后又加一登记事项,并应基于顺序另记于一宗登记用纸中,"主登记之次序,应依登记之先后"("土地登记规则"第10条前段)。附记登记则是变更主登记事项之一部而附随之登记,乃主登记之延长,登记时不另加登记用纸,仅记载于原用纸内主登记有关各栏之左侧空白处,以新登记维持原登记②,但他项权利之移转,因涉及其权利之优先次序,应以附记登记为之。③"附记登记应依主登记之次序。但附记登记,各依其先后"("土地登记规则"第10条后段),即同一主登记的附记登记应依其先后确定顺序。

2. 土地总登记

指对已依法进行地籍测绘的地方,在一定期间内对市县土地全部的登记,土地总登记属于强制登记。土地总登记所适用的权利包括土地所有权和他项权利。

台湾地区"土地法"第三章和"土地登记规则"第三章第二节详尽规定了土地总登记的程序,它包括土地和建筑物的总登记。按照"土地法"第48条,总登记包括以下几个步骤:调查地籍、公布登记区及登记期限、接收文件、审查并公告、登记并发给书状并造册。④

3. 建物所有权第一次登记

指新建或旧有的合法建筑物的所有人,向地政事务所申请所有权第一次登记(当地俗称保存登记),按土地总登记之程序办理。申请建物第一次登记,应向登记机关申请第一次测量,再提出有关证明文件申请登记。

台湾地区对于建物所有权第一次登记的规定体现在"土地登记规则"和"公寓大厦管理条例"中。

---

① 陈铭福:《土地法导论》,台湾五南图书出版股份有限公司2000年版,第124页。
② 焦祖涵:《土地法释论》,台湾三民书局1993年版,第315页;李鸿毅:《土地法论》,台湾1999年自版,第230—231页。
③ 李鸿毅:《土地法论》,台湾1999年自版,第230页。
④ 李昊等:《不动产登记程序的制度建构》,北京大学出版社2005年版,第295页。

依据"土地登记规则",建物所有权第一次登记除特殊规定外,准用土地总登记的程序(第77条)。

4. 变更登记

变更登记包括如下12种类型：

(1)标示变更登记：土地总登记后,因分割、合并、增减、地目变更及其他标示的变更,应为标示变更登记,例如地号变更、面积增减等。

(2)所有权变更登记：指土地或建筑物完成所有权第一次登记后,因法律行为或法律事实,使所有权发生移转、权利主体变更,依法向登记机关申办变更登记,例如买卖、赠予、交换、分割、法院判决。

(3)他项权利登记：指地政事务所已完成登记的土地或建筑物,设定有地上权、永佃权、地役权、典权、抵押权、耕作权等他项权利,或已设定的他项权利有转移或内容变更时所申办的登记。①

(4)继承登记：指土地或建物权利人有死亡的事实发生,自继承开始之时起,即发生继承的效力；非经登记不得处分其物权。

(5)遗赠登记：受赠人申办遗赠之土地所有权移转登记,应当由继承人先办继承登记后,由继承人会同受遗赠人办理之；如遗嘱另指定有遗赠执行人时,应于办毕继承登记及遗嘱执行人登记后,由遗嘱执行人会同受遗赠人办理之。继承人之有无不明时,应于办毕遗产管理人登记后,由其会同受遗赠人办理之。②

(6)时效取得登记：土地总登记后,因主张时效完成申请地上权登记时,应提出占有土地四邻证明或其他足资证明开始占有至申请登记时继续占有事实之文件。该登记之申请,经登记机关审查证明无误应即公告。公告期间为30日,并同时通知土地所有权人。土地所有权人在前项公告期间内,如有异议,依"土地法"第59条第2项③规定办理。④

---

① 台湾地区"土地登记规则"第102—113条。
② 台湾地区"土地登记规则"第85条。
③ 该规定为："土地权利关系人,在前条公告期间内,如有异议,得向该管直辖市或县(市)地政机关以书面提出,并应附具证明文件。因前项异议而生土地权利争执时,应由该管直辖市或县(市)地政机关予以调处,不服调处者,应于接到调处通知后15日内,向司法机关诉请处理,逾期不起诉者,依原调处结果办理之。"
④ 台湾地区"土地登记规则"第114条。

(7) 共有物变更登记:部分共有人就共有土地全部为处分、变更及设定地上权、永佃权、地役权或典权申请登记时,登记申请书及契约书内,应列明全体共有人,及于登记申请书备注栏叙明依"土地法"第 34 条之一第 1 项至第 3 项规定办理。并提出他共有人应得对价或补偿已受领或已提存之证明文件。但其无对价或补偿者,免予提出。①

(8) 更名登记:土地权利登记后,权利人的姓名或名称有变更者,应申请更名登记。设有管理人者,其姓名变更时,亦同。② 法人或寺庙在筹备期间取得的土地所有权或他项权利,以筹备人的代表人名义登记者,在取得法人资格或寺庙登记后,应申请更名登记。③ 公有土地管理机关变更者,应嘱托登记机关为管理机关变更登记。④

(9) 住址变更登记:指已登记的土地或建物权利,因权利人或登记名义人的住址在登记完毕后发生变动,而向地政事务所申办的登记。登记名义人住址变更者,应检核身份证或户口簿。⑤

登记名义人住址变更,未申请登记者,登记机关得查明其现在住址,径为住址变更登记。⑥

(10) 书状换给或补给登记

土地所有权状或他项权利证明书损坏或灭失时,得申请换给或补给登记。⑦

(11) 涂销登记

"土地登记规则"第 131—135 条规定了涂销登记的适用情形:(1) 因权利的抛弃、混同、存续期间届满、债务清偿、撤销权利的行使或法院确定判决等,至权利消灭时,应申请涂销登记;私有土地所有权之抛弃,登记机关应予办理涂销登记后,随即为公有土地的登记。⑧ (2) 依本规则不应登记,纯属登记机关之疏失而错误登记之土地权利,于第三人取得该土地权利之新登

---

① 台湾地区"土地登记规则"第 84 条。
② 台湾地区"土地登记规则"第 115 条。
③ 台湾地区"土地登记规则"第 116 条。
④ 台湾地区"土地登记规则"第 117 条。
⑤ 台湾地区"土地登记规则"第 118 条。
⑥ 台湾地区"土地登记规则"第 119 条。
⑦ 台湾地区"土地登记规则"第 120 条。
⑧ 台湾地区"土地登记规则"第 131 条。

记前,登记机关得于报经直辖市或县、市、地政机关查明核准后涂销之。①
(3) 预告登记的涂销和查封、假扣押、假处分、破产登记或其他禁止处分之登记的涂销。②

(12) 消灭登记:土地灭失时应申请消灭登记。

上述所有的变更登记,都应当以附记登记的形式为之。③

5. 更正登记

指登记人员或利害关系人在土地登记完成后,发现登记错误或遗漏时,应申请更正登记。登记机关在报请上级地政机关查明核准后,予以更正。申请方式分为登记机关迳为登记与利害关系人单独申请。

6. 限制登记

又称保全登记,指限制登记名义人处分基本权利所作的登记,如预告登记、查封、假扣押、假处分或破产登记,及其他依法要求禁止处分的登记。④ 这里的处分,依照学者的解释是指法律上的处分,包括土地权利之移转、设定、变更或消灭。⑤ 限制登记的目的在于一定范围内限制登记名义人任意处分其土地或建物之权利,以保全将来可能实现之土地权利。⑥ 限制登记并不直接导致物权变动,只是限制了登记名义人处分其不动产权利,但有可能推进到本登记,发生物权变动的后果。⑦ 下面重点谈一下限制登记中的预告登记。

我国台湾地区民法除沿用德国民法之外,更参照了日本《不动产登记法》进行制度设计,在旧"土地施行法"和"土地登记规则"中都规定了预告登记制度和异议登记制度,但最终还是取消了异议登记制度,确立了预告登记与法院假处分嘱托登记(称为嘱托登记)并行的制度体系。其原因在于"异议登记须因假处分或经土地权利登记名义人之同意,为登记程序上之要件(旧"土地登记规则"第98条)。然实际上异议登记经土地权利登记名义

---

① 台湾地区"土地登记规则"第132条。
② 台湾地区"土地登记规则"第134—135条。
③ 李鸿毅:《土地法论》,台湾1999年自版,第301页。
④ 台湾地区"土地登记规则"第124条。
⑤ 李鸿毅:《土地法论》,台湾1999年自版,第305—306页。
⑥ 杨松龄:《实用土地法精义》,台湾五南图书出版股份有限公司2000年版,第161页。
⑦ 李昊等:《不动产登记程序的制度建构》,北京大学出版社2005年版,第457页。

人同意者,极为罕见,而须诉请法院以假处分后为之。假处分为民事诉讼法保全程序中强制执行方法之一。保全程序之强制执行,须将其争执权利之法律关系定暂时状态,使其维持现状,以便执行。否则若土地或建筑物权利移转,并经登记确认,将使执行困难或不能,故现行法令即以法院假处分之嘱托登记代替异议登记"①。

不仅如此,我国台湾地区还删除了以法院假处分命令的方式进行的预告登记,仅留存了需要取得权利人承诺的预告登记。其理由在于:"声请保全请求权的预告登记,如不取得登记名义人的同意书,就表明当事人之间的债权债务关系尚有争执,为维护登记名义人已登记权利的安全,仍以先行协调订立特约,再行预告登记,较为妥适。"②需要注意的是,尽管通过法院命令的方式进行的预告登记在《土地法》中遭到删除,但《民事诉讼法》上的假处分查封登记仍然可以进行。③

关于我国台湾地区预告登记制度的适用范围,台湾学者的通说一般概括为五条,即(1)为保全土地权利移转之请求权;(2)为保全土地权利使其消灭之请求权;(3)为保全土地权利内容之变更之请求权;(4)为保全土地权利次序之变更之请求权;(5)为保全附条件或期限之请求权。④

(六) 结论

考察以上各个国家或地区的不动产登记类型,我们可以发现一个完整的不动产登记类型体系一般都应当包括总登记、他项权利登记、设定登记、变更登记、注销登记、更名登记、涂销登记、更正登记、嘱托登记、预告登记、补充登记、异议登记和暂时登记等一系列具体的形式构成。事实上,不动产登记类型是由登记的目的所决定的,各种登记类型之间在功能上是互相补充、相互依托的。各种具体的土地登记形式都有一定的内在逻辑性,都遵循土地登记事务的规律性和登记的法理,由这些严格、全面、界定清晰的土地登记类型相互分工配合从而构成了一个尽可能涉及土地权属登记事务各个

---

① 李鸿毅:《土地法论》,台湾 1999 年自版,第 310—311 页。
② 同上注,第 344 页。
③ 王轶:《不动产法上的预备登记制度——比较法考察报告》,载蔡耀忠编:《中国房地产法研究》,法律出版社 2002 年版,第 162 页。
④ 李鸿毅:《土地法论》,台湾 1999 年自版,第 306—307 页。

阶段、各个层面的、科学完整的土地登记类型体系。①

三、我国不动产登记类型的现状

由于历史的原因,我国的不动产登记分为土地登记和房屋登记两个部分,由不同的部门掌管,适用不同的法律,不过还是有一些地方性法规已经开始将土地登记和房屋登记合二为一。②《物权法》颁布之后,国土资源部和建设部又颁布了《土地登记办法》和《房屋登记办法》,来分别规范土地登记和房屋登记。有鉴于此,下文在介绍我国的不动产类型时,会分别论述土地登记、房屋登记和房地产登记的类型。

考察我国有关不动产登记的法律、法规、部门规章以及地方性法规,可以发现我国的不动产登记类型主要包括总登记、初始登记、转移登记、变更登记、他项权利登记、注销登记、消灭登记。《上海市房地产登记条例》率先引入了预告登记制度,而新近颁布的《物权法》则将预告登记纳入了全国性法律的层面,并且还引入了更正登记和异议登记。

(一)我国的不动产总登记和初始登记

不动产总登记和初始登记在我国是两个很混乱且易混淆的概念。不动产总登记,是指对一定区域内的所有土地、房屋等不动产进行全部登记。③而不动产总登记后,仍然会产生新增土地、新建房屋,也会有尚未登记或遗漏登记的不动产,对这些不动产的登记即属初始登记。④ 在我国对于不动产总登记和初始登记的内涵以及二者之间的关系,存在着两种不同的理解:

第一,将二者相区分。原建设部颁布的《城市房屋权属登记管理办法》

---

① 国土资源部地籍管理司:《国外及港澳台土地登记制度比较研究》,北京大学房地产法研究中心存本,第426页。
② 目前将房地产合并登记的地方性法规有:《广东省城镇房地产权登记条例》、《上海市房地产登记条例》、《深圳经济特区房地产登记条例》、《珠海市房地产登记条例》。
③ 李昊等:《不动产登记程序的制度建构》,北京大学出版社2005年版,第457页。
④ 同上注。

(已失效)①第 14 条规定:"总登记是指县级以上地方人民政府根据需要,在一定期限内对本行政区域内的房屋进行统一的权属登记"。这一规定将总登记规定为仅仅是对行政区域内的房屋权属所进行的统一登记。而依照该法第 2 条的规定,房屋总登记只适用于城市规划区内国有土地范围内的房屋权属登记。同时该办法还于第 9 条、第 16 条另外单独规定了房屋的初始登记。而建设部新颁布的《房屋登记办法》中并未提及总登记。此外,国土资源部新颁布的《土地登记办法》则明确对总登记和初始登记进行了不同的界定。其第 21 条规定:"本办法所称土地总登记,是指在一定时间内对辖区内全部土地或者特定区域内土地进行的全面登记。"第 25 条规定:"本办法所称初始登记,是指土地总登记之外对设立的土地权利进行的登记。"

第二,将二者等同。国土资源部制定颁布、目前也已经失效的《土地登记规则》第 2 条规定:"初始土地登记又称总登记,是指在一定时间内,对辖区全部土地或者特定区域的土地进行的普遍登记……"该条将初始登记与总登记等同处理,类似于台湾地区"土地法"和"土地登记规则"的做法。而唯一提到总登记的地方性法规则是《上海市房地产登记条例》,但是该条例中却没有对总登记的内涵作出明确的规定,而只是在第 66 条提到"对本市房地产总登记时应当登记而未登记的土地使用权和房屋所有权,当事人可以凭房地产权属来源证明,向房地产登记机构申请登记。"从这一条我们可以推断该条例中的总登记的对象仅仅是土地的使用权和房屋所有权。

而理论界对于总登记的内涵也存在着争议,特别是对于总登记和初始登记之间的关系。崔建远教授等认为,总登记,也就是房屋权属总登记,是房地产登记机关在一定期间内,对其行政管理区范围内的全部房地产地权属状态在审查公告后所为的登记。它包括土地所有权和使用权总登记和地上建筑物所有权的第一次登记。虽然初始登记和总登记有时重合,比如建筑物所有权的第一次登记,但是二者毕竟不是一个概念。② 许明月教授也认为总登记和初始登记应当有所区分,土地总登记是指登记机关在一定时间内对于全国或某个地区的土地资源和土地权利的状况进行的全面的、统一

---

① 为《房屋登记办法》所取代。在《房屋登记办法》中,并未提及"总登记"之概念,也未对"初始登记"进行界定。

② 崔建远、孙佑海、王宛生:《中国房地产法研究》,中国法制出版社 1995 年版,第 244—245 页。

的登记。它一般发生在国家政权更替或实行重大经济政策调整的时期。而初始登记是指就某一土地首次进行的登记。①

笔者认为,总登记一般为土地权属的第一次登记,在这种情况下,总登记与初始登记重合,但是,两者概念的内涵和外延毕竟不同。总登记虽不是经常性的行为,却可以是阶段性的行为,即不是一次性的工作。在这种情形下,总登记非初始登记。如果以初始登记来代替土地总登记,就难以获得特定区域土地权属的全貌。因此区分总登记和初始登记,并且对二者分别作出规定是必要的。并且笔者赞同许明月教授的观点,总登记不仅登记土地权利的状况,也登记土地资源的状况,如不动产的坐落、界址、面积、结构、用途、价值等,从而形成权利登记和表彰登记(标示登记)的区分。如果没有表彰登记,权属登记的范围、内容将无从确定、登记的正确性、公示力和公信力也就无法保证。② 将不动产总登记限定为权属登记将不当地限制总登记的登记范围。

(二) 我国的不动产变更登记

在不动产进行总登记后,不动产权属及其自然状况发生变动时需进行不动产变更登记,从而从个别的角度维持不动产登记簿的正确性和公信力,即变更登记系维持地籍资料正确性之动态登记。③ 但是在我国法律之下,与总登记的情况类似,变更登记的内涵界定也存在着争议。

1. 法律之间的冲突

《土地登记规则》第 2 条规定:"变更土地登记,是指初始土地登记以外的土地登记,包括土地使用权、所有权和土地他项权利设定登记,土地使用权、所有权和土地他项权利变更登记,名称、地址和土地用途变更登记,注销土地登记等。"该规则中变更登记的范围很大,涵盖了初始登记以外的全部登记(新的《土地登记办法》中,变更登记不包括注销登记)。与《土地登记规则》相类似的界定是 1993 年 2 月 23 日国家土地管理局发布的《关于变更土地登记的若干规定》的第 1 项,即:"初始土地登记后,土地所有权、使用权

---

① 许明月、胡志光:《财产权登记法律制度研究》,中国社会科学出版社 2002 年版,第 190—191 页。
② 肖厚国:《物权变动研究》,法律出版社 2002 年版,第 208—209 页。
③ 杨松龄:《实用土地法精义》,台湾五南图书出版股份有限公司 2000 年版,第 136 页。

及他项权利发生转移、分割、合并、终止,登记的土地用途发生变更,土地所有者、使用者或他项权利者更改名称或者通讯地址的,除按规定办理有关手续外,应及时办理变更土地登记。"该规定与《土地登记规则》唯一的不同就是没有将土地使用权的设定登记纳入变更登记的范畴。

而《房地产管理法》和珠海市《房地产登记条例》的界定则相对狭窄一点,将涂销登记排除出了变更登记的范围。《房地产管理法》第 60 条第 3 款将房地产变更登记的情形规定为房地产转让或者变更,但是这里的"变更"到底是什么,却没有明示。珠海市《房地产登记条例》将不动产变更登记分为了产权移转登记和其他变更登记。而其他变更登记的情形包括:"(一)房地产用途经批准改变的;(二)权利人姓名或者名称发生变化的;(三)房地产坐落地址或者房地产名称发生变化的;(四)房地产面积经批准改变的;(五)房屋因倒塌、拆除、焚毁等灭失的。"①

而《城市房屋权属登记管理办法》以及深圳、上海市的《房地产登记条例》对于变更登记的界定则是最狭窄的,除了注销登记以外,将移转登记和他项权利登记也排除出了变更登记的范围(新的《房屋登记办法》也基本相同)。《城市房屋权属登记管理办法》第 18 条规定:"权利人名称变更和房屋现状发生下列情形之一的,权利人应当自事实发生之日起 30 日内申请变更登记:(一)房屋坐落的街道、门牌号或者房屋名称发生变更的;(二)房屋面积增加或者减少的;(三)房屋翻建的;(四)法律、法规规定的其他情形。"而权属变更登记和他项权利的设定则分别适用转移登记和他项权利登记。深圳和上海的规定与之相类似。

2. 理论界的观点

崔建远教授等提出了一个变动登记的概念,它包括房地产权属变更登记、房地产他项权利登记、更名登记、房地产使用用途改变登记和房地产权证补给登记和房地产权属注销登记。而房地产权属变更登记包括的情形有房地产权属发生移转、分割、合并、增减或消灭等情形。② 而许明月教授则认为变更登记与初始登记、更正登记、涂销登记都不相同,针对的是已经登记

---

① 参见珠海市《房地产登记条例》第 33 条。
② 崔建远、孙佑海、王宛生:《中国房地产法研究》,中国法制出版社 1995 年版,第 243—244 页。

的权利,并以原有登记的正确性为条件,其后果是原登记的权利发生一定的变化而不是消灭,可分为登记事项的变更登记、权利内容的变更登记和权利移转登记。登记事项的变更登记有权利人更名登记、地址变更登记和财产的名称、编号、街道等的变更登记;权利内容的变更登记有权利分割变更登记、财产状况的变更登记和他项权利登记。①

3. 笔者观点

在笔者看来,界定不动产变更登记的内涵并不是一件难事,因为新近颁布的《物权法》给了我们答案。《物权法》虽然没有明确地对变更登记进行界定,但是其中一些条文规定了一些应当进行变更登记的情形,有:(1)土地承包经营权人将土地承包经营权互换、转让②;(2)建设用地使用权转让、互换、出资或者赠与③;(3)已经登记的宅基地使用权转让④;(4)已经登记的地役权变更、转让⑤。而对于他项权利的设立的登记,《物权法》则分别表述为地役权登记、抵押登记、出质登记。从《物权法》的规定我们可以看出它将房地产权利变更登记界定为房地产权利移转、分割、合并和增减时所进行的登记,而不包括他项权利设定的登记。由于《物权法》调整的对象主要是权利,因此其中并没有提到登记事项的变更登记,但是笔者认为登记事项的变更登记应当与权属的变更登记一起,组成不动产变更登记。

(三)我国的不动产注销登记——涂销登记和消灭登记

综观各个国家有关登记的法律,大多都将涂销登记和消灭登记视为两种不同的登记制度。简单来说,涂销登记适用于不动产上的权利的法律消灭的情形,即不动产上的权利因抛弃、混同、存续期间届满、债务清偿、撤销权的形势、法院判决等原因而消灭等情形,而消灭登记适用于不动产上的权利的事实上的消灭,即不动产权利标的物之灭失而导致其上存在的权利绝对消灭的情形。而依据我国法律,涂销登记和消灭登记共同适用注销登记

---

① 许明月、胡志光:《财产权登记法律制度研究》,中国社会科学出版社2002年版,第92—99页。
② 参见《中华人民共和国物权法》第129条。
③ 同上注,第145条。
④ 同上注,第155条。
⑤ 同上注,第169条。

程序,并且注销登记还分为权利人申请的注销登记和登记机关的径为登记。

《土地登记规则》从第53条到第58条列举了应当进行注销登记的情形:第一,集体所有的土地依法被全部征用或者农业集体经济组织所属成员依法将建制转为城镇居民的;第二,县级以上人民政府依法收回国有土地使用权的;第三,国有土地使用权出让或者租赁期满,未申请续期或者续期申请未获批准的;第四,因自然灾害等造成土地权利灭失的;第五,土地他项权利终止的。其中第一、第二、第三以及第五属于涂销登记的情形,而第四则属于消灭登记的情形。《城市房屋权属登记管理办法》第24条规定:"因房屋灭失、土地使用年限届满、他项权利终止等,权利人应当自事实发生之日起30日内申请注销登记。"可见房屋权属注销登记有三种情形:第一,房屋灭失;第二,土地使用权年限届满;第三,他项权利终止。并且该办法还规定了登记机关径为注销登记的情形:第一,申报不实的;第二,涂改房屋权属证书的;第三,房屋权利灭失,而权利人未在规定期限内办理房屋权属注销登记的;第四,因登记机关的工作人员工作失误造成房屋权属登记不实的。其中的第一和第四应当属于在《物权法》中规定的更正登记(将在下文中讨论)的情形,第三属于涂销登记的情形,而第二不涉及登记事项的变动,不是独立的登记类型。因此,其后的《土地登记办法》第六章专章规定注销登记,《房屋登记办法》则分散在各章中加以规定,上述问题基本得到解决。

地方性土地、房屋登记法规中有关注销登记的规定大多与上述两部法规相同,比较特别的是深圳市和珠海市的《房地产登记条例》。深圳市的《房地产登记条例》在第51条中规定了撤销核准登记:"凡有下列情形之一的,登记机关可以决定撤销全部或部分核准登记事项:(一)当事人对房地产不拥有合法权利的;(二)当事人在申请登记时隐瞒真实情况或伪造有关证件、文件,采取欺骗手段获准登记的;(三)登记机关审查有疏忽,核准登记不当的。"与之类似的是珠海市《房地产登记条例》第42条的规定:"有下列情形之一的,由登记机关撤销全部或者部分登记事项;有第(二)项行为的,登记机关并可处以一千元以上二万元以下的罚款:(一)当事人对房地产不拥有合法权利的;(二)当事人在申请登记时隐瞒真实情况或者伪造有关证件、文件,采取欺骗手段获准登记或者获取补发房地产权证书的;(三)登记机关审查有疏忽,核准登记不当的。"上述两种撤销核准登记和撤销全部或者部分登记事项近似于《城市房屋权属登记管理办法》中登记机关的径为注销登记。

(四) 我国的不动产更正登记

更正登记,顾名思义,就是对不正确的不动产登记进行更正的登记程序。① 更正登记的制度价值在于法律对真实权利人的保护。不动产物权登记作为物权公示原则的重要组成部分,体现了交易安全优先保护的价值取向,尤其是在登记要件主义的立法模式下,不动产登记具有物权变动根据效力、权利正确性推定效力、善意保护效力。不动产登记的上述效力建立在"登记表征本权"的法律假定基础上,即立法者事先预定登记结果与真实权利之间具有高度盖然性的一致。然而登记错误在所难免,因此,这种以交易安全为首要保护对象的登记制度,就必然以牺牲真实权利为代价。所以,当出现登记错误时,法律必须为真实权利人提供必要的救济途径,否则,登记制度就会因为巨大的运行成本而丧失其正当性的法律基础。更正登记正是为平衡交易安全和真实权利人间的利益,实现保障"静"的安全的重要措施。

在《物权法》颁布之前,我国涉及更正登记的中央级的规定有《土地登记规则》和《城市房屋权属登记管理办法》。《土地登记规则》第71条规定:"土地登记后,发现错登或者漏登的,土地管理部门应当办理更正登记;利害关系人也可以申请更正登记。"而《城市房屋权属登记管理办法》第25条规定:"有下列情形之一的,登记机关有权注销房屋权属证书:(一)申报不实的;(二)涂改房屋权属证书的;(三)房屋权利灭失,而权利人未在规定期限内办理房屋权属注销登记的;(四)因登记机关的工作人员工作失误造成房屋权属登记不实的。"

同时,一些地方性法规也对更正登记作出了规定。重庆市《土地房屋权属登记条例》第42条第1款规定:"权利人认为土地房屋权属证书或土地房屋权属登记簿的记载有错误的,可以申请更正登记。"上海市《房地产登记条例》的规定则更为具体,该条例第18条规定:"房地产权利人发现房地产登记册的记载有误的,可以申请更正。申请更正的事项涉及第三人房地产权利的,有关的权利人应当共同申请。房地产登记机构发现房地产登记册的记载有误的,应当书面通知有关的房地产权利人在规定期限内办理更正手

---

① 孙宪忠:《德国当代物权法》,法律出版社1997年版,第130页。

续；当事人无正当理由逾期不办理更正手续的，房地产登记机构可以依据申请登记文件或者有效的法律文件对房地产登记册的记载予以更正，并书面通知当事人。"

2007年3月16日，《物权法》通过，其第19条也对更正登记作出了规定："权利人、利害关系人认为不动产登记簿记载的事项错误的，可以申请更正登记。不动产登记簿记载的权利人书面同意更正或者有证据证明登记确有错误的，登记机构应当予以更正。"这是我国首次对不动产更正登记进行立法规定。然而，这只是一个原则性的规定，并未就更正登记的适用范围、登记程序等相关问题予以明确。其后的《土地登记办法》第58、59条和《房屋登记办法》第74、75条规定了更正登记了适用范围和程序。

（五）我国的异议登记

所谓异议登记，是指事实上的权利人或利害关系人对不动产物权登记的正确性存有异议而向不动产登记机关提出申请，并将其异议在不动产登记簿上加以记载的过程。① 异议登记的作用并不是涂销或变更不动产记载的事项，也不发生变更不动产登记的效力，而只是将有关利害关系人的异议记载于不动产登记簿，从而使不动产登记的真实性受到置疑，并进而对欲与不动产记载之权利人进行不动产交易的人以警示。我国早在民国十一年（1922年）颁布的《不动产登记条例》和民国二十四年（1935年）颁布的《土地法施行法》中就已规定了异议登记。民国三十五年（1946年）颁布的《土地登记规则》进一步吸收了《土地法施行法》的规定，明确了异议登记制度。此后我国台湾地区于1975年修正颁布的"土地法"删去了异议登记。我国于1980年修订的《土地登记规则》对异议登记规则也未予规定，一直沿用至《物权法》颁布。② 但是一些地方性法规却对这一制度作出了规定。如南京市《城镇房屋权属登记条例》第19条规定："在核准登记前，利害关系人对房屋权属登记内容有异议的，应当向登记机关提交书面报告和有关证据，登记机关应当将异议情况告知申请人，并暂停登记。"而上海市《房地产登记条例》第19条规定："房地产权利的利害关系人认为房地产登记册记载的土地

---

① 王彦、焦红静：《浅论异议登记制度》，载《房地产与法律》2006年第2期。
② 李昊等：《不动产登记程序的制度建构》，北京大学出版社2005年版，第293页。

使用权人、房屋所有权人与实际状况不一致的,可以持与房地产权利相关的文件,提出登记异议。房地产登记机构应当在受理登记异议申请的当日,将异议事项记载于房地产登记册以警示第三人,该登记满3个月失效。"但是这些毕竟都是地方性立法,效力范围有限,且其规定都过于笼统。

1999年,梁慧星先生领导的物权法研究课题组提出了第一个物权法草案专家建议稿,该专家建议稿的第30条规定了"异议登记"制度,它规定"经权利人及利害关系人申请,可以在不动产登记簿上登记一项目的在于对抗现时登记的权利正确性的异议,已登记的异议有对抗现时的登记权利人按照登记的内容行使权利的效力,异议登记自登记之日起三个月内有效。此三个月内未向登记机关提起变更登记请求的,异议登记失去其效力。异议登记的法律效果由申请人承担"。再者,该建议稿规定了异议登记的有效期间,这在德国法和日本法上是没有的,无疑这是我国立法的一种创新,具有一定的现实意义,该建议也得到了立法者一定程度的认可。《物权法》第19条第2款规定了异议登记:"不动产登记簿记载的权利人不同意更正的,利害关系人可以申请异议登记。登记机构予以异议登记的,申请人在异议登记之日起15日内不起诉,异议登记失效。异议登记不当,造成权利人损害的,权利人可以向申请人请求损害赔偿。"物权法颁布后,新颁布的《土地登记办法》和《房屋登记办法》也对异议登记作了专门规定。

但是,由于异议登记在以往的立法和司法实践中较少涉及,刚刚出台的《物权法》仍有不少值得商榷之处。例如,在更正登记与异议登记的关系上,在各国或者地区的立法例中,多将异议登记作为更正登记之前的一种临时性措施,在申请人自异议登记之日起一定期限内未向登记机关提起更正登记的请求时,异议登记就丧失效力。但我国的《物权法》本条规定把异议登记作为了更正登记之后的一种措施。这种立法是否合理,其理由和背景如何,值得探讨。此外,在构建该制度的过程中,如何使异议登记制度和财产保全制度及不动产善意取得制度相衔接,现有立法和理论并未取得一致意见,下文将在这些方面进行尝试性探讨。

(六) 我国的预告登记制度

预告登记是为保全不动产物权的请求权而将此权利进行的登记。① 现代意义上的不动产预告登记源自欧洲,作为物权法中一项十分重要的制度,为各国立法所规定。但各国对预告登记的称谓不一致,极易引起混乱。在德国民法典中设有预告登记和异议登记;瑞士民法典中把债权的预告登记、处分权限制的预告登记和假登记三种类型的登记统一称为预告登记,其中前两种相当于德国的预告登记,后者相当于德国的异议登记;日本民法典中和德国预告登记相对应的是假登记,但日本民法中也有预告登记,相当于德国的异议登记。我国新颁布的《物权法》使用了"预告登记"这个词,因此,本文中使用"预告登记"一词。

预告登记是不动产物权变动的一项重要制度。在不动产变动中,从交易双方达成债权合意(如签订期房预售合同)到办理物权变更登记(如取得产权),往往需要一段较长的时间,在此期间容易出现危害不动产债权人请求权实现的情形。如我国商品房预售领域,就经常出现房地产开发公司"一房二卖"、"售后抵押"等严重损害购房人利益的现象。这种种现象都呼唤我国预告登记的立法化。但是在《物权法》颁布之前,关于预告登记的规定仅仅见于一些地方性法规,如上海市《房地产登记条例》、山西省《城市房屋权属登记条例》、天津市《房屋权属登记条例》、新疆维吾尔自治区《城市房屋权属登记条例》、南京市《城镇房屋权属登记条例》、广州市《城镇房地产登记办法》等,但其效力范围是很有限的。

2007年,《物权法》颁布,建立起了不动产预告登记制度。预告登记制度是《物权法》登记制度中的一个革命性的亮点。其第20条明确规定:当事人签订买卖房屋或者其他不动产物权的协议,为保障将来实现物权,按照约定可以向登记机构申请预告登记。预告登记后,未经预告登记的权利人同意,处分该不动产的,不发生物权效力。预告登记后,债权消灭或者自能够进行不动产登记之日起3个月内未申请登记的,预告登记失效。下面,具体地论述一下这个条文的内容。

---

① 孙宪忠:《德国当代物权法》,法律出版社1997年版,第153页。

1. 预告登记请求权的范围

《物权法》第 20 条采取具体列举和概括规定相结合的方式，规定买卖房屋和其他不动产物权的协议，可以按约定进行预告登记。据此规定，对于将来发生物权变动的商品房买卖协议和在建或将来建设的房屋进行抵押的，债权人可以申请预告登记。

2. 预告登记的申请与启动

我国物权法规定，预告登记是基于双方的约定而提出，预告登记由登记机构进行。这同时表明预告登记的申请也必须基于请求权义务人的承诺。但请求权义务人在预告登记后，未经请求权人同意，不得自行撤回预告登记，而只能通过异议登记等程序经起诉后，由法院裁定撤销预告登记。

与德国和日本不同，我国物权法规定关于不动产预告登记启动的程序要件只有当事人双方约定一种，不动产预告登记制度的主要目的是为了保护不动产合同买受人的利益，而不动产预告登记要基于双方约定而启动，从实质上是要求登记义务人对启动不动产预告登记的同意。因此，我国物权法中的不动产预告登记启动的程序要件实质上是要求基于登记义务人的同意。

3. 预告登记的法律效力

第 20 条规定了预告登记的法律效力。预告登记后，未经预告登记的权利人同意，处分该不动产的，不发生物权效力。这里规定了预告登记保全债权实现的效力，据此规定，凡有碍于预告登记的物权处分行为无效，不发生物权变动的效力。

4. 预告登记的失效

我国《物权法》第 20 条第 2 款规定："预告登记后，债权消灭或者自能够进行不动产登记之日起 3 个月内未申请登记的，预告失效。"该款规定了预告登记的失效，失效的条件有：一是债权消灭，因为预告登记是基于预告登记请求权权利人和请求权义务人之间的协议之债而产生的，如果作为产生预告登记基础的债权不存在了，那么作为其结果的预告登记也自然失效；二是预告登记因期限而涂销：当本登记条件成就之时，即物权法中规定"能够进行不动产预告登记之日"起 3 个月内未申请登记的，登记失效。这是为了督促预告登记权利人及时进行本登记，同时也能使预告登记义务人及时从预告登记的束缚中解脱出来，而且也减少第三人因妨害预告登记而承担损失的风险。

四、完善我国新的登记类型

更正登记、异议登记和预告登记是我国《物权法》刚刚引进的三种新的登记类型,但是《物权法》对这三种登记也只是作出一些很原则性的规定,更具体的规定有待以后的司法解释或者统一的《不动产登记法》来进行。对于这三种登记类型的完善,笔者也有一些建议。

(一) 更正登记的完善

1. 明确更正登记的适用范围

更正登记适用的前提,是登记簿上所记载的权利状态与事实状态不符,即出现了"不动产登记簿记载的事项错误"。因此,对"登记错误"的界定是适用更正登记的关键。一般地,对于"登记错误"的理解,有以下三种立法例。

第一,狭义上的"登记错误",即基于有效的登记原因而为的登记,因登记错误或者遗漏所致的登记簿上的登记与登记的原始事实状态不符。如甲将房屋卖于乙、丙二人,买卖合同有效,但转移登记时误将受让人登记为乙、丁,或是误将丙遗漏而只登记于乙名下。日本和我国台湾地区就采取这种理解。

第二,通常意义上的"登记错误",不论登记原因是否有效,只要登记簿上的登记与登记的原始事实状态不符,即为登记错误。如上例,甲的房屋转移登记于乙、丙名下后,由于欺诈等原因房屋买卖合同归于无效,乙、丙丧失所有权,则依据该合同的转移登记亦为"错误"。瑞士采取这种理解。

第三,广义上的"登记错误",不仅包括通常意义上的登记与原始状态不符,还包括虽然在登记时记载与事实状态相一致,但由于嗣后的事由致使登记记载与现在的事实状态不符。如上例,甲的房屋转移登记于乙、丙名下后,由于乙死亡而由丁继承,或是丙将名下的房产份额转让于戊,或是该房屋灭失等,原转移登记亦为"错误"。德国即采取这种理解。

对"登记错误"的不同理解,决定了更正登记的适用范围。《物权法》对何谓"不动产登记簿记载的事项错误"未有界定,笔者认为,合理识别"登记错误"取决于两个因素,一为更正登记的制度目的,二为更正登记与现有其他登记类型的衔接。从立法目的而言,维护真实权利人利益,平衡交易安全与"静"的安全,是更正登记的设立宗旨。而不论是在申请登记过程中因登记错误或者遗漏所导致的与事实权利状态的不符,还是由于登记过程背后的原因行为本身的瑕疵所导致的与事实权利状态的不符,均已构成对真实权利和交易安全的妨害,并无本质区别,自应适用同一登记类型。所以,狭义的"登记错误"不当缩小了更正登记的适用范围。从与现有登记的制度衔接而言,建设部《城市房屋权属登记管理办法》已经确立了总登记等六种房产登记类型,而对广义"登记错误"中所包含的"嗣后错误"的"纠正",完全可以由现有的变更登记、转移登记、注销登记等登记程序完成,如果采取广义"登记错误"的立场,则可能发生更正登记与现有登记的职能交叉、紊乱,不利于登记体系的顺畅。因此,"嗣后错误"不应成为更正登记的适用对象。综上,笔者认为,《物权法》中的更正登记应采通常意义上"登记错误"的立法例,将所有与登记原始事实状态不符的记载均纳入更正登记的范畴,而将由于嗣后的事由致使登记簿上的登记与现在的事实状态不符交由注销登记等完成。① 解释上,《土地登记办法》和《房屋登记办法》中更正登记所针对的"登记错误"范围宜同前文所述。

2. 登记机关径行更正登记

不动产登记作为对不动产财产权的记载,具有确认权利人的物权、保护交易安全的功能,同时它也是确定国家权利团体对不动产课税的基础②,并且它还负有管理、保护不动产,维持人类生存的目标。可以说,不动产登记制度不仅有平等主体的私权关系,而且有纵向的行政关系,其中贯穿个人目标和国家目标的双重价值。③

从国家目标的角度说,不正确的不动产登记歪曲了不动产权利的真实状态,必将影响上述国家目标的实现,如果不动产权利利害关系人未发现或者即使发现而怠于申请更正,国家有必要基于公共利益的考量,在一定情形下主动纠正该不正确的不动产登记,作为当事人申请更正登记的例外和补

---

① 朱程:《刍议〈物权法〉中的"更正登记"》,载《中国房地产》2007 年第 9 期。
② 王轶:《物权变动论》,中国人民大学出版社 2001 年版,第 154 页。
③ 王洪亮:《不动产登记立法研究》,载《法律科学》2000 年第 2 期。

充。德国《土地登记簿法》、日本《不动产登记法》、《瑞士民法典》以及我国台湾地区"土地法"都规定了登记机关有权径行更正登记,只不过各个国家(地区)所规定的径行登记的范围不同。上述立法例中,德国和日本仅允许登记机关对所有得更正事项中的一部分进行主动更正登记,比如德国登记机关主动的更正登记事项主要适用于《土地登记法》第82条所指因继承而发生的宣示登记的情形;日本将其限于系出于登记官的过失所致的错误或遗漏,对于其他的更正事项则必须依赖当事人的申请始得进行。而我国台湾地区和瑞士则原则上对更正登记的事项不予区分,凡当事人可以申请更正的事项,登记机关都可以主动进行更正登记。①

关于登记机关能否依职权提起更正登记的问题,物权法没有规定,笔者认为,登记机关依职权进行更正登记不仅是必要的,而且也是有法律依据的。理由是:第一,我国的不动产登记具有明显的国家管理职能。登记制度不仅有平等主体的私权关系,而且有纵向的行政关系,其中贯穿着个人目标与国家目标的双重价值。考虑到因为自然原因发生的不动产物权变动可能有权利人不愿申请更正的情形,或者权利人及利害关系人怠于提起更正登记的申请而发生妨害交易的情形,或者不动产物权因事实行为已经发生移转而取得人怠于进行变更登记的情形,以及登记机构自己有错误的登记的情形,应赋予登记机关依职权更正的权力,以便于交易正常进行。不动产登记机关是国家行政机关,纠正存有瑕疵的具体行政行为是其职责。第二,我国《土地登记规则》第71条、《土地登记办法》第58条、《城市房屋权属登记管理办法》第25条和《房屋登记办法》第75条明确规定登记机关依职权更正登记。第三,德国、瑞士、日本和我国台湾地区立法都明确规定登记机关可以依职权进行更正登记。

但是同时,由于更正登记对当事人的利益影响巨大,因此登记机关径行的更正登记必须严格按照法定的程序进行,并且被限制在一定的范围内。

(二)异议登记的完善

1. 异议登记的发生

根据我国《物权法》的规定,利害关系人向不动产登记机关提出申请是

---

① 李昊等:《不动产登记程序的制度建构》,北京大学出版社2005年版,第388页。

我国异议登记机制启动的程序要件。这不仅区别于德国法中异议登记发生的多样性,即既可以是基于当事人的申请和同意①,也可是基于当事人申请所发生的法院假处分,还可以是登记机关依据职权的行为②;同时也区别于日本的预告登记(对应于德国的异议登记),即只根据法院的裁决作出,而不需要当事人的申请。相比之下,我国异议登记发生机制较好地体现了民法意思自治的原则,即当事人可以自由决定是否利用异议登记制度这个权利保障机制,并且还具有一定独立性,即不依附于诉讼程序。但是,该规定也存在略失灵活、缺乏包容性和便捷性的不足。例如,登记机关发现登记人提供的申请材料无误,是自己的过错导致登记事项的错误,如将登记姓名写错、遗漏产权共有人等,由于登记机关依职权进行的更正登记程序同样比较繁琐,为防止在办理更正登记期间第三人的善意取得,同时为免除登记机关承担国家赔偿责任,完全可以赋予登记机关依职权提起异议登记的权利。

2. 异议登记的前置程序

《物权法》第 19 条第 2 款规定:"不动产登记簿记载的权利人不同意更正的,利害关系人可以申请异议登记……"换言之,异议登记发生的原因是不动产登记簿记载的权利人不同意更正,即我国《物权法》规定把异议登记作为更正登记之后的一种救济措施。而反观其他国家,比如德国,是将异议登记作为更正登记之前的一种临时措施。比较而言,笔者认为,将更正登记严格限定为异议登记的前置程序,不但不利于发挥异议登记限制登记名义人对所登记的权利的处分并对第三人预以警示的功能,甚至对登记机关正确把握异议登记的条件带来不便;相反,允许利害关系人在征得登记名义人同意后记载异议登记,更有利于体现意思自制和充分发挥财产的效用。我国《物权法》如果把异议登记设定为更正登记的一种前置保护方法,更有利于发挥异议登记的效用,并能更好地体现异议登记和更正登记之间的关系。

3. 异议登记的法律效力

我国物权法没有规定异议登记的法律效力,但其后的《土地登记办法》第 61 条和《房屋登记办法》第 78 条作了规定。对于这个问题,人大法工委

---

① 〔德〕鲍尔/施蒂尔纳著:《德国物权法》(上册),张双根译,法律出版社 2004 年版,第 367—368 页。

② 同上注。

的"征求意见稿"第17条第1款规定"异议登记后,记载于不动产登记簿的权利人在异议登记期间不得处分该不动产"。"梁稿"第30条第1款规定"经权利人及利害关系人申请,可以在不动产登记簿上登记一项目的在于对抗现时登记权利的正确性的异议。已登记的异议有对抗现时登记权利人按照登记的内容行使权利的效力"。笔者认为,基于保护交易安全和公共秩序的需要,法律可以对私权予以一定程度的干预,但不宜干预过度。异议登记制度本身存在着致使不动产物权处于不稳定状态的弊端,立法应尽可能将这个弊端控制在最小的范围。如果法律禁止登记名义人行使处分权,那法律就有对私权干预过度之嫌,并且加大了其弊端。因此,法律仅阻却登记的公信力即可,应当允许登记名义人行使处分权,只不过第三人不能基于登记的公信力而受善意保护。如果异议不成立或者申请人没有在除斥期间内申请更正登记,则当事人之间的交易行为有效。所以,"征求意见稿"的规定不足取。而"梁稿"的"已登记的异议有对抗现时登记权利人按照登记的内容行使权利的效力"又表述得比较模糊,没有明确登记名义人是否有权处分该物权,我们认为,此处应作肯定的解释。即,立法中明确规定,记载了异议登记后,登记名义人仍可处分其权利,当异议登记成立时,则与异议登记所保全的权利相抵触者,在抵触的范围内其处分行为无效,第三人即使属于善意,也不得援引不动产登记的公信力而取得被转移的物权,当异议登记不正当时,处分行为完全有效,不动产登记仍有公信力。[①]

(三)预告登记的完善

我国的不动产预告登记制度基本建立起来了,《物权法》第20条对预告登记的范围、效力和消灭作出了规定,但只有一个条文,相对于《德国民法典》的六个条文和《瑞士民法典》的四个条文来说就显得有所不足,这些规定还是比较原则性、概括性的,缺乏操作性,因此,希望在具体的不动产登记立法中对于预告登记的具体内容进行完善。此外,《土地登记办法》第62条和《房屋登记办法》第三章第四节专节(第67—73条)规定了预告登记。其中《土地登记办法》的相关规定相对原则,基本与《物权法》第20条相同,仅

[①] 于莹、张明:《我国异议登记制度的构建》,载《金陵法律评论》2005年春季卷,第41—45页。

增加了"预告登记期间,未经预告登记权利人同意,不得办理土地权利的变更登记或者土地抵押权、地役权登记"这一项效力方面的规定;而《房屋登记办法》则通过列举方式规定了预告登记的适用范围,并增加了程序性的规定。下面本文尝试以我国物权法的该条规定为主线,对预告登记制度如何完善进行分析。

1. 扩大预告登记的适用范围

根据《物权法》第20条第1款前半段的规定,我国预告登记制度适用的范围仅限于当事人签订买卖房屋或者其他不动产物权的协议情形,即只有当房屋及其他不动产物权进行买卖时才得以启用预告登记。其涵盖性不仅远较德国、日本、台湾地区等成熟立法要窄,甚至还不如我国上海、南京等地方性条例的规定,更远远不能满足实践中千差万别的现实需要。

关于预告登记请求权的范围,考察德国、瑞典、日本、我国台湾地区等国家和地区的规定,我们可以发现预告登记的适用范围一般有以下几项:

(1) 保全目的在于移转或消灭不动产物权的请求权

不动产物权的移转请求权,表现为因土地或建筑物所有权及他项权利的让与。例如因买卖合同产生的所有权移转请求权,或者因抵押协议产生的抵押权设定请求权等,上述请求权可申请预告登记。不动产物权的消灭请求权,是指涂销权利的请求权,例如在抵押法律关系中,因抵押人清偿了债务,由此产生涂销抵押权的请求权,该项权利可以申请预告登记。

(2) 保全不动产物权内容或顺位变更的请求权

不动产物权内容的变更,包括土地使用权存续期间的变更、抵押权所担保债权范围的变更、典权回赎期限的变更等,享有上述变更请求权的权利人均可申请预告登记。不动产物权顺位的变更,以抵押权为例,在同一不动产上设有第一顺位的抵押权人甲和第二顺位的抵押权人乙,如甲承诺向乙让与优先顺位,则乙依此让与享有对第一顺位抵押权人甲的优先顺位让与请求权,为保全该项让与请求权,可以申请预告登记。

(3) 保全附条件或附期限的不动产物权变动的请求权

当事人可以特别约定不动产的物权变动附条件或者附期限,并就条件的成就或者期限的到来发生效力,附条件或者附期限的请求权可以申请预告登记。例如,甲将房屋借给乙居住,双方约定待借用期间届满时,甲将房屋出卖于乙,在此情形下,乙可以就附有期限的房屋所有权的移转请求权申请预告登记。又如在房屋买回交易中,甲乙双方约定甲于5年内买回所出卖的房屋,该约定为出卖人设定了5年后买回房屋的请求权,因此甲在转移房屋所有权于乙的同时,可基于该买回权而申请预告登记。

而对照我国《物权法》的规定,很明显,我国预告登记制度仅适用于其中第(1)项"保全目的在于移转或消灭不动产物权的请求权",适用范围非常狭窄。

预告登记为一项海外引入的制度,立法者抱着"先行尝试"、"摸着石头过河"的原则规定较窄的适用范围,其谨慎的态度固然可以理解,但在海外已有数百年立法经验以及社会实践具有迫切需求的情况下,将预告登记的适用范围仅限定为不动产物权买卖一种情形,则确实有些过分狭窄了。实际上,我国已有一些地方性不动产交易条例对预告登记制度作了很好的探索,如上海市房地资源局发布的《关于贯彻实施〈上海市房屋租赁条例〉的意见(一)》允许对预租合同进行登记备案(本质即为预告登记)、广州市《城镇房地产登记办法》允许预告登记涵盖预购商品房、以预购商品房设定抵押及其抵押权转让、以房屋再建工程设定抵押及其抵押权转让等三种情形,等等。在已进行地方性立法探索之后,《物权法》的限制性规定更难让人理解。

综合考虑各国的制度设计和我国的现实情况,笔者认为,我国应借鉴德国、日本、我国台湾地区以及地方条例中好的做法,适当扩充预告登记的适用范围,不仅规定为保护权利移转、变更的请求权,同时将以不动产物权消灭为目的的请求权以及附条件或附期限的请求权、物权内容及顺位变更的请求权纳入预告登记制度的保护范围,以便更好、更全面地保护权利人和交易的秩序。①

2. 增加预告登记的效力

预告登记的效力是指不动产债权请求权经过预告登记后对债权人、债务人和第三人的行为产生的法律效力或者说是法律拘束力。预告登记的效力是预告登记制度的中心问题,因此,各国立法均对预告登记的效力作了规定。概括起来,预告登记主要有以下三种:

(1) 保全权利的效力

预告登记的该项效力是在其保全对象上所表现的作用,又称为预告登

---

① 贾慧姝:《论我国预告登记制度立法之完善》,载《法制与社会》2007年第10期。

记的"担保作用"。这也是整个预告登记制度中最核心的效力。《德国民法典》第 883 条第 2 款规定:"在对土地或权利作预告登记后所进行的处分,如果此处分可能损害或者妨害请求权时,为无效。以强制执行或者假扣押的方式或者由破产管理人所进行的处分,亦同。"在预告登记后,就不动产权利,义务人仍可以处分,只是在预告登记权利人与第三人之间的中间处分行为在妨害预告登记权利人请求权的范围内无效,此即"相对无效"。我国台湾地区"土地法"明确规定了预告登记的保全权利的效力。该法第 79 条之一第 2 项规定:"前项预告登记未涂销前,登记名义人就其土地所为之处分,对于所登记之请求权有妨碍者无效。"在日本法上,假登记的保全权利的效力来源于《不动产登记法》第 105 条的规定。依此规定,假登记权利人,在关于所有权为假登记后,申请本登记时,若有登记上利害关系的第三人,应附上其承诺书或可对抗其的裁判书誊本,登记官因其申请而为本登记时,应依职权涂销该第三人的登记。

(2) 保全顺位的效力

"物权与特定债权之间的效力,经过预告登记的要求不动产物权变动的债权,就会被认可为优先于在其之后成立的物权(顺位的确保)"①。《德国民法典》第 883 条第 3 款规定:"以转让某项权利为请求权标的时,该项权利的顺位按预告登记的日期加以确定。"可以看出,预告登记本身并无独立的效力,只有与本登记相结合时,才具有实际价值。因此,"预告登记的命运与效力完全依赖于日后的本登记是否可以做成,从而经由预告登记,在进行本登记之时,被保全的权利的顺位被确定在预告登记之时本登记的效力便具有了溯及力,即溯及于预告登记作成之时,例如甲出卖土地与乙,此时乙对甲的所有权移转的请求权尚未成就,但其担心甲复将土地让与第三人,而被第三人抢先登记,致使自己的请求权无法实现,于是做成预告登记。待日后所有权移转请求权的条件成就而为本登记时,本登记的效力溯及于预告登记做成之时。这样,预告登记便防止第三人的介入,保全了本登记的顺位,从而使所有权的移转请求权得以实现"②。

---

① 〔日〕田山辉明著:《物权法》,陆庆胜译,法律出版社 2001 年版,第 15 页。
② 王轶:《不动产法上的预备登记制度》,载蔡耀忠主编:《中国房地产法研究》(第 1 卷),法律出版社 2002 年版,第 149 页。

（3）破产保护的效力

这是指在相对人陷于破产之时,经预告登记的请求权享有排斥他人从而保全请求权发生既定的法律效果的权利。如果请求权的履行条件已经成就或期限已经到来,该请求权的内容为移转所有权,请求权人可以行使取回权;如果该请求权的内容为设定抵押权,则请求权人可以行使别除权。预告登记的请求权不但可以对抗不动产所有权人和其他物权人的意思而保全请求权人取得不动产权利的目的,而且还可以在不动产物权人破产时,对抗其他的债权人而保全其请求权目的的实现。德国《破产法》第24条规定:"为保全破产人的土地权利,或破产人所为登记的权利让与、消灭或权利内容,顺位变更请求权,在登记簿上记入预告登记时,债权人对破产管理人得请求履行。"

我国关于预告登记效力的规定见于《物权法》第20条第1款后半段,即:"预告登记后,未经预告登记的权利人同意,处分该不动产的,不发生物权效力。"根据这一规定,经过预告登记的债权请求权,获得了对抗其他处分行为的排斥性效力。这种排斥性效力,也就是上文所论述的预告登记效力之一的保全权利的效力。但是对于保全顺位的效力和破产保护的效力,我国的《物权法》却没有作出规定,造成了预告登记制度的先天不足,这样不仅不利于对权利人的保护,也会对不动产的交易造成妨碍,还徒然增加司法实践中的争议和困惑。所以,笔者以为,应当在《物权法》中,或在将来依据《物权法》第10条第2款规定制定不动产登记立法时,明确规定预告登记的顺位保全效力和破产保护等方面的增强效力。

3. 预告登记后的处分行为不应绝对无效,而应以相对有效为宜

关于预告登记后处分行为的效力,在立法例上有几种选择,如禁止其后的登记、禁止登记名义人再为处分或采取相对无效主义。但就目前设有预告登记制度的国家和地区而言,为兼顾当事人利益,保持目的和手段的平衡,一般不采取禁止处分或禁止登记主义,而奉行处分相对无效之原则,即在预告登记后,就不动产权利,义务人仍得为处分。不过在预告登记权利人与第三人之间,在妨害预告登记权利人请求权的范围内,义务人的处分行为无效。因此,如果预告登记权利人的请求权不存在或其请求权嗣后消灭,或预告登记权利人对义务人的处分表示同意,那么义务人对第三人的处分行为便绝对地有效。《德国民法典》第883条第2款规定:"在预告登记后对土

地或权利进行处分的,其处分将妨害或侵害请求权的,其处分无效。"以强制执行或假扣押执行的方式或由破产管理人进行处分的,也适用此种规定,可见德国采取的是相对无效主义。

我国《物权法》第 20 条第 1 款后半段规定:"预告登记后,未经预告登记的权利人同意,处分该不动产的,不发生物权效力。"即采取了绝对无效的态度,预告登记后的一切处分行为,均不发生物权效力。采绝对无效的意见,对定分止争、减少纠纷,自然具有一定的优势,但如果法律规定过于严格,则也可能会产生过犹不及的缺憾。权衡各种因素和利弊,笔者以为,对于预告登记后的处分行为,还是采相对无效原则为妥,即预告登记消灭之前,不动产权利人可以为处分并进行登记,但所为之处分在与预告登记的内容有妨碍的限度内无效。① 原因如下:

第一,从请求权的性质来看,尽管预告登记赋予请求权以一定的物权效力,但不动产的所有权仍然没有移转,如果由此禁止不动产权利人的一切处分行为,对不动产的权利人显然不公平。预告登记不禁止登记名义人再为处分,从而兼顾当事人利益,保持目的与手段的平衡。②

第二,如果一味坚持绝对无效的原则,在预告登记无效或者被撤销的情况下,预告登记消灭之前不动产的权利人不能进行任何处分,登记机关拒绝其相应的登记,徒然浪费时间和机会成本,此时采用相对无效的原则就是相当符合经济性的选择。处分相对无效的机制,一方面通过法律强制权利取得人同意预告登记权利人实现其目的的制度设置,保证了请求权实现的可行性,另一方面又给权利取得人提供尽早进入交易的机会,一旦权利取得人完成与预告登记权利人的制度外博弈,如购买预告登记权利人的因预告登记所享有的权利,或者预告登记因其他原因消灭如预告登记权利人自愿放弃预告登记等,权利取得人就能够在其登记之时起就取得完全受法律保护并占据优先顺位的物权,而无须等到预告登记失去法律效力后再与物权人进行交易。

第三,采相对无效的原则并不会有损预告登记防止一物二卖的目的。相对无效使得不动产义务人可以将不动产再行让与第三人,或为第三人设

---

① 贾慧姝:《论我国预告登记制度立法之完善》,载《法制与社会》2007 年第 10 期。
② 王泽鉴:《民法物权通则·所有权》,中国政法大学出版社 2001 年版,第 130 页。

定其他物权,登记机关应予受理,不得拒绝。此时第三人可以对抗任何人,但不得对抗经过预告登记的请求权人,请求权人可以向原权利人要求移转所有权的登记,同时向第三人请求撤销其所有权移转登记或他物权的设定登记。

4. 预告登记的发生

《物权法》规定,预告登记发生的条件是"按照约定",即债务人书面同意后,他有协助权利人登记的义务。但是,如果债务人不同意或不协助时,债权人的利益应如何保护,《物权法》则未作规定。

根据相关的物权法理论,预告登记的发生方式有两种:一是在当事人同意时纳入登记;二是因为请求权处于不诚实的行为造成的危险中而需要保全时,根据单方面的申请由法院发布命令而予以登记。[①] 如《德国民法典》第885条第1款规定:"预告登记根据假处分的原因、根据与土地或者土地上的权利有关的当事人的同意而纳入登记。为发布假处分命令,不必证实应保全的请求权所受的危害。"日本《不动产登记法》第32条规定:"假登记,得在申请书中附以假登记义务人的承诺书或假处分命令的正本,由假登记权利人进行申请。"笔者认为,当债务人拒绝履行协助义务时,债权人应有权向法院提出申请,由法院依照非诉讼程序作出裁定,然后权利人可依照裁定向登记机构申请预告登记。为此,我国的民事诉讼法应该增加这方面的程序性规定,建立与物权法相配套的制度。另外,《物权法》对预告登记应当提交的申请文件没有涉及。但在办理预告登记时,申请人必须提交相关的证明文件,否则预告登记无法实际有效地发生。因此,《物权法》应当对此作出概括性、义务性的规定,待日后在相关法规或规章中再规定具体的实施办法。

5. 制定和完善预告登记程序

《物权法》中关于预告登记制度的规定基本上只有实体方面的内容,属于实体法的范畴,而预告登记制度带有很强的程序性,其实施必须由程序法来提供指引。《物权法》规定的是有关不动产物权变动的实体规则,其中涉及登记的规则主要为登记的效力、顺序(顺位)和类型,不涉及到申请、审查等登记的程序,也被称为登记的实体法。登记法则调整代表国家公共权力

---

① 孙宪忠:《德国当代物权法》,法律出版社1997年版,第157页。

的登记机关和作为私人利益代表的当事人之间的关系,其中规定的是登记申请、审查等程序性机制,被称为登记程序法。我国的《物权法》中基本上只规定了预告登记制度的实体方面的内容,而对具体的程序方面并未作出规定。而预告登记制度的建立与完善,需要《物权法》和物权登记法的相互配合(新的《房屋登记办法》已经有所突破)。《物权法》和物权登记法相辅相承,共同完成物权秩序的建构。

6. 预告登记义务人应当享有抗辩权

预告登记制度的目的,在于对被保全的请求权提供有效的保障,而不是改变请求权本来的法律关系。请求权是请求他人协助实现权利人权利的权利,其利益的实现要靠义务人的积极协助。而任何法律制度都是权利与义务的统一,义务人在负有义务的同时,必然享有对请求权人的抗辩权,即阻止请求权的权利。预告登记义务人的抗辩权理应是预告登记制度的重要内容之一。《德国民法典》第886条规定:"对预告登记所保全的请求权涉及的土地或者物权的享有人,对此项请求权有持续的排除性抗辩权时,可以请求解除保全请求权人权利的预告登记。"从中我们可以看出,抗辩权的行使在德国可以取得消除预告登记效力的结果。笔者认为,抗辩权的行使,是义务人根据原来的法律关系享有的权益。至于义务人行使抗辩权能否最终达到消除预告登记的结果,则取决于双方的意思表示和客观的法律事实。因此,应借鉴国外的立法经验,在我国物权法中规定:对预告登记所保全的请求权承担相对应义务的人,不因预告登记而消除对该请求权的抗辩权。比如,售房人预售商品房给购房人,购房人将享有的移转房屋的请求权预告登记,但该登记并未改变根据合同产生的债的请求权性质,更不能消除售房人的抗辩权。在购房人未支付价款时,售房人有对抗购房人移转房屋的请求权的抗辩权。如果购房人不能支付房款,则售房人可以行使抗辩权,请求登记机关解除预告登记;如果购房人迟延履行但并未构成根本违约,则售房人只能请求暂时中止物权变动,而不能请求登记机关解除预告登记。

7. 完善预告登记的涂销制度

预告登记效力消灭的标志是其在登记簿中的记载被涂销。预告登记涂销的原因主要有以下几种:第一,请求权人放弃预告登记的意思表示。预告登记是对债权提供的保障措施,它以登记权利人的意志为基础,权利人自愿放弃权利时,预告登记消灭。第二,保全的请求权所指向的物权因无效、混同等情形而消灭。预告登记附属于所保全的债权请求权,当请求权消灭时,预告登记即丧失法律效力。第三,不动产物权人行使涂销登记的请求权。若预告登记的请求权人不行使其权利,当请求权超过时效时,不动产物权的当前所有人有涂销请求权。第四,因假处分而进行登记的,由于假处分的废止而消灭。

《物权法》规定,在债权消灭和请求权人在不动产预告登记之日起3个月内未申请登记两种条件下,可以发生预告登记消灭的效力。但笔者以为,在请求权受到永久性抗辩权的对抗以及债权人放弃预告登记时,也可以发生涂销的效力。因此,应该在《物权法》中增加相关规定。另外,《物权法》没有明确规定涂销申请人的主体范围。笔者以为,应当将涂销预告登记的申请权赋予一切利害关系人,以最大限度地保障利害关系人的权益。

第六章 登记簿比较研究

一、不动产登记簿的功能

不动产登记簿是不动产登记内容的载体，它不仅是不动产本身物理状况之反映，更是民事主体在不动产上所享有权利之表征。不动产登记簿是不动产登记制度的核心内容，对于不动产登记制度的构建来说是必不可少的。之所以如此，是因为它具有以下功能：

第一，确认权利。

无论是在采用登记生效主义的国家，还是在采用登记对抗主义的国家，将不动产物权的变动记载于不动产登记簿上，都能起到由国家来确认该物权进而对该物权进行法律保护的作用。通常说来，物权的变动如果不记载于由国家保管的登记簿上，那么它是不会得到国家的充分认可的，也就难以得到国家的充分保护。

第二，证明权利。

不动产上的物权人如何证明自己对该不动产享有权利？如果该不动产已经在登记簿上进行记载，那么他只需援引登记簿上的记载即可。

第三，公示权利。

一旦某个不动产物权在登记簿上进行记载，就意味着该物权已经被告知所有不特定的第三人，那么第三人就不能再主张自己不知道此种权利。也就是说，一旦物权在登记簿上进行记载，即推定第三人都已经知道该物权的存在。

第四,管理土地①。

登记机关将其管辖范围内的所有不动产以及不动产上的权利按照某种顺序记载在登记簿上之后,政府机关就可以充分利用登记簿上记载的信息来实现自己行政管理的目的。比如对土地进行统筹规划、对土地进行征税等等。

尽管从理论上来说不动产登记簿可能具有如上一些功能,但若要使这些功能得以充分发挥,则需要科学合理地设置不动产登记簿。下面笔者将详细分析其他国家的登记簿设置情况,吸收其合理因素,并结合我国的实际情况,探讨我国应该如何设置不动产登记簿。

二、不动产登记簿的设置

综观各国情况,不动产登记簿的设置主要涉及以下几个方面:(1)登记簿的内容及格式;(2)所登记的权利;(3)采物的编成还是人的编成;(4)是否同时颁发不动产证书;(5)登记簿的归档与保管;(6)登记簿的电子信息化。下面逐一分析:

(一)登记簿的内容及格式

从内容来看,为了充分公示某个不动产上的物权,各国一般对与该不动产有关的情形进行详细、准确、清楚的记载。比如在德国,其不动产登记簿一般记载以下内容:关于土地状态的文字描述,比如土地上是否有建筑物;关于土地的四邻界止的表述;关于土地物权的记载②。通过这三方面的记载,既清楚地界定了土地,也界定了土地上的物权。在我国台湾地区,其土

---

① 这里涉及的一个问题是,在有些国家不动产权利登记和地籍管理是由两套不同的系统来运作的,因此在这些国家,不动产登记簿作为一个登记不动产权利的簿册,它对于土地管理的作用就不太明显,相反地籍管理系统对土地管理的作用会更大一些。另外,严格说来,登记簿本身并没有管理土地的功能,管理土地的功能是管理机关所具有的,但是考虑到登记簿客观上有利于管理机关实现其管理功能,因此说登记簿有此功能似乎也并无不妥。

② 陈佳骊、余振国、刘卫东:《土地登记簿的国际经验及启示》,载《中国土地》2003年第6期。

地登记簿的内容也基本相似,既包括对"土地的标示",也包括对"所有权"和"他项权利"的记载。①

从格式来看,各国或地区一般对不动产登记簿规定了统一的格式。科学合理地设置登记簿的格式,有利于清楚地体现登记簿的内容,充分发挥其公示权利的功能。比如,有的国家或地区把整个不动产登记簿分为若干个子簿,如在瑞士,不动产登记簿由主簿以及其他补充主簿的地籍图、不动产清单、不动产标示登记以及日记簿组成。② 而有的国家或地区则只有一个登记簿,但是在该登记簿的每一个登记页可以分为几个部分,比如在我国台湾地区,登记簿上的每一个登记页都由三部分组成:标示部、所有权部以及他项权利部。③

(二)登记的权利④

为了使第三人充分知晓不动产上的权利状况,从而保护交易安全,各国一般都力求在登记簿上全面记载在某个不动产上所存在的各种权利。比如,在德国,其土地登记簿主要记载三项不动产上的三类权利:所有权、用益物权及其他权利限制和担保性权利;在瑞士,不动产登记簿上主要记载:所有权、附属于土地或加于土地的役权及土地负担、土地负担的担保物权。⑤ 从上面可以看出,各国一般把不动产上所存在的物权都明确登记在登记簿上,之所以如此,是因为物权具有对世效力和排他效力,第三人若不能得知已经存在的物权而进行交易,则极易损害交易安全。

与之相关的一个问题是,在租赁权逐渐物权化的今天,不动产上的租赁权是否要登记? 从我们所研究的十多个国家和地区的样本来看,大多数是不登记租赁权的。但是在韩国和新西兰以及澳大利亚则可以对不动产租赁

---

① 陈淑美:《土地登记》,台湾五南图书出版股份有限公司2005年版,第39页。
② 殷生根、王燕译:《瑞士民法典》,中国政法大学出版社1999年版,第260页。
③ 陈淑美:《土地登记》,台湾五南图书出版股份有限公司2005年版,第39页。
④ "登记的权利"实际上属于"登记簿的内容",但是由于登记的权利是登记簿的核心内容,为了便于进行更为具体的讨论,因此单独列出来。
⑤ 殷生根、王燕译:《瑞士民法典》,中国政法大学出版社1999年版,第261页。

权进行登记①；另外在意大利,存续期超过 9 年的不动产租赁契约以及解除或者转让期间尚未届满的、有效期超过 3 年的租赁的文件和判决,也是需要登记的②。在租赁权已经具有一定物权性的情况下,它对交易安全是具有一定影响的,然而由于租赁期限长短不一,它对交易安全的影响也是不一致的,因此对于租赁权是否进行登记,宜区分租赁期的长短。

(三) 物的编成还是人的编成

综合各国登记簿的设置情况,我们可以发现登记簿在内容编排上所采取的体例大抵可以分为两种:物的编成主义以及人的编成主义。在采物的编成主义的国家,登记簿按照土地地段、地号先后之次序编成,而在采人的编成主义的国家,登记簿不是按照土地的次序编成,而是按照土地权利人的次序编成。一般来说,其土地登记制度采契据登记制的国家(地区),其登记簿的设置会采用人的编成,比如法国、意大利、我国澳门特别行政区;而土地登记制度采权利登记制的国家(地区),其登记簿的设置就会采用物的编成,比如德国、瑞士、瑞典、韩国等。但是也并非绝对,比如在日本,尽管其土地登记制度采取的是契据登记制,但是其登记簿采物的编成。至于采取托伦斯登记制的国家,其登记簿的设置采何种主义,则没有通说。③ 在新西兰,其土地登记制度采取的是托伦斯登记制,而其登记簿采人的编成。④

如果采取人的编成,可能带来的问题是,第一,登记的内容没有延续性,难以清晰地反映某个不动产上的权利变动情况;第二,登记的效率不高;第三,不便于公众全面获取某个不动产的权利状态;第四,在采取传统的纸质登记簿的情形下,若采人的编成,会产生一个问题,即很难平衡公众对于土地信息的需求与权利人私人秘密的保护。因为在采取人的编成的情况下,

---

① 在韩国,租赁权也可以进行登记,不登记则租赁权不具有对抗第三人的效力,但是租赁权的登记不同于物权的登记,物权是在法院进行登记,而租赁权是在区办公室进行登记,而且租赁权的登记非常简单,在租赁文件上盖章即可,参见《韩国住宅赁贷借法》;在澳大利亚,未经登记的租赁不具有法律效力,参见《澳大利亚昆士兰州土地登记手册》,中国土地勘测规划院译,法律出版社 2006 年版,第 774—775 页。

② 《意大利民法典》,费安玲等译,中国政法大学出版社 2004 年版,第 701—702 页。

③ 佚名:《世界土地登记制度的主要模式及其比较》,载于国土资源政策信息网,网址:http://www.ywland.cn/ShowArticle.asp? ArticleID = 636,最后访问时间:2008 年 9 月 17 日。

④ 参见新西兰《1952 年土地转让法》。

一旦查阅登记簿,某个权利人所享有的土地权利将一览无余,显然不是所有的权利人都愿意公开这样的"秘密",若不允许查询,又可能影响交易安全。

(四)是否颁发权利证书

通说认为,在契据登记制以及权利登记制下,只将土地所承载的物权记载在登记簿上,而不再另外向权利人颁发权利证书;而在托伦斯登记制下,则除了要将土地所承载的物权记载在登记簿以外,还需向权利人颁发权利证书[①](或者类似权利证书的凭证,以下统称"权利证书")。比如在采取托伦斯登记制的新西兰、澳大利亚的一些州以及美国的明尼苏达州,都需要向权利人颁发权利证书。另外在兼具权利登记制和托伦斯登记制特色的我国台湾地区,也需要向权利人颁发权利证书。但是我们注意到,在一些采取托伦斯登记制的国家,尽管它们原来都要求登记机关向权利人颁发权利证书,但却逐渐淡化了这种要求。比如在托伦斯登记制的发源地澳大利亚有一个州——昆士兰州,原来是要求向所有权利人颁发权利证书,但自 2000 年 3 月《1994 年土地法》(Land Act 1994)修订后,法律规定可不再颁发土地权利的法律证书,但如果业主需要,可自行向自然资源与矿产部下设的任何办事处查询后获得土地登记的详细资料。该法还规定,无论业主手中有无土地权利证书,其享有的土地权益均不受影响。[②] 此外,美国的夏威夷州以及爱尔兰也同样不再颁发权利证书了。[③]

在颁发权利证书的情形下,随之而来的两个问题就是:(1)权利证书有何效力?(2)它和不动产登记簿有何关系?

关于第一个问题,各国一般都认为不动产权利证书是权利证书上所记载的权利人享有权利的证明,也就是说享有证据效力,比如澳大利亚《1994 年土地权利法》第 46 条就规定:宗地的权利证书是宗地不可推翻权利的有

---

① 佚名:《世界土地登记制度的主要模式及其比较》,载于国土资源政策信息网,网址:http://www.ywland.cn/ShowArticle.asp? ArticleID = 636,最后访问时间:2008 年 9 月 17 日;陈淑美:《土地登记》,台湾五南图书出版股份有限公司 2005 年版,第 12 页。

② 朱留华、戴银萍、冯文利:《澳大利亚昆士兰州土地登记及启示》,载《中国土地科学》2005 年第 3 期。

③ 参见夏威夷州关于"土地法院登记"的 501 号法令、《2006 年爱尔兰契据权利登记法》。

效证据①；另外，新西兰《1952年土地转让法》第75条也有类似规定②。

通常来说不认为权利证书具有创设权利的效力，也不认为它具有公示力和公信力。之所以如此是因为：第一，权利证书由登记机关根据登记簿而制作的，它记载的内容是登记机关在审查登记申请人的申请资料之后而确认的，这意味着国家机关以国家公信力作为保障认可其真实性，因此当然可以作为登记簿上记载的当事人享有权利的证据（当然契据登记制下除外，在契据登记制下，登记簿上的内容也不能作为享有权利的终极证据，第三人还需认真审查所登记的契据的合法性方可确认权利是否存在）。第二，若认为权利证书可以创设权利，那么就会引起一些理论和实务上的混乱，到底是制作权利证书的行为创设了权利，还是发出权利证书的行为创设了权利，还是权利人收到权利证书的行为创设了权利？第三，由于权利证书通常由权利人持有，第三人难以方便地查知权利证书的内容，因此不能因为颁发了权利证书就推定第三人知道权利证书的内容，也就是说权利证书不能起到公示的效果。第四，在"伪造"技术极为高明的今天，由当事人所持有的权利证书很难保证其真伪，一个合理谨慎之人不会毫无保留地相信权利证书上所记载的内容的真实性，因此若某人因为信赖权利证书之记载而为某种交易，此种信赖不能得到保护，即权利证书没有公信力。

关于第二个问题，由于一般情况下，权利证书是登记机关根据登记簿制作的，而且登记簿由登记机关保管，其被伪造、篡改的可能性和权利证书相比要小得多，因此通常各国都规定权利证书的内容若与登记簿的内容相冲突，则以登记簿的规定为准。比如新西兰《1952年土地转让法》第75条规定："除非登记簿或者登记簿的经核实的副本有相反的记录，该证书可以作为证书上的权利人享有土地上的地产权或其他权益的终极证据。"③这意味着登记簿的内容可以否定权利证书的真实性。

前面已经提到过，已经有些采取托伦斯登记的国家不再要求颁发权利证书了，它们为什么会抛弃这个被视为托伦斯登记制主要特征的制度？我认为和上述两个问题有紧密联系。

---

① 《澳大利亚昆士兰州土地登记手册》，中国土地勘测规划院译，法律出版社2006年版，第765页。
② 新西兰《1952年土地转让法》。
③ 同上注。

首先，我们知道权利证书最大的好处在于权利人能够凭此很方便地证明自己享有权利。在从事不动产交易时，如果持有权利证书，只要拿出权利证书即可向交易相对人证明自己享有权利，从而使得相对人放心与其进行交易，而不需请求登记机关开具相关证明。然而我们知道在信息化发展迅速的今天，实现土地权利信息的电子化只是时间上的问题，我们若要向交易相对人证实自己享有某个权利，仅需通过上网查询向相对人展示即可，因此在此种情形下权利证书存在的意义不大。在和其他人就是否享有权利发生纠纷从而诉至法院时，若有权利证书，可以将权利证书呈交给法官作为自己享有权利的证据，然而我们知道一旦发生此种纠纷往往不是一个权利证书可以证明的，而需要求诸于其他证据，比如登记簿。因此在此种情形下，权利证书存在的意义也不大。总之，权利证书作为一个证据其存在的必要性是值得怀疑的。

其次，我们知道权利证书既不具有创设效力，也不具有公示力和公信力。因此给人的总体感觉是"用处不大"。

最后，权利证书不仅"没用"，还经常带来"麻烦"。一个最大的问题是它的内容会和登记簿发生冲突，冲突的原因既可能是登记机关工作上的疏忽，也可能是权利证书本身就是伪造的。在权利证书和登记簿存在冲突的情况下，比如某人伪造一个证书声称自己对某块土地拥有权利，若另外一个人信赖该权利证书的内容而购买该土地，在我们熟知法律规定的人来看来此种信赖自然不能得到保护，买卖合同为无效（或效力待定），然而被欺骗的受让人却会觉得自己很冤，因为他可能根本不知道还有一个登记簿，即使知道有一个登记簿，也可能不知道登记簿的证明力高于权利证书的证明力。在这种情况下，可能会引起一些社会的"不和谐"。实践证明：实行最接近托伦斯登记制的我国台湾地区，其登记讼案要比实行权利登记的德国要多；而实行变形的托伦斯登记制的中国大陆，其讼案要比实行契据登记制的中国香港多得多。[①] 这说明不发证是具有一定的优越性的。

综上可以看出，颁发权利证书可能并非是一种明智的选择。

---

① 何益民：《登记制的选择与政府责任》，载《中外房地产导报》2003年第20期。

(五)登记簿的归档与保管

对于纸质的登记簿来说,在登记完毕之后对登记簿进行归档是很重要的。所谓归档就是,对登记簿进行正确合理的编码、编号和装订之后,将其归入登记机关保存的土地登记档案中去。归档既有利于事后对已经登记土地的变更登记,也有利于公众之查询。比如我国台湾地区土地登记规则就要求"登记簿应按地号或建号顺序,采用活页装订之,并于页首附索引表"。[①]

不动产登记簿要么是物权变动的根据,要么是物权具有对抗第三人效力之要件,它对于广大的不动产权利人而言是至关重要的。若其出现毁损、灭失,或者被人恶意篡改,其后果是非常严重的,它会导致土地上的物权处于不确定状况,引发社会纠纷,或者侵害某些权利人的权利。因此对登记簿的细心保管是非常重要的。

在我国台湾地区对于登记簿的保管有非常详细的规定。首先,在其"土地登记规则"第20条规定,登记簿及地籍图由登记机关永久保存之。除法律或者地政机关另有规定或为避免受损害外,不得移出登记机关。其次,还详细规定了对地籍资料库的管理。具体来说包括三个方面的管理:第一,对人的管理,比如规定地籍资料库之管理应设专人负责,管理人员应随时注意门禁,严守图簿不离库。第二,对物的管理,比如规定空白权利书状应切实管制,按月清点,并将清点结果列表。第三,对空间的管理,比如规定地籍资料库应有防火、防潮、防盗、防虫等安全设备,并应严禁烟火,不得存放易燃、易爆物品。[②]

(六)登记簿的电子信息化

在网络信息化时代,电子政务的引入已经极大地提高了政府的工作效率。因此将电子信息化引入不动产登记,将登记簿电子化无疑是一个极具诱惑力的选择。登记簿的电子化既有利于登记机关自身登记效率的提高,也有利于公众对登记信息的查询,在电子化之后,公众只要通过一台计算机

---

① 陈淑美:《土地登记》,台湾五南图书出版股份有限公司2005年版,第39页。
② 同上注,第72—74页。

就可以查知某块土地上的权利状况,从而极大地促进了交易之便捷。登记簿电子化的优势不仅在于促进效率之提高,还在于其对于登记信息安全之保障,因为电子登记簿可以进行多重的数据备份,一旦发生系统故障,数据可以在最短的时间内得以复原,这是传统的纸质登记簿所难以实现的。

当然电子登记簿的一个最大的问题在于其初始投入成本很高,如果一个国家要建立电子登记簿的话,一个首要的问题就是用谁的钱来建立这样一个电子登记簿?用全体纳税人的钱吗?这可能是不太合理的,因为毕竟能够享用到电子登记簿好处的人不是全体纳税人。

尽管如此,从全球范围来看,很多国家都已经启动了其土地登记的电子信息化进程。在新西兰,目前正在推动土地登记的自动化和信息化,它于2002年通过了《2002年土地转让法(计算机登记和电子存放)修正案》,该法对网上申请登记、计算机登记记录等都进行了规定,根据这个规定,目前新西兰已经建立了计算机登记簿,绝大多数受到《1952年土地转让法》管辖的土地都已录入计算机登记簿的范围,从而便利了对土地的登记以及对登记记录的查阅。当然在存在计算机登记簿的同时,原有的纸质登记簿以及相对应的纸质登记模式仍然存在。在德国、加拿大安大略省以及澳大利亚昆士兰州也已着手建立或者已经建立起了计算机登记簿。①

三、我国不动产登记簿设置情况及相应建议

我国和不动产登记簿有关的法律法规主要有原国家土地管理局颁布的《土地登记规则》、原建设部颁布的《城市房屋权属登记管理办法》。2007年12月30日,国土资源部颁布了《土地登记办法》,从而取代了原来的《土地登记规则》;2008年2月15日原建设部颁布了《房屋登记办法》,同时废止了前述《城市房屋权属登记管理办法》。下面以这些规章为基础分析我国的不动产登记簿的设置情况。

---

① 参见陈佳骊、余振国、刘卫东:《土地登记簿的国际经验及启示》,载《中国土地》2003年第6期;《澳大利亚昆士兰州土地登记手册》,中国土地勘测规划院译,法律出版社2006年版,第12页。

（一）不动产登记簿之设置

我国实行土地和房屋分别登记制度。

在土地登记方面，根据原国家土地管理局颁布的《土地登记规则》第 59 条的规定，我国就已经建立了土地登记簿；而新颁布的《土地登记办法》则不仅承继了土地登记簿的设置，而且进一步完善了相关的规定。

但是在房屋登记方面，我国则在很长一段时间内没有要求建立房屋登记簿的规定，原建设部 2001 年颁布的《城市房屋权属登记管理办法》在房屋登记方面仅仅强调房产证的重要性，而对于登记簿却只字未提，这显然是一大疏漏，既不利于国家对房屋的管理，也不利于第三人对登记信息的查询。根据我国《物权法》，不动产物权的设立、变更、转让和消灭，依照法律规定应当登记的，自记载于不动产登记簿时发生效力，不动产登记簿是物权归属和内容的根据。因此，无论是实际生活的需求，还是法律的规定，都要求我国应该尽快建立起房屋登记簿。针对这种情形，《房屋登记办法》第 5 条明确规定：

> 房屋登记机构应当建立本行政区域内统一的房屋登记簿。
>
> 房屋登记簿是房屋权利归属和内容的根据，由房屋登记机构管理。

（二）登记的权利

随着《物权法》的颁布，我国的物权种类已经明确，其中不动产上的物权有：所有权、土地承包经营权、建设用地使用权、宅基地使用权、地役权、抵押权。

在土地登记方面，我国原有的土地登记法规认为应当登记的权利是"所有权以及他项权利"或者"土地使用权和土地所有权以外的土地权利"。这显然是一种很模糊的表达，不利于指导当事人去申请登记，也不利于登记部门的登记管理工作。新颁布的《土地登记办法》第 2 条明确了应当予以登记的土地权利：

> 本办法所称土地登记，是指将国有土地使用权、集体土地所有权、集体土地使用权和土地抵押权、地役权以及依照法律法规规定需要登记的其他土地权利记载于土地登记簿公示的行为。

前款规定的国有土地使用权,包括国有建设用地使用权和国有农用地使用权;集体土地使用权,包括集体建设用地使用权、宅基地使用权和集体农用地使用权(不含土地承包经营权)。

在房屋登记方面,原《城市房屋权属登记管理办法》仅仅有所有权和抵押权的规定,这意味着登记机关对于建设用地使用权、房屋所有权、抵押权以外的其他权利没有引起足够的重视,因此对于如何对这些权利进行登记也还没有一些成型的方法。这样不仅会影响民众从事此类物权的设立或变更的积极性,也不利于登记机关科学、统一地对此类物权进行登记。

《房屋登记办法》较好地解决了房屋登记在这个方面所存在的问题。在其第三章第一到五节中,分别对所有权、抵押权、地役权、预告登记和其他登记作了较为完整的规定。

(三)关于权利证书

长期以来,我国在房屋登记的问题上非常重视权利证书的作用。比如已经被废止的《城市房屋权属登记管理办法》第5条规定:"房屋权属证书是权利人依法拥有房屋所有权并对房屋行使占有、使用、收益和处分权利的唯一合法凭证"。这样的规定显然会引起一些问题,比如权属证书遗失毁损时,当事人如何证明自己的权利?在少数已经建立起房屋登记簿的地方,一旦登记簿和权属证书之间出现冲突,如何处理?按照上述规定,由于权利证书是权利的"唯一合法凭证",那么似乎应该按照权利证书来确定权利。然而我国《物权法》第17条却规定:"不动产权属证书是权利人享有该不动产物权的证明。不动产权属证书记载的事项,应当与不动产登记簿一致;记载不一致的,除有证据证明不动产登记簿确有错误外,以不动产登记簿为准。"按照此规定,则应当根据登记簿来确定权利。尽管对于知晓这些规定的专业人士来说,根据"上位法优于下位法"的原则很容易得出应该按照登记簿来确定权利,但是由于我国实务界,特别是行政机关有"重视下位法、忽视上位法"的传统,就很难避免出现一些错误的处理决定,对于那些不熟悉法律规定的老百姓来说则更容易引起误解。

前面我们已经分析过,权利证书存在的价值其实已经是值得怀疑了,某些原来要求颁发权利证书的国家先后淡化这种要求似乎隐含着这样一种趋势。尽管废除登记发证制度可能还有一定的讨论余地,但修改或废除《城市房屋权属登记管理办法》第 5 条却是完全有必要的。

因此,《房屋登记办法》去掉了《城市房屋权属登记管理办法》第 5 条的规定,明确了"房屋权属证书是权利人享有房屋物权的证明",这无疑是一个巨大的进步。此外,《土地登记办法》也基本上重复了《物权法》关于土地登记簿和权利证书的规定。其第 15 条规定:"土地登记簿是土地权利归属和内容的根据。"第 16 条规定:"土地权利证书是土地权利人享有土地权利的证明。土地权利证书记载的事项,应当与土地登记簿一致;记载不一致的,除有证据证明土地登记簿确有错误外,以土地登记簿为准。"

当然,可能是考虑到我国老百姓对于"权利证书"有一种特别"情结",因此这两个办法都仍然保留了发放权利证书的规定。

(四) 关于登记簿的保管

土地登记簿的保管对于土地权利人来说非常重要,但是我国却没有非常详细地制定对于土地登记簿的保管措施。笔者认为仿效前面所述的我国台湾地区的相关规定来强化土地登记簿的保管是很重要的。

(五) 尚未建立起电子信息化的登记簿

前面已经提到登记簿电子信息化已经是一种国际化的趋势,其优势也显而易见,然而我国目前尚未建立起一个全国联网的电子化土地登记信息系统。[①] 因此我国有必要在论证采用何种收入来建立电子化土地登记系统的前提下,加大对土地登记的电子信息化的投入,购买硬件并进行相应的人员培训工作。

笔者注意到《房屋登记办法》第 24 条第 2 款规定:"房屋登记簿可以采用纸介质,也可以采用电子介质。采用电子介质的,应当有唯一、确定的纸介质转化形式,并应当定期异地备份。"这就为我国未来建立电子登记簿提供了法律依据。同时,《土地登记办法》也有类似的规定。

---

① 王利明、郭明瑞、潘维大主编:《中国民法典基本理论问题研究》,人民法院出版社 2004 年版,第 415 页以下。

第七章　登记查阅比较研究

一、登记查阅之理论基础

不动产登记制度的一个最主要的功能在于保护交易安全。它如何实现此种功能？一个重要的环节就是登记查阅制度，也可以称为"登记信息公开制度"。当某个不动产物权被登记在登记簿上之后，若不允许第三人查阅，第三人仍然难以得知此种权利之存在，这样第三人仍然要承担很大的风险或者为了查明权利是否存在需要花费很大的成本。但如果允许第三人来查阅登记簿上的内容，就可以使当事人知道某不动产上的权利状况，从而决定是否从事该笔交易。因此，登记查阅制度是必要的，否则不动产登记制度就纯粹只有行政管理的效果，而达不到保护交易安全的目的。

对于登记查阅来说，我们需要考虑的主要问题是查阅的范围，包括客体范围和主体范围：是任何保存在登记机关的资料都可以查阅吗，还是仅限于某些特定的内容？是一国所有的公民都可以查询吗，还是仅限于权利人或者利害关系人？此外查阅的效率问题以及查阅费用问题也较为重要。

下面我们先介绍其他国家的制度并进行分析，然后结合我国的实际情况提出一些建议。

二、域外制度介绍和分析

（一）关于查阅的范围

通常来说在登记机关保存的关于土地登记的资料主要有两大类：第一

大类,申请人提供的申请材料,比如在房屋买卖过户登记时,需要向登记机关提交的申请书、房屋买卖合同等,在设立抵押权时,需要向登记机关提交的申请书、抵押合同等;第二大类,登记结果,即"登记簿"。

　　从理论上来说,登记资料是否能被查阅主要取决于这些资料是否具有保密性,如果是一些值得法律保护的个人隐私,那么当然不能随意允许公众查询,即使允许,也要严格限制可以查询的主体范围。而对那些不需要保密的信息,则应当在人力物力许可的范围内尽可能允许公众查询。一般说来,土地登记申请人提供的申请资料具有一定的保密性,比如买卖合同和抵押合同中可能涉及到某些商业秘密的内容,如果允许公众随意查询,可能会对当事人产生不利影响。而登记簿的内容,则要根据是采取"人的编成"还是"物的编成":(1) 在采取"物的编成"的情况下,每一个登记页上记载的是某一特定不动产上的权利情况,这些信息出于交易安全的考虑,我们不能称之为秘密,即使当事人可能认为是秘密,但这种秘密应该不是值得法律保护的秘密。因为它和交易安全相比,后者是更值得保护的,理由是公开某人拥有一栋房产,固然可能会给人带来某些麻烦,但是如果不公开,则会对全社会不动产物权的流转产生很大的阻碍或者会为其流转带来极大的风险。(2) 在采取"人的编成"的情形下,每一个登记页记载的是权利人在该登记机关管辖范围内的不动产权利,在这种情形下,这个登记页的全部内容是否都可以被公开就是一个值得考虑的问题。一方面,对于交易安全来说我们需要让公众能够得知某人是否对某个欲被交易的不动产享有权利,另一方面,一旦允许公众查询,则查询人可能会得知被查询的人所拥有的所有不动产权利,而这可能是登记页上的权利人不愿意被公众所知晓的信息,而且这些信息中并不是全部都对交易安全有帮助。正因为有这样一个难以解决的问题,所以目前各国在登记簿的设置上主流的做法是采"物的编成"。[①]

　　从各国的情况来看,登记申请材料的查询要受到很多的限制,一般说来登记申请资料只有申请人、政府机关才可以查询,甚至根本是不公开的。但登记簿一般是可以被查阅的,但这种查询要受到的限制程度则有所不同。根据我们对各国基本情况的总结,可以分为三类:

　　第一类,对登记簿的查询没有限制,只要是在登记机关的上班时间,任

---

① 孙鹏、何兵:《论不动产物权登记信息公开制度》,载《行政与法》2006年第7期。

何人对于登记簿的任何内容都可以自由阅读、复制、摘录。采用这种立法例的国家(地区)有:美国明尼苏达州及夏威夷州、新西兰、爱尔兰、澳大利亚昆士兰州、我国香港特别行政区、韩国、俄罗斯[①]等。采取此种立法例,给予公众查询不动产上权利以极大的自由,对于保护交易安全无疑是有利的。

第二类,允许公众向登记机关提出请求,要求登记机关告知有关某土地的权利状况的信息或要求登记机关就某土地的权利状况出具证明,但是不允许公众自行阅览登记簿。比如日本规定:"任何人都可以缴纳手续费,而请求交付登记簿的誊本、节本或地图及建筑物所在图的全部或一部的副本。并且,以有利害关系部分为限,可以请求阅览登记簿及其附属文件或地图及建筑物所在图。"[②]这就是说如果没有利害关系,不能亲自阅览登记簿,只能请求交付登记簿的誊本、节本。再比如,我国澳门特别行政区规定,任何人均得请求就登记行为及存盘文件发出证明,以及获得以口头或书面方式提供之有关该等行为及文件内容之信息;但仅登记局之公务员方得按利害关系人所述翻查簿册及文件。[③] 之所以这么规定,可能是登记机关考虑到登记簿上有些信息是权利人不愿意透露的,为了保护这些权利人的"隐私",所以不让公众去全部查询。当然从法理上来说,是否构成值得法律保护的隐私,则是值得商榷的。采取这种立法例,对于交易安全之保护影响不大,但有增大登记机关运作成本的可能。

第三类,仅允许有利害关系的人查阅登记簿,对于没有利害关系的人则不允许查阅。采取这种立法例的国家有德国、瑞士。比如,德国《土地登记条例》第12条第1款规定:"任何证明具有合法利益的人都有权查阅土地登记簿。这也同样适用于土地登记簿中用于补充登记涉及的文本以及尚未完成的登记申请。"[④]瑞士《瑞士民法典》第970条规定:"(1)任何人均有权获悉,在不动产登记簿上登记为不动产所有权人为何人。(2)经初步证据证

---

① 参见朱留华、戴银萍、冯文利:《澳大利亚昆士兰州土地登记及启示》,载《中国土地科学》2005年第3期;新西兰《1952年土地转让法》;夏威夷州关于"土地法院登记"的501号法令;2006年爱尔兰《契据权利登记法》;韩国《不动产登记法》;孙鹏、何兵:《论不动产物权登记信息公开制度》,载《行政与法》2006年第7期。

② 参见日本《不动产登记法》。

③ 参见我国澳门特别行政区《物业登记法典》。

④ 孙鹏、何兵:《论不动产物权登记信息公开制度》,载《行政与法》2006年第7期。

明为有利害关系者,有权请求查阅不动产登记簿或请求就此制作内容摘要。"①采取此种立法例,其出发点可能有两个:其一,保护权利人的隐私;其二,防止某些与登记不动产毫无关系的人对登记机关进行纠缠。对于这两点,首先,在前边已经提到,登记簿的信息是否构成值得法律保护的隐私是值得商榷的;其次,在采取登记收费的情形下,"理性人"会无谓地纠缠登记机关吗?因此采取此种立法例的法理根基并不稳固,另外采取此种立法例会带来的一个非常棘手的问题是,如何界定"利害关系人"?德国学者们认为,"合法利益"并不必然是法律利益,经济上的或亲属关系上的利益,有时甚至是一般公众的利益,均无不可。②但这仍然没有准确地界定何种情形可被视为具有利害关系。有学者指出,在实践中,根本找不到确定利害关系人的标准。利害关系人最终要么被很宽泛地解释为任何人都具有利害关系,要么被很狭窄地解释为经过登记权利人授权的人③。

(二) 关于查阅效率和查阅费用

查阅效率对于一国不动产登记制度的构建也是非常重要的,如果查阅效率低下,则会直接导致交易效率低下,因此提高查阅效率是很有必要的。

查阅费用对于一国不动产登记制度的构建也同样很重要,如果查阅费用很高,就会使某些人甘愿冒很大的风险也不愿去登记机关查询,或者根本就不去进行交易。因此必须尽量降低查阅的费用。

三、我国的情况及建议

在我国,关于登记查询的法律法规主要有三个:《物权法》、《土地登记资料公开查询办法》、《房屋权属登记信息查询暂行办法》。

其中我国《物权法》第18条简要地规定了查询的原则,即"权利人、利害关系人可以申请查询、复制登记资料,登记机构应当提供"。根据这条规

---

① 殷生根、王燕译:《瑞士民法典》,中国政法大学出版社1999年版,第267页。
② 〔德〕鲍尔/施蒂尔纳:《德国物权法》(上册),张双根译,法律出版社2004年版,转引自孙鹏、何兵:《论不动产物权登记信息公开制度》,载《行政与法》2006年第7期。
③ 孙鹏、何兵:《论不动产物权登记信息公开制度》,载《行政与法》2006年第7期。

定,对于登记簿的查询,我国采取的是上文所述的第三种模式——德国和瑞士的模式,即可以查询的人仅限于利害关系人(实际上权利人也是一个利害关系人)。

但是国土资源部颁布的《土地登记资料公开查询办法》第2条则规定:"本办法所称土地登记资料,是指:(一)土地登记结果,包括土地登记卡和宗地图;(二)原始登记资料,包括土地权属来源文件、土地登记申请书、地籍调查表和地籍图。对前款第(一)项规定的土地登记结果,任何单位和个人都可以依照本办法的规定查询。"另外第11条规定:"查询人可以阅读或者自行抄录土地登记资料。应查询人要求,查询机关可以摘录或者复制有关的土地登记资料。查询机关摘录或者复制的土地登记结果,查询人请求出具查询结果证明的,查询机关经审核后可以出具查询结果证明。"根据这两条的规定,对于土地登记簿的查询,我国采取的是上文所属的第一种模式,即对登记簿的查询是没有任何限制的(国家秘密除外)。

另外原建设部颁布的《房屋权属登记信息查询暂行办法》第7条规定:"房屋权属登记机关对房屋权利的记载信息,单位和个人可以公开查询。"第13条规定:"查询房屋权属登记信息,应当在查询机构指定场所内进行。查询人不得损坏房屋权属登记信息的载体,不得损坏查询设备。"根据这两条,对于房屋登记簿[①]的查询,我国也采取的是上文所属的第一种模式,即对登记簿的查询是没有任何限制的(国家秘密除外)。

由于《物权法》是上位法,我们自然应当遵守《物权法》的规定,这样就意味着只有利害关系人才能查阅登记簿的信息。然而我们在上文已经分析了此种规定的不合理之处,由于对物权法的修改是一件比较困难的事情,因此我们建议有关机关对"利害关系人"作出一个明确的、比较宽泛的解释。

---

① 《房屋权属登记信息查询暂行办法》第5条规定:"房屋权属登记机关对房屋权利的记载信息,包括房屋自然状况(坐落、面积、用途等)、房屋权利状况(所有权情况、他项权情况和房屋权利的其他限制等),以及登记机关记载的其他必要信息。已建立房屋权属登记簿(登记册)的地方,登记簿(登记册)所记载的信息为登记机关对房屋权利的记载信息。"根据这条,我国有些地方已经建立起房屋登记簿。

第八章 登记时间比较研究

一、缩短登记时间之意义

登记时间指的是,登记机关从接收到申请人的申请材料到最终完成登记所需要的时间。登记时间问题实际上是一个登记效率问题。一个明显的逻辑是:登记效率越高,越有利于不动产之流转,越有利于不动产价值之发挥。因此缩短登记的时间,提高登记的效力,对于增强一国经济的活力是很重要的。

二、域外制度介绍和分析

在 2006 年举行的由中国土地矿产法律事务中心主办、北京大学法学院房地产法研究中心承办、中国土地学会地籍分会和中国土地学会法学分会共同协办的国际不动产登记制度报告会上,与会者对于登记时间问题非常重视,此次报告会的一篇论文《不动产登记——谁在改革、改革什么、为何改革》对登记时间进行了非常详尽的分析,比如它对全世界主要国家土地登记程序所需的时间进行了统计。根据这个统计结果,我们发现排在最前面的十个国家进行不动产登记的时间最多只要五天,其中挪威只要一天;而排在最后面的十个国家,最少的尼加拉瓜需要 274 天,最多的克罗地亚需要 956 天。同时这篇文章也指出,如果能够将登记时间变短一点、将登记程序减少一点,企业家们将有更多的精力来关注他们的商业经营活动。如果不通过登记而使得某个权利得以确定,企业家将会发现他很难进行融资,因此也很难进行投资,最终将不利于一国经济的发展。

为什么有些国家的登记程序会如此之短,而有些国家的登记程序会如此之长呢?这主要取决于以下几个因素:第一,登记的性质。如果登记的行为被认为一个司法行为,因而通过司法程序来完成登记,那么登记的时间肯定会很长。因为司法程序首先注重的是公平,它要尽量发现真相,另外司法程序为了实现程序正义,往往也比较繁琐。但如果采取行政程序或者准行政程序,那么登记时间一般说来就会短一些。因此,若要让登记时间比较短,首要的考虑是通过行政程序或准行政程序来实现登记。第二,登记需要经过的程序。如果登记需要经过很多道程序,特别是需要对不动产进行评估,那么登记的时间一般也会很长。因此,若要让登记时间比较短,第二个方法就是尽量减少登记程序,将不必要的程序省掉,比如对不动产进行评估,对于实现不动产登记制度的目的来讲其实毫无用处,完全是可以省略的程序。第三,登记的技术手段。现在有些国家采用电子化登记,申请人不必亲自跑到登记机关,只需在自己所在地的电脑上通过因特网向登记机关提交申请即可,而且登记机关的文件发送以及登记簿的制作都采用计算机来完成,这无疑能够极大地提高登记效率。在上述报告会论文中,也提到:由于对土地登记实行计算机化,波兰可以为企业家进行土地登记节省7天的时间,随着更多的登记通过网络进行,可能还会有更多的改进。克罗地亚也在进行相似的改革。荷兰通过在线查询、签署、登记,将土地登记程序减为两个,时间减为2天。澳大利亚也启动了在线服务,将时间从7天减少到5天。

三、我国的情况及建议

我国对不动产登记时间也进行了规定:
国土资源部颁布的《土地登记办法》第19条规定:

> 国土资源行政主管部门应当自受理土地登记申请之日起20日内,办结土地登记审查手续。特殊情况需要延期的,经国土资源行政主管部门负责人批准后,可以延长10日。

原建设部颁布的《房屋登记办法》第23条规定：

自受理登记申请之日起，房屋登记机构应当于下列时限内，将申请登记事项记载于房屋登记簿或者作出不予登记的决定：

（一）国有土地范围内房屋所有权登记，30个工作日，集体土地范围内房屋所有权登记，60个工作日；

（二）抵押权、地役权登记，10个工作日；

（三）预告登记、更正登记，10个工作日；

（四）异议登记，1个工作日。

公告时间不计入前款规定时限。因特殊原因需要延长登记时限的，经房屋登记机构负责人批准可以延长，但最长不得超过原时限的一倍。

法律、法规对登记时限另有规定的，从其规定。

从上面的规定来看，我国在登记时间方面主要存在的问题有：第一，没有规定当事人提出申请到登记机关决定受理之间的期限，这样可能出现登记机关在很长时间内不予受理登记的情况，从而影响整个登记程序的效力；第二，从受理到完成登记的时间尽管和那些比较"落后"的国家相比少了很多天，但是和比较"先进"的国家相比，则还有一定差距，因此我们应当从上文分析的三个因素着手来进一步提高登记效率，由于我国采取行政程序进行登记，因此对第一个因素——登记的性质——可以不予考虑，可以着重考虑的是登记的程序以及登记技术的现代化。

第九章　登记费用比较研究

我国《物权法》第 22 条规定："不动产登记费按件收取,不得按照不动产的面积、体积或者价款的比例收取。具体收费标准由国务院有关部门会同价格主管部门规定。"终于使不动产登记收费的争论尘埃落定。然而,这一规定的出台并非一劳永逸。在实践操作中,究竟具体费用标准如何确定、费用如何收取等问题都还悬而未决,需要进行深入的探讨。下面,我们将从域外各国及各地区的不动产登记费用制度着手,对这些问题进行探讨。

一、域外不动产登记收费制度

(一) 不动产登记收费标准:计件收费和按比例收费

综观域外各国及各地区的不动产登记费用制度,我们发现,与其他因素相比,不动产登记费用制度更少地受到不动产登记制度的逻辑起点——不动产登记模式——的影响。具体到不动产登记费用制度的核心,不动产登记收费标准,我们已知的域外各国及各地区不外存在着两种收费模式:计件收费和按比例收费。

计件收费,即不以申请登记的不动产物权所附着的不动产标的的面积、价值作为计算费用收取的标准,而是对同样的不动产权利登记申请收取同样的费用,对所有的申请者都一视同仁。比如,新西兰就规定土地移转的收费标准为每宗 150 新西兰元;瑞典也规定,一个对权利进行登记的申请的费用是 825 克朗,一个对抵押进行登记的申请的费用是 375 克朗。

按比例收费则相反,这样一种收费模式之下,登记费用的计算是以欲登记的不动产标的的面积或者价值为标准,按照一定的费率收取。德国、我国台湾地区、英国、我国香港特别行政区等国家和地区就是采用这样一种收费标准。土地登记费计费原则以登记的类型和地产价格确定。登记类型不同，收费标准也不同。在我国台湾地区，土地总登记应由权利人按申报地价或土地他项权利价值，缴纳登记费的千分之二；建筑物第一次登记，应缴纳的登记费为建筑物价值的千分之二；权利变更登记，应由权利人缴纳申报地价或权利价值的千分之一；他项权利变更登记，只就权利价值增加之部分依权利变更登记的标准缴纳登记费；土地所有权书状及其他权利书状，应当缴纳书状费。英国土地登记收费标准是在区别土地利益者对土地的持有性质（即永久持有或租用），以及是以市场交易为目的、还是以金融意向（含贷款、抵押）等为目的而进行登记的基础上，一律按每宗房地产的价值量作为土地登记收费标准的依据，不同房地产的价值被依次分段，每段内土地登记收费标准一致，但无论哪类性质的土地登记收费标准均存在着一个限量值，即超过某数额价值量的房地产，其土地登记收费标准为同一数额。英国土地登记的现行收费标准是：房地产买卖登记，按价格多少每起收费 25 英镑至 1800 英镑不等；租赁登记，按年租金多少每起收费 25 英镑至 500 英镑不等，年租金在 1 英镑以下免收。我国香港特别行政区亦是如此，登记时缴纳的注册费目前为 5 到 240 港元不等，随交易额而异。[①]

（二）不动产登记费用标准的确定

与不动产登记费用收取标准相关联的一个重要问题就是费用标准的确定。不管是计件收费还是按比例收费，都面临一个更进一步的问题：如何确定具体的收费标准？这个问题的背后，其实是如何看待不动产登记费用并对其加以何种利用的考量，关涉到一个特定国家或地区对不动产登记行为性质的认识、登记机关的性质等诸多方面。

关于不动产登记费用标准的确定，目前存在两种不同的理念：利益报偿原则和费用填补原则。

利益报偿原则，顾名思义，即是不动产登记制度的利用者应当对其从不

[①] 按比例收费模式下一个非常重要的问题就是登记费用计费标准的确定，包括不动产价值和面积的计算。由于我国物权法已经确定不动产登记费用按件收取，所以本文在此不再详细讨论。具体可以参见李昊等：《不动产登记程序的制度建构》，北京大学出版社 2005 年版，第 513 页以下。

动产登记制度中得到的利益（比如财产静的安全的保障、交易成本的节省等）付出一定的对价，即缴纳一定的不动产登记费用，为其享受到的利益买单。这样的理念只存在于按比例收费的模式之中：不动产面积越大、价值越大，权利人从登记制度中得到的利益越多，应当支付更多的对价。而所收取的费用，则主要用于登记机关的运行，包括各种登记成本（工本费、测量费、登记人员报酬等）。比如在我国台湾地区，尽管登记机关属于行政机关，登记机关收取费用除用于支付登记成本之外，其中的一部分还用于积累赔偿储金，作为不动产登记赔偿的经费来源。在我国香港特别行政区，作为登记机构的注册处则是完全自负盈亏、自主运行的机构，其收取的费用亦用于支持登记运行。如此一来，登记费用标准的确定，则必然须以登记制度运行总体成本为依据，并体现利益报偿的理念，登记机构收取的登记费用必然较高。

费用填补原则既见于计件收费模式，也见于按比例收费模式。在该理念之下，登记费用虽亦用于不动产登记制度的运行，支付制度运行的成本，但与利益报偿原则不同的是，此处所支付的仅仅是制度运行的一部分成本，而且往往是看得见的成本，比如工本费、测量费等，至于登记官员的工资等其他经费，则由国家财政负担。比如德国，向地产所有者收取的费用，一般用于进行土地登记所需的工本费。国家财政拨款主要解决工作人员的开支及行政事务管理和登记工本费不足部分的补贴。新西兰对土地移转登记收取的150新西兰元费用，其组成为测量费90元，登记费10元，工本费50元。所以，在费用补偿原则下，登记费用往往比较低廉，其确定也较简便，只需参考工本费等简单成本即可。

单纯从收取费用的用途来看，利益报偿原则和费用填补原则并没有实质的区别，收取的登记费用都是用于支付登记成本，只是申请人负担程度不同。但不同的理念却展现了不同国家和地区对不动产登记制度和不动产登记行为的不同认识。

利益报偿原则首先体现了国家在一定程度上超然于不动产登记之外。虽然登记机构要么为行政机关，要么隶属于司法机关，均为国家机关，但是在利益报偿原则之下，国家对不动产登记制度仅起构建的作用，并不认为提供不动产登记制度是国家必须负担的、惠及所有民众的一项公共职责，最多只是一项由国家提供的相对而言较为方便的公共服务职能罢了，如果由国家财政负担该制度的运行成本,对于普通民众必有不公平之嫌,所以将其交予该制度的利用者负担,立法者关注更多的是登记制度对不动产物权权利及不动产交易安全为保障的价值,而将其对国家不动产资源的掌控、税收的保证等作用置于稍微居后的位置,并由此出发认为不动产登记理应由制度的主要受益者——权利人——买单。而且,既然立法者对不动产登记制度对于国家的意义并不那么看重,则对于权利人是否为不动产登记亦不关心且亦不试图加以干预,在确定收费标准的时候也无须考虑完全由权利人承担不动产登记运行成本是否会导致登记费用过高从而影响人们的登记积极性。

费用填补原则则相反。该理念之下,国家并非超然于登记制度之外,而是十分关注不动产登记制度对于国家在税收和不动产资源控制方面的意义,将利用不动产登记制度维护不动产交易安全作为国家职责,积极地构建不动产登记制度并非常乐意承担该制度运行的成本,并通过各种制度鼓励民事主体进行不动产登记,低廉的登记费用即是一种鼓励的手段。因此,在该原则的影响下,一些国家和地区仅仅要求登记申请人负担一小部分制度运行成本,比如工本费、测量费、书状费等,制度运行的大部分成本,主要是登记官员的报酬等,均由国家财政负担。

(三) 不动产登记费用缴纳方式略论

讨论不动产登记费用的缴纳方式,在理论上并没有多大的意义,但却对我国许多实际问题的解决颇有借鉴的价值。

在德国,登记申请人并不是直接将费用交给登记机构,而是根据登记工作量将费用计算好通知地产登记者,地产登记者将费用交到银行,银行再交到国家财政。将登记机构与费用的收取分离,从制度上清除了登记机构利用职权以及与登记申请人的信息不对称而乱收费谋取部门利益的动因,能够很好地杜绝乱收费现象。

在我国过去的不动产登记实践中,由于不动产登记费用标准的不统一,造成各地登记机构乱收费的现象比较严重,这也是我国物权法规定不动产登记以件收取费用,而不以面积和价值作为计费依据的立法考量之一。在确立统一的收费标准之外,我们还可以借鉴德国的做法,在交费方式上进行一定改革,从而从根本上杜绝乱收费现象,保证登记申请人的合法权利,维持不动产登记的健康运行。

(四) 不动产登记费用的特殊处理

不动产登记费用的特殊处理，主要涉及费用的减、免、退以及罚款等相关辅助性制度。对于这些制度，我国台湾地区的"土地法"和"土地登记规则"作了比较详细的规定。

根据上述法律，在台湾地区，免纳登记费用的有如下一些情形：申请他项权利内容变更登记，除权利价值增加部分外，免缴登记费用；因土地重划之变更登记、更正登记、消灭登记、涂销登记、更名登记、住址变更登记、标示变更登记、限制登记等登记类型免缴登记费；抵押权设定登记后，另增加一宗或数总土地权利为共同担保时，就增加部分办理设定登记者，免纳登记费；申请抵押权次序让与登记，免纳登记费；同时，权利书状补（换）发登记、法院检署办理罚金执行案件就受刑人遗产执行嘱办继承登记等亦免缴登记费；土地因径为分割，所有权人就新编地号请领权利书状者，免纳书状工本费。而在如下一些情形，申请人可以在3个月内请求退还已经缴纳的登记费和工本费：登记申请撤回的；登记依法被驳回的（以最后一次驳回为除斥期间起算点）；其他依法令应当退还的。至于罚款，主要是针对逾期未申请登记的申请人作出的，包括在土地权利变更之日起1个月内以及在继承开始后6个月内申请登记的情形，超期1个月的，处以登记费用1倍的罚款，以登记费用的20倍为上限。

我国目前关于不动产登记费用的规定十分简单，有必要借鉴台湾地区的经验，对不动产登记费用的免缴、退还以及罚款的缴纳等特殊情形予以详细且统一的规定，以形成对各地登记机构的刚性约束，从另一个层面防止不动产登记过程中的乱收费现象，并给予民众稳定的预期。

二、我国不动产登记费用制度的构建

（一）物权法颁布以前的实践

在物权法颁布以前，我国并没有一部高位阶的法律对不动产登记费用作出统一规定，而是散见于各部门规章中。具体而言，对不动产登记费用进行规定的法规有:原建设部制定的《城市房屋权属登记管理办法》、国家土地管理局等制定的《国家土地管理局、国家测绘局、国家物价局、财政部关于土地登记收费及其管理办法》和《土地登记规则》,其次还有一些地方性法规。由于我国长期以来房地分别由不同的部门进行登记,上述中央一级的规章也分别对房屋和土地两种不同类型的不动产登记费用进行规定。

根据《城市房屋权属登记管理办法》和国家发展计划委员会与财政部联合发布的《关于规范房屋所有权登记费计费方式和收费标准等有关文件的通知》,我国的房屋所有权登记费属于行政性收费,包括登记费、工本费等。其中,住房所有权登记费的收费标准为按套收取,每套80元;住房以外的其他房屋所有权登记费统一为按宗定额收取,具体标准由各地相关职能部门核定;农民建房则按照《国家计委、财政部、农业部、国土资源部、建设部、国务院纠风办关于开展农民建房收费专项治理工作的通知》来执行,乱收费一律予以查处。至于工本费,行使房产行政管理职能的部门按规定核发一本房屋所有权证书,免于收取工本费;向一个以上房屋所有权人核发房屋所(共)有权证书时,每增加一本证书可按照每本10元收取工本费;权利人因丢失、损坏等原因申请补办证书,以及按规定需要更换证书且权属状况没有发生变化的,收取证书工本费10元。

国家土地管理局等制定的《国家土地管理局、国家测绘局、国家物价局、财政部关于土地登记收费及其管理办法》依据《土地登记规则》,对土地登记费用作了详尽的规定。该办法将土地登记费用分为土地权属调查、地籍测绘,土地注册、发证两个项目。土地权属调查、地籍测绘项目之下,根据不同的土地用途,将土地使用权分为行政机关、团体土地,企业土地,全额预算管理事业单位用地,城镇居民住房用地,农村居民生活用地,有土地利用详查成果资料的村农民集体所有土地,国营农、林、牧、园艺、养殖、茶场等用地(不包括内部非农业建设用地),水利工程、矿山、铁路线路、国家储备仓库、国家电台、邮电通信等用地(不包括这些用地内部的管理、生活等建筑用地),学校、福利院、敬老院、孤儿院、免税残疾人企业,无收入的教堂、寺庙、监狱等用地等类型,并予以区别对待,按不同的标准收取费用。但总体上,土地权属调查、地籍测绘费用的收取,都采取统一收费加超额按比例收取、并设置上限的做法,凡面积在一定标准之下的,统一类型的土地收取统一的费用,超过规定面积的,按超过面积多少增加费用的收取。贫困地区及其他特殊情况,可以申请免缴土地权属调查和地籍测绘费用。在土地注册和发证项下,则统一规定每个证件应收取的费用:个人每证5元,单位每证10元。"三资"企业和其他用国家特制证书的,每证20元。收取的土地登记费主要用于:(1)人员培训;(2)作业人员从事内、外业的补贴,支付交通、住宿费,雇用临时人员工资;(3)技术指导、检查验收费用;(4)购置图件、资料、材料、专用仪器、设备及劳保用品;(5)印制表、册、土地证书及支付奖励、建立档案信息等费用。

上海、广州、深圳、北京等地的不动产登记条例(各地名称不一)都对不动产登记费用进行了规定,但大多较简单。其中深圳采用利益报偿原则,规定以不动产价值作为计费依据。①

总体来看,在物权法颁布以前,我国实行的不动产登记费用制度存在如下一些缺点:立法位阶较低,最高只为部门规章,缺乏权威性;立法分散,对房屋和土地权属登记费用分别立法,并采用不同的标准,容易引起实践的混乱。但是,在不动产登记费用制度的构建上,却显露了这样一些端倪:采用计件收费或计件收费与按比例收费相结合的原则确定登记费用;采取费用填补原则,收取的登记费用主要用于工本费、测量费等成本,有轻化登记费用的趋向等。基于路径依赖,我们在物权法的基础上构建我国的不动产登记费用制度之时,必须考虑到过去的不动产登记实践。

(二)物权法基础上我国不动产登记费用制度的构建

考察了域外不动产登记费用制度和物权法颁布以前我国实际操作中的不动产登记费用制度之后,我们有了在物权法的基础上构建统一的不动产登记费用制度的理论基础。

1. 不动产登记费用制度构建的基础

在第一部分的讨论中,我们指出,不动产登记费用制度与不同的国家对不动产登记制度的认识以及希望其实现的功能有极大的联系。因此,廓清我国立法对不动产登记制度的态度、对其寄予的希望是从理论出发构建不动产登记费用制度的基点。

---

① 有关我国大陆在物权法颁布以前的不动产登记费用制度,具体参见李昊等:《不动产登记程序的制度建构》,北京大学出版社2005年版,第518—522页。

我国物权法虽未对不动产登记的功能进行详尽的规定,但长期以来,我国的学术讨论中都公认不动产权属登记在物权公示之外还具有协助国家掌控不动产资源、确定不动产税收等作用,而前文所引相关规定中对不动产登记机构的定位、不动产登记费用用途的有关规定也说明,我国在理念上对于不动产登记制度寄予了超出维系不动产交易秩序、维护不动产权利安全的期待,并一直将不动产登记作为政府职责加以履行,登记机构的运行成本中只有很少一部分来自于登记费用的收取。轻化登记费用的倾向也显示出国家鼓励、提倡进行不动产登记的态度。同时,我国物权法还规定不动产登记费用按件收取,不得按面积或价值收取,立法者坚持的费用填补原则进一步显现。

因此,我国不动产登记费用制度的构建方向和途径已经非常清晰:采用计件收费模式,坚持费用填补原则,从制度上杜绝乱收费的现象,鼓励不动产登记。下面,我们将在这样一个方向上构建我国的不动产登记费用制度。

2. 不动产登记具体制度的构建

（1）核算不动产权属调查、测算以及登记所需工本费等成本,就不同类型的不动产权利登记颁布全国统一的收费标准。

（2）借鉴我国台湾地区等地经验并结合我国的实际情况,明确特殊情况下不动产登记费用的处理规则,比如针对贫困地区的费用减免、对同一不动产上抵押权顺位让与的登记的费用豁免等,更进一步坚持和体现费用填补原则。

（3）明确不动产登记费用的适用范围,并将不动产登记费用的收支纳入国家审计监管的范畴,采用费用核算和收取分离的方式,杜绝乱收费的现象,使不动产登记费用的收取和使用更透明。

第十章 登记赔偿比较研究

一、不动产登记赔偿之理论基础

(一) 不动产登记赔偿之概念界定及必要性探讨

不动产登记赔偿,即指对因不动产登记错误,即登记之权利状况与真实权利状况不一致,导致真实权利人所享有之不动产物权静的安全受损,或者第三人因信赖登记进行交易而给真实权利人不动产物权之动的安全或第三人之利益带来的损害而为赔偿之制度。综观各国,不动产登记赔偿制度已成为不动产登记制度之必要组成部分,得以以不同形式确立,对不动产交易秩序的健康以及公平公正的法律价值体系的维系发挥着重要作用。

如若从深处考量,不动产登记赔偿制度之所以得以普遍确立,主要是建立在侵权行为理论和登记推定力补救两个基础之上。

侵权制度的基本原则——"过失责任"原则——是传统民法的三大基本原则之一,贯彻了滥觞于启蒙运动的自由主义理念,也是对私法自治原则的保障:在民事领域,各人依其不受干涉之自由意志而为行为,因而也需对其行为之后果负责。同时,侵权制度之构建,也是为了实现亚里士多德所谓的分配之正义:对侵权人和被侵权人之间的因侵权而失衡的利益进行重新分配,使其重新达至平衡,以符合社会伦理和情感对于公平的追求。不动产登记赔偿制度是侵权制度的一个特殊领域,其基本出发点也在于此:不动产登记错误是由登记机关或者登记申请人的行为引起的,行为人自应对其负责;不动产作为不可再生资源,在当今社会具有越来越重要的经济地位,其经济价值也愈加巨大,真正权利人因登记错误而遭受的损失往往十分巨大,如果不对其进行赔偿,不符合公平正义的伦理道德追求。

对不动产登记制度自身而言,不动产登记赔偿制度也是其得以健康持续发展的保证之一。之所以下此结论,乃是因为"在物权程序运行结果一般反映真实权利的高度盖然性基础之上,登记具有权利正确性的推定效力,记载于登记簿之上的权利人无需证明自己权利的真实性,法律已经现在地确认了该权利的正当性。登记反映真实权利的结果,是正当物权程序运行产生的正效应"①。但是,一旦出现登记错误,登记之权利状况与真实权利状况发生背离,则必然使得登记结果异化,不利于不动产登记制度的运行,必须对这种情况作出妥善处理。不动产登记赔偿制度最重要的功效即对不动产登记制度之下物权公示而带来的物权推定力的负效应的抵消。不动产登记的权利推定效力,是不动产登记赔偿制度的基础。

(二)不动产登记错误及其分类略论

前文已提到,构建不动产登记赔偿制度的根本动因乃是为了对由不动产登记错误引起的相关权利人或第三人的损失的补偿。因此,有必要首先对不动产登记错误进行一点探讨。

所谓登记错误,即是指登记的权利事项与真实权利不一致之状况。对于如何界定登记错误,在不同的登记模式之下有不同的标准。概括而言,能够表明登记错误的事实大致有:(1)不动产物权原始取得的基础;(2)不动产物权的原登记记载以及相关辅助证据;(3)当事人作出的处分或保留不动产物权的真实意思表示。②

至于不动产登记错误的分类,根据分类标准的不同,可以对不动产登记错误作如下分类:以错误内容为标准,可以分为事实错误和权利错误;以错误发生的时间为标准,可以分为初始错误和嗣后错误;以登记错误的程度为标准,可以分为完全错误和部分错误;以登记错误的原因为标准,可以分为因登记机关的错误、因当事人的错误和因混合过错的错误。③ 由于不动产登记赔偿制度的直接目的是追究责任人的责任,并由该责任主体对受损害人进行赔偿,因此依据登记错误原因而为的类型划分构成了本文讨论的基础。

---

① 常鹏翱:《物权程序的建构与效应》,中国人民大学出版社2005年版,第246页。
② 关于不动产登记错误界定标准的讨论,详见上注,第247—250页。
③ 同上注,第250—251页。

下面的讨论,也将以此分类为主线而展开。

二、因登记机构的原因而导致登记错误时的不动产登记赔偿

任何制度的运行都需要人的参与,而人无完人,必然会在有意无意间犯下错误。登记机构工作人员在具体的登记行为当中不可避免地会出现错误,使得登记的权利状况与真实的权利状况不一致,给当事人或第三人造成损害。但他们所为的行为并非为了自身直接的私法利益,应当归入职务行为(关于此点,在后文会进一步论述)。因此,并不一定需由登记官员个体承担登记赔偿责任。承担赔偿责任的主体、赔偿范围、赔偿模式等都是需要加以讨论的问题。首先,我们将介绍并比较不同国家的不动产登记赔偿制度,在该基础之上探讨这些问题。

(一)域外不动产登记赔偿制度介绍

由于不动产登记模式是各国登记制度最根本的界分,我们的介绍和比较也将从不同的登记模式出发。

1. 采权利登记模式之各国及地区登记赔偿制度简介

(1)德国

德国的不动产登记赔偿制度比较特别,分为国家赔偿和公证员职业责任保险两部分。

① 国家赔偿

在该制度中,由国家对因为登记机关的错误而造成的损失进行赔偿,赔偿经费来自于国库。但是,如果该错误登记是由登记人员的失误造成的,国家应当向相关责任人员追偿。因此,作为国家赔偿制度的补充,德国的登记人员一般都购买每人10欧元的职业责任保险,以应对可能发生的赔偿责任的追偿。

② 公证人员的职业责任保险

在德国,虽然登记机关对登记的审查采实质审查主义,但实际上已经通过法律规定对引起物权设定、变动的法律行为及相应的法律文件必须进行

公证而将审查前置,由公证机关承担对权利实质状态的审查义务,审查机关只需要对相关的公证文件进行审查即可。因此,公证制度在德国的不动产登记制度中起到了非常重要的风险过滤作用,公证人员也因此需要承担因为公证失误导致登记错误的赔偿责任。为了有效地分散公证人员所可能面临的巨额赔偿责任,德国建立了健全的公证人员责任保险体系,公证员需要购买义务性的职业责任保险,保险金额一般为 30 万欧元,保险费为 1900 欧元。公证人一旦给当事人造成损害,先由保险公司赔付,不足部分再由公证员个人赔付,直至破产,并永远不得再担任公证员。[①]

(2)我国台湾地区

我国台湾地区的不动产登记赔偿制度与德国相比又具有自身的特色:赔偿主体为登记机关;赔偿的经费来源为登记储金,即由地政机关提取所收登记费用 10% 而设立之赔偿基金。追本溯源,台湾地区的不动产登记赔偿机制下对因错误登记而引起之损害实质上是由所有登记权利人共同分担。

(3)其他国家

诸如瑞士、瑞典、挪威等其他权利登记制国家,都规定由国家财政负担不动产登记赔偿之责任,登记官员在有严重过失之时才会受到追偿。

2. 采托伦斯登记模式各国及地区登记赔偿制度简介

(1)澳大利亚昆士兰州

根据该州法律的规定,由政府承担不动产登记赔偿责任,赔偿的资金来源于由权利人递交申请表时缴纳的"交表费",而当事人获得赔偿的条件为其能够证明因登记而受损。与我国台湾地区一样,该州采取的也是由登记制度利用者负担赔偿费用的机制。

(2)英国

英国与昆士兰州一样采取了登记制度利用者负担赔偿费用的机制。与之不同的是,直接承担赔偿责任的是登记机关而非政府。

[①] 曾小梅:《中国与德国公证制度之比较》,载《广东法学》2007 年第 1 期。另,关于登记错误由国家赔偿,而公证错误则由公证员自行赔偿,此区别的根源应该在于登记和公证二者性质上的不同。关于登记的性质,后面将有详细的讨论。而德国的公证人员虽被授予国家主权职能而为公证,但公证机构运作、监管上的定位更偏重于其为信用服务机构的性质,除公职公证人员之外,公证人皆独立开业,公证错误自不应由国家买单。具体参见中国公证员协会:《德国公证制度简况》,载《中国司法》2005 年第 5 期。

(3) 爱尔兰

在爱尔兰,不动产登记赔偿的款项由国会支付,采取的是与德国相同的国家负担机制。程序上,赔偿请求应当向登记官提出并通知财政大臣,由登记官决定是否赔偿。权利人或者财政大臣对赔偿决定不满,可以向法院提起上诉。损害赔偿请求权的时效为6年。

(4) 新西兰

该国的不动产登记赔偿制度特殊之处在于,当事人需要通过向政府提起诉讼的方式来弥补自己的损失。

(5) 美国夏威夷州

在该州,如果要获得不动产登记损害赔偿,需要具备一般侵权行为成立所应当具备的三个因素:登记官员在行使职权的过程中存在欺诈、过失、遗漏、错误或滥用职权等行为;当事人的财产、产权或其他土地权利遭受损失或利益的丧失;前二者之间存在因果关系。此外,当事人还需要通过以州财务总监为唯一被告向法院提起诉讼的方式进行求偿。在存在第三人与登记官共同侵权的情况下,当事人须以州财务总监和该第三人为共同被告提起诉讼。

(6) 美国明尼苏达州

一方面,该州采取了由登记制度利益者负担不动产登记损害赔偿责任的机制,赔偿资金来源于由申请人缴纳的申请费积聚的普通基金;另一方面,当事人需要通过诉讼的程序提出赔偿请求。

3. 采契据登记模式各国及地区之登记赔偿制度

(1) 法国

与上述两种模式下承担登记赔偿责任的主体不同,在法国,国家并不需要对登记瑕疵或错误造成的损害承担任何赔偿责任,而是由登记员对其履行职务中的个人过错给特定人造成的损害,依据《法国民法典》第1382条承担损害赔偿责任。为了保证赔付的及时和充分,登记员需要提供保证金。

(2) 日本

与法国相似,日本法律也规定由登记官对因其失误而导致的错误或瑕疵登记造成的损害承担赔偿责任,并会被解除公职。

4. 不同国家及地区登记赔偿制度之总结

(1) 在赔偿主体方面,采权利登记模式和托伦斯登记模式的国家和地区都是由政府或登记机构承担损害赔偿责任;在采契据登记模式的国家,政府多不对登记损害承担赔偿责任,而是由登记官员依据相关法律承担民事上的损害赔偿责任。

(2) 从赔偿的资金来源看,在采权利登记模式和托伦斯登记模式的国家,不动产登记损害赔偿的资金要么由国家承担,来源于政府财政,要么由不动产登记制度之利用人承担,即从由登记申请人所缴纳费用中抽取一定比例积聚成基金,以应赔偿之需,将登记错误或瑕疵造成损害的风险转嫁到所有不动产登记制度的利用人身上以达到分散该风险的目的。同时,德国还辅以职业责任保险制度,由整个公证员职业群体共同分担对因错误公证引起错误或瑕疵登记而导致损害的风险。在由登记官员个人对登记瑕疵或错误造成的损害承担责任的国家,资金来源于赔偿义务人。当然,并不排除在此种情况下该国引入职业责任保险的现实可能性。

(3) 在赔偿程序方面,从我们已知的各国情况看,存在着诉讼程序主导和行政程序先行的差异。不管何者主导,司法始终都是纠纷解决的最后一道防线。

下面,我们将对这些问题进行分析,其着重点在于登记赔偿责任主体的讨论。

(二) 关于承担赔偿责任的主体的探讨

因登记机构的原因导致的登记错误,归根结底都是由登记人员的原因所引起的。所以,究竟是由登记机构、登记人员还是登记机构所代表的国家来对该类错误引起的损失进行赔偿就成了我们不得不探究的问题。

不管确定由谁来承担赔偿责任,都需要充分的理由。尤其是要求由国家承担赔偿责任,更应当有充分的合法性基础。我们看到,不同登记模式之下承担赔偿责任的主体和赔偿资金来源还是有着非常显著的差异,因此,我们的讨论也将从登记模式这样一个基本的界分出发,分别讨论影响赔偿责任承担主体的各个因素。

1. 不动产登记程序中国家权力的角色

之所以首先讨论不动产登记程序中国家权力的角色,是因为这点从根本上影响了赔偿责任承担主体的认定和程序的差异。

要讨论国家权力在登记程序中所扮演的角色,不得不首先关注学界争论已久的一个问题:登记行为的性质。学者们认为,登记行为的性质直接影响到登记赔偿责任的承担。总结相关论述,学者们对于登记行为的定性无非三说:民事行为说、行政行为说、复合行为说。

(1)民事行为说。该学说认为不动产登记行为应为民事行为。其理由如下:第一,登记行为源于登记申请人的请求行为,该申请权及所为的意思表示当为民事领域范围。第二,登记的功能主要表现为权利确认功能和公示功能,其本质是为了确保房地产权利人的合法物权,承认并保障权利人对房地产的法律支配关系,以及保护交易的安全和稳定而设计出来的法律制度。第三,从世界范围内看,诸多登记行为产生的诉讼,当事人向法院提起的是民事诉讼,而非国家赔偿之诉;登记机关所承担的赔偿责任为民事责任,而非国家责任。第四,登记与交付是物权变动的公示方法,也是民法、物权法的重要内容,动产的交付是典型的民事行为,与之并列的不动产登记如果定性为行政行为,则不伦不类。第五,在国际上,很多国家也将不动产登记的性质界定为民事行为,登记是民法不可缺少的组成部分。[①] 还有学者认为,登记在性质上为私法行为当无异议,其特殊之处在于其是国家设立的担负公共职能的机关参与的私法行为。故此,立法者应注意登记之私法属性及保护交易安全之功能,应摒弃批准式的行为观念,剥夺登记机关之行政特权,确立其为法律服务、为当事人服务的立场,这对中国真正登记制度的建立具有指导性意义。[②]

(2)行政行为说。与民事行为说相左,不少学者认为不动产登记行为应当为行政行为,并以如下理由作为该说的支持:

首先,不动产登记通常由当事人的申请而引发,登记机关据此进行审查和处理,这些行为中均包含了特定主体的意思表示,并且该意思表示对特定主体所预期的法律后果起到了很大的决定性作用,因而登记行为并非民事行为中的事实行为和准法律行为。

其次,不动产登记行为也不是法律行为。在事物发展过程的意义上,登记是一种程序,作为其组成部分的诸种行为均为程序行为。具体而言,申请

---

① 陈耀东:《商品房买卖法律问题专论》,法律出版社 2003 年版,第 285 页。转引自李明发:《论不动产登记错误的法律救济——以房产登记为重心》,载《法律科学》2005 年第 6 期。

② 王洪亮:《不动产物权登记立法研究》,载《法律科学》2000 年第 2 期。转引自上注李明发文。

是当事人作出的希冀登记机关进行登记的表示,属于纯粹的程序行为,而非法律行为。就登记机关的审查、处理行为而言,虽然它们要受到申请的限制,但为了确保正当的权利及其变动,登记机关要依法进行裁量活动,审查申请事项是否合法,进而有所作为。而该审理和处理乃是对申请人的申请的单向度的、不可逆的回应,无论其结果是否为当事人所欲,皆产生法律效力,与民事法律行为的私法自治有天壤之别。

最后,从深层次看,不动产登记在保护私的利益的同时也保护着公的利益,并承担了为国家征收税赋、保护土地资源等提供制度保障与支持的任务,故规范不动产登记行为的法律属于公法,不动产登记行为应当为行政行为。①

(3) 复合行为说。以王利民②教授为代表的一些学者认为,不动产登记行为应当为私法行为和公法行为二者的复合体。理由如下:

第一,私法和公法之间存在区别,但也存在联系,二者可以相通。公法行为可以成为私法行为的构成要素之一。具体到登记行为,它作为物权变动的必要条件,具有了私法行为的性质。

第二,不动产登记行为的公法性质体现在其为准行政行为和证明行为。

第三,不动产登记具有私法的效果,具体表现为物权公示效力、物权变动的根据效力、权利正确性推定效力、善意保护效力、警示效力。

自然,主张登记行为为行政行为的观点认为应由国家承担登记赔偿责任,而主张其为民事行为的观点则认为应由登记官员个人作为责任主体。

不可否认,单从实际生活的观察来看,上述三种学说都有一定的道理。但就方法论而言,上述观点都是从申请人和登记机关两方同时进行观察从而得出结论。或许,我们可以改变视角,仅仅从登记机关进行登记行为这一方面进行观察,问题可能就会变得简单一些。

首先,从登记机构的性质来看,已有的资料显示各国各地区的不动产登记机构或者为行政机构,或者为司法机构③,均属于国家权力机构。但是,如

---

① 上述讨论详见常鹏翱:《也论不动产登记错误的法律救济》,载《法律科学》2006 年第 5 期。

② 王利民、郭明龙:《逻辑转换与制度创新——中国不动产登记瑕疵救济模式的体制性调整》,载《政法论丛》2006 年 10 月。

③ 具体参见"不动产登记要素比较总表"(附录一)。

果以上述三种观点中提出的一些标准来考量,我们会发现,不同登记模式这一基本界分点之下,登记机构在为登记行为的过程中,国家权力的角色具有极大的差异。

在权利登记模式之下,国家为了维护不动产交易秩序而积极地进入民事领域,以登记制度作为干预民事生活的方式,采取了登记要件主义的物权变动模式,强制对不动产权利进行登记,当事人没有选择是否进行登记的自由;登记具有国家保障的公信力;登记程序中公权力的运作较为广泛和深入地渗透到私法自治的领域,登记机关所为的行为具有更多行政行为的特征。在采取契据登记模式的国家,国家对不动产交易及权利变动持自由主义的态度,无意对其进行干涉,登记仅具有对抗效力,权利人可以自由选择是否对权利状态进行登记,登记机构仅对申请材料作形式审查,登记程序的作用更多的是在于将权利状态以可见的登记信息的形式外显出来供查询以维护交易秩序,登记机构承担的是一种公共服务职能,不动产登记机构的行为具有更多民事行为的特征。这样一种对登记行为的性质的"选择",决定了不动产登记赔偿制度构建的基础,决定了各国是将不动产登记赔偿纳入国家赔偿的范围,通过国家赔偿程序提供救济还是将不动产登记赔偿完全视为登记机关或登记官员的民事责任,通过民事诉讼程序来解决赔偿问题。当然,这也与各国国家赔偿制度的范围有关,在此就不多作论述。下面,我们将从其他方面进一步分析国家在不动产登记程序中的作用。

2. 在不同的登记模式之下不动产登记之效力

在从宏观层面对不动产登记行为的性质进行考量之后,我们将更加细微地考量不同登记模式之下不动产登记的效力问题。

前面谈到,不动产登记的推定效力是不动产登记赔偿制度的基础。不动产物权的公示,是确定权利归属、明晰产权关系的必要手段,各国都在法律中规定登记的推定效力,利用严格的登记程序之下权利状态真实性的高度盖然性,赋予不动产物权登记以初步确认权利归属的推定效力,包括对权利内容和范围、权利人的推定。无论是属于权利登记模式的德国、属于托伦斯登记模式的瑞典,还是属于契据登记制的日本,都在其法条中明确规定不动产登记的推定效力,或者可以从法条的解读中推而得知。① 依据登记的推定效力,不动产登记提供了一种可以为人所信任的权利外观,不论这种信赖是否有国家信用作保证。所以,当登记的权利状态与真实权利状态不一致的时候,需要对真实权利人进行保护,推翻登记的推定效力,并由相关主体对损害进行赔偿。这就涉及到登记的公信力。

  虽然所有的登记都具有推定效力,但并不是所有的登记都具有公信力。公信力是不动产登记推定效力的延伸,关注于信赖登记之第三人的保护,是国家基于不动产交易的安全而给予的特别保护。托伦斯登记模式赋予不动产登记以绝对的公信力,一经登记,权利即具有绝对真实可靠的法律效力,无论是否与真实权利状况有出入,也无论第三人是否知道登记错误,第三人都可以取得该物权。国家或政府对权利的真实性予以保障。权利登记模式之下,不动产物权登记具有的是典型公信力,只有第三人善意且合理信赖登记,才保护其利益。此种保障,仍然是以国家信用为基础。而在采契据登记模式的日本,登记所具有的是相对公信力,只有真实权利人对于登记错误具有归责事由、第三人需为善意且无过失时,第三人才受保护。

  三种不同的登记模式之下,国家信用扮演着不同的角色。从托伦斯登记模式到权利登记模式,再到契据登记模式,国家对登记的权利状态的真实性的保证程度逐渐趋弱。在相对公信力的情形下,几乎看不见国家信用的影子。所以,不同模式之下国家需要对登记错误所承担的责任亦不同,在采托伦斯登记模式和权利登记模式的国家,通常都由国家或登记机关作为承担赔偿责任的主体,然后再根据相关的国家赔偿原则对有关的登记工作人员进行追偿,而在采用契据登记模式的国家,则基本上都否定了国家责任,而仅仅要求直接责任人,即登记人员承担赔偿责任。

  3. 不同登记模式之下不动产登记的审查形式

  对不动产登记申请材料进行审查,是每个国家和地区不动产登记程序的必经环节。但是,在不同的登记理念的影响之下,不同登记模式之下登记机构对于登记材料的审查程度是有极大差别的。这样的差别也上面两个因素相互作用,影响赔偿责任承担主体的确定。

---

  ① 如《德国民法典》第891条规定,"在土地登记簿中为某人登记一项权利时,应推定,此人享有此项权利。在土地登记簿中涂销一项被登记的权利时,应推定,此项权利不存在"。

由于托伦斯登记模式和权利登记模式之下国家以其信用保证登记状态的真实性,为了减少错误登记的几率,这些国家和地区往往比较注重从程序上保证登记结果与真实权利的一致性,对登记材料进行实质性审查,力求登记结果的正确。在进行实质审查的过程中,登记机构就登记的不动产物权相关的交易状况等进行深入的审查,意味着国家公权力深刻而全面地渗入到不动产交易这一私的领域。在契约登记模式下,国家并没有以其信用对登记权利的真实性为任何保证,只是提供一种确立权利外观的公共服务而已,并没有通过登记程序确保登记结果真实正确的任何动机,登记机构只需对登记申请材料为形式审查即可,国家公权力无意介入不动产物权领域。

由登记审查模式所传达的国家公权力对私领域介入程度的不同,也可以在一定程度上作为区分由国家还是由登记员个人承担不动产登记赔偿责任的基础。而德国将审查程序前置,由公证人员对申请材料进行实质性审查。这种权力的转移也在一定程度上转移了因审查中的过失而导致的登记错误所带来的赔偿责任,由公证人员来承担,公证人员职业保险也就随之建立。

(三) 不动产登记赔偿费用来源探析

在解决了由谁承担不动产登记赔偿责任之后,另一个需要关注的问题便是进行登记赔偿的费用从何而来。在由登记人员个人承担责任的情况下,赔偿费用自然由其个人承担,这是没有什么疑义的。但是,在由国家或登记机构承担赔偿责任的情形下,就存在两种赔偿资金来源模式:来源于国库或来源于由不动产登记申请者缴纳的一定费用构成的赔偿基金(当然,在不同的国家赔偿基金的名称有所不同)。在理论上,将这两种资金来源模式分别称为国家负担机制和不动产登记制度利用者负担机制。两种机制各有利弊。国家负担机制其实是将登记错误并为赔偿的风险转嫁给所有纳税人承担,存在不公平之嫌,而且采用国家赔偿制度,赔偿范围和金额有限。不动产登记制度利用者负担机制则存在着费率难以厘定、利用者可能难以负担等问题。关于此点,本文就不再赘述。①

---

① 关于两种机制的比较研究可以参见马栩生:《论中国不动产登记赔偿机制之构建——以公信力为视角的诠释》,载《暨南学报》2006年第5期,总第124期。

需要注意的是,通过对上文所介绍之各国不动产登记赔偿制度的比较,我们会发现,是由国家还是由登记机构承担赔偿责任与采用何种负担模式并没有必然的联系。我国台湾地区立法规定由登记机构承担赔偿责任,费用来源于"赔偿储金",澳大利亚昆士兰州同样采用利用者负担机制,直接承担赔偿责任的却是政府,而非登记机构。我们认为,在确定由国家或登记机构承担赔偿责任之后,登记赔偿的费用由何而来并无固定的规律可循,而是与各国的理念、法律传统、经济发展等诸多因素相联系,具有相当大的个体性。

(四) 小结

通过上文的比较分析,我们可以看到,当登记错误是由于登记机构的原因导致时,由谁承担登记赔偿责任其实是由最基本的登记模式的界分所决定的。在托伦斯登记模式和权利登记模式之下,国家强调对不动产交易的保护,国家公权力较多地进入不动产领域,并以国家信用保证登记权利的真实性,赋予了登记权利以公信力。因此,应当由国家或代表国家行使不动产登记方面的权力的登记机构承担赔偿责任。至于在国家和登记机构二者之间究竟具体由谁承担,则存在较大的跳跃性,与各国法律传统直接相关。在契据登记模式下,登记机构仅仅提供确认不动产物权外观的公共服务职能,登记权利的真实性并无国家信用为保证,国家权力也无意干涉不动产交易,登记赔偿责任应当由造成登记错误的官员个人承担。至于登记赔偿费用的来源,由登记官员个人承担赔偿责任的制度之下并无讨论之必要,值得关注的无非是职业责任保险制度的建立和推广。而在由国家或登记机构承担赔偿责任的情形下,则存在国家负担和制度利用者负担两种模式。同样,对于赔偿费用的来源,在不同的国家和地区之间仍存较大的变动性,乃是各国或地区出于自身多种因素的考量而作出的个性化选择。

三、由当事人原因和混合原因引起的登记错误的不动产登记赔偿责任略论

当事人的原因引起的登记错误,主要是指当事人自身原因直接引起的

登记错误,比如恶意提供虚假的登记材料、疏忽而导致未办理权利移转或涂销等情形。在此情况下,登记机构并不需要负担任何赔偿责任,而应当由导致登记错误的当事人依据一般的民事侵权规则原则和赔偿原则对受害人为赔偿,并按照公示公信或其他原则确立权利归属。

所谓混合原因,即是由登记机构和当事人的共同过错引起的登记错误,最常见的是当事人与登记人员恶意串通为虚假登记,损害他人利益。在此情形下,如若在国家或登记机构不承担登记赔偿责任的国家,则应由登记人员和当事人共同承担赔偿责任。如果在国家或登记机构对因登记机构的原因引起的登记错误承担赔偿责任的制度之下,则应由国家或登记机构先与当事人共同承担赔偿责任,再根据本国或本地区的法律对该恶意登记人员进行追偿。

四、中国不动产登记赔偿制度之构建

2007年10月1日开始实施的《物权法》以专节对不动产登记进行了较为全面的规定,其中第9条第1款规定:"不动产物权的设立、变更、转让和消灭,经依法登记,发生效力;未经登记,不发生效力,但法律另有规定的除外。"第21条规定:"当事人提供虚假材料申请登记,给他人造成损害的,应当承担赔偿责任。因登记错误,给他人造成损害的,登记机构应当承担赔偿责任。登记机构赔偿后,可以向造成登记错误的人追偿。"上述两条说明,我国对物权变动采登记生效主义,同时规定应当由登记机构承担登记错误造成的损害赔偿责任。也就是说,我国的不动产物权登记制度构建倾向于托伦斯模式或权利登记模式,无意与契据登记模式靠拢。但是,比照上文对域外不动产登记赔偿制度的介绍和比较可以发现,我国物权法对于不动产登记损害赔偿的规定过于原则,登记赔偿费用来源、赔偿程序等问题都还需要进一步细化。原建设部颁布的《房屋登记办法》仅在其第92条第2款规定:"房屋登记机构及其工作人员违反本办法规定办理房屋登记,给他人造成损害的,由房屋登记机构承担相应的法律责任。房屋登记机构承担赔偿责任后,对故意或者重大过失造成登记错误的工作人员,有权追偿",而国土资源部2007年12月30日颁布的《土地登记办法》则对登记赔偿只字未提。看来,不动产登记赔偿制度还未引起立法者的重视。而这一制度的缺乏,必然会导致一系列的纠纷。广东省的天价赔偿案就是一个典型的例子。① 因此,我们亟需研究并确立中国的不动产登记赔偿制度。基于前文对理论和各国实践的讨论,我们尝试以现行物权法的规定为基本框架,对我国不动产登记损害赔偿制度的构建提出一点建议。

(一)尊重物权法,由登记机构承担赔偿责任,在登记机关内部设立专门的登记损害赔偿受理部门,建立完善的登记赔偿程序。

通过前面的考查我们可以看到,我国物权法规定的不动产登记制度对权利登记制和托伦斯登记制进行了较多的借鉴。因此,这些国家中所采取的国家赔偿路径与我国的现行制度从理论到实践都能得到更好的契合。

囿于我国目前国家赔偿制度的诸多缺陷,单纯地将不动产登记赔偿推向国家赔偿,是远远不够的。我们认为,在程序上,可以规定不动产登记赔偿的行政处理前置。与之相呼应,在机构设置上,应当在登记机构内部设立专门的登记损害赔偿受理部门(当然,也可以由其他部门兼任,但在职能上一定要将此明确),专门负责不动产登记损害赔偿的受理,具体负责情况的核实、损失的确定等。之所以如此建议,是因为不动产登记赔偿纠纷的处理涉及比较多的专业问题,如果将所有赔偿纠纷都引向法院,必然加重法院、登记机关和当事人在纠纷处理方面投入的成本。设置行政处理前置程序,可以充分地利用登记机关的专业优势对相关问题进行判断,同时过滤大量较为简单的登记损害赔偿纠纷,节约社会司法资源,快速高效地解决纠纷。正是因为如此,才需要对登记机关内部的职能划分进行进一步的细化,明确登记损害赔偿请求受理的职能承担者。从与司法程序的兼容来看,此种程序设置并不会成为当事人寻求司法救济的阻碍。如果对登记机关的赔偿结果不满意,当事人仍然可以向法院起诉。这也是与我国目前普通的国家赔偿程序相一致的。

(二)由国家财政负担不动产登记赔偿。

在由登记机构承担赔偿责任的模式下,仍然可以对赔偿资金的来源进

---

① 案情参见:《870万:最大国家赔偿案尘埃落定》,http://jwc.sru.jx.cn/youzhike/glx/shownews.asp? id = 75&BigClass = % B0% B8% C0% FD% B7% D6% CE% F6,最后访问时间:2008年12月13日。

行选择。就制度利用者负担机制而言,我国物权法已经明确规定对不动产登记统一按件收费,如果要在统一收取的费用中提取赔偿基金,会更加加大该机制可能带来的不公平性。该制度下存在的费率难以确定这一问题也不容忽视,尤其是在我国不动产登记规范刚刚起步、操作技术尚比较落后的情况下。而由国家财政负担,则会避免这些问题。辅以其他配套措施,还能将国家财政负担模式的弊端减少到最低。

(三)引入保险机制。

在由国家负担赔偿责任的机制之下,最直接的问题便是赔偿的不充分和向登记官员的追偿。为了解决这两个问题,可以引入保险机制,由登记官员向保险公司购买职业责任保险。一方面,当赔偿责任发生,登记官员受到追偿的时候,可以有效地将风险转移,不至于使得自身的经济状况受到太大的影响;另一方面,有了保险公司的介入,可以使国家支出的赔偿费用得到较为稳定的、充分的弥补,反过来缓解国家负担赔偿机制下赔偿不充分这一问题。

五、结　语

本文对国外的不动产登记制度进行了较为详细的考察,并对其进行了一定深度的理论分析。在此基础上,本文对我国不动产登记赔偿制度的构建提出了一些建议。但是,限于篇幅,本文的讨论没有能够涉及不动产登记赔偿制度的所有问题,比如由第三人的原因造成的登记错误或瑕疵时的责任承担和追究问题。对此,笔者将在以后进行更一步的讨论。

余 论

一个自洽的制度,其从萌发到建构,取决于多种因素的合力。本书的撰写人并未在所有的制度上都达成同一意见,也在写作过程中剔除了各项制度与其他要素不必要的牵连,呈现出来的制度思考也相对独立,但这并不妨碍我们最终达成以下共识,即:

(一)建构我国之不动产登记制度,不应囿于传统的、固化了的不动产登记模式,而应以开放的姿态,融合百家之长。

(二)统一不动产登记法,通过物权法细则或专门的不动产登记法,梳理旧法与新法、上位法与下位法的冲突。

(三)统一不动产登记机构势在必行,统一后的不动产登记机构需加强服务性和专业性,淡化行政管理色彩。

(四)设计科学的登记簿及其管理制度,探讨实现登记簿电子化的可能性,考察各地方的不同做法,推行先进的操作办法。

(五)从传统"重安全轻效率"的理念中走出来,运用科学的人员和设备管理手段,提高登记效率,降低交易成本。

(六)进一步完善不动产登记赔偿制度,建立赔偿基金、引入保险机制等,顺应市场机制的需要。

参考文献

参考书目

1. 〔德〕鲍尔/斯蒂尔纳:《德国物权法》(上册),张双根译,法律出版社 2004 年版。
2. 罗结珍译:《法国民法典》,中国法制出版社 1999 年版。
3. 费安玲等译:《意大利民法典》,中国政法大学出版社 2004 年版。
4. 殷生根、王燕译:《瑞士民法典》,中国政法大学出版社 1999 年版。
5. 孙宪忠:《德国当代物权法》,法律出版社 1998 年版。
6. 温丰文:《土地法》,台湾正中书局 1994 年版。
7. 李昊、常鹏翱、叶金强、高润恒:《不动产登记程序的制度建构》,北京大学出版社 2005 年版。
8. 梁慧星:《中国物权法草案建议稿条文、说明、理由与参考立法例》,社会科学文献出版社 2000 年版。
9. 楼建波主编:《房地产法前沿》2007 年第 1 卷第 1 辑,中国法制出版社 2007 年版。
10. 《土地登记手册》(澳大利亚昆士兰州),法律出版社。

参考文章

1. 陈佳骊、余振国、刘卫东:《土地登记簿的国际经验及启示》,载《中国土地》2003 年第 6 期。
2. 常鹏翱:《异议登记的制度建构——法律移植的微观分析》,载《中国法学》2006 年第 6 期。
3. 朱留华、戴银萍、冯文利:《澳大利亚昆士兰州土地登记及启示》,载《中国土地科学》2005 年第 3 期。
4. 何益民:《登记制的选择与政府责任》,载《中外房地产导报》2003 年第 20 期。
5. 孙鹏、何兵:《论不动产物权登记信息公开制度》,载《行政与法》2006 年第 7 期。
6. 建设部赴德国不动产登记考察团:《德国房地产登记制度及对我国的借鉴作用》,载《中国房地产》2006 年第 12 期。
7. 雷爱先、毛振强:《近观瑞典土地管理》,载《河南国土资源》2005 年第 2 期。

8. 刘敏:《瑞典的地籍制度》,载《国土资源》2006年10月号。
9. 许坚:《日本、香港等国家和地区土地登记制度及启示》,载《中外房地产导报》1998年第16期。
10. 王彦:《我国未来不动产登记机关的合理选择》,载《石家庄经济学院学报》2007年4月。
11. 李倩:《香港的房地产登记制度及其启示》,载《中国房地产》2000年12月。
12. 夏俊:《有了土地才有一切——托伦斯土地登记制度概述》,载《今日国土》2006年。
13. 袭燕燕:《澳大利亚土地登记制度》,载《国土资源》2003年第11期。
14. 张剑文:《不动产登记机构的改革》,载《国家检察官学院学报》2007年8月。
15. 马颖:《我国不动产物权登记机关的立法选择》,载《河北广播电视大学学报》2006年第1期。
16. 曲珍英:《房产登记的法理和登记机关的选择》,载《政法论丛》2005年4月。
17. 周红锵、林平:《试论我国不动产物权登记机关的统一》,载《杭州师范学院学报》2004年5月。
18. 屈茂辉:《市场交易的内在需要与物权行为立法》,载《中国法学》2000年第2期。
19. 陈宏榕:《立法上应确立统一的不动产登记机构》,载《引进与咨询》2002年第6期。
20. 《国际不动产登记制度报告会论文》,北京大学房地产法研究中心存本。
21. 王利明:《试论我国不动产登记制度的完善》,载《求索》2001年6月。
22. 羿瑞华、杨涛:《关于统一我国物权登记机构的新构思》,载《成都纺织高等专科学校学报》2004年10月。
23. 平野正则:"日本土地登记制度",来源于 http://www.studa.net/sifazhidu/070725/17335167.html,最后访问时间:2007年9月29日。
24. 佚名:《日本:不动产契约登记制的改造和创新》,来源于 http://blog.icxo.com/read.jsp?aid=3789&uid=85,最后访问时间:2007年10月2日。
25. 佚名:《日本、意大利及我国香港、澳门地区不动产登记机构》,http://www.zdfz.org/NewsShow.asp?NewsID=1107,最后访问时间:2007年10月15日。
26. 张彪、李运强:《中国大陆与港澳台地区不动产登记制度之比较》,载《湖南税务高等专科学校学报》2005年9月。
27. 谭峻:《台湾地区建筑物测量与登记制度》,载《地矿测绘》2003年第3期,总第19卷。
28. 吕萍:《英国的土地登记制度》,载《中国房地产》1996年第5期。
29. 马栩生:《登记公信力:基础透视和制度构建》,载《法商研究》2006年第4期,总第114期。

30. 李明发:《论不动产登记错误的法律救济——以房产登记为重心》,载《法律科学》2005 年第 6 期。
31. 常鹏翱:《也论不动产登记错误的法律救济》,载《法律科学》2006 年第 5 期。
32. 曾小梅:《中国与德国公证制度之比较》,载《广东法学》2007 年第 1 期。
33. 马栩生:《论中国不动产登记赔偿机制之构建——以公信力为视角的诠释》,载《暨南学报》2006 年第 5 期,总第 124 期。
34. 龚军伟、蔡培娟:《不动产登记的实质审查初探》,载《广东法学》2005 年第 5 期。
35. 王利民、郭明龙:《逻辑转换与制度创新——中国不动产登记瑕疵救济模式的体制性调整》,载《政法论丛》2006 年 10 月。
36. 冉富强、韦贵莲:《我国不动产登记的公示、公信效力评价》,载《平原大学学报》2003 年 2 月,总第 20 卷第 1 期。
37. 王崇敏:《我国不动产登记若干问题探讨》,载《中国法学》2003 年第 2 期。
38. 朱岩:《形式审查抑或实质审查——论不动产登记机构的审查义务》,载《法学杂志》2006 年第 6 期。

参考法条:

1. 我国台湾地区"土地法"。
2. 我国台湾地区"土地登记规则"。
3. 我国台湾地区"土地法施行法"。
4. 《韩国民法典》。
5. 韩国《不动产登记法》。
6. 日本《不动产登记法》。
7. 爱尔兰《2006 年契据权利登记法》。
8. 新西兰《1952 年土地转让法》。
9. 新西兰《1908 年契约登记法》。
10. 我国澳门特别行政区《物业登记法典》。
11. 我国澳门特别行政区《土地法典》。
12. 夏威夷州关于"土地法院登记"的 501 号法令。
13. 爱尔兰《2006 年契据权利登记法》。
14. 明尼苏达州关于"土地登记"的 508 号法令。
15. 德国《土地登记条例》。

附录一

不动产登记要素比较总表

		基本要素							附属要素				
国家\地区	不动产界定	强制登记	登记性质	实质\形式审查	登记内容	登记效力	登记簿\权属证书	登记机关	房地关系	登记种类	登记时间	登记费用	中央\地方登记	登记查阅	登记赔偿
德国 权利登记模式	将房屋、林木等与土地不可分之物视为土地的重要组成部分，不能单独成为权利客体，因此所有不动产均记载于土地登记簿。	强制登记	生效要件	实质审查	具有登记能力的权利，包括土地上的物权、土地所负担的物权、处分限制、针对土地登记正确性的异议、抗辩、预告登记等。	有公信力	登记簿统一设在各州地方法院的土地登记局。	各州地方法院的土地登记局，在任何一个司法管辖区的初级地方法院，登记官则为司法官。土地登记局并不是普通的司法机构，而是管辖土地登记的司法机构。	房地合一	终局登记、预告登记、异议抗辩登记、更正登记等。		土地登记经费一般通过两个渠道解决：一是向地产所有者收取；二是由国家财政拨款。	地方登记制	登记信息一般是权利人和当事人以及其授权的人可查询；公证员、司法人员以及银行可以查询所有关系人的信息，但所有的查询都要有痕迹的记录。	对登记机关实行的错误赔偿，国家赔偿，但登记机关的人员有失误责任要追究其责任，伴有发达的保险制度。

（续表）

模式	国家\地区	基本要素								附属要素					
		不动产界定	强制登记	登记性质	实质\形式审查	登记内容	登记效力	登记簿\权属证书	登记机关	房地关系	登记种类	登记时间	登记费用	中央\地方	登记查阅	登记赔偿
权利登记模式	瑞典	土地包括不动产，不动产登记簿登记的独立的权利，矿山和土地公有关系所有的部分。	强制登记	生效要件	实质审查	静态登记，主要登记内容包括土地上的权利和负担。	有公信力	财产登记簿是瑞典管理不动产的基本登记册。	土地登记由法院下属的专门的土地登记部门土地登记局负责，每个土地登记局负责的登记区域范围与瑞典的司法辖区基本吻合。			必须在取得权利之后3个月内提出申请。	财产形成过程中所需费用由财产申请者直接提供。	土地登记则由土地登记机构（土地登记办公室）执行，这些机构是法院地方部门的一部分，受全国法院行政部门的管理和监督。		登记簿上的内容一般都被推定是正确的，如果某人由于信赖登记簿上的信息而遭受了损失，国家将给予赔偿。

附录一 不动产登记要素比较总表

（续表）

国家\地区	基本要素								附属要素					
	不动产界定	强制登记	登记性质	实质\形式审查	登记内容	登记效力	登记簿\权属证书	登记机关	房地关系	登记种类	登记时间	登记费用	中央\地方	登记查阅	登记赔偿
瑞士权利登记模式	应作为不动产在不动产登记簿上登记的不动产物包括：1. 土地；2. 土地上的独立且持续的权利；3. 矿山；4. 共同土地所有权的应有部分。	强制登记	生效要件	实质审查		有公信力	采用登记簿，在瑞士，登记簿由主簿、土地述书、日记簿、地籍图及土地表示书构成。	瑞士的土地登记业务是由土地登记所承担的，即土地登记所属于土地登记的权限。具体登记事务则由登记簿管理事务管理。瑞士的土地登记所设立在每一管区，通常以一个州为管区。	房地分离	预记登记，正式登记（终局登记），公法上的限制登记，涂销登记，再登记，更正登记等。		进行不动产登记以及对土地进行测绘时，各州可以收取手续费，但是以改进农业经营为目的土地改良或而进行的土地置换，对其登记不得收取费用。	由于实行联邦制，瑞士的土地登记有关事项由各州自行决定。	不动产登记簿查阅许可，任何人都能获悉、在不动产登记簿为所有权人为有权人，另还规定经初步证明为有利益关系者，有权请求不动产登记簿就此记款或作内容摘要。	如因登记官吏的故意、过失而发生错误而造成损害时，国家实为（在"瑞士"为"州"）为赔偿之责。国家赔偿后仅仅登记官吏有重大过失时，始予以追偿。

（续表）

国家/地区	模式	不动产界定	基本要素											附属要素			
			强制登记	登记性质	实质/形式审查	登记内容	登记效力	登记簿/权属证书	登记机关	房地关系	登记种类	登记时间	登记费用	中央/地方	登记查阅	登记赔偿
韩国	权利登记模式		除法律有特别规定外,均为任意登记,依当事人自由申请登记而为之。	对于不动产物权变动,为生效要件;对于地上权等的相关事项(如存续期间、利息)的登记,仅具对抗效力。	形式审查	静态登记,在现行法上可纳入登记的权利,原则上为土地和建筑物的权利,即不动产物权。此外,关于非不动产物权中,如买卖物权变动为目的的法律以认定其登记能力。	不具公信力。	登记簿的编成采物的主义。	地方法院或其分法院以及地方法院管辖范围内设立的登记处其部分登记事务所的,为司法机关。	房地分离	终局登记、预备登记(包括假登记和预告登记)等。			地方登记制	向社会公开登记簿,任何人根据自己所需,有权向有关部门请求以下内容:1.索要登记簿或登记簿封闭的复印本或登记簿印刷资料;2.阅览登记簿、封闭登记簿附属要件;3.索要证明其事实的有关定文书。	

（续表）

模式	国家\地区	基本要素							附属要素						
		不动产界定	强制登记	登记性质\生效要件	实质\形式审查	登记内容	登记效力	登记簿\权属证书	登记机关	房地关系	登记种类	登记时间	登记费用	中央\地方	登记查阅	登记赔偿
权利登记模式	我国台湾地区	土地及建筑改良物	强制登记,但对建筑物所有权第一次登记目前并未规定采取强制登记。	生效要件	实质审查	土地登记静态登记,包括所有权及他项权利的登记;建筑物登记动态登记。	有公信力	登记簿采物的编成主义。	土地及建筑物所在地之县(市)地政机关,为行政机关	房地分离	土地登记包括总登记、变更登记、预告登记等;建筑物登记包括保存登记,变更登记等。		根据不同登记类别收费,如土地总登记,应由土地权利人按申报地价或他项权利价值,缴纳登记费千分之一;建筑物第一次登记,应缴纳的登记费为建筑物价值的千分之二,等等。	地方登记制	任何人皆可查阅地籍资料。	因登记错误遗漏或虚假而致损害,做出该登记之地政机关应负赔偿责任;地政机关所收登记费提出10%为登记储金,专作赔偿损害之用。

(续表)

国家/地区	模式	基本要素								附属要素					
		不动产界定	强制登记	登记性质	实质/形式审查	登记内容	登记效力	登记簿/权属证书	登记机关	房地关系	登记种类	登记时间	登记费用	中央/地方	登记查阅	登记赔偿
法国	契据登记模式	地产与建筑物,依其性质为不动产。固定于支柱以及附属于建筑物之一部分的风磨、水磨依其性质,亦为不动产。连于根系,尚未收割的庄稼与树上未摘取的果实,亦为不动产,等。	任意登记	对抗要件	形式审查	土地权利以动态登记为主,即以权利变更状态为登记的主要状态。	无公信力	有登记簿,登记完成后,在契约上注明其已经过登记,以作凭证,但不另行制作和颁发权利书状。在法国,事实上存在着四种不同的登记:登记簿、公告登记簿、扣押登记簿和登录申请登记簿。	抵押登记机关属于行政机关,但其职能却是直接对私法上的权利进行管理和保护。抵押登记员作为这一职能的执行人。	房地分离		一旦担保设定,登记期限即可开始计算。			登记机构设置公簿,记载土地权利的得失变更,便于有利害关系之第三人查阅。	抵押登记员违法就其应当承担的民事责任,为个人责任而非国家责任。

（续表）

国家/地区	基本要素								附属要素					
	不动产界定	强制登记	登记性质（实质形式审查）	登记内容	登记效力	登记簿/权属证书	登记机关	房地关系	登记种类	登记时间	登记费用	中央/地方	登记查阅	登记赔偿
日本（契据登记模式）	土地及建筑物	任意登记。关于不动产标示的登记，可以由登记官依职权进行。	对抗要件；形式审查	动态登记：权利的取得和变更。	无公信力	登记簿采物的编成主义。	以不动产所在地的法务局，地方法务局或其支局，派出所为登记所，隶属于法务局，为行政机关。	房地分离	1.不动产的标示或不动产权利的设定、保存、移转、变更、处分限制或消灭登记；2.假登记；3.预告登记。		登记簿誊本的交付，一册为400日元。如登记簿超过10页，每5页加100日元。图纸抄本的交付，按地图或建筑物所在图，宗土地或一栋建筑物计算，均为200日元。	地方登记制。由不动产所在地法务局，地方法务局及其支局，派出所进行登记。	任何人都可以缴纳手续费，而请求登记簿誊本、节本或地图及建筑物所在图的全部或一部的副本。并且，以有利害关系的部分为限，可以请求阅览登记簿及其附属文件和建筑物所在地图。	国家无须付赔偿责任。由于登记官失误造成他人受损失时，受损失人可以向法务局或地方局局长提出请求审查申诉，也可向法院提出诉讼，要求经济赔偿。如查明确系登记官的失误而使他人受到损害时，登记官不仅要依法赔偿受害人的全部损失，还要被解除职务。

(续表)

国家\地区	基本要素							附属要素				
	不动产界定	强制\任意登记	登记性质	实质\形式审查	登记内容	登记效力	登记簿\权属证书	登记机关	房地关系	登记种类	登记时间	登记费用	中央\地方	登记查阅	登记赔偿
意大利契据登记模式	土地、泉水、河流、树木、房屋和其他建筑物，即使是临时附着于土地的建筑物以及在一般情况下那些或是人为的、或是自然的与土地结合为一体的物品是不动产。	任意登记	二元主义，即以对抗要件为原则，特殊情况下采下效生要件。	形式审查	对于土地暨不动产实行契约登记制度，所以土地登记主要是对土地物权变动时所形成的契约文件进行登记。	无公信力	有登记簿。	土地管理局（Agenzia del Territorio）是隶属于经济财政部的政府机关，同时承担着地籍簿管理、绘图和为税收而进行的不动产评估等工作。其全国各地都设有土地登记事务的不动产登记机关。	房地合一			土地登记的申请人应当预先支付登记费用。	在全国各地都设有专事土地登记的不动产登记机关。意大利规定登记应当在财产（土地）所有地的不动产登记机关进行。		登记机关主管土地登记的公共事务官员负责制作、是受理证件或者认证当事人进行登记、有义务在最短时间内完成登记，对因误差而造成的损害要给予赔偿。

（续表）

模式	国家\地区	基本要素									附属要素						
		不动产界定	强制登记	登记性质（实质\形式）	对抗要件（形式审查）	登记内容	登记效力	登记簿\权属证书	登记机关		房地关系	登记种类	登记时间	登记费用	中央\地方	登记查阅	登记赔偿
契据登记模式	我国香港特别行政区	土地及其附属物，附属于土地及其附属物上的不动产权利。	任意登记	形式	形式审查	动态登记	无公信力	登记簿采物的编成主义，土地注册以土地分段归档。	土地注册处，属行政机关。		房地合一	契据注册，阻累性权益注册（将土地抵押权的收益人、一些政府的土地管理措施进行记录入册，为一种辅助性的注册制度）等。		登记时交纳注册费，目前金额为5—240港元，随额而易异。	地方登记制，全港土地注册处设市区以及11个"新界"土地注册处，对辖区内的不动产登记进行管辖。	所有有关土地房产的资料，均可公开让市民查阅。	

（续表）

模式	国家\地区	基本要素								附属要素					
		不动产界定	强制登记	登记性质(实质\形式审查)	登记内容	登记效力	登记簿\权属证书	登记机关	房地关系	登记种类	登记时间	登记费用	中央\地方	登记查阅	登记赔偿
契据登记模式	我国澳门特别行政区	土地及其附属物	任意登记,但存在例外情形。	对抵押权登记,形式审查;其他登记,为对抗要件。	动态登记	无公信力	登记簿采成人的编成主义。	物业登记局,为行政机关。	房地合一	物业登记的内容: 1.临时性批出,确定性批出及其土地及其续期;2.批出土地所衍生权利的转移;3.经批准修改批出标的、用途及利用的登记。	15日之内按呈交顺序编立;可加快至5日。		地方登记制。由管辖范围包括房地产所在地点之登记局之登记作出。如登记事实涉及位于一个以上之辖范围之信息,两个以上房地产,须在各科部就相分作登记。	任何人均得请求就登记行为及存盘证件发出证明,以及抄发口头或书面方式提供有关该行为及内容之信息,登记局公务员按利害关系人所述翻查登记簿册及文件。	

附录一 不动产登记要素比较总表

（续表）

模式	国家\地区	基本要素									附属要素				
		不动产界定	强制登记	登记性质	生效要件\形式审查	登记内容	登记效力	登记簿\权属证书	登记机关	房地关系	登记种类	登记时间	登记费用	中央\地方	登记查阅	登记赔偿
托伦斯登记	澳大利亚\昆士兰州	土地（land）的含义就是不动产。从看，它包括地表的土壤、土地上所有的物质组成以及地表以改良物（如建筑物），地上空间和地下空间，但不包括土地上的矿产，如石油、矿石、水和矿产的角度看，是对上述土地组成的权利，从法律的角度看，是对上述土地组成的权利，如占有、使用、出售、出租、抵押等的权利。	强制登记	实质审查	静态登记：土地登记簿为每宗私有土地建立一个记录。	有公信力	首先在登记簿上对权利进行变动登记，但是登记机关并不自动向权利人颁发权利证书，权利人要获得权证书需提出申请。	由行政机关进行登记。	房地合一		不动产登记，从权利人申请到登记完成只需要1—2天即可。	登记费用按照登记官所登记的成本计算，而非按照土地价值计算。	全州统一登记，但在全州设有33个办事机构。	任何人只要愿意支付查询费或副本费，都有权查阅土地登记资料或索取登记副本。昆士兰自然资源与矿产部在全州设有33个办事处，均可办理现场查询，其中有10个办事处受理在线查询，有关土地登记的其他服务还可以电话咨询。	只要权利人能证明其因登记而受损，均可获得赔偿。政府赔偿制度建立的资金源于登记赔偿保障基金。该基金源于权利人进行登记申请表时交纳的"交表费"。

(续表)

国家\地区	模式	基本要素							附属要素							
		不动产界定	强制登记	登记性质	实质\形式审查	登记内容	登记效力	登记簿\权属证书	登记机关	房地关系	登记种类	登记时间	登记费用	中央\地方	登记查阅	登记赔偿
英国	托伦斯登记	土地既包括可见的物质特征,其中包含地表及地表垂直水平和向下的任何部分,又包括依附于土地的各种不可见的权利,如永业权、承租权、地役权、优先权、收益权等。	一部分为强制登记,一部分为任意登记,《英国土地法》第4条和第5条分别规定了任意登记和强制登记的权利范围。	生效要件,即如果未按要求予以登记,土地产权的转让、设让与创设无效。	实质审查	既要登记权利,也要登记权利的处分,还要登记土地上的负担,还要登记土地上的限制。	有公信力	有登记簿,同时交付权属证书。	英国负责土地登记事务的机构是土地登记处,该机构在行政上隶属于司法部领导,土地登记处长官为行政机关首长,土地登记处是政府从事土地权属审查、确认,登记以及办理过户换证的唯一部门。	英国土地登记实行的是房随地走,一并登记的制度。		房地产买卖作租约订或签约成交后,新的权利人必须在2个月内到土地登记局办理登记,登记局必须在19个工作日之内给予登记。	英国土地登记收费标准是按土地权益者对土地的持有(即永久持有或租用),以及是否市场交易为目的,还是以金融贷款(含抵押)等为目的而进行,目的基础上,一律按每宗房地产的价值量作为土地收费的依据,不与房地产挂钩。	英国全国分为三个土地登记系统,英格兰\威尔士土地登记系统,苏格兰土地登记系统,北爱尔兰土地登记系统。英格兰\威尔士土地登记系统,总部在伦敦,称为土地登记局,英国的土地登记工作不受各级政府行政部门的干扰。	英国登记查阅有电话服务、直接服务、索引图信息系统等。电话服务是指通过专门电话服务中心申请的有关登记权利的官方调查资料和文件副本。一般来讲,绝大部分的详细登记内容可以立刻得到。直接服务是指用户可以使用电脑终端直接进入联网查询有关资料的服务。	登记的土地产权有不可推翻的效力,如果登记有错误遗漏,导致真正权利人的损害,登记机关负责任。登记赔偿有关登记设备基金以备赔偿。

(续表)

	基本要素						附属要素					
国家\地区	不动产界定	强制登记	登记性质（实质\形式审查）	登记内容	登记效力	登记簿\权属证书	登记机关	房地关系	登记种类	登记时间	登记费用	中央\地方	登记查阅	登记赔偿
模式										价值被依次分段，每段内土地登记收费标准一致，但无论哪类性质的土地登记收费标准均存在着一个限量值。		利用图引索系统，通过财产的地址或编号，即可使引在屏幕上显示出来，并要打印出选择的结果。	

(续表)

模式	国家\地区	基本要素							附属要素				
		不动产界定	强制登记	登记性质	实质\形式审查	登记内容	登记效力	登记簿\权属证书	登记机关	房地关系	登记种类	登记时间	登记费用	中央\地方	登记查阅	登记赔偿
托伦斯登记	爱尔兰	土地包括：1.属任何保有形式的土地；2.被水覆盖的土地；3.房屋、建筑物或其他任何建筑物以及这些房屋、建筑物或建筑物的某部分，无论是垂直水平划分或者以其他形式划分或者是否与地表分离；5.无形的不动产。	权利中有一部分是不要求强制登记，契约任意登记，另一部分需强制登记。	契据的登记为实质审查，官需对登记要件、原因及过户登记的文件之详细的审查，已经登记的契约不要求强制登记。	为实质审查，登记官需对登记要件、原因及过户登记的文件之详细的审查，已经登记的契约不要求强制登记。	契据、权利和土地上的"负担"。"契据"是指一个创设或让与土地上的地产权或权益，对土地上或定使用该地产权、权益及到的影响的文件，无论是否加盖了印章。	有公信力。契据的登记，一经完成即有对抗效力，不可推翻。此项权利的效力由国家以最终证据。可以保证，可以依赖此登记。	契据和权利的登记簿分别存在契据登记处和土地登记处。登记簿是登记证明书，是记载在登记簿权利、权属、从属担保或其他特权上的效力。此项权利的效力由国家以最终证据。2006年颁布新的契据证证书可以在证书，新法实施之后，将停止发放证书。1964	契据和权产登记机关（the Property Registration Authority)。这个机关由司法、平等暨法律改革大臣领导和监管，其中契据登记处（Registry of Deeds）和土地登记处（Land Registry），分别负责契据和土地的登记。					登记处都包括中央登记处和地方登记处。地方登记处设在每一个郡。	任何登记簿上的记载事项或登记地图，可以被任何人，在规定时间和条件下进行查阅。	如果任何人由于登记机关的错误而遭受了损失，有权请求赔偿，求偿的款项由国会拨付。赔偿请求应当向国会提出，并且通知财政大臣，由登记官决定是否赔偿。如果财产权人对于决定不满意，可以向法院上诉。损害求偿权的时效为6年，6年之后，登记官将不受理。

附录一 不动产登记要素比较总表

（续表）

模式	国家\地区	基本要素							附属要素				
		不动产界定	强制登记	登记性质	实质\形式审查	登记内容	登记效力	登记簿\权属证书	登记机关	房地关系	登记种类	登记时间	登记费用 中央\地方	登记查阅	登记赔偿
							年权利登记法中关于土地证和担保书的规定，仅适用于2006年契据登记法生效之前所发的证书，并且在新法生效之后满3年，这些证书将不再具有任何效力。							

(续表)

模式	国家\地区	基本要素									附属要素			
		不动产界定	强制登记	登记性质	实质\形式审查	登记内容	登记效力	登记簿\权属证书	登记机关	房地关系	登记种类	登记时间	登记费用	中央\地方登记	登记查阅	登记赔偿
托伦斯登记	新西兰	土地包括各种有形和无形的宅基地、租用地、可继承地产上的权利,以及在其他地产或土地上的其他权利,还包括所有附属其上的道路、水流、水道,自由地役权,地役权和特许权,此外还有在它上面或者下面的种植、花园、矿山、矿物、采石场地产、花木。"地产或权利"指所有的是按照本法对土地设定的抵押权及其他负担。	强制登记	生效要件	实质审查	静态登记	有公信力:一旦权利被登记,除非存在欺诈,否则是不能废除的。	既在登记簿上进行登记,同时还向权利人颁发权利证书,登记簿上的编成采取人的编成主义,登记的次序以土地登记人先后为准。土地如设有抵押权或其他权利,则作为该块土地的负担登记。	由行政机关进行登记。	对于完全所有权的房地产,是房地合一;对于拥有出让地的房地产,则是房地分离。使用人拥有地上建筑物的所有权,但仅获得土地有限时间使用权。			土地转移的登记收费标准是:每宗地150元(新西兰元),其中测量费90元,登记费10元,工本费50元。	地方登记制	任何人有权为了调查而在按照本法规定的所指日期和时间使用登记录。	如果由于登记官在登记过程中的失职行为,某人遭受了损失,他可以对政府提起诉讼以补偿自己受到的损失。

附录一 不动产登记要素比较总表

（续表）

模式	国家\地区	基本要素										附属要素				
		不动产界定	强制登记	登记性质	实质\形式审查	登记内容	登记效力	登记簿\权属证书	登记机关	房地关系	登记种类	登记时间	登记费用	中央\地方	登记查阅	登记赔偿
托伦斯登记	美国夏威夷州	土地(land)和不动产(real estate)是一个概念，它不仅包括地球的表面，还包括附属于地球表面的东西如建筑物和树木、地球表面之下的东西如矿物，以及地表面之上的空间。	强制登记	生效要件	实质审查	静态登记	有公信力	任何根据登记而作出的登记证书应相裁决为"根据土地法院裁决作出的原始产权证书,日期为(说明裁决作出时间、地点以及案件的编号)"。该证书自日起生效。同一块土地的后续登记证书同相应采用的形式,改为"从×××号(该土地价值的前一份登记证书)	由法院进行登记:法院负责审查并作出权利的判决,而由法院控制的登记官负责具体登记事宜。	房地合一			进行原始登记的权利人应向登记官缴纳相当于登记土地评估价值0.1%的登记费用,土地的价值根据上一年的税收评估而定。若登记土地在上一次估价中未作单独估价,那么其价值应由法院按申请提交日的前一个月7月1日的土地价值来定。	由夏威夷州的土地法院统一登记。	登记官办公室或协助登记官的登记公室办理公开所有与登记相关的土地记录与影像检验均属公众公开,登记官可根据法院的指示对其进行合理的规制。提交并签署明副本可随时向助理登记官付费获取。	如果由于登记官员在行使职权过程中的欺诈、遗漏、错误或滥用职权行为而造成当事人财产权损失,其他土地权利利益表失可州财务总监作为赔偿被告提起诉讼。若由于登记官员之外的第三人的欺诈、过失、遗漏、错误或滥用职权行为或者与第三人和上述人员共同的欺诈、过失,

（续表）

模式	国家\地区	基本要素									附属要素				
		不动产界定	强制登记	登记性质	实形式审查	登记内容	登记效力	登记簿\权属证书	登记机关	房地关系	登记种类	登记时间	登记费用	中央\地方	登记查阅	登记赔偿
								证书的编号（转换）而来"。1988年6月14日之后不再颁发所有权人的产权副本证书，不论相关的契约或凭证书，1988年6月14日之前或之后登记的。已发行在外的副本证书不论其他条款规定一律无效。					可以根据需要指定多个评估人，评估费用由申请人负担。			遗漏、错误或滥用职权等行为而造成当事人财产损失、广权或其他土地权利利益丧失，可以以州财务总监和该第三人作为共同被告提起损害赔偿诉讼。

附录一 不动产登记要素比较总表

(续表)

国家\地区	不动产界定	强制登记	基本要素								附属要素				
			登记性质	实质\形式审查	登记内容	登记效力	登记簿\权属证书	登记机关	房地关系	登记种类	登记时间	登记费用	中央\地方	登记查阅	登记赔偿
美国明尼苏达州	同夏威夷州	强制登记	生效要件	实质审查	静态登记	有相对的公信力：在法院作出判决书6个月以内，判决书所确定的当事人以外的人可以对判决所确定的权利提起诉讼。	法院作出登记判决后，将登记判决交给由其控制的登记处，由登记官制作的权利证书并颁发权利证书	由法院进行登记：法院负责审查并作出确认权利的判决，而由法院控制的登记官具体负责登记事宜。	房地合一			1. 申请人不仅要向法院缴纳一定比例的法院运作成本，还需向登记官缴纳费用；2. 不仅要缴纳和土地的价值无关、而只与登记成本有关的块产登记成本；3. 不仅要缴纳申请人的费用，对申请人提出异议人而参加到该审查程序中的其他利害关系人也需缴纳费用。	地方登记制	凡是在登记办公室里保存的、与已登记土地有关的记录和文件都应在该登记指定的时间和地点对公众开放。	如该权利人没有过失，而是由于登记官员在履行职责中的过失，而遭受损失，都可以向法院提起诉讼而获得赔偿，应从一个普通基金中进行支付，该普通基金来源于申请人缴纳的登记费。
模式															
托伦斯登记															

附录二　法律法规翻译

夏威夷修正法[*]

第 501 章　土地法院登记

土地法院及其人事

§ 501-1　法院；管辖权；诉讼程序；地域；判例；实践等

§ 501-2　法官；案件的分配

§ 501-3　开庭

§ 501-4　程序

§ 501-5　已废除

§ 501-6　登记官及助理；任命，任期，职权和义务

§ 501-7　登记官；职权，义务

§ 501-8　登记官可以在任何巡回区行为

§ 501-9　助理登记官；职权

§ 501-10　登记官及其助理；宣誓，账目，缺席

§ 501-11　产权审查人；任命，撤职

§ 501-12　薪金和开支

§ 501-13　传真签名的有效性

土地登记程序的开始

§ 501-20　定义

§ 501-20.5　规则

§ 501-21　登记申请；申请人

---

[*] 陈琳燕翻译，吕翔校对。

§501-22　提交申请;备忘录

§501-23　申请,格式和内容

§501-23.5　产权转让局收取的费用的处理

§501-24　非居民的代理

§501-25　申请可以包括数块土地

§501-26　申请的修改

§501-27　路边土地

§501-28　土地规划书和产权证明

§501-29　设有抵押或租赁的土地

§501-30　附加事实

§501-31　申请期间的产权转让;临时登记;最终登记

§501-32　提交审查;报告;选择进一步程序

§501-33　土地添附

检查人报告后的通知

§501-41　申请的通知

§501-42　服务;令状回呈日;进一步通知

§501-43　指定监护人;补偿

§501-44　异议没有提送法院;总检察长的义务;一事不再理

§501-45　答辩介入,调查人员参加庭审

§501-46　缺席判决;效力

听证和法院职权

§501-51　参考其他法官或专家的意见;地图,参考;细分;成本等

§501-52　法院的职权

§501-53　驳回申请;效力;撤回申请,条件

法院裁决

§501-64　裁决的执行;法庭事务官

登记土地的其他事宜

§501-83　根据法院裁决生效的证书

§501-83.5　已发行在外的权利人的副本证书

§501-84　所有人多于一人时的证书

§501-85　一张证书转换成多张或多张转换成一张;分割;地图

§501-86　登记随土地移转
§501-87　无占有取得或时效取得
§501-88　作为证据的证书
§501-89　索引，登记簿等

原始登记之后的土地自由交易

§501-101　登记土地的自由交易
§501-101.5　买卖协议；优先权
§501-102　留置权登记及其他，通知
§501-103　非限嗣继承地产权的不完全转让
§501-104　疑难问题的提交审断
§501-105　说明受让人的地址等
§501-106　更新产权证书的录入
§501-107　录入登记；复本和证明副本
§501-108　可继承地产权的转让及其程序
§501-109　非限嗣继承土地的部分登记
§501-110　负担的说明

抵押

§501-116　抵押登记
§501-117　程序
§501-118　取消抵押品赎回权

租赁

§501-121　租赁；要求登记

信托

§501-131　信托土地的转让；程序
§501-132　产权证明上注明相关权利；法院的解释
§501-133　新的受托人
§501-134　默示信托或推定信托
§501-135　受托人的申请
§501-136　扣押留置权和其他留置权；归档或登记
§501-137　已废除
§501-138　留置权解除或修改的登记

§501-139　作为官方登记人的助理登记官
　　§501-140　原告律师的背书及对其通知
　　§501-141　法院命令的登记
　　§501-142　技工留置权
　　§501-143　留置权的执行
　　§501-144　留置权实现后的新产权证书;纳税抛售
未决诉讼;判决与分割;登记
　　§501-151　未决诉讼,判决;登记,通告
　　§501-152　被告胜诉判决的证明
　　§501-153　原告胜诉判决的证明
　　§501-154　土地占有令,服务,登记的期限
　　§501-155　指示产权转让的判决
　　§501-156　土地分割
　　§501-157　土地分割后的抵押或租赁登记
　　§501-158　破产通告程序
　　§501-159　解除判决
公共征用;登记
　　§501-166　公共征用;登记程序
　　§501-167　基于土地归复颁发的新产权证书
法定继承和遗赠
　　§501-171　法定继承和遗赠的登记
　　§501-172　出卖或抵押的许可不受影响
　　§501-173　通过遗产代理人购买土地的购买人可以获得同样的登记
　　§501-174　代理人的权力;必要的登记
　　§501-181　已废除
原始登记之后的对抗请求
　　§501-186　对抗请求的登记;通告;听证会;费用
证明副本的强制发还
　　§501-191　已废除
产权证明的修改和变更
　　§501-196　禁止变更登记簿;法院听审;限制

登记后的通告服务
　　§501-201　登记后的通告服务;方式;效力
损害赔偿诉讼和收费
　　§501-211　为赔偿损失而预交的费用
　　§501-212　关于欺诈、误解等的损害赔偿
　　§501-213　诉讼,被告
　　§501-214　判决的要求
　　§501-215　代表州政府的代位求偿权
　　§501-216　州政府不承担赔偿责任的情况
　　§501-217　诉讼时效
　　§501-218　收费方案
　　§501-219　土地法院地图的出售
罚款
　　§501-221　已废除
杂项规定
　　§501-231　家庭儿童看护室;居住区中的许可用途
分时段租赁共享利益
　　§501-241　分时段租赁共享利益
　　§501-242　分时段租赁共享利益的不动产性质
　　§501-243　分时段租赁共享利益的双重登记
　　§501-244　分时段租赁共享利益的转让
　　§501-245　有关分时段租赁共享利益的登记契约编号
　　§501-246　分时段租赁共享利益的法定附属义务
　　§501-247　分时段租赁共享利益的自愿交易
　　§501-248　与分时段租赁权相关事项的管辖权

土地法院及其人事

　　§501-1　法院;管辖权;诉讼程序;地域;判例;实践等
　　设立专门的土地法院,该法院对州内所有关于土地所有权、地役权或非限嗣继承土地相关权利的登记申请享有专属管辖权。土地法院有权审理并裁定所有申请过程中出现的问题,并根据本章的诉权规定对基于本章规定

可能产生的其他问题享有管辖权。有关登记申请的诉讼应以土地为标的,裁决结果将直接转让和创设土地的所有权。

该法院设立在檀香山,但有时基于公共便利之需亦可转设至其他地点。

该法院的管辖范围及于全州,除周六、周日及法定假日外随时开放。

土地法院有关登记,应制作印章,所有由土地法院制作或经过土地法院需要加盖印章的命令、传票或其他文件均应加盖土地法院印章。土地法院制作的通知、命令和传票可以进入任何一个司法巡回区,同时土地法院可以要求递回。

除非本章或一般法院法律法规中明文规定,土地法院程序应尽量遵循巡回法院程序。土地法院规定的程序形式需经最高法院批准方可生效。

陪审团陪审的案件中,陪审团裁定的事项由该案指定的巡回法官予以确定,其他事项禁止提交给陪审团,由陪审团作出专门裁决。

除本法另有规定,本章中的"法院"是指土地法院,"法官"是指第一巡回法院民事分庭的行政法官,或者根据第501章第二节的相关规定而被指定审理土地法院相关事宜的巡回法官。

§501-2 法官;案件的分配

根据601-2(b)(2)(B)的规定,第一巡回法院民事分庭的行政法官可以按照首席法官的指示,将土地法院的所有事宜分配给其认为合适的第一巡回法院的法官。

§501-3 开庭

法官安排开庭,期间以确保法院事务及时解决为准。

§501-4 程序

土地法院的传票、通知令以及其他所有程序签发令状均需法官的证明、法院的印章以及登记官的签名。

§501-5 已废除

§501-6 登记官及助理;任命,任期,职权和义务

土地法院的法官应根据法律规定任命登记官及其助理。该登记官或助理应参加法院的开庭,制作诉讼摘要,并在诉讼中所有需要加盖印章的传票或文书上加盖法院的印章。

§501-7 登记官;职权,义务

登记官应按照法院的指示保管和控制按照本章规定向登记官提交的所

有证书和文件,并需将其编号归类。所有的证书和文件应该保存在檀香山土地法院附近的土地登记办公室中。经法院批准,登记官可以雇佣必要的书记官和信使。

§501-8 登记官可以在任何巡回区行为

登记官可以在任何司法巡回区行为。土地按照本章的规定登记后,登记官可以制作影响其权属的所有备忘录,并登录和签发相关证书。

§501-9 助理登记官;职权

根据502-1任命的不动产转让部门的不动产转让登记官和转让登记官的副手均为助理登记官,其根据本章规定履行记录和登记义务。助理登记官可以与登记官一样,享有制作影响其权属的所有备忘录,登录和签发相关证书,并在证书上加盖土地法院印章的权力。在履行本章所规定的职权时,助理登记官应根据登记官的指示行事,以便保障州内的司法统一性。出现登记官死亡或无法履行职权的情况时,助理登记官应代为履行登记官的职权直至新登记官继任或无法履行职权的情况消除。

§501-10 登记官及其助理;宣誓,账目,缺席

登记官和所有助理登记官应在法官面前宣誓,并对此进行记录。在任何必要情况下,可向处理土地登记相关事宜的人当面宣誓。制作账目,格式同助理书记员所立,准确记载收到的登记费和其他明细,接受最高法院书记员检查。按月将收取的相关费用交至财务主管。

§501-11 产权审查人;任命,撤职

法官可以在第一巡回法院指定一名或一名以上产权审查人,必要时也可在其他司法巡回区指定,该审查人应具有良好的道德水平,并需经过最高法院的审查确认为适格。产权审查人的撤职由最高法院决定。

§501-12 薪金和开支

法院的法官、登记官、被授权的书记员和助理获得的薪金应符合法定标准。在法律没有相关规定时,所有司法官员、雇员或产权审查员的薪金从州长设定的法院开支计划中支付。

§501-13 传真签名的有效性

登记官的传真签名,即由登记官或经其书面授权的助理官员在法律要求登记官签名以证明其真实性的文件上(登记的裁决副本除外)作传真签名,以及登记官在任何令状、传票、通知令或扣押令(执行令除外)上的传真

签名应与登记官的手写签名具有同等效力。这一授权同样适用于501-9项下的助理登记官。

土地登记程序的开始

§501-20 定义

除非条文中有相反规定,本章中以下词汇的意义是:

"公寓租赁合同"是指公寓租契、共管公寓转让文件、公寓房契和土地租契以及其他根据501-121予以登记并将共管公寓或其根据共管财产法或普通法而设立或存在的共管项目土地不可分割的附属权利进行租赁或转租赁的文契。

"录入"是指将一个已归档或已记录的文件的用途在产权证书中加以注明。

"归档"是指接收和保存所有要求提交的文契。

"分时段租赁共享利益"是指在公寓租赁中存在的一种分时租赁权益,该权益为未分割的权益。

"时段划分计划通知"是指第514E章项下定义的期间共享计划通知。

"记录"是指按要求将所有文契进行全部文字备份。

"签名"是指个人的手写签名,签署一个标记、手指印或脚趾印。

"州"是指夏威夷州。

"分时段享用权"是指第514E章项下定义的期间共享利益。

"时段划分计划"是指第514E章项下定义的期间共享计划。

§501-20.5 规则

夏威夷州最高法院有权制定、修改和废止关于土地法院的文件和文契的相关规则。

§501-21 登记申请;申请人

产权登记申请人可以由以下人员担任:

(1) 主张对非限嗣继承土地享有所有权、地役权或其他权利的个人或集体;

(2) 主张对非限嗣继承土地享有分配或处分其所有权、地役权或其他权利的个人或集体;

(3) 未成年人或其他限制民事行为能力人的法定监护人;

（4）公司的法定代理人或经董事会任命的其他代理人；

（5）经由不以营利为目的的非法人组织的书面授权，且该授权已在土地法院的助理登记官办公室或产权转让局登记的人；

（6）经遗嘱法院指定的合法代理人，该代理人可以根据遗嘱法院的分配令以受托人的身份为产权继承人登记各种产权；

（7）经地方议会指示的本州各市市长；州政府的土地和自然资源委员会；经过美国联邦政府合理授权的官员。

上述地产权和其他权利的登记费用应根据法院决定的土地价值而非根据其评估价值来作出；产权检查费为法院允许向检查人支付的费用，而非按照第501-218节规定的产权检查费。

与土地产权登记和转让相关的条文均适用于地役权和其他土地权利的登记和转让。

§501-22 提交申请；备忘录

登记申请应提交给登记官。

提交登记申请后，申请人应立刻向产权转让局提交备忘录，说明提交事宜、提交时间和地点，及申请中关于土地情况的副本。助理登记官应将该备忘录与其他文契一起归档并编制索引。助理登记官收取的归档费为1美元。

§501-23 申请，格式和内容

申请采取书面格式，由申请人或其代理人签名并宣誓保证其真实性。若申请人超过一人，各申请人均应签名并宣誓。申请包括对土地情况的描述、土地产权声明及申请人对该土地享有的权利。还应说明申请人是否有配偶，有配偶的应登记配偶姓名，结婚的时间地点，主持婚礼的官员姓名及其所属部门；无配偶的，若曾有过婚姻关系，则应登记婚姻关系中止的时间和原因；离婚的，还应登记离婚的时间、地点及准予离婚的法院名称。申请应包括申请人的全名和住址，如果可能还应包括毗连地所有人和占有人的姓名和住址，若无法获得，则应说明申请人为此付出的努力。如果申请人有一个以上的名字，则应在申请中列出所有曾用名。申请的具体格式如下：

夏威夷州
致尊敬的土地法院法官：

本人(或我们),文末签名人,据夏威夷修正法第501章的规定特此申请对以下所描述土地享有的产权予以登记并获得绝对的产权:

(一) 本人(或我们)是某一块土地的非限嗣性所有权人,该土地上附有建筑(如果有的话,没有的此处空白),位于(此处插入确切的描述)。

(二) 该土地的最后一次税务评估价格为……美元;其上建筑的税务评估价格为……美元。

(三) 据本人(或我们)所知,该土地上未设有任何抵押或留置,也没有其他人对该土地享有普通法上或衡平法上的占有、保留、归复或期待的权利或利益(如果有,则应加上"除了以下几项",并在此详细列明)。

(四) 本人(或我们)是通过转让契约获得该土地产权的(列明转让人的姓名、登记的时间和地点,以及提交登记的契约编号,未提交登记的说明原因。如果通过其他途经获得的,应予以说明)。

(五) 该土地目前被…占有(注明占有人全名、住址及占有方式。未被占有的则注明"该土地未被占有")。

(六) 据本人(或我们)所知,与该土地毗连的各土地占有人姓名和住址如下:(列明占有人的邮寄地址,街道和门牌号。如果相邻土地的占有人姓名不详,说明是否已采取了相关的调查措施,并具体说明情况)。

(七) 据本人(或我们)所知,与该土地毗连的各土地所有人姓名和住址如下:(需说明的项目及顺序同上)。

(八) 本人(或我们)的配偶情况(按照§501-23的规定进行说明)。

(九) 本人(或我们)的姓名、住址和邮局地址如下:

日期:

签名

夏威夷州

日期:

上述申请的签名人××,即申请人,在我面前宣誓,证明其所作陈述以其认知为限确乎真实,且以现有信息和信念为限,信其为真。

公证人:××

§501-23.5 产权转让局收取的费用的处理

关于产权转让局所收费用的处理,以本法为准。产权转让登记官每份登记文件抽取18美元,存入州普通基金,并将余额和其他除根据431P-16设立的特殊抵押登记费和根据247-1收取的产权转让税以外的其他收费存入根据§502-8设立的产权转让局特殊基金。

§501-24　非居民的代理

若申请人为非夏威夷州居民,申请人应在申请时递交一份委任当地居民为代理人的文件,提供代理人的全名和住址,并申明同意代理人在申请过程中的法律行为效果视同申请人在州内亲为。如果代理人死亡或迁离夏威夷州,申请人应立即委任新的代理人。如果申请人未能及时指定代理人,法院可以驳回申请。

§501-25　申请可以包括数块土地

一份登记申请可以包含两块或两块以上申请人主张相同利益的土地,但所有土地必须处于相同区域(即第4章规定的那些区域),但§4-1(1)的(G)和(H)小节中提到的北科纳和南科纳地区除外,本条视其为同一区域。

只有在申请人对两块或两块以上土地所享有的是相同利益时才能同时申请登记,否则不论其是否在同一区域内均不得进行一次性申请。在存在共同申请人的情况下,无论各方对被申请登记土地享有的利益平等与否,均不得在一次申请中包含多块土地,除非每个申请人主张的利益是统一的,并且在每块申请登记的土地上享有的地产权等量。

§501-26　申请的修改

法院任何时候都应允许申请人对申请作出合法合理的修改,包括合并、替换或撤销。修改采用书面格式,由申请人签名并宣誓,一如原始申请。

在任何时候,法院均可通过刨除一块或多块土地,或中止申请的方式,下令修改申请。

§501-27　路边土地

如果申请人所描述的是一块在公路或私人路段旁边的土地,那么申请人应声明是否对路内的土地主张权利以及是否要求确定路的边界。

§501-28　土地规划书和产权证明

申请人应在提交申请书的同时提交土地计划书,以及申请人掌握的所有申请文件中提及的原始产权证明。未提及的原始产权证明在对已核实副本归档时宜取出。申请若被驳回或撤回,经法院同意,申请人可以取回相关产权原始证明。申请人在申请时还应根据法院的规则提交一份按照法院指定格式制作的完整产业契据摘要。

§501-29　设有抵押或租赁的土地

若被申请登记的土地上设有 1 年以上的已登记抵押或已登记租赁,或者该抵押或租赁于土地申请提交之后法院裁决作出之前业已生效,若法院要求,则申请人应提交该抵押或租赁的已核实副本,并在登记裁决作出之前,将抵押或租赁的原始证明,或经法院同意将其已核实副本,出示给登记机关。

§501-30　附加事实

可以按照法院规则要求申请人说明本章规定以外的其他事实,与此相协,也可以按照法院规则要求申请人提交本章规定以外的其他文件。

§501-31　申请期间的产权转让;临时登记;最终登记

在提交申请后登记完成前土地产权发生转让的,产权转让登记官应将相关转让契约按照常规方式加以记录并编制索引,同时将其编入登记申请目录;同时,相关转让契约应说明该土地的登记已发生中止并记录申请号。产权转让的已核实副本应与申请一并提交。转让该土地全部或部分利益的原始文契和原始签名在登记完毕后应交至土地法院,归入申请书档,之前提交的已核实副本可取回。

一旦受理土地登记申请,登记员必须制作备忘录,对该申请的受理进行说明,并将该备忘录送交助理登记员,助理登记员进行记录,并将其同转让契约一道编入产权转让局的目录,同时编入申请目录。如果申请程序以"允许土地产权注册令"终结,其涵盖土地在该令发布后,按照 §501-75 规定,将立即成为已注册土地。之后,任何转让契约或其他仅与此土地有关的文书不得记录在转让契约记录中,而须登记在注册簿中,并且予以提交或者连同与该注册土地有关的记录和文件一起登记并编制索引。

§501-32　提交审查;报告;选择进一步程序

申请提出后,法院应立即将之提交给一名产权审查人,该产权审查人应对申请资料进行检查,并对申请中陈述的或自己注意到的事实进行调查,最后提交一份相关土地产权的检查人报告和证明。登记官应向申请人通告该检查人报告。若检查人的意见与申请书不符,则法院应允许申请人在合理期限内作出撤回申请或进一步程序的选择。该选择应以书面格式提交给登记官。

§501-33　土地添附

对于添附土地的登记,申请人应有优势证据证明该添附是自然的、永久的。只有州政府才能成为海边添附土地的申请人,私人所有权人只在该海边添附土地对其被侵蚀土地形成修复的情况下,方可申请重新获得修复部分的土地所有权。添附土地的申请人应通知环境质量控制部门申请事宜,以便该部门按照 343-3(c)(4) 的规定将其公布于阶段性公报。通知公布前,该土地登记申请不得通过。

本节中所说的"永久性"是指该添附已经存在了至少 20 年。除非本节中有相反规定,添附的土地应属于州有土地,并应列入保护区域。相关禁止性使用规定在 §183-45 节。

检查人报告后的通知

§501-41 申请的通知

如果产权检查人认为申请人所主张的权利适合登记,或者申请人在产权检查人提出异议之后选择进一步程序,登记官应在产权检查人提交意见或申请人选择进一步程序后立即将其申请刊印在某份普遍发行的报纸上。该通知应根据法院的命令作出,并经登记官证实,其主体格式如下:

产权登记。土地法院。××号
夏威夷州
致(此处插入所有已知的对相关土地享有对抗利益的人的姓名,以及相邻土地的所有人和占有人)和所有其他可能相关人:
申请人(姓名和详细地址)向法院提交了登记和确认产权的申请,相关土地的具体情况如下:(插入土地的具体描述)
阁下被传唤于×年×月×日×时×分到×岛的土地法院出庭说明请求人的申请为何不应得到支持。若未能准时到场,您的缺席将被记录在案,申请人的请求将得到承认,您不得再对申请人的申请或法院对此作出的判决提出异议。
证人,法院的首席法官
日期:_____
证明:

登记官

通知中应包含产权授予、许可和转让的编号以及授权人或原始受让人的姓名，土地说明无需详述具体地界，只需作出足以确定该土地的概述。通知应表明相关土地的地图和具体地界详述均已提交至土地法院，可公开查阅。

§501-42　服务；令状回呈日；进一步通知

令状回呈日自公布时起算，期间至少 20 日，不超过 60 日。法院应自公布起 7 日内制作通知书副本，由登记官邮递给载有详细住址的相关人员。同时，法院还应在令状回呈日前至少 14 日通过郡长或其他警官将通知的公证副本在申请涉及的各块土地显眼位置予以张贴，郡长或警官的回呈将作为该服务的确证。

若申请人要求确定公路与其土地之间的界限，法院应命令登记官向总检察长、土地所在地的郡县长官和代理律师寄送一份登记信函。若土地位于河边、海边、有河流注入或设有港口路线的海湾、湖岸或者其他州政府可能会提出异议的地方，登记官同样应以上述方式通告总检察长。

法院可以根据具体情况要求申请人以合理的方式向有关当事人发送通知。法院在可能的情况下应尽量要求申请人提交其已向申请中涉及的所有共同产权人和利益相关人进行通知的证明。邮递通知的应采用挂号信。登记官根据法院的指示通过公告或邮递的方式通知相关当事人后，应在令状回呈日前提交其发布通知的证明，该证明将作为其完成了此项服务的确证。

除刊印外，以邮递、张贴或其他方式发送的通知副本均应包括土地的地界说明。

§501-43　指定监护人；补偿

在通知书和其他所有通知令的服务证明回呈至法院后，法院可以指定一位无利害关系人作为有利害关系的未成年人和其他限制民事行为能力人，或已死的、不能查明的、不知名的或者在夏威夷州之外的当事人的监护人。诉讼监护人或代理人的补偿应作为法院支出的一部分由法院确定，或者在法院认为合适的情况下作为诉讼程序的成本。

§501-44　异议没有提送法院；总检察长的义务；一事不再理

只要有理由对土地产权登记申请提出异议，而这些或某个理由却没有被报告给法院，则总检察长或副总检察长应对该产权登记申请提出异议，不论其是否已代表州政府提交了特定声明。该异议的提出不妨碍当事人以后根据§501-212的规定主张赔偿，法院不得以一事不再理原则拒绝原告的诉讼请求。

§501-45　答辩介入，调查人员参加庭审

任何人，不论姓名是否出现在通知内，均可在令状回呈日以前或法院允许的期限内到庭提交答辩，主张利益。答辩中应说明所有反对登记申请的理由，提出其利益主张，并由当事人本人或代理人签名宣誓。会计和总务部或县土地勘测员可以根据法院的规则到庭听证涉及土地位置和勘测准确性的问题。

§501-46　缺席判决；效力

如果在规定期限内没有人到庭答辩，若无其他相反理由，法院可立即裁定其为缺席并接受申请人的申请。缺席判决作出后，针对所有相关利益人的通知失效，法院可以作出确认申请人产权的裁决并命令登记机关予以登记。产权检查人的报告对法院不具有约束力，法院可以要求其他进一步的证据。

听证和法院职权

§501-51　参考其他法官或专家的意见；地图，参考；细分；成本等

任何案件中若利益相关人应诉答辩，则程序中止，双方均有权申请听证。但首先法院需根据§501-46裁定所有未应诉答辩的当事人为缺席。若相关土地位于瓦胡岛之外的其他司法巡回区，土地法院可将整个或部分诉讼（包括§501-41、§501-42和§501-46规定的回呈日的事项）交给相关土地所在地巡回区的首席法官，由该首席法官作为其审案义务来制作应诉记录、准予延期、记录缺席、主持听证，并向土地法院提交报告。该法官所作的报告与根据§603-21.6、§603-21.7和§635-14的规定在土地所在地的司法巡回区内指定专家所作的报告具有同等效力，土地法院的法官应参照相关法官或专家的报告来批准、确认或修改决定或判决。这些报告随时可以被撤销或修改。

法院在作出裁决之前，应要求当事人提供相关登记土地的地图。地图中的数据需能够清楚地确定实际土地的边界。同时，该地图还应包括或附加固定界石的数据说明（如轮廓线和土地标记），但临时界石的毁损不影响法院基于该地图执行相关判决。

法院应要求当事人提供所有可知的相邻土地占有人和所有人的姓名，并且将登记土地的除了申请人的承租人之外的所有占有人在地图上加以注明。此外，所有位于申请人的土地外部边界之内而非申请人所有的土地应该在地图上注明并准确标出它们的边界，同时还应说明该土地上存在的地役权或通行权。

必要角度的间距和函数关系必须精确说明。法院可以下令设立固定分界线，并在申请中补充相关说明；法院也可以要求另外进行实地调查，该调查可以由会计和总务部进行，也可以由适格的私人调查员进行；法院还可以根据自由裁量权或根据法院规则签发其他一些关于调查的合理指导命令。调查和划分地界的费用归入案件的诉讼费用，由各当事方合理分担。若没有人反对该申请，那么此项费用由申请人承担。

法院可以根据自由裁量权取消上述的部分要求或全部要求以更好地实现公平和正义。

法院可以将该地图提交到会计和总务部，由会计和总务部对地界进行实地勘察以检验其准确性，并向法院提交一份检验报告。当州政府是产权登记的申请人或者与该产权登记申请具有直接利益关系时，法院应将地图提交给适格的私人调查员，由私人调查员对地界进行实地勘察以检验其准确性，并向法院提交一份调查报告。法院作出有利于州政府的裁决，并对其中所描述的土地进行划分之后，所有的土地划分均应参照相关证书进行，在该证书中，已对地图的准确性作出了证明，并对上述划分进行了注明。

登记申请所提交的地图，待登记或已登记土地的实地勘察报告中存在的错误，若按照本节规定的方式是可被发现的，则应由执行勘察的公司、企业、私人或团队修正并承担相应费用。

§ 501-52　法院的职权

法院可以依法作出判决、裁决、命令、指令，签发制裁、土地占有令、各种传票，以及采取其他各种实现案件公平正义的必要措施，从而全面行使法律赋予其的职权。

§ 501-53　驳回申请；效力；撤回申请，条件

若法院发现申请人并无正当产权可供申请，则应裁定驳回，无论申请涉及的土地是整体还是部分；一旦法院作出产权裁决，该裁决对当事人、利害关系人以及相关土地的裁决事项均具有法律约束力。申请人可以在法院作

出最终裁决之前就提交法院裁决的事项撤回申请。法院可以根据自由裁量权要求申请撤回申请或更换申请人的申请人承诺其将受裁决结果的约束,且该约定对于当事人、利害关系人和土地本身均具有约束力。

法 院 裁 决

§501-64 裁决的执行;法庭事务官

法院对于所有其享有管辖权的事件均可以如同在衡平案件中执行裁决一样执行其命令或裁决。应法官的要求,警察长应任命一名警官参与庭审。

登记土地的其他事宜

§501-83 根据法院裁决生效的证书

遵照登记裁决就任何一块土地作出的原始登记证书在登记簿中名为"根据土地法院裁决作出的原始产权证书,日期为"(说明裁决作出的时间、地点及案件编号)。该证书自裁决作出日起生效。同一块土地的后续证书应采用相同格式,名为"自××号转换而来(该土地的前一份证书的编号)",并注明"原始登记"(日期、登记卷册和页码),但土地经原始登记后又登记在继承人或受遗赠人名下的,证书应名为"自××号经继承或遗赠转换而来",并且应包含与原始证书相同的信息。

§501-83.5 已发行在外的权利人的副本证书

1988 年 6 月 14 日之后不再颁发所有权人的产权副本证书,不论相关的契约或凭证是 1988 年 6 月 14 日之前或之后登记的。已发行在外的副本证书不论其他条款如何规定一律无效,助理登记官应接受并归档相关契据或自愿凭证,而无须要求出示已发行在外的权利副本证书。

§501-84 所有人多于一人时的证书

若一块土地存在多个共同所有人,只对该土地颁布一份产权证书。该登记土地发生非限嗣继承地产权转让时,应由助理登记官予以登记,助理登记官应撤销原来的整块土地的证明而重新颁布一份涵盖整块土地产权情况的新证书。

§501-85 一张证书转换成多张或多张转换成一张;分割;地图

一位土地登记所有人的一张证书上包含数块土地的,经法院许可,可以将原来的证书取消并为每块土地分别颁发产权证书。一位土地登记所有人享有两块或两块以上相连或毗邻土地(但被公路、溪流或其他地块分开)的产权证书,但由于实际用途需要而连成一块使用的,经法院许可并作出相关裁决的,可以将原来的数张产权证明取消而代之以一张统一的产权证书。但如果登记产权人之外的任何人对上述土地的任何部分或其间的公路、溪流或其他分割地块享有利益的,法院不应将上述土地合并产权,除非该利益相关人为共同申请人并在申请表上签名认证,或者法院已向该利益相关人送达了通知并组织了听证。

申请将两块或两块以上土地合并产权或者将一张产权证分割成数张的产权人应向土地法院提交申请书、相关土地的地图或土地规划,该地图或土地规划必须能清楚地反应出土地之间的地界、街道、通道或其他地役权。法院在批准申请之前,需由会计和总务部对提交的地图或土地规划的准确性和申请的合法性进行检查后,方可签发新的产权证明。

§ 501-86　登记随土地移转

一块土地一旦获得了登记裁决并进行了权属证明登记,则该登记将随土地移转,对登记申请人及其权属继任者均具有法律约束力。该土地将永远成为一块登记土地,受本章规定及其他相关修正法案的约束。

§ 501-87　无占有取得或时效取得

任何人无法通过占有或时效而取得登记土地的产权人受到废除或受限制的产权、权利或其他相关利益;但本节的规定不妨碍第一次登记时实际占有土地的人向该土地第一次登记的土地占有权人提出对抗性请求。

根据本章规定登记的土地不受 § 264-1 的限制。

§ 501-88　作为证据的证书

登记簿上的原始证书以及任何经过登记官或助理登记官签名并加盖法院印章的证明副本可以在州内的所有法院作为证据,并应作为相关事件的决定性证据,除非本章有其他规定。

§ 501-89　索引,登记簿等

登记官应根据法院的指示制作并保存所有申请和登记裁决的索引,并将提交到登记办公室的所有与申请和登记产权相关的文件和凭证归类并制作索引。同时,登记官还应根据法官的指示准备索引、登记以及登记簿的格式以供产权转让局的助理登记官使用。

法院应准备和采用权属证明的方便格式,并需采用统一的备忘录格式

以便助理登记官在登记普通产权转让证书和其他凭证时可以简述其效力。

原始登记之后的土地自由交易

§501-101 登记土地的自由交易

登记土地的所有权人可以自由转让、抵押、租赁土地,以该土地作担保,或进行其他任何未登记土地可以进行的交易。所有权人可以采用契约、抵押、租赁的固定格式,也可采用其他目前在普遍使用且在法律上可以充分实现当事人目的的自愿文契。转让、抵押或其他自由交易的合同,除遗嘱和租期不超过1年的租赁合同外,只在合同当事人之间具有契约效力并可作为至登记官或助理登记官处登记的证据,而无法直接影响土地的产权状况。所有的产权转让或其他交易行为需在§502-32节规定的办公时间内到产权转让局的助理登记官处办理登记后方可发生效力。登记土地的转让形式可以通过法院规则加以规定。

§501-101.5 买卖协议;优先权

(一)根据本章规定进行了合理登记的买卖协议的买受人的权利优先于以下一些不动产买卖协议的权利人的相关主张:

(1)相关不动产的权利主张人与卖方签订了不动产转让协议,但是该转让协议未在双方提交买卖协议之前提交登记;

(2)法院判决相关不动产的权利请求人胜诉,但是该判决或根据该判决作出的执行通告未在双方提交买卖协议之前提交登记。

(二)买方履行了买卖协议中的所有义务并到产权转让局进行产权转让登记后,不动产的产权从卖方转移至买方,买卖协议中所涉及的不动产的相关权利请求人基于产权转让协议或判决的权利和主张均归于消灭。

(三)本节中的下列词汇具体解释如下:

"买卖协议"是指关于不动产买卖的、一方出售而另一方购买以土地产权为主要标的的待履行合同,在此合同中,卖方保留法律产权。本节中所使用的"买卖协议"包括转售协议或后续转售协议。

"买方"是指根据买卖协议同意购买不动产的一方当事人及其受让人或继任人,"卖方"是指根据买卖协议同意出售不动产的一方当事人及其受让人或继任人。

"不动产转让契约"是指设立、抵押、转让不动产权利或利益,或在不动产上设立负担,或其他除了遗嘱之外的可能影响不动产产权的书面文契。

"提交"是指根据本章的相关规定提交材料。

"买卖协议中所涉及的不动产"是指根据转让协议卖方同意出售而买方同意购买的不动产,包括该不动产中的任何部分和任何权利。

"买卖协议的实现"是指买方履行了买卖协议中的所有义务,并且:

(1) 买方履行或兑现了买方所提交的书面协议中的所有义务或条件;如果存在相关权利请求人的权利主张优先于或附属于买方的权利的,则还应履行买方与该权利请求人之间的书面协议中所规定的义务;如果卖方在买卖协议中指示买方将对价支付给相关权利请求人的,则还应满足该要求。

(2) 买方履行了与该买卖协议及其履行和收益有关的有管辖权法院的已登记的命令。

(3) 买方根据买卖协议支付了所有阶段性的、临时的、预付的和最终的款项。

若买卖协议中涉及的不动产的相关权利请求人的权利主张或留置权在未实现其主张或留置之前即因本节中的相关规定而归于消灭的,该权利主张或留置权将自动转移至因买卖合同的履行而实现的收益上,其受偿的优先顺序与该不动产其他转移至该收益上的权利主张或留置权以及该收益本身的权利主张或留置权相同,因为该权利主张或留置权视为在其消灭的瞬间同时完成转移。

§ 501-102　留置权登记及其他,通知

登记土地的每一次转让、留置、抵押或可能影响其产权的命令、裁决和凭证,根据现有法律若将其登记、归档或录入产权转让局会影响到相关不动产的权利,那么一旦将其登记、归档或录入到产权转让局助理登记官办公室,就应该在登记、归档或录入的同时公开通知,并应附加说明产权证书的序列号、当前产权证书的背书以及可获知的将受影响的土地。

本节的规定与州或联邦欠税不动产留置权或子女抚养留置权无关,这两项留置权是由各州经过司法或行政程序作出命令或判决创设的。关于这两项留置权的登记分别规定在第231章、第505章和第576D章。只要将子女抚养命令或判决到产权转让局登记,不论是出于何种目的,也无须其他任何作为,就立即在按照本章规定进行了登记的土地上产生了留置权。

§ 501-103　非限嗣继承地产权的不完全转让

若登记土地的转让并没有使登记土地所有人(或之一)丧失非限嗣继承地产权,那么不应颁发新的产权证书,但根据§501-241 和§501-248 的规定,所有已登记土地的少于非限嗣继承地产权的相关利益应说明获得该利益的文件编号,到助理登机官处登记创设、转让或主张该利益的契据,并由助理登记官在产权证书上作一个简要的备忘录,由助理登记官签名。此外,根据§501-241 和§501-248 的规定,该利益的撤销或消灭也需以同样的方式进行登记。

§501-104　疑难问题的提交审断

助理登记官遇到任何疑难问题,或者利益当事人就契约、抵押或其他自愿契据的备忘录格式发生分歧时,应该由助理登记官制作关于该疑难问题的证明文件或由利益当事人出具书面意见提交法院审断;法院在通知所有当事人并召开听证会后,向助理登记官签发一份规定备忘录格式的命令,助理登记官根据该命令对相关权利予以登记。

§501-105　说明受让人的地址等

每一份申请登记的契约或其他自愿契据都应包括或背书所有受让人或其他在该契据下要求或主张利益的当事人的姓名;每份文件还应说明受让人是否已婚,若为已婚,则应说明其配偶的姓名。若受让人是公司或合伙,文件中应包括或背书该实体的登记地和住址。所有上述姓名和地址都应录入到产权证书中。本章规定的所有与登记土地相关的通告和令状均按照产权证书中登记的地址寄送各相关当事人,不论该当事人是否在州内均具有法律约束力。

所有转让一块或多块但非全部地皮或共有公寓附属土地全部利益的契约证明都应包含有关地役权、通行权以及其他所有影响公寓附属权利的留置权和负担的备忘录全文。如果该契约会影响到公寓产权证书中的所有权利和附属利益,那么还应注明相关负担。

§501-106　更新产权证书的录入

登记官或助理登记官一般不会更新产权证书或备忘录的录入,以下情况除外:

(一)基于当事人签订的契约或其他自愿契据;

(二)基于§514B-46 规定的两块或两块以上共有土地合并的产权证书登记;

(三）基于共有财产区域各公寓所有人对共有土地利益比例的变更而作的修改声明登记；

（四）本章中明确规定的情况；

（五）基于法院的命令，并由法院说明原因。

新的产权证书或备忘录对登记产权人及其他所有对登记土地主张权利的人具有法律约束力，并保护支付了对价的善意购买人；通过欺诈而获得登记的，实际产权人可以对欺诈方主张所有的产权人救济，但是不得损害善意第三人的利益；在原始申请上誊写了登记判决后，根据任何伪造的契约或其他文契而进行的后续登记均为无效。

§ 501-107　录入登记；复本和证明副本

助理登记官应登记所有提交的与登记土地有关的契约、自愿契据、令状和传票副本。助理登记官应在记录中注明收到上述契据的时间。所有契据上都应注明接收的日期和具体时间，并自该时间起视为已登记，产权证书的备忘录中登记的时间应该与此相同。

每一份提交的契约或其他契据，不论是自愿的或非自愿的，登记官或助理登记官均应对其进行编号和编制索引，并背书相关产权证书的编号。登记官办公室或助理登记官办公室的所有与登记土地相关的记录均应像遗嘱检验登记一样向公众公开，登记官可以根据法院的指示对其进行合理的规制。

所有提交并登记的契据的证明副本可随时向助理登记官付费获取。

§ 501-108　可继承地产权的转让及其程序

（一）所有权人转让全部或部分可继承地产权的，应当签订转让契约，由转让人或受让人将之提交到产权转让局的助理登记官处；提交登记的转让契约、抵押、租赁或其他自愿契据必须注明相关产权证书的编号，否则助理登记官不予接受。如果契据中提供的产权证书编号不是最新的，那么还应背书说明最新的产权证书。

助理登记官还应在所有提交登记的契据的相应位置注明文件编号和产权证书的编号。

此外，助理登机官还应按照法院的规则和指示，在登记簿中为受让人制作新的产权证书。助理登记官应在原始证明上注明产权转让的时间和上一份产权证书的编号，并在原始证书上加盖"作废"字样。产权转让契约应归档或登记并背书被转让土地的产权证书登记编号和登记地点。

（二）所有提交归档或登记的契据的首页顶部 3.5 英寸的左边部分应保留给助理登记官登记相关信息，右边部分应保留给产权转让的登记官。接下来空出 1 英寸应用于填写该文件返还人的相关信息。如果可能，第一页还应包括所有转让人的姓名、受让人的姓名和住址、文件类型以及税务编号。若有背书，则应制作在一页统一的环衬纸上。若契据超过一页纸的，每页均应为单面且从第一页开始连续编码，并在左上角装订。所有契据均不应使用封面或封底。助理登记官可以拆除契据上的铆钉。

（三）所有以个人身份在契据上签名的自然人应在其签名的下方以打印、盖章、易辨认的手写或用机械或电子印刷等方式注明其姓名。契据文中出现的姓名、签名处的姓名以及公证文件中的姓名均应保持一致。本规定不适用于 1989 年 7 月 1 日前签订的契约或转让契据。

（四）若提交的契据无法用摄像或电子途径进行清晰复制，或是面积超过 8.5 至 11 英寸的范围，或是包含的附件、财产清单或地图超过固定大小的，助理登记官有权拒绝归档或登记。

§501-109　非限嗣继承土地的部分登记

当转让非限嗣继承土地的契据只涉及产权证明中所描述的部分土地时，助理登记官应就契据中未包括的部分土地制作新的产权证明。每次产权转让制作的新产权证明均应包括原始证明中的所有土地；但助理登记官没有就剩余的未转让土地向转让人制作新产权证明的，受让人获得的转让部分产权证明并不因此而无效。一张产权证书上的土地被分割为数块时，每块地应用数字或字母编号，所有的地界需经过仔细测量，并且应根据 §501-85 的规定向登记官提交土地规划加以确认；此外，还应向助理登记官提交该产权证明的副本，该副本的编号需与申请的编号相同，土地规划应根据该编号单独提交（除非登记簿中包含原始产权证书），且该产权证书应背书说明所提交的土地规划。当土地的登记产权人对其中的一块或数块土地签订非限嗣性转让契约时，助理登记官不必注销原产权证书而重新为转让部分的土地制作产权证书，而只需在原始产权证书上录入转让契约的备忘录，注明土地规划上已转让的地块，并说明该产权证书不再包含这些已转让的地块。

在产权证明上增加备忘录的效力等同于取消旧产权证明而签发新产权

证明,旨在说明产权转让人对未转让部分土地的产权。只要原始证明上有足够的空间来记载土地转让备忘录,一份原始证明上可附加多份备忘录。

§501-110　负担的说明

若在产权转让时在登记簿上存在与登记所有权人的产权相反的负担或主张,那么应在新的产权证书中予以说明,除非该负担在登记的同时已撤销或解除,或者属于§501-241至§501-248中所规定的例外情况。

抵　　押

§501-116　抵押登记

登记土地的利益权人可以通过签订抵押合同对该利益设立抵押。抵押权人可以对该权利进行整体或部分的转让、估价、解除以及其他在法律上可以实现其目的的契据交易形式。该抵押合同以及所有转让、估价、解除和其他交易文契均应进行登记,且抵押财产的产权自登记日起生效。

§501-117　程序

抵押登记方式如下:登记申请人应将抵押合同提交至助理登记官处,由助理登记官在原始产权证书中录入一份抵押备忘录,注明归档或登记的时间和抵押的文件编号,并在该备忘录上签名。助理登记官还应同时在抵押合同上注明归档或登记的时间以及其在登记簿上的卷册和页码。

§501-118　取消抵押品赎回权

抵押的登记土地可以和未登记土地一样被取消赎回权。

在通过诉讼取消抵押品赎回权的情况下,当事人可以在上诉期满后将法院确定变卖抵押物的判决送至助理登记官处登记,抵押物的购买人有权获得一份新的产权证书。

在不经诉讼实现抵押物变卖的情况下,当事人应向助理登记官提交登记第667章所要求的宣誓书。取消抵押人回赎权变卖中的购买人可以随时凭变卖权凭证到助理登记官处登记并获取新的产权证书。本章的规定不妨碍抵押人或其他利益相关人在录入新的产权证书之前通过诉讼或其他方式对任何会影响已登记土地产权的终止抵押人回赎权的程序提起直接控告。

在新的产权证书签发之后,法院关于结欠余额补偿金的判决不能改变抵押人回赎权的终止,也不能影响登记土地的产权。

租　赁

§501-121　租赁；要求登记

登记土地的1年或1年以上的租赁需要登记。

信　托

§501-131　信托土地的转让；程序

在登记土地上设立信托或其他衡平法上的条件或限制，或为设有信托或其他衡平法上的条件或限制的登记土地办理转让登记时，土地产权证明上不应记载信托的具体事项、条件、限制或其他衡平法上的利益，但应在备忘录上注明"设有信托"、"附条件"或其他恰当的说明，并标明创设该信托或其他条件和限制的文契编号。助理登记官应在创设该信托或其他条件和限制的原始文契上注明相关土地的产权证明编号。如创设该信托或其他条件和限制的文契已交至产权转让局登记或提交遗嘱检验，或者联邦法院发布了创设不动产信托的命令，助理登记官可以登记相关的公证副本。

§501-132　产权证明上注明相关权利；法院的解释

若创设信托或其他衡平法上利益的契约中明确规定了出卖、抵押或其他交易土地的权利的，该土地产权证明中应注明权利人享有"出卖权"、"抵押权"或其他相关权利。

信托文件中未明确规定受托人的转让、抵押或其他交易土地的权利的，受托人就登记土地所为的转让、抵押或其他交易不得登记，除非法院就信托文件的解释认为受托人享有上述权利。法院解释认为受托人享有转让、抵押或其他交易土地的权利的，当事人在办理登记时应向助理登记官提交一份法院裁决的已核实副本。

§501-133　新的受托人

当登记土地的受托人由于法院命令或其他原因而发生更换时，一旦当事人向助理登记官提交委任命令或契约的已核实副本，即应颁发新的产权证明。

§501-134　默示信托或推定信托

基于默示信托或推定信托而主张登记土地的相关权利的，应向助理登记官提交一份关于默示信托或推定信托的声明。该声明中应包含相关土地的具体说明、土地产权证书的编号以及登记簿的卷册和页码。该声明不影响在其登记之前支付了对价的善意购买人的产权。

§501-135　受托人的申请

受托人可以申请登记其持有的信托土地,除非信托文件中明确禁止。

§501-136　扣押留置权和其他留置权;归档或登记

在法律要求未登记土地设立或保有扣押留置权或其他留置权需要在产权转让局归档或登记相关文件或令状副本的情况下,若该文件或令状副本会影响到登记土地的产权,则应到土地法院的助理登记官处归档登记。除法律规定的特定事项外,该书面文件还应包括相关土地的产权证书编号,若扣押留置权或其他留置权不是设于整块土地的产权之上,还应就具体相关土地作详细准确的描述。本节和§501-138不适用于联邦国内税收留置权以及向州税务部缴纳税款的留置权。

§501-137　已废除

§501-138　留置权解除或修改的登记

每份登记土地说明上基于中间程序令而设立的扣押留置权和其他留置权的维持、削减、解除或终止均应采取处理未登记土地上相应留置权的维持、削减、解除或终止的合法方式。所有法律许可或强制到产权转让登记局登记才能使未登记土地上的扣押留置权或其他留置权获得维持、削减、解除或终止效力并予以通告的证明或其他文契,应该同登记土地上对应留置权的处理那样到助理登记官处归档登记。

§501-139　作为官方登记人的助理登记官

所有基于中间令状设立的不动产或租赁保有产扣押留置权的相关法律均适用于登记土地,除产权转让登记官履行的义务改为由助理登记官履行,助理登记官应参照产权转让登记官的相关要求制作登记记录,收费的标准也应同后者。

§501-140　原告律师的背书及对其通知

所有设立扣押留置权的案件均应在传票上背书原告律师的姓名和住址。除非原告向登记部门提交终止其代理的书面声明,该律师将被一直视为原告代理人。

§501-141　法院命令的登记

当进行相关诉讼的法院或破产法院通过命令、决定或判决来维持、削减、解除或以其他方式影响中间程序的扣押时,当事人从法院书记员或登记官处获得的加盖法院印章的命令、决定或判决的登记证明在提交助理登记官后,应有权得到登记。法院签发的允许事后债权人或购买人解除扣押的证明可以作为允许修改的证明进行登记,但其并不能作为解除扣押的充分条件,除非诉讼法院判决该修改将解除扣押。法院判决解除扣押的,判决一旦生效,应立即对该命令的证明予以登记,该扣押自登记日起解除。

§501-142　技工留置权

当在登记或未登记的土地上设立技工留置权或劳务和材料留置权,并已将法律规定的通告提交到土地所在地巡回法院归档时,当事人应当将设立该留置权的法院命令公证副本提交至助理登记官处归档登记,该公证副本中应包含相关土地产权证书的编号。

§501-143　留置权的执行

设立在登记土地上的留置权执行方式与设立在未登记土地上的留置权执行方式相同。若登记土地经留置权强制执行以抵销债务或拍卖;被没收、拍卖以冲缴税款;被拍卖以实现劳务材料留置权、实现因缴税而起的抵押权人留置权、同租人留置权,应到助理登记官处登记归档,并将作为不利诉求或负担而由助理登记官在相关产权证明上进行备忘。

§501-144　留置权实现后的新产权证书;纳税抛售

登记土地因留置权的执行而被用来抵销债务或被拍卖的,相关权利人根据拍卖执行或实现留置权的过程中签发的执行令、契约或其他文契请求法院向其颁发新的产权证书的,法院应批准其申请。该新产权证书应包含其所依据的诉讼程序性质的备忘录,若该新产权证书是依据拍卖欠税不动产时买主取得的所有权签发的,那么还应包括可能存在的法定回赎权的备忘录。在新的产权证书颁发之前,登记簿上的所有权人可以行使登记所有权人的所有救济手段来阻碍留置权执行程序的进行或申请宣布其无效。

未决诉讼;判决与分割;登记

§501-151　未决诉讼,判决;登记,通告

任何土地占有令、请求分割之诉或其他影响不动产的产权、占有权、使用权或建筑房屋权的诉讼以及判决、上诉或其他旨在撤销或变更判决的程序均不得对抗登记土地当事人外的第三人,除非在登记部门登记了一份相

关的详细备忘录,并在其中注明了相关土地的产权证书编号。

除非法律有相反规定,每一份判决都应包含或背书相关个人、企业、合伙或其他法律实体的社会安全号码、夏威夷州统一税务编号或者联邦雇员身份编号。

若判决涉及的债权人无社会安全号码、夏威夷州统一税务编号或者联邦雇员身份编号,或者要求判决登记一方无法获知上述信息,应该在判决中说明该情况。未披露或错误披露社会安全号码、夏威夷州统一税务编号或者联邦雇员身份编号的,并不影响该判决登记所创设的留置权的效力。本节的规定不适用于负担的设立、依判决扣押财产、遗嘱检验程序或遗嘱检验法院的管理;但是案件待决通知已适时登记的,可以在判决作出后 60 日内对判决予以登记。

本章中的"判决"包括与判决有同等效力的命令或裁定。

联邦地区法院和夏威夷州法院的案件待决通知可以进行登记。

§501-152 被告胜诉判决的证明

法院作出被告胜诉的判决后,或者根据§501-151规定已经对案件处理状况制作备忘录并登记的,书记官应当制作一份证书说明案件的处理方式并予以登记。

§501-153 原告胜诉判决的证明

在有关登记土地的诉讼中,若原告胜诉,除涉及 1 年以内的地产租用诉讼外,待决诉讼法院的书记官须向助理登记官提交土地占有证明,以便判决的登记。助理登记官将案件所涉土地的产权证书录入备忘录。若该判决的效力不及于产权证书中所登记土地的全部,法院书记官的证明和助理登记官录入的备忘录中应对判决涉及的土地作出具体描述。

§501-154 土地占有令,服务,登记的期限

在收回不动产之诉中,法院签发了占有令并已经执行的,执行官应该在令状执行后 3 个月内且令状回呈递交至书记官办公室之前将一份占有令的副本和执行回呈交至登记官办公室登记。法院判决原告享有其所主张的全部或部分土地权利并据此签发了执行令状的,登记机关应重新签发一份相关的土地产权证书。

§501-155 指示产权转让的判决

任何有管辖权的法院,不论是联邦法院还是夏威夷州法院,所作出的影

响登记土地产权的判决均可获得登记,不论所裁决的主张是属于普通法上的权利还是衡平法上的权利。该判决的生效所必需且由法院指定执行的文契,不论是由当事方执行还是由法院指定的其他人执行,均应登记并对相关土地具有完全的约束力。替代产权转让指示的判决同样应予以登记并具有相同的效力。

§501-156 土地分割

在登记土地分割的诉讼中,在土地登记簿中录入土地分割的最终判决和土地分割专员的报告后,还应将书记员或登记官核实后的判决副本和分割专员回呈的文件副本进行归档或登记。

当该土地被分给不同的产权人时,各个产权人均有权获得其所有的土地的产权证书。当该土地基于法院的命令而被出售时,购买人或购买人的受让人均有权在出示分割专员的契据后获得产权证书;但根据分割程序颁发的新产权证书,不论是通过债务抵销还是出售的方式获得,均应在证书上标注分割终审判决,且该产权证书由于法院判决的终局性质而对相关产权范围和产权人具有确定力。任何该产权证书或产权转让契约的持有人可以在任何时候向法院申请取消与该判决有关的备忘录,法院在经过通告和听证之后,可以批准其申请。之后该产权证书的效力范围和内容与其他产权证书相同。

§501-157 土地分割后的抵押或租赁登记

分割判决的公证副本以及财产分割专员回呈的公证副本提交登记后,若该分割土地上的某一部分上曾经登记过抵押或租赁,那么该抵押权人或租赁人需重新将该抵押或租赁提交登记。助理登记官应该在每块土地的备忘录上背书抵押或租赁继续有效的部分。

§501-158 破产通告程序

当登记土地的产权人或其债权人在夏威夷州内提交或登记了一份包含或注明了相关土地的产权证书编号的破产申请时,助理登记官应在登记簿的产权证书上录入相应的备忘录。之后,除非产权人的利益不会受到破产程序的影响,登记官将不再接受该土地产权人关于相关登记土地的转让契约申请,该产权转让契约中说明该契约是根据破产中的受托人利益作出的除外。破产中的受托人在提交破产申请(具体的日程安排可以省略)、破产裁决或批准受托人债券的法院命令的公证副本并将其归档或登记后,可以获得新的产权证明;但文契中应包含或背书相关土地的产权证书编号。新的产权证书应说明该证书是在破产程序中颁发给受托人的。

§501-159 解除判决

当已登记的针对土地登记所有权人的破产诉讼程序被撤销,或者破产法院下令将土地回复转让给破产债权人时,该判决或命令应当予以归档和登记。

公共征用;登记

§501-166 公共征用;登记程序

在发生土地公共征用的情况下,州政府、政治团体、公司或其他执行该权利的主体应该到助理登记官处登记,提供该登记土地的相关说明,包括土地各所有人的姓名、土地产权证书的编号、该土地的何种地产权或利益被征用以及征用的目的。助理登记官应在每个土地产权证书上录入关于被征用的权利或利益的备忘录,当非限嗣土地权利被征用时,应该向土地所有人颁发被征用后剩余土地所有权的新产权证书。当土地所有权人对被征用的土地享有留置权作为补偿时,应该在登记备忘录中说明。所有有关登记备忘录或录入新产权证书的费用由州政府、政治团体、公司或其他执行土地征用权的主体支付。

§501-167 基于土地归复颁发的新产权证书

当被征用土地根据某种法定原因而归复至原所有权人或原所有权人的继承人或受让人时,法院可以基于归复利益权人的申请发布通告、组织听证,并向相关权利人颁发新的产权证书。

法定继承和遗赠

§501-171 法定继承和遗赠的登记

(一)当登记土地的产权人或者不动产权利人或利益人死亡并且立有遗赠时,遗赠执行人应到土地法院的助理登记官处提交一份声明,具体说明受遗赠人的姓名、住址或邮寄地址、婚姻状况、相关土地的产权证明编号、该个人代理的委任书已核实副本或者授权书已核实副本,以及巡回法院关于指定登记土地分割人并指导或批准分割的命令已核实副本或者个人代理与受遗赠人签订的协议,助理登记官应撤销遗赠人的产权证书并为受遗赠人颁发新的产权证书。

登记土地的产权人或者不动产权利人或利益人死亡但未设遗赠的,法定的委托人应到助理登记官处提交一份声明,具体说明产权人之继承人的姓名、住址或邮寄地址、婚姻状况、相关土地的产权证明编号、该个人代理的委任书已核实副本或者授权书已核实副本,以及巡回法院在遗嘱检验诉讼中签发的关于指定登记土地分割人并指导或批准分割的已核实副本或者个人代理与遗产继承人签订的协议,助理登记官应撤销遗赠人的产权证书并为受遗赠人颁发新的产权证书。

(二)个人代理、债权受让人、行政司法官、土地分割专员、法官助理或其他官员所签订的旨在转让或创设相关不动产权利或利益上的留置权的自愿契据或契约在继承人或受遗赠人获得产权登记之前无效。

土地的登记产权人死亡的,在其继承人或受遗赠人获得产权登记之前针对其继承人或受遗赠人的相关利益设立的非自愿性留置权、抵押或未决诉讼需向助理登记官提交相关材料归档登记,由助理登记官在死亡登记产权人的产权证书上录入备忘录并注明继承人或受遗赠人的姓名、住址或邮寄地址后方可生效。

§501-172　出卖或抵押的许可不受影响

本章的规定不影响或妨碍巡回法院许可保管人出卖、抵押或转让登记土地的管辖权,许可条件与未登记土地的条件相同。根据法院许可获得相关权利的购买人或抵押权人有权通过向助理登记官提交买卖或抵押契约而获得新的产权证明或备忘录登记。

§501-173　通过遗产代理人购买土地的购买人可以获得同样的登记

若遗嘱中明确授权遗嘱代理人让与、出卖、转让、抵押或以其他方式处分登记土地,遗嘱代理人可以如同处分登记在自己名下的土地一般处分该遗产。遗嘱代理人在根据授权向土地法院的助理登记官归档或登记其签订的相关契据前,应首先向助理登记官提交 一份关于其代理权限的授权书已核实副本、法院授权命令已核实副本或授权说明书已核实副本,以及巡回法院确认相关土地买卖令的已核实副本或遗嘱代理人在签订契约、抵押、租赁或其他转让合同时提交至巡回法院的宣誓的已核实副本,用以证明遗嘱不要求交易确认并且其法定继承人或受遗赠人也不要求确认。任何通过遗嘱代理人根据授权所谓的行为而获得登记土地的所有权或其他相关利益的,均可进行产权或其他权利的登记。

§501-174　代理人的权力；必要的登记

任何人均可成为土地登记、转让或其他交易的代理人，但是应将代理委托书提交至助理登记官处归档登记。该代理委任书变更的，应以同样方式予以登记。

§501-181　已废除

原始登记之后的对抗请求

§501-186　对抗请求的登记；通告；听证会；费用

任何人在土地原始登记之后对登记土地提出对抗的权利或利益请求时，若本章无其他具体规定，则该请求人应提交一份关于其所主张的权利或利益的详细书面材料，说明该权利或利益是如何取得的，登记产权人产权证书的卷册、页码和编号，以及对相关土地的描述。权利主张人应在该书面说明材料上签名、宣誓，并说明其住址和指定通知送达地。该说明应作为对抗请求予以登记，法院可根据任何利益关系方的诉讼请求要求其提供两倍的诉讼费用担保，尽快召开关于该对抗主张有效性的听证会，并作出公正公平的判决。若该主张被认定为无效或申请人未提交费用担保，登记应取消。若法院在发布通告并组织听证后发现该对抗请求是无意义、无根据的，那么法院可以收取请求人双倍的诉讼费用。

证明副本的强制发还

§501-191　已废除

产权证明的修改和变更

§501-196　禁止变更登记簿；法院听审；限制

录入到登记簿中的产权证书、备忘录以及登记官或助理登记官的批准文件未经法院的命令不得作任何删除或修改，经法院允许变更的，应登记在案；但登记官或助理登记官可以修改登记官办公室或助理登记官办公室办公人员所犯的书写错误。

登记土地的所有权人或其他利益人在以下几种情况下可以随时向法院申请变更登记：

(一) 登记的利益被终止或撤销,不论是确定的权利、非确定的权利或是期待权;

(二) 在原来的登记土地上创设新的权利而产权证书上没有登记的;

(三) 在录入产权证书或备忘录时存在错误或遗漏的;

(四) 登记的产权人的姓名已变更的;

(五) 登记的产权人结婚或者离婚的;

(六) 作为土地产权人的公司解散,解散后3年内没有转让产权的;

(七) 其他合理理由。

法院有权在通告所有利益人之后组织听审并作出判决,法院可以要求录入新的产权证书、录入或撤销产权证书上的备忘录或者对相关事项作出合理必要的司法救济。本节的规定不意味着法院可以随意更改原始登记记录,未经土地购买人或其继承人和受遗赠人同意,法院不得作出有损善意土地购买人或其继承人和受遗赠人的合法利益的命令。

根据本节规定提交的申请以及根据本章原始登记的相关规定提交的申请和请求应该与相关土地的原始登记一起归档登记。

登记后的通告服务

§501-201　登记后的通告服务;方式;效力

登记官或助理登记官根据本章规定作出的所有通告在进行原始登记之后,应以邮寄的方式送达相关当事人在土地产权证书或其他当事人登记的契据上登记的住址和邮寄地址。

法院根据本章规定而作出的通告和传票在原始登记之后,同样应按照上述方式送达相关当事人,登记官或助理登记官的证明应作为其履行了该项服务的确证。法院可随时通过公告或其他方式命令其他进一步的服务。

损害赔偿诉讼和收费

§501-211　为赔偿损失而预交的费用

根据本章规定进行原始登记的绝对所有权人或限制所有权人应向登记官缴纳相当于登记土地评估价值0.1%的登记费用,土地的价值根据上一年的税收评估而定。

若登记土地在上一次税收评估中未作单独估价,那么其价值应由法院按照申请提交日的前一个 7 月 1 日的土地价值来定。法院可以根据需要指定多个评估人,评估费用由申请人负担。

按照本章规定收取的费用应作为一般基金交至州财政总监处。

§ 501-212　关于欺诈、误解等的损害赔偿

任何一个无过失个人因他人冒名顶替或因欺诈、错误、遗漏、土地产权证书或登记册备忘录中的错误描述而在本章规定的土地原始登记后遭受损失、丧失土地、地产权或其他相关利益的,可以在巡回法院提起合同诉讼,要求赔偿其损失或土地、地产权及其他相关利益;但该丧失土地、地产权或其他相关利益的人在诉诸本合同主张之前应当穷尽其他救济手段。本章的规定不会妨害原告对所遭受的损失、丧失的土地、地产权或其他相关利益而向相关人主张侵权赔偿。如果原告同时主张被告的侵权责任和基于本章规定的合同责任,那么合同责任应作为一个替补性的责任,视侵权责任的结果而定。

§ 501-213　诉讼,被告

若由于登记官、助理登记官、产权检查人以及书记员在行使职权过程中的欺诈、过失、遗漏、错误或滥用职权等行为而造成当事人财产损失、产权或其他土地权利和利益丧失,当事人提起损害赔偿诉讼的,应以州财务总监作为唯一的被告。若由于上述人员之外的第三人的欺诈、过失、遗漏、错误或滥用职权等行为或者第三人和上述人员共同的欺诈、过失、遗漏、错误或滥用职权等行为而造成当事人财产损失、产权或其他土地权利和利益丧失的,应以州财务总监和该第三人作为共同被告。

§ 501-214　判决的要求

在存在州财务总监之外的被告的情况下,若法院判决原告胜诉,要求州财务总监和其他一些或所有被告承担赔偿责任的,应当向除州财务总监之外的其他被告签发执行令。若判决得不到执行或部分执行并且执行官证明其他被告无力清偿债务的,作出该判决的巡回法院可以指示书记员向州长证明应执行的赔偿金额,由州长向财务总监签发令状,要求财务总监从一般基金中支付未得到执行的数额,而无须经过其他债务分配的程序。

当法院由于某种原因无法针对所有或部分第三人被告作出判决时,一般只针对财务总监或财务总监和其他负有责任的第三人作出判决。当判决只单独针对财务总监作出时,无论其是否为该案的唯一被告,受理案件的巡

回法院应指示书记员向州长提交一份判决证明以及应缴纳的赔偿额,财务总监根据州长的指示令状支付相应金额,具体规定同本条第一款。

§ 501-215　代表州政府的代位求偿权

在财务总监根据州长的指示令状支付相应赔偿金的情况下,财务总监可以代表州政府代位行使第三方或其他担保人对原告的所有权利。所有基于代位求偿权获得的金额应作为一般基金归入州财政。

§ 501-216　州政府不承担赔偿责任的情况

因作为信托受托人的登记土地产权人违反信托合同(不论该信托是明示信托、默示信托还是推定信托),或者在抵押中行使拍卖权不当而造成相关当事人财产损失或权利丧失的,州政府不承担赔偿责任。原告根据本章规定主张合同责任的赔偿数额不得超过其遭受损失时相关土地权利的公平市场价格。

§ 501-217　诉讼时效

所有根据本章规定要求赔偿财产损失、土地所有权及其他土地权利丧失的诉讼应在该损害发生后 6 个月内向法院提起;原告根据 § 501-213 要求土地权利和利益赔偿的,可以在诉讼时效终止后 1 年内提起诉讼。若诉讼在登记土地所有权人死后提起的,该合同责任应由登记土地所有权人的遗产代理人继受,但所得的收益应作为不动产对待。

§ 501-218　收费方案

除非夏威夷高级法院有时被授权修改或增加收费方案,或者州国土资源部根据第 91 章设定了产权转让局的服务收费标准,本章规定的登记手续费如下:

(一)根据本章规定向助理登记官提交申请,包括申请书的归档、登记和转交至登记官,每份手续费为 3 美元;

(二)提交土地计划,每份手续费 1 美元;

(三)产权检查,每份 10 美元,并附加土地评估价值的 0.2%,该评估价值为该土地上一年度的税收估价;土地未单独估价的,以第 501-211 节规定的方法决定土地价值;

(四)实地确认并制作地图的,总面积为 1 英亩以下的,每次 25 美元;总面积为 1 英亩以上 100 英亩以下的,超过一英亩部分每英亩 1 美元;总面积为 100 英亩以上 1000 英亩以下的,超过 100 英亩部分每英亩 0.5 美元;

总面积超过1000英亩的,超过部分每英亩0.25美元;

（五）非实地检查地图的形式和数学上的准确性,每小时收费3美元;

（六）非实地检查登记土地的分割以及地图的形式和数学上的准确性,每小时收费3美元;

（七）根据本章规定由行政司法官或其他警官提供服务的,服务费与同类服务的法定收费相同;

（八）申请人提交的产权概述中未包括的影响产权效力的文契,每份收费2美元;

（九）修改申请,每份收费1美元;

（十）发布公告,每份0.25美元;

（十一）一般违约录入,每份1美元;

（十二）提交答辩的,由答辩方支付1美元;

（十三）传票每份1美元;

（十四）使证人宣誓,每份0.1美元;

（十五）诉讼终止录入,每份1美元;

（十六）提交上诉公告,每份30美元;

（十七）录入驳回申请或登记裁决以及向助理登记官传送备忘录,1美元;

（十八）登记裁决的副本,1美元;

（十九）原始登记之后提交申诉的,1美元;附加的证据每份0.25美元;

（二十）原始登记后提交法院命令的,每份5美元;

（二十一）本章中规定的公务行为,法律没有明确规定收费标准的,由法院决定;

（二十二）以州政府或其分支机构的名义提起的申请,一律不用支付申请费用或土地交易费用。

当美国联邦政府、夏威夷政府或夏威夷的郡县政府是土地的受让人时,不用支付费用。

§501-219　土地法院地图的出售

会计和总务部可以第91章规定的合理价格出售土地法院地图。

罚　　款

§501-221　已废除

杂 项 规 定

§501-231　家庭儿童看护室；居住区中的许可用途

（一）家庭中的儿童看护室应视为居住用途，无论其他法律是否有相反规定，所有的已登记限制或设定的禁令，无论是以契约形式、通过对使用或占有设定条件，还是对居住不动产的转让权利设置条件，从而直接或间接地对居住不动产中的家庭儿童看护室造成限制或制约，均归于无效。

（二）本条款不适用于：

（1）联邦法典3607（b）（2）条所规定的供老年人使用的房屋；

（2）根据421H章设立的有限权益的住房合作社；

（3）根据421I章设立的合作性质的住房公司；

（三）在本条中，"家庭儿童看护室"为私人居所，包括§502C-1中定义的公寓、单元房或排屋，看护儿童为三至六人，与看护人之间不应存在任何血缘、继养或收养关系。

分时段租赁共享利益

§501-241　分时段租赁共享利益

（一）除本章另有规定外，第502章的要求适用于分时段租赁共享利益，而本章的相关要求不适用于该分时段租赁共享利益。

（二）根据上款的一般规定，以下契据无须根据本章规定进行登记才能生效，而应根据第502章的规定到产权转让局备案：

（1）转让分时段租赁共享利益的协议或契约；

（2）在分时段租赁共享利益上设立留置权的抵押或其他契据；

（3）分时段租赁共享利益的买卖合同，该买卖合同应符合§520-85节的规定而非§501-101.5的规定；

（4）有利于分时段共有人协会、公寓所有人协会或其他类似房主协会的有关分时段租赁共享利益的留置权或留置通告；

（5）针对分时段租赁享有权而作出的判决、裁定、法院命令、扣押、传票或其他令状；

(6) 设立于分时段租赁共享权上的技工留置权或材料留置权；

(7) 与分时段租赁共享权相关的诉讼未决通知、通告、宣誓、要求、证明、执行文件、执行副本、司法回执或其他文契，这些文契一般要求与留置权的实现或终止回赎一起进行登记备案，而不论该留置权是否根据§667-5 的出售权来实现；

(8) 分时段租赁权人或者分时段租赁权的买主和卖主、抵押权人或留置权人，或者其他对该分时段租赁权享有利益或负担的人授予的代理权；或者

(9) 对上述文契所作的转让、补充、延续、解除、撤销、部分或全部免除、减免、取消、消灭或其他修改。

(三) 所有影响相关分时段租赁权的转让、留置、扣押、命令、判决或其他影响分时段租赁权效力的文契在根据第 502 章规定到产权转让局登记备案后，应该自登记备案日起向公众发布公告。

(四) 分时段租赁权的转让、留置、扣押、命令、判决或其他影响分时段租赁权效力的文契只在产权转让局登记备案的，助理登记官无须在相关登记土地的产权证书上制作备忘录。

(五) 尽管有(一)(二)(三)款的规定，以下文契应到助理登记官处登记备案，由助理登记官在相关产权证书上录入一份简要的备忘录并签名：

(1) 相关分时段租赁权的出租、修改、解除或消灭；

(2) 转让登记土地的可继承地产权利或其他在登记土地的可继承地产权利上设立负担的契约或其他文契，包括但不限于可继承地产权利的抵押、出租人利益的转让或者其他对可继承地产权利上地役权的指定、让与、转让、撤销、续租、重新调整或修改；

(3) 房屋租赁为转租赁时，优先于该房屋租赁的转租人产权或其他租赁产权的转让契约，或优先于分时段租赁利益的转租人产权或其他租赁产权抵押、设立负担或其他交易契约；

(4) 以下两种登记土地产权的转让、变更、撤销或其他交易契约：

(a) 少于非限嗣继承地产权的产权；

(b) 优先于转租承租人的分时段租赁利益的产权；

(5) 共管财产的章程声明或者其他类似的声明，房屋所有人协会规章、

共管区域的地图、合并或分割声明、兼并的声明或者任何可能影响兼并的文契,以及上述文契的修改、撤销或消灭;

(6) 任何影响土地非限嗣性权利的契诺、条件和限制的声明或其他名义的类似文书,房屋所有者协会的规章、合并或分割的声明以及上述文契的修改、撤销或消灭;

(7) 设立分阶段共有计划的契诺、条件和限制的声明或其他名义的类似文书,分阶段共有人协会的规章,合并或分割的声明以及上述文契的修改、补充、撤销或消灭;

(8) 分阶段共有计划的通告、合并或分割的声明以及上述文契的修改、撤销或消灭。

(六) 承租人分时段租赁共享利益的执行或合并无须根据上一款的规定进行登记或公告,除以下几种情况外,修改、撤销或消灭公寓租赁的文契无须登记:

(1) 有管辖权的法院命令其登记的;

(2) 分时段共有人协会的工作人员根据任何登记的分时段共有文契或者授权分时段共有人协会或其董事会、工作人员来处理公寓租赁的相关问题的代理权而进行的登记;

(3) §431:20-102 所定义的产权保险公司的工作人员或产权保险人的宣誓,说明根据对公寓租赁产权登记的调查,执行或确认文契修改、撤销或解除的当事人是相关公寓分时段租赁共有利益人或者经过该利益人授权的事实代理人。若宣誓的内容不实,而产权保险公司或产权保险人具有严重过失或者出于恶意,那么产权保险公司或产权保险人应向分时段租赁共有人承担三倍的损害赔偿金,并支付合理的律师费和相关诉讼费用。

本节的规定不影响文契中就各方利益的规定。

§501-242　分时段租赁共享利益的不动产性质

本节的规定不影响分时段租赁共享利益的不动产性质。

§501-243　分时段租赁共享利益的双重登记

转让或其他影响一项或一项以上分时段租赁共享利益,或者一项或一项以上关于登记土地分时段租赁共享权之外的其他利益的文契可以一次性登记。

§501-244　分时段租赁共享利益的转让

首次转让或再转让分时段租赁权利的契约应该注明最近该公寓租赁或转让的土地法院文件编号。该转让的后续契约应注明前一次转让在产权转让局登记的卷册编号和页码。

§ 501-245　有关分时段租赁共享利益的登记契约编号

任何转让或其他交易分时段租赁共享利益的契约根据§502-33规定需要注明上一次登记编号的，若根据第501章规定进行登记，则注明土地法院的文件编号，若根据第502章规定进行登记，则注明土地转让局的文件卷册和页码。

§ 501-246　分时段租赁共享利益的法定附属义务

分时段租赁共享利益及其所有权应与未登记土地和未使用分时段共享计划的共有财产制度下公寓租赁的承租人承担相同的义务和法定附属义务。

本节的规定不影响分时段共享利益租赁权人或所有人承担下列义务：

（一）基于夫妻关系而承担的附属义务；

（二）基于负债、中间程序或税务征收而承担的义务；

（三）分时段租赁共享利益的承租人的法定留置权，或房屋所有人在分时段租赁共享利益中的权利；

（四）法定继承制度的改变；

（五）共同继承人或共同租赁人之间的分割权；

（六）公共征收；

（七）根据相关优惠条款减轻分时段租赁共享利益人在受托人破产时的损害赔偿责任；

（八）以任何方式改变或影响其他适用于未登记土地和未使用分时段共享计划的共有财产制度下公寓租赁的承租人的权利，除非本章中另有明文规定。

§ 501-247　分时段租赁共享利益的自愿交易

除本章另有规定外，分时段共享利益权人享有转让、抵押其分时段共享利益的权利，并可对其分时段共享利益进行转租或设立担保以及其他非登记土地的共有权人可以进行的一切交易行为。分时段共享利益权利人可以使用转让、抵押的格式合同，亦可采用其他目前仍在使用且有法律依据的自愿契约。

尽管有前款和§502-83 的规定,分时段租赁共享利益的转让、抵押或其他自愿契约(遗嘱、租期短于 1 年或已按照规定在土地法院登记的契约除外)只在合同当事人之间产生效力,并可作为向登记官或助理登记官出示的证据。转让或其他处分分时段租赁共享利益的行为自根据第 502 章规定办理登记后生效。

§501-248　与分时段租赁权相关事项的管辖权

土地法院对所有根据本章规定需要登记的事项均具有管辖权。当事人不能确定相关文契是否需要登记时,可以向土地法院询问决定;法院在通告所有当事人并组织听证后签发一个解决该问题的命令。除非本节中有相反规定,土地法院对§501-101 关于登记土地及其他优先于分时段租赁承租人权利的相关利益事项享有排他的管辖权。巡回法院根据第 603-21.5(a)(3)节对以下事项享有管辖权:

(一)所有根据第 502 章相关规定要求登记的事项;

(二)涉及分时段租赁权的其他事项(本章规定属于土地法院管辖的除外);

(三)一些管辖权分属于土地法院和巡回法院的事项。

第 502 章　产权转让局;登记

登记官和助理登记官

　　§502-1　登记官;任命;任期;薪金

　　§502-2　已废除

　　§502-3　助理登记官;任命,职权

　　§502-4　规则

一般条款

　　§502-7　定义

　　§502-8　产权转让局特殊基金

登记索引

　　§502-11　录入登记

　　§502-12　索引

　　§502-13　当事人姓名的索引

§502-14	转让他人不动产的录入;财产分割的情况	
§502-15	年度索引	
§502-16	十年一度的索引	
§502-17	土地规划上的数据填写;界碑;地界描写	
§502-18	分割地块的说明	
§502-19	描图布上的土地规划;大小;比例尺	
§502-20	新地图换旧地图	
§502-21	不合法的土地规划登记	
§502-22	登记官提供土地规划副本	
§502-23	出售或租赁未提交规划的土地;处罚	
§502-24	违法事项的报告	
§502-25	收费	
§502-26	文契副本,公证	
§502-27	费用	

登记

§502-31	登记的方式
§502-31.5	其他章节的引注
§502-32	文契自交付登记时起视为已登记;办公时间
§502-33	原始登记编号的识别
§502-34	契约中受让人的地址

公证书;文契证明

§502-41	自然人和法人的认证证明
§502-42	证书,内容
§502-43	来历不明者的认证格式
§502-44	已婚妇女
§502-45	夏威夷州之外的认证
§502-46	夏威夷州之外的认证,认证人员的权限证明
§502-47	美国之外的认证;军队成员;
§502-48	认证申请人的身份证明
§502-49	工作人员或法官的必要证明
§502-50	证明的制作,未制作证明的后果

§ 502-51　代表美国政府提交的文契的认证豁免
§ 502-52　某些特定州政府工作人员的签名,认证豁免
§ 502-53　不符合本章规定的认证证明在法院无效且不能登记;免除
§ 502-54　虚假证明的惩罚

插字,擦除等修改
§ 502-61　文契中的修改说明
§ 502-62　未注明修改的处罚
§ 502-63　不得登记除非经过签名
§ 502-64　已废除

认证登记
§ 502-71　认证登记
§ 502-72　登记卷册的寄存
§ 502-73　上述寄存卷册开放查阅
§ 502-74　未登记认证的处罚

认证、登记的相关要求及其效力,不登记的后果
§ 502-81　认证后的文契可获得登记,并可作为证据使用
§ 502-82　作为证据的登记或副本
§ 502-83　未登记的契约、租赁合同等的效力

夏威夷法律记录员引文
§ 502-84　代理人的职权
§ 502-85　买卖协议;优先权

之前的登记
§ 502-91　旧的登记
§ 502-92　旧登记的副本
§ 502-93　重新输入判决登记
§ 502-94　夏威夷语文件的翻译,登记
§ 502-95　瑕疵证明的有效性

老兵证明
§ 502-101　老兵证明

登记官和助理登记官

§502-1 登记官；任命；任期；薪金

国土资源部中应设立一个产权转让局，由土地和自然资源委员会根据第 76 章指任一名产权转让登记官作为产权转让局的管理人。该登记官的薪金由法律规定。

§502-2 已废除

§502-3 助理登记官；任命，职权

产权转让登记官可以按照土地和自然资源委员会的指示指任一名助理登记官并予以公告。登记官对该助理登记官的行为负责。助理登记官在登记官缺任或不在的时候行使产权转让登记官的职权。

§502-4 规则

土地和自然资源委员会可以根据第 91 章的规定制定相关规则来保障本章规定的有效实施。

一 般 条 款

§502-7 定义

除非条文中有相反规定，本章中以下词汇的意义是：

"受让人"是指通过不动产转让获得产权利益的当事人；

"登记"是指将影响不动产产权的书面文契录入到公共登记系统的行为；

"签名"是指个人的书面签名，加盖特殊记号、手指印或脚趾印。

§502-8 产权转让局特殊基金

（一）州财政设有产权转让局特殊基金，该基金中存放的是根据 §501-23.5 和 §502-25 规定所纳入的财政收入、相关利息、赠与、捐款以及其他根据法律规定应当与州财政中其他基金和账户区分的款项。

（二）产权转让局特殊基金应由产权转让局用于以下目的：

（1）规划、设计、建设以及购买用于完善本章和第 501 章规定的登记系统的设备、工具和软件；

（2）运行、维护和改进本章和第 501 章规定的登记系统或产权转让局认为在规划、改进、发展、运行和维护本章和第 501 章规定的登记系统时必

要的其他目的;

（3）为贯彻本章和第501章而进行的长期或临时雇员;

（4）贯彻本章和第501章所需的行政开支;

（三）截至每年6月30日,产权转让局基金中剩余的资金多于500,000美金的部分应转入州一般财政基金。每年7月1日,财政部长有权将产权转让局基金中的多余资金转移至州一般财政基金。

登 记 索 引

§502-11　录入登记

登记官应按照土地和自然资源委员会规定的方式和程序对当事人提交的每一份契约、作为担保的副本和相关计划进行永久登记,并在登记上注明接收文契的日期、具体时间以及土地和自然资源委员会规定的其他事项。每一份文契自登记上注明的时间起视为被登记。

§502-12　索引

登记官应根据土地和自然资源委员会规定的方式和程序制作索引,以便公众查询。

§502-13　当事人姓名的索引

登记官应该在合理的时间内将每个转让人、受让人或其他相关当事人的姓名按照字母排序建立合理的索引。

§502-14　转让他人不动产的录入;财产分割的情况

由代理人签订的不动产转让契约在提交登记时,登记官应在登记册和转让人索引中同时录入签订转让契约的人的姓名和转让契约中提及的产权所有人的姓名。

由指定的财产分割员制作的财产分割回呈在提交登记时,登记官应在登记册、转让人索引和受让人索引上均录入将受该回呈影响的产权人的姓名。

§502-15　年度索引

登记官应该在每年的上半年或其认为合适的时间内,指定合适的人员对上一年度产权转让局制作的索引进行备份,该备份中转让人和受让人的姓名分别按照姓氏的字母顺序进行归类,然后在相应的姓氏下录入相关登记的转让契约。除了按姓氏归类外,登记官也可以要求按照转让人或受让人名字的字母顺序归类。

登记官在情况允许的条件下应该对年度的索引做一个重新归类和合并。登记官也可以在需要的情况下请合适的人员对登记官办公室内的登记索引进行备份。

§502-16 十年一度的索引

在情况允许的条件下,登记官每十年应至少对每年的索引进行一次重新归类和合并,具体方式同上一节的规定。登记官也可以在需要的情况下请合适的人员对登记官办公室内的登记索引进行备份,具体方式同上一节的规定。

§502-17 土地规划上的数据填写;界碑;地界描写

申请人向登记官提交符合本节规定的土地规划并按照§502-25的规定支付了服务费的,登记官应当接受并予以登记归档。每一份土地规划均应包含以下内容:该土地的简短名称;土地所在的郡县、地区和岛屿;有关该土地原始产权的已知数据以及上一位登记产权人以及住址;调查员的签名及其住址;土地规划制作人的签名及其住址;调查的日期、土地的面积、经纬线、地域、主要分割线的方位和长度;所有已知的相邻土地产权人。此外,还应在地界上设立一个或一个以上固定界碑,该界碑应按照土地规划中的规定放置并且与政府的三角定位系统相连。当土地规划中的土地包括一个以上原始产权时,应在各个原始产权地块的分界处用虚线标出分界线。

该土地规划应首先提交至夏威夷州会计和总务部进行形式和实体内容的核查,但是不进行实地考察。若该土地规划是按照本节和§502-18、§502-19的规定制作的,那么该规划需经过州会计和总务部在规划的封面上背书批准后方可归档登记。土地规划的调查员和制作人必须是经过登记的专职调查员,否则会计和总务部不得批准该土地规划。

分割土地的规划在提交州会计和总务部批准前,应首先根据相关法律经过该土地所在郡县的适格官员或部门的批准。

登记官在收到分割土地中的其中一块土地的转让登记申请或单独的描述文件时,应与下列文件一起归档:

(一)单独的或包含在文件中的地界说明;

(二)经过郡县公证的分割地图;以及

(三)一位经过登记的专职调查员的证明信,证明该地界说明与分割地图是完全相符的。

该文件还应满足本节关于登记的其他要求。在其所在郡县的土地分割法生效之前分割的土地不受本章规定限制。

夏威夷州会计和总务部在检查土地调查和规划的形式和实体的准确性时,应收取服务费2美元。土地的产权人应在检查开始之前交付该服务费。

所有根据本节规定收取的服务费,除根据§502-23.5节和§502-25节的规定作为产权转让局特殊基金的之外,均应交给州财政部纳入州一般财政。

§502-18 分割地块的说明

在一块或数块土地提交土地规划予以登记的同时,还应提交两份关于该土地外部边界的书面说明,该说明可以直接写在土地规划上,也可以印刷或打印在13英寸长、8.5英寸宽的优质白皮纸上,由进行该土地实地勘测的土地勘测员或者其他指挥土地勘测的人员注明勘测日期并签名。土地的边界说明应按照从左到右的顺序(顺时针),在设计勘验的过程中应采用方位角系统:正南为0度或360度,正西为90度,正北为180度,正东为270度。与土地规划分开提交的打印或印刷的土地边界说明应该在登记系统中登记,并在土地规划中注明边界说明的登记卷册和页码。登记的费用由土地的所有人承担。边界说明的起点应清楚地表明与政府的三角测量系统的关系,所有土地的外角应尽可能地设立地标。大片土地被分为数块的,还要标明各块土地的真实方位、长度和分割线,并在每小块土地的分界处设置固定地标以明确区分各块土地,以便可以根据各块土地的编号和地图的登记编号来转让小块土地。

§502-19 描图布上的土地规划;大小;比例尺

所有的土地规划必须使用品质良好的描图布,描图布的大小可以为(单位为英寸):10×15,15×21,21×32,30×36,36×42,或者宽为42,48或54,长度不限;土地规划所使用的比例尺可以是:10,20,30,40,50,100,200,300,400,500,1000,2000,3000,4000,或者5000英尺比1英寸。

§502-20 新地图换旧地图

当登记官发现提交至产权转让局的土地规划和土地法院地图的摹图无法制作符合要求的蓝图副本时,应将该土地规划或地图交至夏威夷州会计和总务部,并要求其重新制作一份摹图。州会计和总务部收到地图、土地规划和制作新图的请求后应该重新制作摹图,提供该新摹图与提交至产权转让局的原始摹图完全相同的证明,并在向登记官提交新摹图的同时提交两份经公证的蓝图副本。公证后的地图或土地规划摹图与原始摹图具有相同效力。

§502-21 不合法的土地规划登记

登记官不应接受土地规划的登记,不论其是独立的,还是作为契约、法院征用补偿金判决已核实副本或其他文契的附件或组成部分;因为土地规划的登记只应提交至产权转让局的档案馆,而不应出现在登记册中。但文契中包含或附加了经过合法照相或电子途径制作的 8.5-22.5 英寸大小的土地素描、蓝图、规划,并在文契中注明了相关土地素描、蓝图、规划的文件编号的,登记官可以在当事人支付了§502-25 规定的服务费用后,通过照相登记的方式予以登记。

§502-22 登记官提供土地规划副本

当事人支付有关费用后,登记官应其要求按照§502-17 节至§502-21 节的规定提供地图或规划的副本,并加盖登记官的办公印章。此外,登记官可以授权会计和总务部在当事人要求的情况下提供地图或规划的副本,费用标准同登记官制作副本的费用。

§502-23 出售或租赁未提交规划的土地;处罚

将整块土地分割成数小块并按照每小块土地的编号进行出售或出租,未按照§502-17 至§502-22 的规定制作一份土地规划并提交至产权转让局登记备案的,或者按照每小块土地的编号进行出售或出租土地,未将土地分割规划提交至产权转让局登记备案的,每小块出售或出租的土地处以 50 美元以下的罚款。

§502-24 违法事项的报告

若有违反§502-23 规定的情况,登记官应向总检察长和郡规划部通报。

§502-25 收费

除另有规定外,本章规定的各项服务的费用由国土资源部根据第 91 章的规定确定具体的收费规则。

尽管其他法律中有相反规定,对于产权转让局收取的费用,产权转让登记官应按照每份文件 18 美元的标准纳入州政府一般财政账户,剩余部分纳入根据§502-8 规定设立的产权转让局特殊基金账户,根据§431 P-16 规定收取的特殊抵押登记费和根据§247-1规定收取的转让税除外。

在联邦政府、夏威夷州政府或夏威夷的郡县为受让人的情况下,免收服务费用。

§502-26 文契副本,公证

登记官应该对登记官办公室内的所有文契以及所有出现在登记册上的事实提供一份公证副本。登记官也可以签发登记官办公室内的文件或其他文契的未经认证的副本。有制作认证的人员时,登记官可以签发调查或阻碍的证书。

§502-27 费用

除另有规定外,为制作副本而使用产权转让局内登记的缩微记录文件的费用由国土资源部根据第91章的规定设定具体规则。

夏威夷州政府或其他郡县机关免收缩微复制的费用。

登 记

§502-31 登记的方式

登记官应该对所有要求提交登记官办公室登记的文契制作副本并签名;登记官、登记官助理或书记员应证明副本与原件的一致性,在登记文契的封面或背面签名并注明登记的日期和文件编号。

为了保持产权转让局索引的一致性,登记官应使用当事人第一次登记时在登记文契上所使用的姓名。所有自然人的个人签名应在其签名的下方采用打印、盖章、印上醒目的手印,或者机械或电气的印刷方法加注其姓名。本款规定不适用于1989年7月1日前签订生效的契约或转让文契。

登记官或登记官助理可以拒绝接受纸张大小超过8.5×11(英寸)的文件或者包含超过该大小的明细表或财产清单的登记文件。

本节的规定适用于所有提交至产权转让局登记的文契,除非国土资源部根据第91章作了不同的规定。

所有提交登记文件应包含原始签名,第一页顶部3.5英寸的左半边空间应保留给助理登记官,右半边空间保留给产权转让局的登记官。接下来的1英寸填写该文件回呈人的相关信息,左边距为1.5英寸,每行不超过3.5英寸。此外,第一页应尽可能包含所有产权转让人的姓名、所有产权受让人的姓名和住址、文件的类型以及税务编号。若有背书,可以写在一张大小统一的活页上。

任何文件或材料,不论是书面的还是其他,不得以掩盖其他书面文本的方式附加到文件中。若一份文契超过一页,应该单面打印,从第一页开始连续编码,并在文件的左上角装订。登记文件均不得包含封面或封底。产权转让登记官有权拆除装订在文件上的铆钉。登记官可以拒绝接受那些无法用照相或电子方式清晰复制的文契、诉讼文书或通告。

§502-31.5 其他章节的引注

夏威夷修正法中涉及的所有1989年10月31日之后的参引,还应注明卷册、页码和文件编号。

§502-32 文契自交付登记时起视为已登记;办公时间

法定要求登记的文契应按照交付登记的时间顺序予以登记,并自交付登记日起视为已登记,但登记官不得在周日或其他法定假日,或者其他正常上班时间之外的时间内接受登记或录入登记。工作日的正常上班时间为早上8点至下午3:30。登记官可以与提交登记的个人或组织签订书面协议,同意将该文契在下一个正常工作日的早上8:01予以登记。

§502-33 原始登记编号的识别

提交登记的文契中涉及之前的某个登记文契的,应在该文中注明之前文契的原始登记卷册和页码或文件编号,原始文契未予登记的,应该书面声明,否则登记官不予登记。除另有规定外,每一份判决都应包含或背书相关个人、公司、合伙或其他实体的社会安全号码,夏威夷州一般纳税人识别码或者联邦雇员身份号码。

如果判决的债务人没有社会安全号码、夏威夷州一般纳税人识别码或者联邦雇员身份号码,或者申请判决登记的一方当事人无法掌握这些信息,判决应当附有证明文件,以证明该信息不存在或申请判决登记的一方当事人无法获悉。

未披露或未能正确披露社会安全号码、夏威夷州一般纳税人识别码或者联邦雇员身份号码的,不影响判决登记的效力。附着物或即将成为附着物的物品的相关利益的修改声明、延续声明、终止声明、转让声明或出租声明不得登记,除非其符合美国统一商法典第五章第9条的相关要求。本节的规定不适用于1915年4月13日前签订的文件。

§502-34 契约中受让人的地址

转让契约必须包含或背书受让人的地址,否则登记官不予登记。本节的规定不适用于 1951 年 7 月 1 日前签订的契约。

公证书;文契证明

§502-41 自然人和法人的认证证明

除非§502-50 至 502-52 节有相反规定,转让契约或其他文契需按照§502-42,502-43 或 502-45 节规定的形式或直接参照下文背书或附加一份确认书方可获得登记:

(所有确认书的开头均应注明确认的具体地点)

1. 自然人本人行为的情况:

×年×月×日,A 某(或 A 某和 B 某)亲至此,据我所知,其为上述契约的签订人,并且确认该契约的签订属于当事人的自由意志行为。

2. 自然人由代理为相关行为的情况:

×年×月×日,A 某亲至此,据我所知,其代理 B 某签订了上述契约,并且确认该契约的签订属于 B 某的自由意志行为。

3. 公司或合伙的情况:

×年×月×日,我亲知 A 某亲至此,宣誓(或严肃声明)其确为××公司(合伙组织)的负责人(或其他管理人员、合伙人或公司或合伙组织的代理人),该契约是经公司董事会或合伙的合伙人会议授权并代表公司或合伙组织而签订的,A 某确认该契约的签订是出于公司或合伙的自由意志行为。

4. 公司确认某一人为其代理人,且该代理人的授权此前经合法登记的,代理人在授权范围内签订的契约的认证应采用以下格式:

×年×月×日,我亲知 A 某亲至此,宣誓(或严肃声明)其确为××公司(合伙组织)于×年×月×日经合理授权的事实代理人,并登记于(注明登记卷册、页码以及文件编号);上述契约是由 A 某代表××公司(合伙组织)以××公司(合伙组织)的名义签订的,并且 A 某确认该契约的签订是出于公司或合伙的自由意志行为。

代理人的授权情况之前未经登记的,在注明登记卷册、页码和标号的地方标明"该代理人的授权现已全部生效"。

5. 一家公司确认另一家公司为其代理人且代理的授权之前经合法登记的,代理人在授权范围内签订的契约的认证应采用以下格式:

×年×月×日,我亲知 A 某亲至此,宣誓(或严肃声明)其确为 B 公司(此处注明作为代理人的公司的名称)的负责人(或其他管理人员或该公司的代理人),且 B 公司是 C(此处注明被代理公司的名称)经合理授权的事实代理人(注明授权登记的卷册、页码和文件编号);以上文契是由作为事实代理的 B 公司代表 C 公司并以 C 公司的名义签订的; A 确认该文契是出于 C 公司的自由意志行为。

代理人的授权情况之前未经登记的,在注明登记卷册、页码和标号的地方标明"该代理人的授权现已全部生效"。

6. 以下格式可以替代上述的各个文本:

×年×月×日,我亲知 A 某(或 A 某和 B 某)亲至此,经宣誓(或严肃声明),确认上述文契的签订是出于签订人的自由意志行为;如果属于代理行为的,确认该签订人已经过签订相关契约的合理授权。

§502-42 证书,内容

认证证书应该在实体部分说明该文契的签订人亲自将该文契提交至认证人员处,并且使认证人员确认其为在文契上签名了的一方当事人,或者通过宣誓或信用良好的证人向认证人员确认文契签订人的身份,此种情况下证书中应包括证人的姓名。证书中未说明认证人员对文契的认证是出于其自由意志的,不得成为拒绝接受该认证、拒绝登记相关文契或否认其证明力的理由。

§502-43 来历不明者的认证格式

当认证人员不认识提交认证的当事人时,认证可主要采用下列格式:

夏威夷州

××郡

×年×月×日,A 某亲至此,由我所认识的具有良好信用的 B 某宣誓确证 A 为文契中的签名人和文契执行人,同时 A 某承认该契约的签订和执行出于其自由意志。

§502-44 已婚妇女

已婚妇女,若法律要求其确认,方式与未婚妇女同,除关于其丈夫的调查外不用作其他单独的调查。

§502-45 夏威夷州之外的认证

需要经过认证才能登记的契约或其他书面文契若在夏威夷州之外的州、地区、郡县或其他的美国领土内认证,只要该认证符合行为地关于认证证书的相关法律形式并可以在行为地的相关办公室登记,或者该认证符合§502-41节至§502-43节所规定的形式,则该认证同样可以在夏威夷州予以登记。认证人员的签名可以作为该认证符合行为地相关法律的初步证据。若该文契的记录或其副本在诉讼中被用为证据,且双方对此存在争议时,应由依赖该项登记的一方当事人举证证明该文契是合法签订的。举证责任的证明方式按§502-46节的规定。

§502-46 夏威夷州之外的认证,认证人员的权限证明

关于根据§502-45的规定认证的转让契约或其他书面文契正当履行的举证责任可以通过任何具有足够证明力的合理证据加以证明,登记时或登记后该文契在登记官签发的证明或认证证书上背书或附加公证人所在地区的秘书长的证明,并加盖该州或地区的政府公章,或者该公证人所在的州、地区、郡县的登记法院书记官的证明,并加盖法院的印章,或者公证人所在州、地区、郡县的登记法院有证明权限的执行官或书记员的证明,说明该公证人在制作证明或公证时是经过其所在州、地区或郡县的合法授权的,并且当地的秘书长、其他经过授权的执行官或法院的书记员对于该公证人的笔迹非常熟悉,相信证明或公证书上的签名是真的。

在夏威夷州之外的美国其他各州、地区或郡县所做的契约或其他书面文契的公证的认证形式如下:

(开头应说明认证所在的州、地区或郡县)

本人(注明姓名),是×地登记法院的书记员(或上述地区的州秘书长),特此证明该公证人(注明姓名)在制作公证证书之时是居住在(加注地区)的公证员(或其他官员),是经过本州、地区或郡县的法律合理授权制作公证证明的,并且本人对该公证人的笔迹非常熟悉,确定

公证书上的签名是真实的。

书记员签名
法院公章
日期

§502-47 美国之外的认证；军队成员

要求获得证明或认证方可获得登记并作为证据使用的契约或其他文契，可由符合下列条件的美国之外的公证人员进行认证：

（一）根据夏威夷州法律授权公证的人员；

（二）居住在外国的美国外交或领事人员，但需加盖该工作人员的公章；

（三）根据外国法律授权公证的人员，该公证还应附上公证人权限的证书和证明该公证符合该外国法律或美国所签订的条约或国际公约所规定的方式的证书。该证书可以由美国在该国的外交或领事人员签发并加盖其公章，也可以由居住在夏威夷州的该外国的外交或领事人员签发并加盖其公章，并附上美国在该国外交或领事人员的签名或复制签名。

本节所称外交或领事人员包括部长、领事、副领事、代办、领事或商事代理或副领事或副商事代理。

任何一位美国军队人员均可制作公证。任何人在根据国会授权执行公证职权的军队人员的监督下均可在美国之外制作公证。没有公证人公章的签名只能作为该公证人员职权的表面证据。

若要求认证或证明的文契已经由当时临时或长期居住在认证或证明地的当事人执行，但是无法按照上述规定制作认证或证明，那么只要该文契满足夏威夷州巡回法院法官的相关要求，则可以由该法官签发证明其真实性和可靠性的命令来获得登记，登记时应在登记文契中附加该命令的公证副本。

任何根据上述规定在美国境外公证的文契均可在夏威夷州获得登记，并可在夏威夷州的任何法院作为证据使用，其效力与在美国境内公证的文契相同。

§502-48 认证申请人的身份证明

不动产转让契约认证的申请人须亲自将该文契提交至认证人员处，并且使认证人员确认其为在文契上签名了的一方当事人，或者通过宣誓或信用良好的证人向认证人员确认文契签订人的身份,或者由美国联邦政府、夏威夷州政府、美国其他各州政府或其他主权国家颁发一张包含当事人照片和签名的临时身份证明或证件。

§502-49　工作人员或法官的必要证明

接受任何文契的认证证明的工作人员应在该文契上背书或附加有其签名的证明。

接受任何文契的认证的法官应该在该文契上背书或附加有其签名的证明,并注明相关证人的姓名、住址以及证人所提供的具体证据。

§502-50　证明的制作,未制作证明的后果

(一)除另有规定外,转让契约或其他文契的签订人须将该文契在产权转让局的登记官、登记官助理、登记法院的法官或州公证官处加以认证。若在夏威夷州之内签订文契的签订人死亡或者离开夏威夷州,没有将该文契予以认证;或拒绝对其进行认证;或者虽然经过认证但该认证没有经过相关人员的证明,并且出于某种原因既无法得到合理的证明也无法重新认证的,该文契需要经过在文契上签字的证人到土地法院的法官或州巡回法院的法官面前证明方可获得登记。如果所有在文契上签字的证人死亡或离开夏威夷州的,可以到夏威夷州的任何一个法院进行文契签订人或在文契上签名的证人的笔迹验证。公证人错误地进行了本节所规定的相关行为的,视为签名证人。

(二)若文契中存在插字、擦除或其他修改而未按照§502-61的相关规定在修改处签字的,或者未能实现§502-61的相关保障目的的,该文契可以根据下款规定(三)进行证明,也可以由土地法院法官或巡回法院法官证明该修改是在文契执行之前作出的,那么该文契可以获得登记而无须符合§502-63节的规定。如果文契是根据本款规定获得登记的,那么在该登记或其副本在诉讼中被用作证据且双方对该登记事实存在争议时,应由主张该登记事实的当事方承担举证责任证明修改是在文契执行前作出的。

(三)文契的所有利益当事方有权提起诉讼要求法院判决承认该文契的效力,从而使得文契可以获得登记。该诉讼的管辖权属于巡回法院或土地法院。若该文契将影响相关不动产的产权,那么诉讼应向不动产所在地的司法巡回区法院提起。法院作出判决后,应将判决的公证副本附加至该文契上。

§502-51 代表美国政府提交的文契的认证豁免

美国的立法、司法或行政官员在行使职权时提交登记的契约、租赁、抵押、留置、通告、协议或其他文契，或者经过美国联邦法律或州法律创设的政府机构的工作人员或代理人员在职权范围内提交登记的契约、租赁、抵押、留置、通告、协议或其他文契，只要经过该政府工作人员的签名并加盖相关的政府公章，无须经过公证人的公证，产权转让局的登记官应接受该文契并予以登记。

§502-52 某些特定州政府工作人员的签名，认证豁免

某些政府工作人员的签名根据§626-1、901或902规则具有司法认知性，该工作人员的签名可以证明相关文契是合法签订的，而无须通过认证使文契获得登记的权利。

§502-53 不符合本章规定的认证证明在法院无效且不能登记；免除

不符合本章规定的认证证明在夏威夷州的任何法院都是无效的，也不可以在产权转让局登记，但是1872年7月29日之前签发的认证证明的效力不受本章的影响。

§502-54 虚假证明的惩罚

任何被授权认证文契的人员在明知的情况下在认证证明中包含虚假或误导性的事实陈述的，应处以1000美元以下的罚款或1年以下监禁，两者也可以并用。本节的规定不妨碍相关人员为其行为承担民事赔偿责任。

插字，擦除等修改

§502-61 文契中的修改说明

每一位公证人或其他被授权认证文契的政府工作人员在认证相关文契之前，应首先对该提交认证的文契进行仔细的检查，查明文契中是否存在插字、擦除或修改。若文契中存在插字、擦除或修改，公证员或有关政府工作人员应提醒提交认证文契的当事人注意。经当事人确认后，公证人应在插字、擦除或修改对应的起始处签上其姓名的首字母。公证人的首字签名可以确定插字、擦除或修改的范围，并作为该修改是在认证之前作出的事实的初步证明，但不排除相反证据。

§502-62 未注明修改的处罚

每一位被授权认证文契的公证人或其他人员在接受了当事人提交认证

的文契之后,若未能查出其中的插字、擦除或修改或者未履行§502-61的相关规定,应处以200美元以下的罚款。

§502-63　不得登记除非经过签名

存在插字、擦除或修改的文契只有经过夏威夷州公证人或其他认证人员的签名后方可在夏威夷州登记。

在夏威夷州之外认证的文契存在插字、擦除或修改的,登记官应该对此予以登记,除非该插字、擦除或修改经过以下人员的签名:

(一)文契的相关当事方;或

(二)认证该文契的政府工作人员。

§502-64　已废除

认　证　登　记

§502-71　认证登记

所有经法律授权认证文契(包括背书在文契上的认证证明)的法官和其他政府工作人员应该在登记册上记录每一次认证。登记册上应至少载明认证的时间、文契的各方当事人、提交文契认证的人、提交的时间以及关于所认证文契性质的备忘录。

§502-72　登记卷册的寄存

除非§456-16关于公证人的规定中有不同规定,记录认证登记的卷册应该保存5年,相关的法官或其他政府工作人员离任、死亡或辞职的,应该将认证登记卷册寄存至其所在巡回区的巡回法院书记员处。

§502-73　上述寄存卷册开放查阅

巡回法院的书记员应认真保管根据§502-72所寄存的登记卷册,并与法院的登记卷册一起归档。这些登记卷册不论是之前在认证人员处还是在巡回法院归档后,均可在合理的时间免费开放查阅。

§502-74　未登记认证的处罚

认证文契的工作人员未按照§502-71的规定将认证登记于登记卷册,或者未按照相关指示将登记卷册寄存至登记法院书记官处的,应处以50美元以上250美元以下的罚款,该罚款由该工作人员本人或其个人代表承担。

认证、登记的相关要求及其效力，不登记的后果

§502-81 认证后的文契可获得登记,并可作为证据使用

任何按照本章规定的方式获得认证,并经过公证人员的转让契约或其他文契,均可获得登记并作为证据使用。

§502-82 作为证据的登记或副本

经过合法程序获得登记的文契或其经核实的副本可以与原始文契具有同等的证明力。但认证证书或文契证明的证明力不是终局性的,可以被推翻,任何相关当事人可对其效力提出异议。若相关当事方有证据证明认证的证人与文契当事人存在利害关系或不适格的,该文契或其登记在获得其他有利证据之前均不得作为证据使用。

§502-83 未登记的契约、租赁合同等的效力

所有期限超过1年的契约或租赁合同、不动产利益抵押或其他夏威夷州内的不动产转让合同均应到产权转让局登记。未经登记的合同不得对抗其后续的善意并支付了相应对价的购买人、租赁人或抵押权人。最先进行合法登记的产权转让合同效力优先。

夏威夷法律记录员引文

§502-84 代理人的职权

夏威夷州内关于婚姻协议和不动产转让的代理人职权的书面材料应该到产权转让局登记,否则该文契的内容不得对抗第三人。

§502-85 买卖协议;优先权

(一)根据本章规定进行了合理登记的买卖协议的买受人的权利优先于以下一些不动产买卖协议的权利人的相关主张:

(1)相关不动产的权利主张人与卖方签订了不动产转让协议,但是该转让协议未在买卖双方提交买卖协议之前提交登记。

(2)法院判决相关不动产的权利请求人胜诉,但是该判决或根据该判决而作出的执行通告未在买卖双方提交买卖协议之前提交登记。

(二)买方履行了买卖协议中的所有义务并到产权转让局进行产权转让登记后,不动产的产权从卖方转移至买方,买卖协议中所涉及的不动产的相关权利请求人基于产权转让协议或判决的权利和主张均归于消灭。

（三）本条所含词汇解释如下：

"买卖协议"是一种关于不动产买卖的待履行合同，该交易的内容是一方将不动产出售而另一方购买该不动产，该交易的结果卖方仍保留不动产的法律产权。本节中所使用的"买卖协议"包括转售协议或后续转售协议。

"买方"是指根据买卖协议同意购买不动产的一方当事人及其受让人或继任人，"卖方"是指根据买卖协议同意出售不动产的一方当事人及其受让人或继任人。

"不动产转让契约"是指设立、抵押、转让不动产权利或利益，或在不动产上设立负担，或其他除了遗嘱之外的可能影响不动产产权的书面文契。

"提交"是指根据本章的相关规定提交材料。

"买卖协议中所涉及的不动产"是指根据转让协议卖方同意出售而买方同意购买的不动产，包括该不动产中的任何部分和任何权利。

"买卖协议的实现"是指买方履行了买卖协议中的所有义务，并且：

（1）买方履行或支付了买方所提交的书面协议中的所有义务；如果存在相关权利请求人的权利主张优先于或附属于买方的权利的，则还应履行买方与该权利请求人之间的书面协议中所规定的义务；如果卖方在买卖协议中指示买方将对价支付给相关权利请求人的，则还应满足该要求。

（2）买方履行了与该买卖协议及其履行和收益有关的有管辖权法院的已登记的命令。

（3）买方根据买卖协议支付了所有阶段性的、临时的、预付的和最终的款项。

（四）若买卖协议中涉及的不动产的相关权利请求人的权利主张或留置权在未实现其主张或留置之前即因本节中的相关规定而归于消灭的，该权利主张或留置权将自动转移至因买卖合同的履行而实现的收益上，其受偿的优先顺序与该不动产其他转移至该收益上的权利主张或留置权以及该收益本身的权利主张或留置权相同，因为该权利主张或留置权视为在其消灭的瞬间同时完成转移。

之前的登记

§502-91　旧的登记

1850年7月10日前在产权转让局登记的文契，不论是否登记在法定的卷册上,均应视为已合法登记。

1846年4月27日前签订和履行的个人不动产转让契约,以及所有在此日期之前履行的个人不动产抵押未满足1846年4月27日的法案颁布之前的相关条件的,若该不动产的受让人或抵押权人未在法案颁布后90日内到产权转让局登记的,该受让人或抵押权人的权利不得对抗相关不动产的善意后续受让人或抵押权人。

§ 502-92　旧登记的副本

登记官应该对此产权转让局内的所有登记和登记卷册制作图片或电子的备份,以防登记卷册由于年代、使用或其他原因而无法正常使用或遭到破坏,该登记的副本需经书面证明以确定其准确性。该已核实副本的证明力不是终局性的,可以被推翻。所有登记和登记卷册的原件应保存在会计和总务部的公共档案中。

§ 502-93　重新输入判决登记

产权转让登记官在重新输入巡回法院或地区法院的旧判决登记时,可以删除旧登记中那些此前已经完全支付、撤销或解除的录入信息,也可以删除旧判决登记中那些由于时效限制已经过期而应被视为已合理支付并解除的内容。

§ 502-94　夏威夷语文件的翻译,登记

登记官可以指定一定数量的合格翻译人员将提交至产权转让局登记的转让契约和其他文契翻译成英文,包括但不限于那些影响财产产权的转让契约和其他文契。翻译人员应同时精通英语和夏威夷语的相关知识和用法。翻译成英文的文契同样应在产权转让局登记,其登记卷册编号和页码应与夏威夷语文契的登记卷册编号和页码相同,任何关于该文件卷册编号和页码的引注,夏威夷语和英语版本具有同等效力。文件的英文翻译版本和经过登记官合理证明的英文副本与原始的夏威夷语版本具有同等的证明力,并应作为解释相关夏威夷语版本的真实意思和意图的初步证据。

§ 502-95　瑕疵证明的有效性

1943年5月14日前在檀香山的产权转让局登记的文件,即使在认证证明的形式上存在瑕疵,或未根据§502-61的规定作相关注释,或未按§502-46的规定附加授权证明,或存在其他形式上的瑕疵,仍与形式合法的登记效力相同。认证人员的证明权限在其制作该认证证明时存在瑕疵的(不论

是认证本身存在缺陷或是认证人员未经授权或越权),若诉讼中针对该事项出现争议,应由依赖权限证明的当事人方负举证责任。文契中存在插字、擦除或其他修改,未按照第 502-61 节的相关规定添加注释的,若诉讼中一方当事人主张该项事实而双方出现争议,应由依赖该项事实的当事人方举证证明该修改是在文契认证之前作出的。

老 兵 证 明

§ 502-101 老兵证明

产权转让局根据居住在夏威夷的老兵或其近亲的要求,应该登记美国军队或海军退伍军人的荣誉证书或其他离职文件。

此项登记不收费。

明尼苏达州 2006 法案*

第 508 章 土地登记，托伦斯登记制

508.01 登记

位于本州的不动产可以遵照本法，按规定的方式进行登记。

508.02 已登记土地、与未登记土地同等条件、禁止反向占有

已登记土地需要承受法律规定的附加于未登记土地之上的负担和义务。本法并不解除已登记土地或其所有权人依据婚姻关系所产生或附带的任何权利、责任或义务；亦不解除由于正在执行的征收或扣押而产生的义务；也不解除任何依法在土地、土地上的建筑物或者土地和建筑物上的其他权益上所创设的留置权或负担。本法并不改变继承法、共同合租人之间的权利划分以及通过国家征用而占有土地的权利。本法并不使得这些土地免于被受让人或财产管理人占有或恢复原状，除非另有明确规定，也不会改变依法创设于，且适用于未登记土地上的其他任何权利、负担、责任或义务。

某个土地上的权利如果和已登记权利人的权利相冲突，那么它不可能由于某个获取权利的程序或者时效占有而被取得。

508.03 登记申请

登记申请可以由以下人员提出：

（1）土地的单独所有权人或共同所有权人；共同权利人应加入申请；

（2）单独或共同拥有土地处分权的人；

（3）对于未成年人或其他无行为能力人，由本州的适当法院为其依法指定的监护人提起；

---

* 赵杨翻译，吕翔校对。

（4）对于公司，由公司的适当官员或董事会正式授权的代理人提起；

（5）任何遗嘱执行人、管理人或本州的适当法院依法指定的个人代表；

（6）对于市政组织，如果是一个城市，应按照市议会通过的决议，由其市长或政府职员提出申请；如果是一个县，应按照县管理委员会通过的决议，由县审计官和县管理委员会主席提出；

（7）任何人均可提出申请，只要申请人或申请人从其主张权利之人对土地的时效占有已经达到或超过15年；

（8）对于合伙，由一个或多个普通合伙人提起；

（9）对于明尼苏达州，在土地已经因税收原因被州政府没收并托管给它的税收行政区占有的情形，或者其他情形下，根据县管理委员会的指示，由土地所在县的审计官以及县管理委员会主席提起。

本款是对州据以登记土地权利的所有其他法律的补充。

508.04　可以登记的权利

第一款　至少是非限制继承地产权。除非其所依据的非限制继承地产权已经登记，任何少于非限制继承地产权的不完全权利（第二款中规定的附属性地役权除外）、抵押权、留置权或其他针对土地的担保权益都不能被登记；但是申请人的权利或利益受制于仍有效的不完全权利、抵押权、留置权或其他担保权益则不影响登记。当联邦当局划定码头或港界线时，原河岸线和新划定的码头线之间被淹没河岸的权利人所享有的权利和权益可以依据本法进行登记，但是要受到明尼苏达州根据主权在土地上所享有权利的限制，并且该登记不能用任何方式影响或改变州所享有的与该土地有关的权利。

第二款　关于附属性地役权的例外规定。存在于未登记土地上的附属性地役权可以登记，如果附属了该地役权的非限制继承地产权已经登记或者已和该地役权同时申请登记。本法所称的"土地"应该包括本款所说的附属性地役权，但是本法第37条和第47条2至7款所包含的除外；所有关于土地登记的要求同样适用于该非限制性地役权的登记。在登记之后，这样的附属性地役权将具有完全的效力，而且该效力一直延续到将法院发布的终止该地役权的命令在权利证书上进行登记为止。

508.05　申请、如何签署及验证

申请必须以书面形式提出，并由申请人或依法经书面授权的代理人签名和验证。如果申请书是由代理人签名并验证,除非是公司的官员,对这一代理人的授权应当按照规定的契约确认和执行方式加以确认和执行,并且应当在申请材料提交前将这一授权在土地所在地的县登记员处进行登记。如果申请是由公司提出,则须由公司的官员进行验证。如果申请人已婚,则申请人的配偶可以采用以下形式书面表示同意:在申请文件上作适当的签注;或提供另一单独的适当文件,并与申请文件一并提交。否则,配偶一方将被视为相对方并须接受传唤。

508.06　申请的内容;权利申请人的权利和特权

申请必须充分地阐明以下内容:

(1)申请人的全名及住所;如果申请系一自然人代表另一自然人提出的,申请材料必须注明代理人的全名、住所及其在申请过程中所具有的权力。如果申请人不是个人,申请材料应当包括该实体的完整法律名称和实体类型,注册成立所在的州以及主要营业机构所在地。

(2)申请人是否已婚,如果已婚,须提供配偶的全名及住所;申请人是否年满18岁;申请人是否存在法律行为能力欠缺的情况,如果存在,须说明法律行为能力欠缺的性质;申请人是否曾经离婚,如果是,须说明在什么时间、什么地点,由哪个法院作出离婚判决。

(3)关于土地情况的正确陈述,以及根据最新的官方评估所估测的该非限制继承地产权权益的市场价值(不含增值的建筑和设施);关于附属性地役权的陈述必须附加其所附属的非限制继承地产权的情况说明。

(4)申请人对土地所拥有的地产权或权益,且该地产权或权益是否隶属于宅地地产权。

(5)土地是否被占用;如果土地被申请人以外的其他人占用,申请材料须注明占用人的全名和住所,占用人针对土地所拥有或主张拥有的地产权、权益、留置权或担保权益的性质。

(6)对申请人所认可的、构成土地负担的任一留置权或权益的说明,无论是否经过登记。说明应当包括留置权或权益的性质、有关其登记的任何信息以及权益相关方的姓名。

(7)对申请人正在谋求通过判决以终止或变更的任一留置权或权益的说明,无论是否经过登记。说明应当附上请求救济的原因,并包括留置权或权益的性质、有关其登记的任何信息以及权益相关方的姓名。

（8）有关申请人名下地产权的其他任何瑕疵的说明，以及补正这一瑕疵的理由。

（9）如果申请材料是代表未成年人提出的，则申请材料中应当载明未成年人的年龄，并附上经合法核实的监护权证书，这一证书应当在土地所在地的县登记员处登记。

（10）如果申请人经适当和勤勉的调查仍不能确定所要求的住所地址，可以在申请文件中据实申明。

（11）如需明确或设立土地的边界线，必须注明受到影响的相邻土地的所有权人的全名和住所。任何对土地拥有或主张某个权利、权益或地产权的人，或对土地享有或主张留置权、担保权益的人，可以书面形式同意土地的登记。表示同意的人在登记过程中不必被列为相对方；如果已经被列为相对方，则不必接受传唤。该同意表示必须按照法律规定的契约确认和执行方式加以确认和执行，并要在法院行政官处备案。

508.07 非居民申请人；代理人

如果申请人不是本州的居民，申请人必须向县登记员提交一份经依法签名和确认的书面协议，指定一名本州的代理人并进行登记。申请人可以在其中注明代理人的全名和邮政地址，并在其中同意，在该申请过程中或由申请所产生的任何法律程序中，代理人所提供服务的法律后果与本州申请人自行申请的效果相同。如果被指定的代理人死亡或移出本州，申请人必须立即以合理方式另行指定一名代理人。如果申请人不能这样做，法院可自行判断驳回申请。在随后提起的任何申请中，申请人可以援引所记录的上述书面授权，如果该记录足够全面，包含了后续的申请内容。

508.08 申请，被包含的土地

第一款 多个单独地块；共同所有人。在同一县内由同一人拥有的多个地块可以一并提起申请。

第二款 相邻土地。多个地块的权利人可以共同提出一个申请，以登记各自地块的权利。申请书必须分别列明第六条所要求的、关于该申请书所包含地块的权利人的信息。

508.09 修正

关于申请材料的修正，包括材料的合并与替换、中止作为一方当事人等，法院可以在任何时间基于公正与合理的条款作出准许决定。但是，所有

的修正必须以书面形式作出,且应当按照原始申请的要求进行签名和核实。通过自愿法律文件购买了原申请人土地项下的部分或全部地产权的人,可以制作并提交修正文件以取代被购买土地的原申请人,且不需要支付357.021 第二款第一项中规定的费用。

508.10 向地区法院提出申请;法院的权力

登记申请将被提交给被申请土地所在县或负责该县的地区法院。地区法院将对此以及之后的程序拥有最初的专属管辖权。法院拥有完全的权力对土地权利、土地所属的任何权利、权益和地产权,以及附着于土地的任何留置权、担保权益或抵押权进行查询。通过判决,法院将判定土地的权利情况,附着于土地的任何留置权、抵押权的性质、特征、范围、数量以及上述权利间的优先顺序,并除去土地权利上的所有瑕疵。地区法院有充分的权力和职权作出所有必要的命令、判决和裁定,并且为了上述目的,法院应始终开放。

508.11 法院行政官、文件存档、登记、核实及其效力

申请材料须在法院行政官处存档。所有最终的命令和判决都必须由法院行政官负责登记。在将申请材料提交法院行政官的同时,须将一份经过法院行政官核实的副本在县登记员处存档以备登记之用,存档之后,该副本将对购买人和抵押权人构成永久的公示,这里说的"购买人和抵押权人"指的是未决程序中的购买人和抵押权人以及与该程序相关的法院档案和登记材料中所涉及事项的购买人和抵押权人。一旦申请材料可以归档,根据审查官的意愿,申请人须向法院行政官提交一份申请材料中所描述的土地权利摘要。同样,如果审查官要求,则申请人必须接受适格测绘员对土地进行测绘,并向法院行政官提交由该测绘员核实的土地地图。

508.12 权利审查官

第一款 审查官与副审查官。地区法院的法官将在辖区内的每个县指定一名合格的代理人担任该县的权利登记审查官和登记法律顾问。欲登记土地的申请者可以无须法院的进一步指示而求助于该代理人。法官还可以指定数名代理人担任副审查官。副审查官将以审查官的名义展开工作,但要受审查官的监督和控制。副审查官的行为应被视为审查官的行为。权利审查官和副审查官将遵照任命他们的地区法院的意愿和判断出任该公职。审查官和副审查官的补助金额由法院确定。除居民少于75000人的县外,发放补助的方式与县的其他雇员相同。在 Stearns、Dakota、Scott、Wright 和 Olmsted 诸县,审查官担任登记官法律顾问的费用和补助金额将由地区法院的法官确定,且按照该县其他雇员发放补助的方式发放。在任何其他情况下,上述费用和补助将由申请权利登记的人或其他需要审查官服务、核实或批准的行为或救济的申请人承担。

第二款　县检察官作为登记官的顾问。即使本章法律有任何相反规定,除 Hennepin、Ramsey 和 St. Louis 这三个有全职县检察官的县外,其他所有县的县管理委员会可以作出决议,由县检察官同时担任该县登记官的法律顾问。

第三款　已废止。

508.13　审查官相关事项;权力;报告

一旦权利的内容摘要被存档,法院行政官须将文件交给权利审查官。审查官将审查申请中所涉及土地的权利情况,并对申请中提到的所有事项的真实性进行审查。审查官须查明土地是否被占用。如果被占用,审查官须查明这种占用的性质及其所依据的权利。审查官还须查明是否存在对土地进行扣押的判决。审查官须查询所有公共记录,并充分调查所有与权利情况有关、且可能被提交至审查官处的事实。针对每一个案件,审查官须提交一份包含其个人意见的完整报告,以说明土地权利情况。审查官关于土地权利情况的报告对法院没有拘束力,但是法院可以要求提供进一步的证据。权利审查官有全权管理宣誓和审查涉及审查官调查权利情况的证人证言。如果州对土地享有任何权益或采取扣押措施,审查官须在其报告中载明上述情况的性质和情况。在这种情形下,为了确认和保持州的权益、地产权或扣押等,州将作为一方当事人参与,并须作为一方当事人接受传唤。法院行政官将通知提交文件的申请人。如果审查官的报告对申请人不利,申请人有一段合理时间提起进一步的诉讼,申请人也可以撤回申请。申请人的上述选择须以书面形式作出,并提交给法院行政官。根据登记官的请求,审查官应就登记机关的任何行为或职责提出建议,并为将由登记官制作或登记的任何备忘录准备格式。根据本法规定,在任何情况下,如果提出的申请需要法院进一步的指示或判决,法院可以将事项提交权利审查官以举行听证。审查官须按照此处有关初始登记申请程序的规定提交报告。

508.14　特定县的测量

在本州任何居民人数超过 20 万的县,根据权利审查官的请求,该县的测绘员须对依据本法规定提出的任何登记申请中涉及的土地地块进行测量,并向该县法院行政官提交该土地的地图。地图须经依法核实,表明土地的面积、建筑物、围墙和其他增值建筑与设施的位置以及审查官要求的其他事实。根据该县权利登记官的请求,测绘员须对登记官指定的已登记土地进行测量,并向该登记官提交经依法核实的土地地图,地图须标明土地的面积以及其他登记官要求的事实。上述地图应当编号,作为备忘录加入该土地的权利证书中,并随此后涉及该土地的权利证书转移。

在某些县中,如果县测绘员收取费用以代替薪水,则县测绘员应该按照县管理委员会的规定领取补助。在其他任何县,除由于为县工作而领取的薪水外,县测绘员不再领取任何其他补助。

508.15　传票、被告

根据审查官的意见,如果申请人对土地享有的权利符合登记要求,或在审查官提出不利意见后申请人选择提起进一步诉讼,申请人须向法院行政官提交一份核实后的请求书,请求法院发出传票。法院将审查诉讼所涉及的所有文件和记录,作出发出传票的指令。指令内容包括所有迄今所知的将作为一方当事人参与诉讼的人的姓名和住所,包括申请中提到的权利人;或根据审查官的报告发现的实际占有土地的人;或对土地拥有任何权利、权益和地产权的人;以及对土地设置了留置权或抵押权的人。指令还需包含根据法院指令须参加诉讼的所有其他当事人的姓名和地址。法院指令中提到的人将被视做被告。根据合众国政府测量机构发布的地图,当申请材料中描述的土地包括部分或全部曲折河流的河床或湖泊的湖床时,明尼苏达州将作为被告。在任何情况下,如果州并未接到传唤而参与诉讼,且针对上述土地的登记判决此前已经生效,则土地将被视为新增地,相应权利也被视为已经授予申请人。

508.16　传唤的形式;对多方当事人的送达,出版物

第一款　行政官签署;副本。传票须由法院行政官签署,寄至被告处,要求其在传票送达之后 20 日内(不含送达当日)出庭对申请人的申请提出答辩。除非本法另有规定,送达须按照法律对地区法院民事诉讼中传票送达的规定进行。针对州的送达,必须将副本送达至总检察长(司法部长)、副总检察长或总检察长助理。总检察长代表所在州参与诉讼程序。在总检察长认为适当的情形下,总检察长可以将案件移交土地所在地的县检察官,后者将在这些案件中作为州的代表参与诉讼。

针对受 302A 法令规制的国内公司的送达,在公司由于解散、经营期限届满或其他原因而结束经营的情况下,须将副本送达申请人知晓的某个人,该人应在公司解散之时担任公司官员,且可以在本州内找到。如果本州内没有申请人知晓的公司官员,可以采取公告送达,即将传票在申请提交的县的当地报纸上刊登三周,每周一次。

针对下列人士的送达可以采取公告送达的形式——即将传票在申请提交的县的当地报纸上刊登三周,每周一次。这些人包括所有非本州居民或因不能在本州找到而无法送达本人的人;不受 302A 法令规制,由于解散、经营期限届满而结束经营或在起诉之前 3 年已经结束经营的国内公司以及未知的公司权益继承者;以及"所有其他未知的、针对此处申请中描述的不动产主张任何权利、地产权、留置权或权益的个人或当事人"。

如果由法院发出的、在传票公开之前、之时或之后被存档的传票令或者追加命令作出相关指示,则该传票可以用地区法院进行民事诉讼时送达传票的方式送达非本州居民或不能在本州找到的被告,且其效果与地区法院进行民事诉讼时送达传票一样。

如果非本州居民的被告(无论自然人还是公司)能够在本州找到并能亲自送达,那么应该亲自向其送达。法院行政官还应该至少在对判决进行登记的 20 日以前向满足下述条件的被告邮寄传票副本:1. 没有向其亲自送达传票的;2. 非本州居民;3. 其地址为申请人所知或已在申请书或在指示发出该传票的命令中注明。法院行政官作出的证明"他已经如上所述邮寄了传票"的证明书,将成为该事实的最终证据。登记申请的其他或进一步通知可采用法院或法官规定的方式向其规定的人送达。送达费用应由申请人承担,送达回证应采用与民事诉讼相同的方式制作。传票必须完全按照下述格式制作:

申请土地登记的传票

明尼苏达州
＿＿＿＿＿＿＿县
地区法院＿＿＿＿＿＿＿司法管辖区
就(申请人姓名)申请对位于明尼苏达州＿＿＿＿＿＿＿县的下列不动产,即(对土地的描述)＿＿＿＿＿＿＿进行权利登记一案,
申请人
Vs
(被告的姓名)以及"所有其他未知的、针对申请中描述的不动产主张任何权利、地产权、留置权或权益的个人或当事人"。
被告
明尼苏达州告知以上指定的被告:
你们在此被传唤,要求你们在本传票送达之日后20日内(不含送达之日),对上述诉讼中申请人提出的申请作出答辩,并将答辩状提交至上述县的法院行政官办公室。如果在规定期限内未作出答辩,本诉讼中的申请人将向法院申请必要救济。
上述法院行政官＿＿＿＿＿＿＿谨此证明。印章,地点＿＿＿＿＿＿＿日期＿＿＿＿＿＿＿
(盖章)
法院行政官签名

第二款 管辖权。传票送达后,法院获得了对该诉讼的事物管辖权。法院同时获得对下列权利人的管辖权:对申请中所述不动产拥有或可能拥有任何权利、权益或地产权,或任何留置权、担保权益的人。通过传票中的以下表述"所有其他未知的,针对申请中描述的不动产主张任何权利、地产权、留置权或权益的个人或当事人",世人都成为被告方当事人,必须受法院判决的拘束。已经向其送达传票的,针对土地主张任何权利、地产权、权益或留置权的人,都要受到法院判决的拘束,该人所声称的权利、地产权、权益或留置权的性质,申请材料中的任何描述,审查官的报告、传票或其他任何事项都不影响这一点。依据本法第22条授予登记判决以法律效力是明尼苏达州的公共政策。

508.17 答辩

针对土地主张任何权利、地产权或权益及留置权的人,无论是否在传票中列明,都可以在传票规定的时限内或法院允许的延长期限内提交答辩状。答辩状须阐明所有针对申请材料的反对意见,列明当事人所主张的权利、地产权、权益以及留置权等。答辩状须由被告或其代表签字且经过其核实。

508.18 专为诉讼指定的监护人;何时指定

应申请人或任何该程序的利益相关人请求,法院将为下列人员指定一个无利害关系的人,作为专为诉讼指定的监护人:未成年人、其他不完全行为能力人或已去世但对土地享有权益或留置权的人。监护人的补助由法院确定,并作为诉讼费用的一部分由申请人承担。

508.19 缺席判决

如果传票规定的时间内或法院允许的时间内,没有人出庭并提出答辩,在没有出现反对理由,且有充分证据证明申请人的权利的情况下,应申请人的请求,法院可以立即作出判决并制作判决书,确认申请人的权利,并指令登记机关进行登记。

508.20 审判;相关事项

如果有人提交答辩状,法院将按照普通民事程序来审理案件。法院可以将案件或其中的任何部分转交给审查官。审查官将组织听证以听取当事人的意见并审查其提供的证据,并在此基础上向法院提交报告。审查官报告存档后,法院可以要求在法庭上或者在审查官面前针对诉讼举行其他的或进一步的听证,如有需要,法院可以要求任何一方当事人就案件提交其他或进一步的证据。

508.21 驳回

经过听证,如果法院查明申请人对登记土地不享有合法权利,法院将不带偏见地作出驳回申请的决定。申请人可以在终审判决作出前向法院请求撤回申请。

508.22 判决登记,法律效力

经过听证,如果法院查明申请人对登记土地享有合法权利,无论是否在登记申请中申明,法院将就此作出判决,确认申请人的权利并指令进行登记。除非另有规定,每一个登记判决将对其中描述的土地具有法律效力,并将永久确定土地的权利,且对所有人都具有永久和确定的法律效力,而无论他们是否在申请材料或审查官报告中被提及,或是对土地享有未在申请材料或审查官报告中提及的权益,也无论他们是否列明在传票中,或属于"其他未知的,针对申请中描述的不动产主张任何权利、地产权、留置权或权益的个人或当事人"。判决不能因任何与判决有利害关系的人缺席、未成年或其他法律不能而允许将来改变或追加、被撤销、被宣布无效或取消。除非有特别规定,判决也不可以通过任何普通法或衡平法上的程序而允许将来改变或追加、被撤销、被宣布无效或取消。判决还将永久性地确定、拘束并裁定被告的配偶基于婚姻关系所获得或产生的、与判决所涉及土地有关的权利、权益、地产权以及留置权,其效力如同在判决中明确列出了配偶的姓名。

508.23　判决的内容;存档的副本

第一款　细节;整理归档。每一个登记判决必须注明记录的日期和时间(具体到分钟),并由一名地区法院的法官签名。判决应当阐明权利人是18周岁还是大于18岁,已婚还是未婚,如果已婚,说明其配偶的姓名。如果权利人存在法律行为能力缺陷的情况,判决应说明这种法律行为能力缺陷的性质。判决必须载明法院最后查明确认的土地的准确情况,指出权利人的地产权。此外,判决应按照各权益的优先顺序宣布所有的特定地产权、抵押权、地役权、留置权、扣押和其他土地负担,包括配偶对土地或权利人的地产权的权利(若有的话),以及法院正当认定的其他事实。一待登记判决被归档,法院行政官须将一份核实后的副本提交登记官。

第二款　边界的司法裁决。如果有一条或多条土地边界线被司法裁定,登记判决中对土地情况的描述需要参照上述事实和标明了土地边界线的司法界标的位置。当任何土地边界被登记后,法院行政官还需要把一份核实后的测量地图提交登记官,其中应有持有许可证的土地测绘员出具的证明,表明已登记的土地边界已经按照法院的指令用司法界标的形式标出。权利登记官应把核实后的测量地图作为备忘录登记在法院判决所颁发的已登记土地权利证书中。如果相互连接土地中的任何一块被登记,法院登记判决将指示权利登记官在权利证书中以备忘录的形式标明相互连接的土地情况,这些土地的边界已经在地区法院的案例中被确定下来。

第三款　附属性地役权。如果登记判决只针对附属性地役权,则判决中应对其所附属的非限制继承地产权情况作出描述并注明权利证书编号。权利登记官不能为地役权单独颁发权利证书,但是应当把地役权作为备忘录登记在为指定的非限制继承地产权土地颁发的权利证书里。在为上述非限制继承地产权颁发新的权利证书时,权利登记官应删除旧证书中有关地役权的备忘录,并将地役权的情况登记在新权利证书中对地役权所附属的非限制继承地产权的描述之后。

508.24 登记随土地转移;撤回

第一款 依据本法规定,获得登记判决、收到土地权利证书将被视做签署一份随土地流转的协议,这将约束申请人和权利的继受人,使得土地将永久成为登记土地,除非按下文假设的情况并遵照本法以及所有修正法案的规定将登记撤销。所有的土地交易,或者土地上的地产权或权益以及所有的留置权、土地负担和针对土地的担保权益的交易,在土地被登记之后,且保持已登记状态时,须遵守本法的相关规定。

第二款 申请书、非都市的县。在没有一等城市的县内,土地的登记权利人可以向土地所在县的地区法院申请撤销登记。在对登记记录中出现的权利人以及申请人知晓的、对财产享有或主张任何权益的人进行书面通知后的20天内,地区法院要对这一申请进行听证。上述通知必须按照地区法院在民事程序中有关传票送达的规定送达,法院另有规定的除外。在听证过程中,任何对土地具有利害关系或可能因撤回登记而受影响的人,都可以出席听证并对申请发表支持或反对意见。经过听证,根据当时存在的任何土地负担、留置权或其他权利要求,法院可以指令撤销土地登记。如果作出上述指令,法院须要求县登记员将已核实的指令副本、已核实的原登记判决副本、权利证书中备忘录部分所有尚未履行的文书副本进行登记,其费用由申请人承担。在指令中,法院须核对原始登记与最后的权利证书中对土地状况的描述是否有所不同。一旦权利登记机关完成文件的登记并将核实后的指令副本归档,土地应撤销登记,成为未登记土地。

508.25 权利证书持有人的权利

每个按照登记判决获得权利证书的人以及之后支付了合理对价的已登记土地的善意购买人,应持有该证书,并摆脱所有的土地负担和不利诉求,在登记机关的最后权利证书中注明的地产权、抵押权、留置权、权利担保和权益除外,下列针对土地的权利或土地负担,如果存在,也除外:

(1)依据合众国宪法产生或存在的留置权、权利主张和权利,且本州不能要求进行登记的;

(2) 任何不动产税收或特别分摊费用的留置权；

(3) 期限不超过3年的租赁，并且已经实际占用了项下的建筑物；

(4) 所有对土地上的公共高速公路的权利；

(5) 本法允许的上诉权利，或出席申请程序并申辩的权利；

(6) 任何人根据从权利证书所有人处获得的契据或合同所享有的权利；

(7) 依据514.01至514.17设立的的任何未履行的建筑物上的优先权。

除非按照本法规定提出申请，由于没有缴纳268号法令确定的或税收委员管理的税收而按照本州法律产生的税收留置权，无论现存的或将来的，都不会对按照本法进行登记的土地上权利产生阻碍。

508.26 初步判决

所有对土地拥有任何权利、权益或留置权的人，如果传票并未实际向其送达，其本人对提交申请事宜或尚未作出判决的这些诉讼也不知情，可以在上述案件判决作出后的60日内（期间届满之后无效），向法院提交经依法核实的申请状，说明有关事实并请求法院许可其提交答辩状。如果认可申请状中提出的事实的真实性，法院可以发出指令，允许其对登记申请提出答辩。待这一答辩提交后，在至少提前10天通知申请人和法院指令的其他当事人的情况下，按照法院指令的方式，法院可以对案件进行复审。如果确信其决定或判决必须进行修正或予以追加，法院可以发出指令。基于此，法院可以对案件重新进行听证和审理，并依据衡平法作出进一步的命令、决定或判决。

508.27 诉讼未决时已获得的权利

在登记申请书副本提交县登记员之后，在登记诉讼作出判决之前，任何应获得土地的权利、权益或地产权的人，可以立即作为一方当事人在登记诉讼中出庭并答辩，其权利、权益、地产权或留置权均应服从法院的指令和判决。

508.28 诉讼的限制

此处作出的任何登记判决和依据该判决签发的任何原始权利证书均不得被判定为无效或被撤销，除非在登记判决日期之日起6个月内，针对上述登记判决或依据该判决签发的原始权利证书的有效性提出质疑并提起诉讼,或者被告方主张无效。原始登记判决作出后,任何要求恢复对已登记土地的权利、权益或地产权的诉讼和程序,如果不利于依据原始登记判决所产生的权利、权益或地产权,则都不能得到支持,除非上述诉讼在登记判决之日起6个月内提起。任何针对原始登记判决当日存在的已登记土地上设置的留置权或权利担保提起的执行或反对诉讼,如果这些权利不被上述判决所认可或并非依据上述判决所产生,则均不能得到支持,除非上述诉讼在登记判决之日起6个月内提起。任何受判决拘束的个人都不能开始诉讼或其他程序。这里的所有规定都不影响本法生效之时已经终止的权利。

508.29 上诉

任何地区法院作出的指令和判决都可以依据本法的以下规定向上诉法院提出上诉:

(1) 自任何终审判决作出之日起90天内。对于判决未送达本人的当事人,上诉期为终审判决作出之日起的6个月。针对判决的上诉,上诉法院可以对任何涉及当事人法定权利或对终审判决产生必要影响的中间指令进行复查。

(2) 任何批准或驳回修改申请的指令,以及任何废除或驳回判决的指令,应自指令作出之日起30日内。

(3) 任何同意或拒绝新的庭审的指令、任何涉及诉讼当事人法定权利的指令或其中的某一部分,自指令作出之日起30日内。

(4) 任何在土地初始登记完成后发出的有关该登记土地的指令,自指令登记之日起90日内。

所有针对依本法进行的诉讼中作出的指令或判决提起的上诉,与其他民事案件相同。

508.30 权利登记官

县登记员是其所在县的权利登记官。

508.31 登记官保证金

在履行公职之前,权利登记官要按照县管理委员会确定的数额和州签订合同,并按照县管理委员会的要求提出保证人。该合同要经过地区法院的同意,在县登记员办公室存档,并且应以忠实履行义务为生效条件。该合同的一份副本应在法院登记簿上存档并登记。

508.32 受法院控制;盖上印章

权利登记官在任何时候都要接受法院的控制。如果认为合适,法院可以通过设置规则控制登记办公室的行为。每一个权利登记官都有一个正式印章,所有要求登记官正式签名的文件上都应加盖该印章。用印章加盖的图章可以通过照相或电子技术清晰地复制,也可以通过传真打印,或由电子生成。

508.321 对登记官决定的上诉

如果登记官拒绝登记一个文件,有利害关系的一方可以将这一事项提交权利审查官进行复审。权利审查官可以通过在文件上作"同意登记"的背书以表示同意登记该文件。一旦获得审查官的同意,登记官须接受文件并给予登记。

508.33 副登记官

权利登记官可以指定一名或多名副权利登记官,或者县里的副登记员代替登记官履行公职。副登记官将以登记官的名义工作,且其行为均视为登记官的行为。登记官须对副登记官的任何疏忽或遗漏承担责任,责任的范围与登记官自己造成的疏忽和遗漏相同。经县管理委员会的同意,登记官可以雇用职员以正确履行登记办公室的职责。在县登记员不能收取费用以取代薪水的县,县管理委员会将为登记官指定或雇用的所有副登记官和职员确定补助金,这笔资金只能由县基金承担。

508.34 权利登记簿

登记判决提交登记官后,登记官须立即按照判决的条款,遵照本法规定的形式对权利进行登记。登记官应保存一本名为"权利登记簿"的簿册,并从 1 号开始,以权利证书的编号为序将所有初始和其后的权利证书登记在"权利登记簿"上。将权利证书记载于"权利登记簿"的过程即登记的过程。"权利证书"一语将被视为包含了所有的备忘录材料,且每份权利证书须留有适当的空白以记载备忘录情况。每一份证书将在登记簿中单独成页,所有登记官可能记载的备忘录都要在最新的权利证书所在页上加以记录。

508.349 权利登记官的正式签名

在依据本法第 35 条或 38 条,要求权利登记官或副登记官正式签名时,可以使用电子技术合成的签名或姓名的副本。

508.35 证书的形式

权利证书须包含权利人的姓名和住所,土地情况的描述以及权利人地产权的描述。权利证书还将通过备忘录的方式对所有的抵押权、留置权及权益等加以记载。在土地上设有信托或土地受制于其他条件或限制的情况下,证书将说明其性质和特征。权利证书将主要采取以下形式:

权 利 证 书

  初始权利证书,遵照明尼苏达州_____县_____司法管辖区地区法院的指令,日期_____登记

  明尼苏达州_____县

  本证书用以证明_____,住所为_____,在_____州,现为下列位于明尼苏达州_____县的土地的地产权的权利人,_____,土地情况如下:

  应受制于备忘录中所记载或背书的抵押权、留置权和其他权益,并受制于依1905年法案第305章第24条之规定存在的下列权利和抵押权,即:

  (1) 依据合众国宪法或法律产生的、本州的法律不能要求加以记录的留置权、主张或权利;

  (2) 任何不动产税收或特别分摊费用;

  (3) 期限不超过3年的租赁,并且已经实际占用了项下的建筑物;

  (4) 所有对土地上公共高速公路的权利;

  (5) 法律允许的上诉权利,或出席申请程序并申辩的权利;

  (6) 任何人根据从权利证书所有人处获得的契据或合同所享有的权利;

  (7) 依据514法案第1条至514法案第17条存在的任何未履行的建筑物上的优先权。

  我谨在此签名并加盖我办公室的正式印章,以昭信守。日期_____

  明尼苏达州,_____县,权利登记官

  所有在原始权利证书之后签署的后续证书都将采用类似形式,只是要加"由_____号(这里要填和相同土地有关的上一个权利证书的编号)转移而来"的标注,而且应包含"已经初始登记(登记的日期、卷册、页码和权利证书编号)"的字样。

  508.351 共有权证书

第一款 声明。在向权利登记官提交有关共有权的声明或内部章程之前,或向其提交关于对共有权声明和内部章程的修正之前,必须经过初始登记之后进行的诉讼程序由法院发出指令作出决定,或由权利审查官发出书面指示,表明提交的文件符合法律关于共有权利申请的规定。

第二款 共有权利证书的形式。一旦提交了创设共有权的共有权声明,登记官会签发一份权利证书,名为"共有项目权利证书"(简写为"CECT")。证书主要包括以下形式:

共有项目权利证书("CECT")

本证书系为第_____号共有 CIC 签发的共有项目权利证书

明尼苏达州

_____县

本证书谨此证明第_____号共有 CIC 的共有权利受以下备忘录中列明的抵押权、留置权和权益的约束。

我谨在此签名并加盖我办公室的正式印章,以昭信守。日期_____

明尼苏达州,_____县,权利登记官

第三款 地块索引。共有项目权利证书必须按照权利证书的相应规定进行保存,且须按照第 37 条 1a 项的规定在地块索引中列明。地块索引中权利人的姓名必须是"单位权利人"。在地块索引中对登记土地的说明必须是"共有项目"或"共有项目权利证书"。

第四款 单位证书。在为声明中描述的土地单位所签发的权利证书中,对土地单位描述之后,必须紧接着包含以下实质内容的声明:"受第_____号共有项目权利证书中注明的抵押权、留置权和权益的约束"。

第五款 备忘录。以下内容必须在共有项目权利证书中作为备忘录列明,包括:共有权声明、内部章程以及对共有权声明和内部章程的修正;按照 514 号法案任何限制共有项目的留置权;任何依据第 336 号法令 9-314 条的固定备案,其中的财务声明部分对共有项目进行了描述;根据 515B 号法令 3-102(a)(9)项,在共有项目之上设立的地役权;任何证明依据 515B 号法令 3-104 产生的陈述人特别权利发生流转的文件;以及任何依据 515B 号法令 3-112 产生的共有项目的权利转让或抵押权。

第六款 既存的共有权利。如果在 2001 年 8 月 1 日前,某块已登记土地上已经存在共有权利,但尚未为其签发共有项目权利证书,则在提交了第五款中特别列明的文件之后,登记官须为其签发共有项目权利证书,但在证书签发之前提交的文件无须作为备忘录加入证书中。登记官须按以下形式在权利证书中的土地情况说明部分为共有项目的每一个单位作出声明:"受第_____号共有项目权利证书中注明的抵押权、留置权和权益的约束。"在将来为共有项目的每一单位签发的证书中,须在对单位情况描述后紧接着加入一个包含以下实质内容的声明:"受第_____号共有项目权利证书中注明的抵押权、留置权和权益的约束。"

508.36 证书和作为证据的副本

本州的所有法院都必须将权利登记处的权利证书及经登记官或副登记官核实的权利证书副本(核实须加盖登记官的印章)接受为证据。上述证据对其中列明的事项具有最终的证据效力。不动产的交易契据、抵押文书、租约、其他权利转让证书,以及由登记官依法作出的、对已登记土地产生影响的任何形式的文件,连同其中任何符号、背书和备忘录,无论是之前或今后提交给登记官,本州的所有法院都必须接受其作为证据,不需要进一步或其他的证明。但这些文件只是其中包含内容的初步证据。经核实的文件副本,或任何副本,可以类比上述规定在本州的所有法院作为证据,与原件具有类似的效力。

508.37 地块索引,相关事项

第一款 已废止

第 1a 款 索引。登记官须保存地块索引。登记官须将所有已登记土地的准确情况描述、连同相应土地的所有权人和权利证书编号记录在地块索引中。登记官须保存两本索引,分别是转让人索引和受让人索引。这一索引中须包含:转让人和受让人的姓氏和名;登记日期,具体说明年月日,时刻,以及上午还是下午;文件的编号;证书的编号,或在可行时,还应包括土地登记所在的簿册及页码。

第二款 登记。登记官须按照之前说明的顺序和方式登记每一个索引。索引被记录后,所有已在登记官处进行登记的、影响土地权利的文件,以及文件的细节等都要在索引的适当位置加以记录。索引信息的检索必须尽可能采取按字母顺序检索的便捷方式。

508.38 记录采用方式

凡是由登记官归档且对土地权利有影响的文件,登记官必须在可行的范围内将其连续编号,同时,登记官必须在每份文件上注明登记官的正式姓名、登记官所在办公室、文件鉴定、文件归档日期、时间(具体到分钟)、文件编号,并指出相关的权利证书。如果需要修改,文件必须按照15号法令第17条的规定进行复制或翻印。随后登记官应该亲自将文件交给(或者邮寄给)呈交文件方或者按照指令登记官必须递交文件的其他当事人。若某个法律文件的备忘录是以某个证书为基础的,则需要在相关证书上注明日期、编号和归档时间。任何在登记官的办公室里保存的、与已登记土地有关的记录和文件,应该在法庭指定的时间和地点对公众开放。任何在登记官处存档或者登记的文件副本,不管是自愿还是非自愿,都可以和原件一起呈交,同样应当在其上注明文件编号及原件上的其他备忘录,可由登记官核验并密封,再归还给呈交文件的人。登记官必须提供在登记官办公室归档并登记的法律文件的经核实的副本,并在注册办公室登记,其付费标准参见508.82。

508.381 官方记录、信息的编辑、维护和储存

在下列条件下,权利登记官可以选择并使用替代性方法对第34条和第37条中规定的官方记录中包含的信息进行编辑、维护和储存。

(1)所选择的方法必须为法律授权其获得信息的部门提供某种途径,以使他们可以获取官方记录中的信息;并且

(2)选择的方法必须在法律规定的范围内对记录中的信息进行保存。

508.39 登记后的通知;送达

在登记官或者法院进行原始登记之后,本法要求的所有公告将通过以下方式送达当事人从而对其进行通知:对于本州居民,通知应该用法律规定的、在民事诉讼中传唤当事人所采用的送达方式送达,并应采用同样的方式制作送达证明;对于非本州居民,则通过证书或登记官处存档的已登记法律文件上注明的邮政地址将通知邮寄给当事人。登记官或者法院行政官所作的关于"通知已按照前述方式邮寄"的证明书将作为该通知已经送达的最终证据。但法院可以通过公告或其他方式送达通知。

508.40 提供给所有权人的权利证书副本

权利证书记载完成后,登记官应该制作一份副本并将其递送给权利人

或经授权的代理人。无论是使法律文件（无论自愿与否）得以存档，还是登记一份新的权利证书，或者在权利证书上记载一份备忘录，都不需要呈交或者交出副本。

508.405 已废止

508.41 已废止

508.42 已废止

508.421 替代证书

第一款 已废止

第1a款 重新颁发。已登记土地的权利人可以要求权利登记官颁发一份不带有任何关于已终止权益的备忘录的新权利证书。

第二款 多块土地或者权益。如果已登记土地的权利人拥有（1）就两块或两块以上土地而颁发的一个权利证书，或者（2）就一块或者多块土地的未经分割之权益而颁发的一个权益证书，他可以请求登记官为每一个权利人分别颁发一个权利证书，或者为每一块土地分别颁发一个权利证书，或者按照权利人要求，为全部土地仅颁发一个权利证书，使其与已登记的权益一致，但这样颁发必须满足一个前提——不需要按照本法第47条对已登记土地进行测量。若权利登记官已就一块或多块土地向一个或者多个权利人颁发了一个以上的权利证书，权利人可以要求登记官就所有的土地向权利人颁发一个单独的权利证书；登记官也可以按照权利人的要求，向土地的权利人颁发两个或两个以上的权利证书，或者就每一块土地或者几块土地的联合体颁发两个或两个以上的权利证书，从而使得它与已登记的权益一致，但这样颁发必须满足一个前提——不需要按照本法第47条对已登记土地进行测量。

第三款 "替代证书"的名称。按照本条规定颁发的证书叫做"替代证书"。

508.43 证书，生效日期

权利证书被记入权利登记簿后，应具有溯及力，以登记判决之日作为生效日期。

508.44 已废止

508.45 已废止

508.46 已登记土地的地图

已登记土地的权利人有权以与未登记土地相同的方式对该土地绘制地图并将其划分成小块土地。与分割和绘制未登记土地相关的法律对已登记土地具有相同效力,但测绘官绘制的地图应提交登记官。

508.47 已登记的土地;转让;测绘记录

第一款 转让。已登记土地的权利人有权转让、抵押、出租土地,在土地上设定担保或者进行其他交易,与土地未登记的情形完全相同。已登记土地的权利人有权以契约、抵押、出租或者其他合法文书的形式实现交易目的。除遗嘱及3年以内的租约外,任何声称转让或影响已登记土地的自愿转让文书均不能对该土地发生转让效力、约束力或者影响该土地,而仅应在当事人之间产生契约效力,并应作为登记官登记的依据。登记法令应为转让或影响土地的有效法令。

第二款 登记土地的测绘记录。如果未测绘的已登记土地的权利人欲将该土地的一部分转让,但转让土地的面积既未用完整政府地块的方式表明,也未用简单分数表示的完整政府地块或简单数字表示的完整政府地块方式标注,则权利登记官有权要求其提交一式三份的土地图纸,标明即将转让的地块,此图纸应称为"登记土地测绘记录"。

第三款 定义。(a)"完整政府地块"是指小块政府土地,面积用块(1块通常为1平方英里)表示,如1/16块、1/64块,以此类推。(b)"简单分数表示的部分完整政府地块"是指用完整地块的分数表示土地大小,如1/2、1/3、1/4,以此类推。(c)"简单数字表示的部分完整政府地块"是指用数字表示土地大小,如20英亩、200英尺、10测链,以此类推。

第四款 测绘记录;必要条件;存档;副本。

已登记土地的测绘记录应当正确地对其中的未测绘地块进行法律描述,并注明未测绘地块的外部测量结果;在所有地块的描述中,该地块的所有边界方向应以角度或方位或相对于已登记土地外部界线的其他关系标示。测绘员应在土地的适当角落设置界标,所有的地块都应当从"A"开始用字母连续标记。

描述多层地块的已登记土地测绘记录应当包括地块立视图,立视图应参照国家土地测量垂直数据(1929年调整)表明土地立视时的上下边界。

上述已登记土地的测绘记录不能将上述任一地块或土地的任一部分赠予公众。除非该县拥有缩微技术,否则应将已登记土地测绘记录的复印件提交县审计官。

　　登记土地的测绘记录应写在纸上,并固定于布料之上,应当以黑色在白色之上制图,比例不小于 1 英寸：200 英尺。该记录应由注册测绘员核实,证明是对上述未测绘地块部分的真实描述。

　　裱好的绘图应为 17 英寸×14 英寸,或者依登记官的要求为 20 英寸×30 英寸,为装订方便,14 或 20 英寸中应留出不少于 1/2 到 2 英寸的空白。这样的测绘记录应当一式三份,提交权利登记官存档。

　　但在存档之前,任何测绘记录应按照批准地块地图的方式获得批准,该批准书应在测绘记录上标注,或附在其后。

　　在存档时,必须先呈交一份由司库作出的已完税证明,然后该测绘记录才能为登记官接受存档。

　　对于具备微缩技术的县,可利用摄影技术在合适的薄膜或描图布或者相同质量的材料上制备测绘记录。

　　尽管第五款有相反规定,其他的测绘记录副本均无需存档。

　　登记官应当依法核实上述已登记土地测绘记录的副本,并向他人提供该副本。该副本可以作为证据使用。

　　第五款　已登记土地测绘记录的存档。已登记土地测绘记录应当在权利登记官办公室备案,权利登记官应当为每一个测绘记录编号,编号从"一"开始,顺次进行。

　　已登记土地测绘记录中的一份应由权利登记官作为主要副本保有,一份存放在登记官办公室以备公众查询,另外一份提交县审计人员,供其日后方便时作为相关税务状况说明的参考。

　　此后已登记土地测绘记录的每一块土地均称为"××土地,已登记土地测绘记录第××号",所有权利转让证书均应如此描述上述财产。如果转让证书中的土地描述依据的是未按照第四款规定获得批准的已登记土地测绘记录,则登记官不得将这份未测绘的已登记土地的转让证书进行归档和登记。除非有权批准地块地图的机关立即以背书或附件方式批准该记录。

　　第六款　不改变税收分类。本节中有关已登记土地测绘记录或其他形式的任何规定之实施均不影响土地纳税分类。本款意在简化描述和表示涉及转让的已登记土地。依照已登记土地测绘记录进行的土地转让将视做依照土地的边界进行转让。

第七款 小块地的转让。在土地是用必要的语言进行描述而非用简单分数或数量进行表示时,比如转让小块土地、"超小土地"、"微型土地"的某些部分,本条的规定同样适用。

508.48 对已在登记官处归档的权利产生影响的法律文件;公示

任何根据现行法律将影响未登记土地上权利的权利转让证书、留置权、扣押令、命令、裁定、判决,以及其他法律文件或法律程序,如果在县登记员处进行了登记或存档,则将以同样的方式对已经在该不动产所在县的登记官处进行登记的土地上的权利产生影响。同时,上述文件应从对创设其上的权益进行登记或归档开始,构成对世人的公示。无论是在已登记的文件中提及某个未登记的文件或权益,还是不享有已登记权益的当事人在已登记文件中对某个事实进行承认,无论是实际发生的还是推定的,都不构成对某个未登记权益的公示。

508.49 低于非限制继承权的权益;通过备忘录进行公示

如果转让已登记土地时没有放弃土地上的非限制继承权或这些权利的一部分,则不会为该转让行为颁发新证书。所有存在于已登记土地上的权益,如果低于非限制继承的地产权,应通过如下方式来注册:将创设、转让或主张该权益的法律文件在登记官处进行存档,并且由登记官在权利证书上制作一个简要的备忘录并签名。对这些权益的撤销也将采用同样的方式。

508.491 关于分期付款土地转让合同的转让声明

第一款 定义。在本条中,"关于分期付款土地转让合同的转让声明"指这样的法律文件:

(1)它是按照336号法令9-619(a)条制作的一个转让声明;

(2)它转让卖方在一个出售土地或土地权益的未生效合同中的权益,该合同中的土地权益将赋予买方占有土地的权利。

第二款 声明的登记。"关于分期付款土地转让合同的转让声明"中的受让人有权将声明按照336号法令至9-619(b)条的规定进行登记。登记官将在附有债务人已登记权益的土地的权利证书上记载一个关于声明的备忘录。

第三款 新权利证书。如果"关于分期付款土地转让合同的转让声明"中的受让人已经成为非限制继承的土地权利人,受让人可以对权利进行登记。为了进行此项登记,受让人必须向法院申请一个新的土地权利证书。

一旦接到申请,法院应当告知利益相关者并命令向申请人颁发新证书。在自愿转让的场合之下,登记官应当向申请者拥有的土地颁发新的权利证书。

第四款 融资声明。按照336号法令9-502(b)条进行归档的融资声明不需要包括:(1)债务人或保证人的签名;(2)确认书。但应该在登记官处进行存档并且在权利证书上制作一个备忘录。

508.50 法律文件上注明姓名(名称)和地址

所有的契约或者其他自愿的法律文件,在呈交登记时,必须在文件中包含或者背书根据该文件获得或主张权利的受让人或其他人的全名和邮寄地址。所有的姓名(名称)以及地址也应该在权利证书上进行登记。如果邮寄地址发生了改变,则将改变人的宣誓书存档后,应将此种改变在权利证书上用备忘录进行注明。

508.51 自愿法律文件

第一款 如果是自愿法律文件;例外

如果某个由已登记权利人或已登记权利人的代理人制作的自愿法律文件被呈交登记,登记官应该按照这些法律文件登记一个新的权利证书或者制作一个登记备忘录,为保护支付了合理对价的善意购买人的利益,这些新的权利证书或备忘录将对已登记权利人以及从已登记权利人处主张权利的人具有约束力。在通过欺诈取得登记的情况下,在不损害支付了合理对价的无辜的权利证书所有人的权利的前提下,权利人有权针对欺诈人采取所有普通法和衡平法上的救济措施。

第二款 已废止

508.52 转让证书;注销旧的证书和颁发新的证书

已登记土地的权利人如果希望完全转让土地或者土地的一部分,应该签署一份转让契约,并将契约在登记官处存档。

转让契约应当登记,并在上面注明权利证书的登记编号和登记场所。在仍然存在的权利证书被注销之前,登记官应该通过备忘录在该证书上注明已对契约进行了登记。所有对已登记权利人的权利不利的抵押权、主张或权益均应在新证书上注明,除非它们也同时被取消或解除。

登记官应在权利证书上注明"注销",在登记簿上为受让人登记一个新的权利证书,并为受让人准备并送达一份新权利证书的副本。

如完全转让契约只涉及权利证书上所描述土地的一部分,则登记官所登记的契约备忘录应该包含契约中所作的法定描述,登记官还应就被转让的该部分土地给受让人制作一个新的权利证书,并且除非本条另有规定,还应就未转让的土地向转让人颁发一个剩余权利证书。登记官应该为双方准备相应的副本,并向其送达。

如果转让契约没有对未绘制地图的土地进行分割,且已登记权利人也没有相反的要求,则作为注销转让人权利证书并颁发剩余权利证书的替代方式,登记官可在权利证书上以土地描述的方式注明"此土地的一部分已经转让,详见备忘录"。

只有当转让人权利证书上所描述土地的一部分已经转让,并且转让人的权利证书已经注销时,登记官才有权收取制作剩余权利证书的费用。

如果在同一天有两个或两个以上的针对同一地产权的、连续让渡证书被存档登记,则为了受让人的利益,登记官可以只根据连续的让渡证书中的最后一个登记一个权利证书。而在先前的权利证书上登记的有关先前契约的备忘录,它将如同已经就连续让渡证书中较早的契约登记了在先的权利证书那样产生效力。

对在先的契约进行登记的费用和对备忘录进行登记的费用相同。权利登记官在征得受让人的同意之后,可以以已登记权利人的名义在权利证书上注明"详见为新权利人制作的备忘录",并且可以在关于让渡证书的备忘录上声明,为了此处注明的受让人的利益,该备忘录可以代替新的权利证书。此外,登记官应该避免在权利证书被随后的转让所取消之前注销该权利证书,表明此种权利转让的备忘录将与为权利证书中描述的土地颁发新的权利证书产生相同的效力;在仅仅登记转让证书而不注销权利证书的情形下,其费用和对备忘录进行登记的费用一样。

508.53 转让以及税款的支付

如有任何法律要求影响未登记土地的契约、地图或其他法律文件必须由合适的县或市的官员在上面注明,所有与之相关的税款已经缴纳完毕,则该规定也同样适用于已登记土地,并且在任何影响已登记土地的契约、地图或其他法律文件在登记官处存档之前,这些法律必须得到遵守。

如果根据某个登记判决,任何税款、本地摊派留置权或由其产生的权利,受到该判决所确定的权利的制约或者已包含在该判决中,则所有上述留置权或权利应在判决中得到详细描述,并且自登记时起,这些权利或留置权将被视为已经依法得以实现。

如果地方税收应该支付给县审计官或市司库,则所有县的核实后的判决书副本应在这些审计官或司库处存档。县审计官和市司库应该认可该判决书所描述的留置权和权利已经按照法律得以实现,并在各自办公室的登记簿上进行适当的登记。如果此后有任何影响该土地的契约、地图或其他法律文件呈交县审计官或市司库,且这些官员有义务对这些文件进行官方背书,则他们应该认可该判决所描述的留置权或权利已经按照法律得以实现,并无须提及或涉及相关判决,在这些契约、地图或其他法律文件上进行官方背书。

508.54 抵押

无论是针对整个土地还是土地的一部分,已登记土地的权利人可以通过契约或其他在法律上足以达到目的的其他法律文件对该土地设定抵押,这些抵押文件或其他法律文件可以转让、延期或解除,并可被抵押权人通过任何形式的契约或足以在法律上达到目的的其他法律文件进行交易。这些契约、抵押文件或其他法律文件,以及所有转让、延期、解除或用其他方式交易抵押权的法律文件均应登记,且只有在登记之后才会对权利产生影响。

508.55 对抵押的登记;登记在权利证书上的备忘录

已登记权利人或其代理人,或者除前述人以外、在权利证书上登记了权益的其他当事人,如果要进行抵押登记,应采用如下方式进行:1. 将想要登记的抵押契约或其他法律文件呈交登记官;2. 登记官应在权利证书上登记一个关于已登记法律文件的备忘录,注明存档的准确时间和档案号;3. 登记官还应在已登记法律文件上注明存档时间以及它在登记簿中的卷册和页码。

508.555 担保周转信贷额度贷款的抵押;公示

对于可以随时进行贷款、还款和再贷款,并规定了一次可以担保的最高信贷额度的周转信贷额度贷款而言,如果设定抵押对其进行担保,则自抵押文件被存档并就其担保的贷款及再贷款进行登记之时,该抵押就发生效力,其效力与向各方公示相同,至于贷款、还款以及再贷款的时间和数额以及贷款和再贷款是否具有强制性则无须考虑。

508.56 抵押的转让和解除

如果抵押被转让、延期或用其他方式被交易,则应在权利证书上制作一个相关文件的备忘录。如果只打算解除其中部分抵押,则应制作一个有关部分解除的备忘录。

508.57　取消抵押品赎回权;公示

取消已登记土地上的抵押的赎回权可采用与未登记土地上的抵押相同的方式。在抵押是针对已登记土地的情况下,如果该抵押及抵押的转让本应进行登记,且权利证书上已经适当地制作了备忘录,则通过广告应足以取消其赎回权。通过广告取消已登记土地上的抵押的赎回权时,必须公示抵押的设定日期、登记的时间和地点以及登记的事实。

所有有关取消未登记土地上的抵押品赎回权的法律同样适用于针对已登记土地及已登记土地上的地产权或权益而设定的抵押,除非此处另有规定。除此之外,有关强制执行抵押权或土地上的其他担保,或者取消其赎回权的诉讼或法律程序未决的公告应当在登记官处存档,并应在取消抵押权的公告发布第一天之前,但不早于公告前六个月的时期内将相关的备忘录登记在权利证书上。按如此方式存档和登记的公告应对登记官及此后就该土地或其中一部分进行交易的人构成公示,并应满足 580 号法令第 32 条第 3 款有关已登记土地的规定。在上述所有取消赎回权的过程中,法律允许或要求在县登记员处进行登记的所有权利证书和宣誓书应在登记官处存档和登记。

508.58　取消赎回权之后的登记;新的权利证书

第一款　法院命令

如有任何人通过诉讼或其他法律程序强制执行某个抵押权、留置权或土地上的其他担保或者取消赎回权,从而成为土地或部分土地的完全权利人,则他可对其权利进行登记。除非第二款另有规定,权利人可以通过向法院呈交经合法核验的申请书以申请新的权利证书。法院接到申请之后,首先应当通知所有的利益相关者,然后在其主持的庭审结束之后,发布一个关于向有权获得者颁发新权利证书的命令。随后,在自愿转让的情形下,登记官应当就申请者享有权利的土地或者土地的一部分登记一个新的权利证书。

第二款　权利审查官的指示

如有人依据 581 号法令提起诉讼,从而取消赎回权并成为已登记土地或土地一部分的完全权利人,则他有权在赎回期限截止之后,就县治安官的销售证书所描述的土地或权利证书所描述的土地获得一个新的权利证书。

登记官登记新的权利证书时,只能依据第一款所述的法庭命令或权利审查官就取消赎回权程序是否合法所作的书面指示。权利审查官的指示必须注明,由于取消赎回权,登记官应从新权利证书中删除的法律文件。应已登记权利人或其他利益相关者的请求,权利审查官应通过书面指示命令权利登记官以备忘录形式在权利证书上注明,一个分期享用权益的让渡合同(如515B号法令1-103(32)条所定义)已经按照559号法令终止。该指示还必须注明,由于此次注销,登记官应从新权利证书中删除的法律文件。

508.59　对终审判决的登记

一旦提交核实后的影响已登记土地的判决副本,登记官应对判决进行登记,登记方式为在原有权利证书上登记一份备忘录。

如果该土地之上的已登记权利人被上述判决剥夺非限制继承的地产权或其中任何部分,则胜诉方有权就该土地或者判决中指定的部分土地获得新的土地权利证书。在自愿转让的情况下,登记官应当登记上述新权利证书。

除非收到权利审查官就呈交存档的法律文件以颁发新权利证书是否符合法律要求所作的书面证明,或者根据地方法院发布的要求颁发证书的命令,否则不得登记上述新权利证书。

508.60　租赁

对于已登记土地的租约,如果租期为3年或3年以上,则应当登记。本章有关抵押登记的所有规定,只要能够适用,都适用于租赁登记。

508.61　信托及其他受限制的契约;新托管人;公司解散

第一款　不登记的情形。如果向登记官提交契约或其他法律文件的目的是为了通过信托转让已登记土地,或者附合理条件转让已登记土地,或者有限制地转让已登记土地;或者是为了设立或宣告一项不转移占有的信托或其他衡平法上的权益,则有关信托、条件、限制,以及其他衡平法上权益的具体细节均不必在权利证书上登记,但是可以通过"信托"、"附条件"或其他适当的语词登记一份备忘录,并可通过备忘录上的数字编号查阅创设或批准它们的法律文件。

第二款　新托管人。已登记土地任命新托管人时,只要将任命托管人的判决或其他法律文件核实后的副本提交登记官,登记官就当以新托管人的名义登记一个新的权利证书。

第三款 自愿解散。如果公司所有者按照301号法令的规定正式通过自愿解散的决议,则只要将核实后的证明该决议已通过的文件副本,连同州务卿就"该解散证明已在州务卿办公室存档登记"出示的证明文件呈交登记官,登记官就应以清算管理人的名义登记一项新的权利证书。

第四款 同一天登记;费用。若表明上述委任或解散的法律文件与托管契约在同一天提交登记,则应以受让人的名义登记一份新的权利证书,并且为了托管人的利益,该法律文件的备忘录将与权利证书已经登记的情况产生相同的效力。但如果权利证书以托管人的名义登记,则登记费用相同。

508.62 托管人的让与

如果某个权利人对已登记土地的完全地产权是以信托的形式持有,则其签署的让与土地或对该土地绘制地图的法律文件,只有在以下情形中才应登记:权利审查官已出具书面证明,证明该法律文件是遵照信托文件的授权而签署,或该法律文件已由501B号法第56条所授权的信托证明书所证明,或该法律文件确系依法授权;地方法院发布命令要求进行登记。

权利审查官不得对上述法律文件出具证明,除非:

(1) 该信托是由法院监管;或者

(2) 501B号法令第57条所认可的信托书面声明及设立信托的文件或其核实后的副本,或由501B号法令第56条授权的信托证书已作为备忘录登记在权利证书上。以下两份文件可视为设立信托的法律文件,即核实后的公司已登记权利人的自愿解散决议证明书副本,以及州务卿就该解散证明已经提交登记的证明文件。

508.63 设立留置权的法律文件之登记;判决

要求支付一定金额的判决不构成就已登记的土地设立留置权,除非判决另有规定。

所有主张留置权的人都必须向登记官提交核实后的判决副本和一份书面陈述,陈述内容包括:对债务人拥有已登记权益并被主张留置权的土地进行描述;对该土地权利证书的适当说明。

一旦提交了副本和陈述,登记官应当在该陈述所指定的证书上制作一份备忘录,该判决将因此针对债务人在该证书所描述的土地上所享有的权益设置留置权。

在提交上述核实后的判决副本之后任何时间,任何主张留置权的人都可以通过提交本条所规定的书面陈述,在判决书所确定的债务人享有已登记权益、但以前的声明中没有说明的土地的权利证书上登记此判决的备忘录,然后,该判决就为其确定的债务人在该土地上的权益设定了留置权。

政府的儿童支持部门可以将根据 548 号法令 91 条对判决留置权所作的公告连同不动产的辨识信息提交归档。

一旦收到判决留置权的公告,登记官就应当在每一个可根据提供的信息合理确认为判决债务人所有的权利证书上登记一项备忘录。

判决及其设定的留置权的持续时间为从判决之日起 10 年,且不得延长。期限届满后,权利登记官不得将判决备忘录的内容转到新的权利证书上。

在未登记土地上设立或保存留置权、令状或扣押令时,如果法律要求将各种法律文件、令状、命令或契约的副本进行存档或记录,则应在登记官处存档并登记,以取代纪录,否则不会对已登记土地产生影响。

上述法律文件要获得提交或记录的资格,除了要对法律所要求的事实进行陈述之外,还要包括将受影响的土地权利证书的编号。并且,如果扣押、担保或留置权的主张并不及于权利证书中描述的全部土地,那则上述法律文件应当对该土地进行充分的描述,以助于识别。

508.64 扣押;留置权

在未登记土地的情况下,应采取充分措施,使已登记土地上的各种扣押与留置权得以延续、减损、履行以及解除。如果留置权设立在已登记的土地上,则登记官应将所有的证明书、书面材料或其他法律许可或要求存档或登记的、使未登记土地上的扣押或留置权得以强制执行、延续、减损、履行或解除的法律文件或者通知文件进行归档。

508.65 原告代理人;姓名和地址的背书;通知

提交通知一方的代理人应将姓名和地址背书在按照第 64 条登记的法律文件上。除非被代理方提交书面通知,声明取消原指定代理人的代理资格,并将该通知作为备忘录在该地块的土地权利证书中登记,该代理人将被视为通知方的代理人。

508.66 官员对撤销登记的证明;系属中的案件

如果处理某项诉讼或诉讼程序的法院,或登记某个判决或裁定的法院的法院行政官出具证明书,证明该诉讼已经驳回或已经处理,或者该判决、裁定或命令已经得到指定、履行、免除或撤销;或者任何县治安官或其他官员出具证明书,证明征税、扣押或其他程序已经撤销、解除或处置,而且这些证明书在登记官处存档并通知登记官,那么登记官将拥有足够充分的权力来撤销,或者用其他方式对待依据以上证明而作出的备忘录。系属案件的登记已经作出 10 年以上的,登记官不应当将一份关于公告系属案件的备忘录登记在一份新的权利证书中,除非在 10 年之内在同一诉讼中作出过另一份公告。

508.67 通过诉讼获得权利;新的权利证书

第一款 法院命令。一旦超过法律为已登记土地所规定的回赎期,则以土地进行抵消或按执行令将其变卖之后,或者为强制执行任何留置权,包括税收留置权或任何性质的担保,而持有或变卖该土地之后,根据上述执行程序或者权利证书及契约,或其他在强制执行上述执行令或留置权的程序中制作的法律文件而主张权利的公民,应当向法院提出申请,请求下达命令为其登记一份新的权利证书。一旦接获上述通知,法院应就这一申请进行听证,并据此发布适当的命令。

第二款 权利审查官的指令。任何人若凭借县审计官出具的权利丧失证明书所证明的罚没行为,或者审计官出具的在权利证书上备忘的时间不少于 10 年的变卖证书或州出具的转让证书,而对已登记土地享有权利,则其有权获得一份新的土地权利证书,或获得与权利丧失文件中所记载的等量土地。登记官应只依据法院命令或权利审查官就罚没是否合法所作的书面指示来登记权利证书。此外,权利审查官的指令必须明确说明由于罚没行为而应在新权利证书中略去的法律文件。

508.671 边界裁决

第一款 申请书。已登记土地的权利人可以向法院提交一份经适当核实的申请书,申请从法律上确定全部或部分边界线。申请中应当包含申请者的全名以及所有可能因确定边界线而受到影响的毗邻土地所有者的邮政地址。在向法院行政官提交申请书的同时,应将一份经法院行政官核实的副本交县登记员存档。若毗邻土地已登记,则同样应向权利登记官提交核实后的申请书副本,并以备忘录的形式在这些土地的权利证书中进行登记。登记或存档后,该副本将对购买人和抵押权人构成永久的公示,这里说的

"购买人和抵押权人"指的是未决程序中的购买人和抵押权人以及与该程序相关的法院档案和登记材料中所涉及事项的购买人和抵押权人。权利人应将房产交持有许可证的土地测绘员测量,并应在程序中提交地图,以展示已经划定或将要划定的边界线的准确位置。申请者还应向法院行政官提交一份符合审查官要求的备忘录摘要,注明因确定边界线而受影响的毗邻土地的已登记权利人和抵押权人。该申请应当提交权利审查官进行审查,并以首次登记申请时所采用的方式进行报告。有关该程序的通知应当以传票送达全体利害关系人,送达方式与首次申请时相同。

第二款 命令。在颁发决定权利人土地界限的最终命令之前,法院应该确定并建立土地边界,并按照第25条规定的方法指导设立司法界标。最终命令应当参照已经决定的边界和标示边界线的司法界标。核实后的最终命令副本应由法院行政官存档,并提交权利登记官存档。如有任何毗邻土地已经登记,最终命令还应在这些土地的权利证书上登记,并要求权利登记官采用备忘录的形式注明,地区法院确定的是上述毗邻土地的哪些边界。一旦最终命令归档,登记官应在未来的权利证明书中删除边界登记申请的备忘录。

第三款 提交土地测绘图。法院行政官应将核实后的土地测绘图副本提交登记官,图中应包含执有许可证的土地测绘员出具的关于已登记土地边界已经按照法院的指令用司法界标的形式标出的证明书。权利登记官应以备忘录的形式将核实后的测绘图登记在权利证书中。

508.68 权利人死亡;新证书的颁发

已登记土地或已登记土地上的任何地产权或权益的权利人死亡时,若已立下将上述土地或权益遗赠的遗嘱,则对其享有权利的人可以向登记官提交一份核实后的遗嘱副本和遗产管理人的分配契约及任何分配指令(如果有的话),或者核实后的分配上述土地或权益的终审判决副本。据此,登记官应注销向立遗嘱人颁发的权利证书,并向遗嘱指定的人颁发新的权利证书。已登记土地或已登记土地上的任何地产权或权益的权利人死亡时,若未立将上述土地或权益遗赠的遗嘱,则对其享有权利的人可以向登记官提交遗产管理人的分配契约及核实后的分配指令副本(如果有的话),或者核实后的分配上述土地或权益的终审判决副本。据此,登记官应注销向未留遗嘱人颁发的权利证书,并向对上述土地或权益享有权利的人颁发新的权利证书。除非受遗嘱执行人授权证书或遗产管理证书所限,遗产管理人可以如同该土地登记在自己名下将已登记的土地出售、转让或设定抵押。这样的遗产管理人应当首先向登记官提交核实后的死者遗嘱副本和核实后的遗嘱管理证书副本。

508.69　不受减损的法院管辖权

如524号法令3-715条规定,遗产管理人可以出售、抵押或出租任何不动产。本法的任何内容都不会减损法院对给与任何遗产管理人、保管人或监护人出售、抵押已登记土地许可的管辖权。购买人或抵押权人若接受了遗产管理人、保管人和监护人签署的契约或抵押单据,应当有权登记该权利并登记新的权利证书或登记摘要,其方式与任何类似的已登记土地自愿转让的情形一样。按照本条和第68条的规定,除非权利审查官作出书面证明,证明申请人为取得新证书已依法提供了足够的文件,或是地区法院发出颁发命令,否则不得颁发任何权利证书。

508.70　登记后如何主张未登记权益

第一款　程序;费用

(a) 任何人若要就原始登记日之后在已登记土地上形成或产生的、并未出现在权利证书上的权益主张权利,如果不能再进行登记,可以向权利登记官提交已经核实的、由主张人作出的、关于未登记权益的申请,并说明:

(1) 主张的权益;

(2) 权益由何种方式或从谁取得;

(3) 权益不能登记的原因;

(4) 受影响的权利证书的编号;

(5) 对受影响土地的说明;

(6) 所有通知都可以送达的申请人的地址;

(7) 本主张不是为了逃避缴纳287号法令第1条项下的抵押登记税或287号法令第21条项下的契税,也不是为了避免审计官依272号法令第12条在文件上作出声明;

(b) 如果申请人主张的权益来自未登记抵押,在登记时应当缴纳抵押登记税,则通知应当包含足以令权利登记官信服的证据,以证明抵押登记税已经缴纳。申请的副本应当按照权利证书所示,邮寄至申请所影响的已登记权利人的地址。申请须附有注明申请书副本寄送对象的姓名和地址的宣誓书。附有宣誓书的申请将有权获得登记，同时，应任一利益相关方的请求，法院应当举行一个有关该申请效力的快速听证，并基于公正和平等的原则作出命令。如果法院认定该申请无效，则应当命令撤销有关该申请的备忘录。无论何种情况，法院可以其认为公正的方式，就相关费用和损失，包括合理的律师费用，作出裁决。

第二款 除非重新归档，否则以10年为限。1995年3月1日及以后，任何不利主张的声明或对未登记权益的主张，无论真实的还是推定的，在其登记10年之后，不得作为该声明中所涉事项的通知，除非在10年内在相关的权利证书登记一份新的声明或主张，对其中事实予以重新宣称；或者在10年内将一份后续程序中的经核实的申请书副本，或是一份对声明中所宣称事项进行裁决的未决诉讼通知存档。权利登记官不得将任何依照本款通知时效已终结的关于不利主张的声明或未登记权益的主张的备忘录转记于新的权利证书。

第三款 10年期限的例外；政府机构的不利主张声明。第二款的规定不适用于由美国联邦政府、本州或美国联邦政府与本州的其他任何行政区域、政府机构或执法部门于1997年8月1日前存档的、在1997年7月31日仍作为事实陈述或备忘而在受影响的不动产权利证书上记载的不利主张声明。

第四款 撤销请求。已登记权益受2003年8月1日前存档的不利主张声明或未登记权益主张影响的个人或其代理人可以提交撤销未登记权益主张的请求。请求书副本须按声明中记载的地址寄送主张人。请求书须附有注明请求书副本寄送对象的姓名和地址的宣誓书。请求书应基本上符合以下格式：

"撤销未登记权益主张的请求

日期：_____

（已登记权益享有人的姓名）_____

按照权利证书第×号享有已登记权益，在此请求

_____

_____

（主张人姓名）_____

(1) 撤销主张人对权利证书未登记权益的主张;或

(2) 请求法院按照明尼苏达州 508 号法令 70 条第 1 款的规定对该主张的有效性作出裁决。如果未能证明其有效性,该主张将在本请求提交明尼苏达州_____县权利登记官之日起 90 日后终结并失效。

_____

(已登记权益享有人或其代理人的签名)_____"

除非主张人已经按照第一款的规定向法院提出请求,并向权利登记官提交了核实后的请求书副本,该主张将在撤销请求书及随附的有关寄送说明的宣誓书提交之后 90 日终结并失效。权利登记官不得将按照本条款已终结或已撤销的任何主张的备忘录转记于新的权利证书。

第五款 申请优先权。未登记权益主张的登记与依照本法进行任何法律文件的登记有相同的优先权效力。如果该主张所据以提出的法律文件在申请终结或撤销之前提交,则该文件与该主张享有相同的优先权。权利登记官应当在法律文件的备忘录中记载该主张的文件编号。

508.71 变更;法院、审查官的命令;新证书

第一款 变更。权利证书或上面的任何备忘录及登记官所作的证明,一经记载,不得涂销、变更或修正,基于法院的命令或本法另有规定的除外。

(a) 登记官工作错误的更正。登记官可以更正其工作人员在制作权利证书的过程中产生的工作错误或遗漏。错误不能涂销或删除。登记官可以签署更正文件并存档,同时在受影响的权利证书上备忘,或者不签署更正文件而直接制作更正备忘。这份备忘录应当表明日期、记载时间、错误或遗漏的性质和更正信息。如果该错误或遗漏可能会对一方当事人的权益产生不利影响,登记官应将更正提交权利审查官。登记官应当正确制作随后的证书而忽略更正备忘录。

第二款 法院命令。已登记权利人或其他利益相关人,可以在任何时间、基于以下理由行使请求权,向法院提出申请:

(1) 已登记的权利终结和停止,无论该权利是法律赋予、偶然所得、尚处于期待利益状态、或是刚刚获得;

(2) 权利证书上未显示的新权益形成和出现;

(3) 在权利证书及其上备忘录的记载过程中存在错误或遗漏;

（4）权利证书上任何人员姓名发生变更；

（5）登记权利人结婚；若其登记时已婚，则为其离婚时；

（6）拥有已登记土地的公司，在解散后3年内仍未将土地转让的；

（7）基于其他合理理由，应当变更或作出裁判的。

向所有利益相关人公告后，法院可根据权利审查官的决定，以与原始申请时相同的方式发出并送达传票，或以命令表明诉因，对该诉讼请求进行审理，并作出法院认为适当的裁决。按命令发布公告后，法院可以命令对新权利证书、记录条目或修正进行记录，或将权利证书上的备忘录注销，或者在需要担保的时候，按条款规定授予法院认为适当的任何其他补救措施。本部分条款并未赋予法院对原始的登记判决进行修改的权限，法院亦不得作出任何可能损害有偿取得权利证书的善意购买人的权利或权益的行为或发出这样的命令，且未经购买人或其继承人或受让人的书面同意，法院不得作出任何可能损害购买人的继承人或受让人的权利或权益的行为或发出这样的命令。核实后的申请书副本可以以备忘录的方式在适当的权利证书上归档，从而对在诉讼程序中处于待决状态的购买人和抵押权人及法院档案和记录中提及的涉及诉讼程序的所有事项构成永久性的公示。

第三款　审查官的指示。应已登记权利人或其他利益相关人的请求，权利审查官可通过书面指示命令：

（1）将与种族限制、被成文法禁止的权利或根据创设权利的法律文件已经到期的权利有关的备忘录进行修正或注销；

（2）基于提交的令审查官信服的证据，变更权利证书上一方当事人的姓名或名称，该当事人应为已登记权利人或享有已登记的权益。权利登记官可以将权利审查官的指示登记在权利证书上，并应对这些指示给以充分的信赖。

第四款　摘要的登记。在没有法院命令或审查官指示的情况下，权利登记官可以接受以下法律文件，并将其作为备忘录登记在任何与之相关的权利证书上：由县司库出具的收据或证明，表明已经偿清所有的抵税拍卖款或权利证书中载明的任何税款；州政府向购买人颁发的免税土地的契据；核实后的结婚证副本，表明权利证书上显示为未婚的一方当事人随后结婚的事实；表明权利证书上显示为已婚的一方当事人随后在明尼苏达州、或联邦政府的其他任何州、地区或领土上，或哥伦比亚地区起诉解除婚姻关系并最终被判决解除婚姻关系的核实后的终审判决副本；权利证书上所列的作为已登记权利人配偶的当事人核实后的死亡记录副本，同时应提供一份令登记官信服的宣誓书，从而确认死者即为其配偶。在随后所有受权利证书辖制的土地交易中，登记官应当给与上述这些备忘录完全的信赖。

第五款 生者对死者财产的权利。在未完成的权利证书上有两个或更多权利人作为联合所有人时，一旦将其中一个共同所有人的死亡记录和对死者财产享有权利的生者的宣誓书提交登记，无须命令或指示，登记官应就生者单独享有的地产或生者共有的地产颁发新权利证书，具体则视情况而定。

第六款 已记录的法律文件。如果影响已登记土地的法律文书已经在本州任何一个县的登记员办公室登记，则无须命令或指令，核实后的文件副本可被提交登记，其登记效力与原始文件相同。

第七款 已废止

508.72 代理；被登记的权力

任何人根据本法进行的任何合法活动，都可以由一个经过书面正当授权的代理人进行。代理人的文书或权力契约如果是按照法律的要求进行签署并得到认可，则应由登记官存档并进行登记。任何撤销代理权的文书，如果按照相同方式签署并得到认可的，也可由登记官存档并进行登记。撤回代理人的未登记权力的书面文书，如果是由拥有土地上已登记权益的人签署生效并受其认可，可被存档从而以备忘录的方式在权利证书上进行登记。

508.73 国家征用权；复归权；休庭期；新的证书

第一款 登记归档；备忘录

若已登记权利人的土地或者其中的权利、权益或者地产权被国家征用，则使用上述权利的州、政治团体或者其他机关，应当申请对核实后的最终权利证书副本或核实后的法院命令副本（根据117号法令第42条转让权利）及下列法律文书，即包含被征用土地描述和所有土地权利人姓名，并指出每份权利证书在权力登记簿上的编号和登记位置，另外说明了哪种地产权或权益被征用的法律文书，进行登记。登记官应在每份权力证书上对被征用的权利、权益或地产权的备忘录进行登记，并且一旦收取了费用，应以征用后仍保留其权利人身份的权利人姓名登记一份新的证书。若非依据：（1）地方法院的命令；（2）权利审查官对于最终证书的合法性作出的书面证明；

(3) 依据 117 号法令第 42 条作出的法院指令;(4) 其他为颁发新的证书而提交存档的法律文书,不得登记新权力证书。如果权利人对于被征用的土地有获得损害赔偿的留置权,应在登记备忘录中注明这个事实。所有由于被征用土地的登记备忘录或者新证书的记载事项而发生的费用,都应当由征用土地的州、政治团体或者其他机关支付。在将过去为了公用事业而征用的土地依法归还权利人或其继承人或受让人时,经对于这个复归拥有权益的人申请,在经过公告和听证之后,地方法院可以指令为该权利人颁发一个新的权利证书。

第二款 腾出街道和小路;合法的添加

若城市作出一个决议或命令,要求在土地上腾出一条公用的街道或小路,则核实后的决议或命令副本一经存档,只要该腾出行为发生在该土地的原始登记之后,已登记权利人有权将添附其上的、腾出的部分街道或小路的法律描述登记在权利证书上。根据地区法院的命令或权利审查官的书面指示,腾出的街道或小路可以在权利证书中登记。

508.74 已废止

508.75 投资

登记官根据本法第 82 条第 1 款第(1)项和 508A 号法令第 82 条第 1 款第(1)项的规定收取的金钱,应由登记官或者县司库按季度支付给财政专员,然后存放在普通基金中。每年都会从普通基金中向财政官员拨出足够的款项,支付地方法院根据本法第 77 条和 508A 号法令第 77 条提出的请求。

508.76 登记官的责任

第一款 损害赔偿

任何本身没有过失,却由于登记官、登记官的代理人、审查官、法院行政官或者审查官与法院行政官的代理人在根据本法履行各自职责的过程中所发生的任何遗漏、错误或者不法行为而遭受损失的人,或者本身没有过失,却被不当地剥夺了土地上的权益的人(或者被登记官剥夺,或者因为其他人被登记为土地的权利人,或者因为权利证书上的错误、遗漏或者错误描述,或者由于备忘录上的任何记载事项,或者由于取消登记簿上的权利而导致),以及根据本法的规定,不得提起任何诉讼要求收回土地或其中任何权益的人,或无法执行这些土地或权益上的主张或抵押权的人,都可以向地方法院提起诉讼,要求用普通基金对他们所遭受的损失进行赔偿。

第二款　错误归档的文件

登记官可以合理地依赖提交法律文件以备存档的当事人所作的肯定性陈述,无论这些法律文件所描述土地或土地的一部分是否登记。如果当事人向登记官请求将归错档的文书重新归档,则由于其提交错误信息而需要将归错档的文书正确归档并登记新的权利证书(如果可行)所发生的额外费用应由该当事人支付。

508.77　被告;判决;执行

对仅由于土地登记,或仅由于将其他人登记为土地的权利人而遭受的损失提起的赔偿诉讼,或仅由于登记官、登记官的代理人、权利审查官、法院行政官或审查官和法院行政官的代理人在履行各自职责时所发生的遗漏、错误或不法行为而引起的损失提起的赔偿诉讼,财政专员应是唯一的被告。

如果全部或部分损失是由上述官员之外的人的欺诈或不正当行为,及上述官员的遗漏、错误或不法行为共同造成的,则针对该损失所提起的赔偿诉讼中,应由财政专员和其他对损失负有责任的人作为共同被告。任何诉讼中,如果除了财政专员还有其他被告,则在向其他被告人发出执行令之前,不得向财政专员发出执行令。送达执行令的官员应当证明"根据执行令到期应缴纳的费用无法收取"。法院如果确信送达回证属实,应当指令财政专员用普通基金来支付根据执行令到期应缴纳的费用。应总检察官或者土地或土地主要部分所在县的县管理委员会的请求,总检察长或县检察官应在所有上述诉讼程序中为财政专员进行抗辩。

508.78　基金责任

对于仅仅由于作为受托人的已登记权利人违反信托约定或不当行使抵押上的销售权而造成的损失,任何人不得要求从普通基金中得到赔偿;任何人也不能从普通基金中得到比不动产在最后一次存入基金时的公平市价更多的赔偿。

508.79　诉讼时效

任何根据本法第76条要求从普通基金中得到赔偿的诉讼或诉讼程序,应当在提起该诉讼的权利产生之日起6年内提起诉讼。如果在6年的诉讼时效内,有权提起诉讼的人为未成年人、精神病人、在押人员或者不在美利坚合众国范围之内,则此人及任何从其主张权力的人,可在上述情况消除之后2年内提起诉讼。

508.80 欺诈性的文书或记载事项；处罚

任何人如果通过欺诈手段或协助采用欺诈手段或参与欺诈而获得权利证书或其他法律文件、权利证书上的任何记录或保存在任何登记官的办公室中的其他簿册，或者对上述簿册或本法认可的任何法律文件上的记录进行删改，或者通过伪造影响已登记土地的法律文件、证书、声明或宣誓书，故意欺骗或参与欺骗他人，将被认定为犯有重罪，将处以不超过1万美元的罚款或者不超过5年的监禁，或者两者并罚。

508.81 法院行政官的费用；公告

在人口少于60万且包含一个一级城市的县里，如果提出登记申请，申请人应当向法院行政官支付3美元的费用，这笔费用为申请人应在该诉讼程序中向所有法院行政官缴纳的全部费用。被告一旦呈交应诉书，也应支付相同的费用，该费用为被告人应向所有法院行政官缴纳的全部费用。不论共同呈交应诉书的被告人数多少，只需缴纳一份费用。依本法要求在报纸上刊登公告的所有费用应由公告所据以发布的申请人支付。要求发出通知的当事人应当支付通知的送达费用，除非该通知由法院行政官或登记官邮寄送达。所有其他县里，地方法院的法院行政官为履行土地登记诉讼程序的相关职责而提供服务的费用，应当依据357号法令第21条的规定。

508.82 权利登记官的费用

第一款　标准文件

权利登记官收取的费用应符合下列规定，且不超出下列规定：

（1）根据第（2）、(3)、(4)、(11)、(13)、(15)、(17)以及(18)项收取的进行归档或制作备忘录的费用中，按照第75条，应将1.5美元支付给国库，并计入普通基金的贷项。

（2）首次登记权利证书的费用，包括颁发一份副本所需缴纳的46美元费用。根据第（1）项，费用分配如下：

（i）应将10.50美元支付给国库并计入普通基金的贷项；

（ii）根据357号法令第18条第3款，应将10美元存入科技基金；

（iii）应将25.50美元存入县普通基金。

（3）登记一份转让非限制继承权的法律文书，以颁发一份新的权利证书，并对新权利证书及一份副本进行登记，总费用46美元。根据第（1）项，

费用分配如下:
　　(i) 将 12 美元支付给国库,并计入普通基金的贷项;
　　(ii) 根据 357 号法令第 18 条第 3 款,将 10 美元存入科技基金;
　　(iii) 将 24 美元存入县普通基金。
　(4) 在一份证书上记载一条备忘录的费用,46 美元。在多份证书登记时,每份另加 20 美元。根据第 (1) 项,费用分配如下:
　　(i) 将 12 美元支付给国库,并计入普通基金的贷项;
　　(ii) 根据 357 号法令第 18 条第 3 款,将 10 美元存入科技基金;
　　(iii) 将 24 美元存入县普通基金。
　(5) 颁发剩余地产权证书和额外的新证书,每份 40 美元。
　(6) 替换证书的费用,20 美元取消一份证书,20 美元颁发一份新证书。
　(7) 显示登记簿情况的证明书,每份 50 美元。
　(8) 制作任何法律文书或者权利登记官办公室中档案文件或记录的核准后的副本,10 美元。
　(9) 除根据第 (2) 项和第 (3) 项颁发的副本之外,任何权利证书、法律文件或权利登记官办公室中的档案文件或记录文件或其中任何指定页的未核实副本,每页或指定页的每部分的费用由县管理委员会确定。如果使用电脑或微缩胶片打印机复制上述文件,每页费用如前所述。
　(10) 制作任何提交登记的文件的未核准副本,如果原始文件与其副本一起提交,2 美元。一旦收到原始文件的副本并且收取了费用,权利登记官应在上面标记"副本",显示记录的日期,如果可行,还应显示分配给原始文件的文件编号,然后将其返还。
　(11) 将两份地图在登记官办公室存档,56 美元。根据第 (1) 项,费用分配如下:
　　(i) 将 12 美元支付给国库,并计入普通基金的贷项;
　　(ii) 根据 357 号法令第 18 条第 3 款,将 10 美元存入科技基金;
　　(iii) 将 34 美元存入县普通基金。
　(12) 其他任何根据本法可以提供的服务,费用由法院决定。
　(13) 按照 515 号法令对修改后的宣告进行存档时,登记了该文件的权利证书,每份 46 美元,在多份证书登记时,每份另加 20 美元;按照 515 号法案将修正后的地图存档,每份 56 美元。按照第 (1) 项,费用分配如下:

（i）将12美元支付给国库，并计入普通基金的贷项；

（ii）根据357号法令第18条第3款，将10美元存入科技基金；

（iii）对宣告进行修改，应将24美元存入县普通基金；

（iv）每增加一次记录，应将20美元存入县普通基金；

（v）每对地图进行一次修正，应将34美元存入县普通基金。

（14）根据本法351条发布CECT，40美元。

（15）将公益团体声明的修正稿存档，包括一份补充声明和一份地图，或者根据515B号法令2-116条（c）款所作的修正：登记该文件的初始证书，46美元；在多份证书登记，每份另加20美元；共有或公益团体的地图或者修正的存档，56美元。参见515B号法令1-116对公益团体所作的特殊要求。根据第（1）项，费用分配如下：

（i）将12美元支付给国库，并计入普通基金的贷项；

（ii）根据357号法令第18条第3款，将10美元存入科技基金；

（iii）将依据515B号法令第2-110款（c）项的修正声明存档，应将24美元存入县普通基金；

（iv）每多记载一次，应将20美元存入县普通基金；

（v）将共有或者CIC地图或修正稿存档，应将34美元存入县普通基金。

（16）按照515号法案存档的共有地图副本，或者符合515B号法令2-110条（c）项的公益团体地图副本，平面图每页1美元，公益团体地图每页至少10美元。

（17）根据本法第23条和671条将一份核实后的地图副本存档，46美元，根据第（1）项，费用分配如下：

（i）将12美元支付给国库，并计入普通基金的贷项；

（ii）根据357号法令第18条第3款，将10美元存入科技基金；

（iii）将24美元存入县普通基金。

（18）根据本法第47条第4款将一式三份的已登记地图存档，56美元。根据第（1）项，费用分配如下：

（i）将12美元支付给国库，并计入普通基金的贷项；

（ii）根据357号法令第18条第3款，将10美元存入科技基金；

（iii）将34美元存入县普通基金。

（19）根据本法第47条第4款将已登记地图存档,15美元。

第1a款 在权利登记官办公室登记法律文件的费用。尽管普通法或特别法可能有相反的规定,根据357号法令第182条的规定,根据第1款确定的费用应为所有县针对特定服务收取的费用,而不是对统一商法典文件以及按照270C号法令第63条第2款(c)项、272号法令第481至488条、277号法令第20条以及386号法令第77条对存档或登记的文件收取的费用。

第二款 与标准不一致的情况。一份法律文件应当符合507号法令第93条(a)项中所规定的标准,但除非该文件不合法或不能存档,否则不得拒绝。本款仅适用于1997年7月31日之后的文件,不适用于507号法令第9条所规定的在商业专员办公室存档的明尼苏达州统一不动产转让表格、核准后的副本或者其他任何明尼苏达州法令所规定的表格。

508.83 已废止

508.835 已废止

508.836 对某些宣誓书的处理

权利登记官有权销毁受让人、购买人或其代表所作的、已超过5年的宣誓书。

508.84 抵押权法律文件;处理

如果抵押权已经进行清偿登记、或根据法律已消灭超过5年时间,登记官有权销毁抵押权法律文件及该抵押权的转让文件和清偿记录。如果抵押权的解除是由司法拍卖所致,则只有在将一项不可上诉的裁决——向购买人或购买人的受让人颁发新权利证书——登记之后6个月,才可销毁证明抵押品赎回权已消灭的法律文件。此处没有任何规定可以免除登记官按照本法第34条和37条保存登记簿和索引记录的义务。

1964年爱尔兰权利登记法*

1. 本法可称为1964年权利登记法。
2. 本法于司法部长命令指定之日起生效。
3. （1）在本法中,除文意另有所指外——

"1891年法"是指1891年权利登记法；

"买卖转让协议"的含义由第24条规定；

"破产法"是指1857年爱尔兰《破产法》,1872年《破产法修正案》(爱尔兰),1872年《债务人法》(爱尔兰)和1888年《地方破产法》(爱尔兰)；

"中央办事处"的含义由第7条规定；

"不动产转让"的含义与不动产转让法中的相同；

"售卖转易契"的含义由第24条规定；

"不动产转让法"是指1881—1911年的不动产转让法；

"法院"的含义由第18条规定；

"处分"包括转让和担保；

"排水费"包括依据1847年《地产改良法》(爱尔兰)、1842年《排水法》(爱尔兰)、1863年《土地排水和改良法》(爱尔兰)及根据上述法或任何其他法作出的临时命令,为土地的改良和排水而收取的一切费用；

"现有的"是指截至本法生效时仍现有的；

"永久产权"包括永久租佃地产权和永久财产权；

"前王室租费"的含义与1954年国家财产法中的相同；

"完全保有地"是指其权利是一个永久地产权的土地；

"一般规则"是指根据第126条制定的规则；

---

* 韩露璐翻译,高健校对。

"产权负担"的含义与不动产转让法中的相同；

"判定抵押权"是指根据1850年《判定抵押权法》（爱尔兰）进行登记的权利的宣誓书；

"土地"包括——

（a）属任何保有形式的土地，

（b）被水覆盖的土地，

（c）房屋或其他建筑物和任何构筑物，以及用垂直、水平或其他任何方式划分的部分房屋、建筑物或构筑物，

（d）矿藏或矿物，无论是否与地表分离，

（e）无形遗产；

"土地证"的含义由第28条规定；

"土地委员会"是指爱尔兰土地委员会；

"土地改良费"是指根据1847年《地产改良法》（爱尔兰），为改良土地而支付给爱尔兰公共建设工程专员的一切费用；

"土地购买法"包括1869年爱尔兰《教会法》、《人口稠密区事务局法》（爱尔兰）；

"土地登记处"的含义由第7条规定；

"租约"是指任何租赁合同和租契协议；

"租赁权益"指根据一定期限的租约所享有的土地上的权益。此处的期限应超过21年，且在登记日仍未到期，而无论该租约是否约定续签，同时，该期限应并非针对资金担保而设。其中包括可凭借租约而终身或在确定的时间内享有租金的权益。此外，如果有人持有两份租约，一份现在生效，一份在第一份租约到期之际生效，且两份租约中的权益均由同一人凭借同样的权利而享有，则只要上述租约针对的是同一块土地，就应认为该租约设立的持有期限是连续的。

"地方办事处"的含义由第7条规定；

"地方登记官"是指根据第10条产生的郡登记官；

"抵押"的含义与不动产转让法中的相同；

"遗产代理人"是指遗嘱执行人，无论是原指定遗嘱执行人或代理的遗嘱执行人，或者死者的遗产管理人；

"占有"包括租金和利润的收取；

"规定"是指一般规则的规定;

"登记簿"是指根据本法保存的登记簿;

"已登记的土地"是指其权利人已根据本法登记或视为登记的土地;

"登记机关"是指登记官或地方登记官;

"登记官"是指权利登记官;

"契据登记处"是指根据1707年《契据登记法》建立的办事处;

"判决登记处"是指根据1844年《判决法》(爱尔兰)设立的办事处;

"登记地图"的含义由第84条规定;

"已废除的法律"是指被本法废除的1891年和1942年的《权利登记法》;

"权利"包括地产权、权益、衡平法上的权利和权力;

"限制处分土地法"是指1882—1890年的《限制处分土地法》;

"财产授予契据"、"限制处分土地"、"财产终生占有人"和"财产授予的受托管理人"的意思分别与《限制处分土地法》中的相同;

"国债"指任何代表国家的人所发行的债券,包括但不限于财政部长根据1924年《财政法》第39条发行的债券和王室债券;

"法定机关"是指——

(a) 国务部长,

(b) 土地委员会,

(c) 爱尔兰公共建设工程专员,

(d) 任何地方或公共机关,

(e) 由任何法律设立或指定的任何团体或个人;

"什一税租费"包括根据1869年爱尔兰《教会法》第32条应支付给土地委员会的任何年金;

"未登记的土地"是指根据本法,其权利人没有登记或视为没有登记的土地;

"遗嘱"包括遗嘱的附加条款。

(2) 在本法中,若剩余或复归的地产权或权益未经财产授予契据处分,而是复归于财产授予人或为遗嘱人的继承人所继承,则应将其包含在财产授予契据的标的之中。

(3) 本法中提及的所有法律均应为经其他任何法律修正或延伸后的法

律,本法亦不例外。

(4)除非另有说明,否则在本法中提及第几条时一般指本法的第几条。

4. 本法实施过程中发生的费用,若在财政部长批准范围内,将由国会拨款支付。

5. 附表中的法律按第三栏规定就此废除。

6. (1)根据已废除法律行事的所有登记机关及其他官员,应继续依本法行事。

(2)根据已废除法律设立的所有办事处,应继续依本法运作。

(3)根据已废除法律保存的登记簿,应依本法建立适当的登记簿。

(4)根据已废除法律制作或发布的所有文书或文件,若截至本法生效之日仍有效,则将继续有效并与依本法制作或发布的文书或文件具有相同效力。

第二部分　土地登记处、登记簿、登记机关及权限

7. (1)应在都柏林设立一个中央办事处(本法称"中央办事处"),并在都柏林之外的各郡分别设立地方办事处(本法称"地方办事处")。

(2)中央办事处应负责登记全国所有土地。

(3)地方办事处的职能以规定为准。

(4)中央办事处和地方办事处统称为土地登记处。

登 记 簿

8. 应当在中央办事处保存——

(a)下列权利的登记簿——

(i)完全保有地的权利,

(ii)租赁权益的权利,

不包括无形遗产;

(b)下列权利的登记簿——

(i)包含无形遗产的土地,

(ii)规定的其他土地权利。

登 记 机 关

9.（1）中央办事处应当由权利登记官进行管理和控制。

（2）权利登记官应由政府任命,其任期由政府的意愿决定。

（3）被委任为权利登记官的人,在任命之时必须为大律师或为具有10年以上执业经历的律师。

（4）就第（3）款而言,大律师或律师的文官经历应当视为执业经历的一部分。

（5）如果在任命之际,受委任之人身体健康,则权利登记官可依照当时有效的退休金法案享受退休金,只要出示文官专署发出的资格证明,证明其曾在指定职位任职,就可在退休时领取退休金及该法规定的权利登记官应享受的其他津贴和抚恤金,如若死亡,则由遗产代理人领取。

（6）所有权利登记官的任职均应符合一定的任期和条件,其报酬经财政部长决定,由国会拨款支付。

（7）权利登记官年满65周岁时应当退休,但如有特殊情况,其退休年龄可由司法部长征得财政部长同意后往后推迟,但是不得迟于70周岁。

（8）根据本条被任命为权利登记官的人可被政府同时任命为契据登记官,一旦任命,即称为契据与权利登记官,但本条的前述条款仍对其适用。

10.（1）地方办事处应由所在郡的郡登记官管理,受登记官指导和控制。地方办事处的事务应在该郡的巡回法院办公室办理。

（2）每一个郡登记官（除了都柏林的郡登记官）都是地方登记官。

（3）就第7条和本条而言,巡回法院所辖的所有郡与自治市应视为一个郡。

11.一般规则中应规定登记官和地方登记官之间的关系,并确立登记官对各地方登记官的支配权。

12.（1）经财政部长同意,司法部长可以其认为必要为标准,决定中央办事处和地方办事处的官员和职员数量。

（2）中央办事处或地方办事处所有官员或职员的任职均应符合一定的任期和条件,其报酬经财政部长决定,由国会拨款支付。

13.（1）授予登记官或契据登记官的所有权力及其承担的所有义务,均可由司法部长专门授权的官员行使或履行。

(2) 根据本法授予地方登记官的所有权力及其承担的所有义务,均可由司法部长专门授权的相关地方办事处官员行使或履行。

14. (1) 经财政部长同意,司法部长可通过命令确定本法实施过程中土地登记处发生的费用,也可撤销或修正这个命令。

(2) 所确定的年度费用应尽量满足本法实施过程中发生的工资、报酬和其他费用的支付需要。

(3) 登记官或土地登记处所作的任何工作、发布的任何证书或其他文书,若系本法或一般规则所要求或授权,则意味着,这些要求或授权产生的费用应通过命令依法确定支付。

(4) 下列费用不应支付——

(a) 土地委员会依本法发生的所有登记或登记申请费用;

(b) 土地委员会将已登记土地转让或授予他人,且负有法定义务对受让人提出的权利登记申请予以受理时,受让人提出权利登记申请所发生的费用。

(5) 依本法支付的所有费用,应遵照财政部长的指导进行集中和分拨,并按有利于国库的原则进行支付和处置。

(6) 1879年《公职费用法》不适用于本法的应付费用。

15. (1) 登记官和每个地方登记官均有各自公章。

(2) 司法认知应加盖上述公章,任何看来已加盖上述公章的文件,无论原件或复印件,均为可接受的证据。

16. (1) 在符合一般规则的情况下,登记官可通过加盖自己公章的传票,要求所有他认为与权利登记有关的人员出席。

(2) 通过类似传票,他可要求保管依法制作和保存的地图、测量图或账簿的人员制作地图、测量图或账簿。

(3) 他可以检查任何在自己面前宣誓的人的誓言的真实性,并主持宣誓仪式。

(4) 他可以批准任何被传唤人的合理出席费用。

(5) 为实施本条而发生的任何费用均应视为登记过程中发生的费用,并按相关规定予以处理。

(6) 如果依本条向任何人递送传票或复印件,并向其支付应得费用之后,该人仍故意疏忽或拒绝按传票要求出席,或者未制作本法要求其制作的地图、测量图、账簿或其他文书,或者拒绝宣誓或回答登记官依本法授予的权力合法提出的任何问题,即属违法,一经定罪,将处以不超过100磅的罚金。

17. 权利登记官可以该名义起诉和被起诉。

法院管辖权

18. （1）就本法而言,高等法院以及符合本法规定的巡回法院都享有管辖权,本法中的"法院"即据此解释。

（2）除非诉讼程序的必要当事人在听证之前或听证时签署法院规定的同意表格,否则巡回法院对估价超过60磅的土地没有管辖权。

（3）巡回法院对本法辖制的任何土地相关事项的聆讯和裁决权应由该土地或土地任一部分所在的巡回法院法官行使。

19. （1）任何人如其权利受到登记官裁定或裁决的侵害,都可向法院提出上诉。法院可取消、维持或修正该命令或裁决。

（2）如果登记官对依本法进行登记过程中出现的任何法律或事实问题抱有怀疑,可作出裁定,将问题提交法院。

（3）在依本法进行的任何诉讼程序中,如果登记官要求,或任何必要情况下,法院应当为婴儿、精神不健全者、不在国内者及胎儿或生死不明者指定监护人或代理人;并且,如果法院确信上述被代理人的权益可通过代理得到充分保护,则法院应宣布上述人等受法院命令的最终约束,从而,这些人在享受本法规定的权利,可以特准不在场的同时,还应如当事人一样受到约束。

20. 如有任何人违抗登记官依本法所作的裁决,登记官可就违抗事实向高等法院提交证明,法院将维持登记官的裁决,并对被指违抗之人进行处罚,但保留其上诉权利。

21. （1）登记机关应当服从对登记土地具有法定管辖权的法院的裁决。

（2）登记官如认为有必要,可向作出上述裁决的法院申请改变裁决或就裁决的执行方式请求指示;收到这类通知之后,法院可以其认为适当的方式改变原裁决或作出新裁决。

22. 若针对已登记土地或已登记担保的具体合同履行出现诉讼,受诉法院可以让对该土地或担保享有已登记权利以及警告或阻碍该权利实施的所有或部分当事人出庭,令其举出不应具体履行该合同的理由。法院的裁决对该诉中所有当事人均有效。

第三部分　权利登记

强制登记

23.（1）下列情形下,完全保有地的权利应强制登记:

（a）无论何时,已根据《土地购买法》或1883年至1962年《劳工法》将土地出售、转让、让渡或者视为出售、转让或让渡给任何人,

（b）本法生效之后,土地由法定机关获得,

（c）第24条第(2)款适用的任何情形。

（2）下列情形下,对租赁权益的权利应强制登记:

（a）本法生效之后,权益由法定机关获得,

（b）第24条第(2)款适用的任何情形。

（3）本条有关权利登记的规定不适用于复归、剩余或期望的地产权或权益。

24.（1）司法部长可以命令形式发布,自命令下达起6个月之后,从某个指定日期开始,本条将适用于任何郡、自治市或其中任何地区。

（2）对于尚未强制进行权利登记的区域,如果适用本条,则下列情形下应变为强制登记:

（a）完全保有地经售卖转易契转让,

（b）租赁权益经授予或买卖转让协议而转让。

（3）在这部分,"售卖转易契"或"买卖转让协议"是指为取得货币或货币价值的销售所制作的文件,借助该文件可授予或结束一项权利,并申请登记为权利人,包括等价交易时据以支付货币的不动产转让证书或买卖转让协议,以及任何影响不动产转让证书或买卖转让协议中所含产权的,且将登记为上述售卖转让契或买卖转让协议一部分的或与其有关的合同、协议、条件或契约。

25.在任何强制登记的情况下,个人(而非土地委员会)不得在转让或

让渡发生后的6个月内(或在任何特殊情况下,由登记官批准的更长时间内,若登记官拒绝,则由法院批准),根据任何完全保有地的售卖转易契或者租赁权益的让渡或买卖转让协议,取得即将转让或让渡的不动产或权益。他将被登记为上述完全保有地或租赁权益的权利人,一旦登记,其权利将溯及上述让渡或转让执行之日,任何在登记之前发生的与土地有关的行为将对其产生相应效力。

26.（1）若在1892年1月1日之前,根据《土地购买法》将任何适用第23条第（1）款第（a）项的土地进行出售、转让或让渡（或将其视为出售、转让或让渡）,为使土地权利登记生效,土地委员会可向登记官移交与规定土地有关的详细资料及土地占有者的姓名,登记官应将此人登记为土地权利人。

（2）根据第（1）款,只要土地委员会根据《土地购买法》,通过土地授予令或其他文件将土地授予买方,就应立即将登记所需文件提交登记官,登记官随即根据本法对上述文件中指定的人进行权利登记。

（3）每个人的权利均应登记为占有性权利,除非登记官确信有正当理由将其登记为绝对或适格的权利。

（4）对于适用第（2）款的未登记土地,下列条款将对其产生效力：

（a）自文件颁布之日起,这些土地将被本法视为已登记土地,据此,本法也将适用于这些土地。

（b）自文件颁布之日起,这些土地将不再适用契据登记处的相关法条。

登记的一般规定

27. 任何人如满足下列情形之一,均可进行登记：

（a）完全保有地的完全权利人,即永久产权的终身地产权保有人；

（b）限制处分的完全保有土地的有限权利人,即限嗣继承地产保有人或者财产终生占有人或者根据限制处分土地法享有财产终生占有人的权力；

（c）租赁权益的完全权利人,即占有租赁权益的人；

（d）限制处分的租赁权益的有限权利人,即财产终生占有人或者根据限制处分土地法享有财产终生占有人的权力。

28. 一旦登记为土地的权利人,登记官将颁发一份固定格式的证书(本法称为"土地证"),以证明其对土地的权利。

29. 若根据 1931 年《土地法》第 30 条下令对某土地授予令进行修正,登记官应按修正后的土地授予令修正登记簿,并留存该命令的官方副本。

30. (1) 根据本法对已登记土地处置的有价对价的规定,对土地的任何处置或担保若在未登记时便具有欺骗性且归于无效,则即使登记,也仍视为欺骗和无效行为。

(2) 采用欺诈手段在登记簿上进行的登记、删除或修改行为对各方当事人或欺诈者均为无效。

31. (1) 登记簿是证明记载在登记簿上的土地权利及其他任何权利、特权、附属权或负担的最终证据;在不存在欺诈的情况下,权利人无论获知何种契据、文件或其他土地相关事宜,上述权利均不受任何形式的影响;但在出现欺诈或过失时,无论本法规定如何,任何具有合法管辖权的法院均可对此行使管辖权,法院可作出裁决,以其认为公正的方式和条件,对登记簿作出纠正。

(2) 若权利人在将登记时死亡,则对该未登记土地进行的权利登记仍然有效。任何人只要能向登记官充分证明他/她对土地享有权利,就将登记为权利人。

32. (1) 在土地登记中,若由于土地登记处的原因而出现任何错误(无论是错报、描述错误、遗漏或其他情况,也不管是登记簿错误还是登记地图错误)——

(a) 征得登记申请人和其他利害相关人的同意,登记官可以对错误之处按当事人书面同意的条款进行纠正,

(b) 如果纠正错误不会对任何人产生不公,巡回法院可下令以货币或其认为公平的其他方式纠正错误。

(2) 若依照前款规定纠正错误后,登记时在颁发的土地证中又出现同样的错误,登记官可依照规定的格式颁发新土地证,同时将旧土地证注销,为此,登记官可要求任何持有旧土地证的人将其交还。

(3) 新土地证的颁发不应损害旧土地证附带的留置请求权或其他请求权,且新土地证应同样保留这些权利,并应获得登记官认为公正的费用补偿。

完全保有地

33.（1）未经登记的完全保有地一旦登记，登记人将按登记取得绝对权利、适格权利或占有性权利。

（2）登记申请应由指定的人以规定形式提出，同时提供规定的权利证明。

（3）申请登记的对象应为绝对权利或占有性权利。

（4）权利一经登记官认可，申请人即应登记为拥有绝对权利的所有人。

（5）提出绝对权利的登记申请时，若登记官认为该权利只能存续有限期间或须受特定保留条件约束，则登记官可在登记簿上作相应记录，免除下列权利的登记效力：

（a）在指定日期之前产生的权利，

（b）根据指定文书产生的权利，

（c）在登记簿中特别描述的其他权利，

在受以上任何例外情形规限下登记的权利应称为适格权利。若权利登记并非强制，则未经申请人同意，登记官不得按本条款行使权力。

（6）申请人只有提供了规定的权利证明，才能登记为占有性权利的所有人。

（7）提出绝对权利的登记申请时，若登记官认为没有正当理由将其登记为绝对权利或适格权利，则登记官可将申请人登记为占有性权利的所有人。若权利登记并非强制，则未经申请人同意，登记官不得按本条款行使权力。

（8）提出占有性权利登记申请时，若登记官认为有正当理由将其登记为绝对权利或适格权利，则无论申请人同意与否，均可将其登记为绝对权利或适格权利的所有人。

34. 在对完全保有地的权利进行首次登记时，登记官应将检查权利时发现的所有影响土地的负担记在登记簿上，第72条规定的即使不登记仍可约束土地的负担除外。

35. 截至本法生效之日，若发现完全保有地的权利登记受到任何权利或衡平权利的限制，则根据1891年法第29条第（3）款，对该土地的权利应视为占有性权利。若未发现这种情况，则根据第36条，该权利应视为绝对权利。

36. 截至本法生效之日，若完全保有地的登记权利为适格或者占有性权利，则应视具体情况，将该土地的权利视为本法所指的适格或者占有性权利。

37. （1）一旦某人被登记为拥有绝对权利的完全保有地的完全权利人，则土地的永久地产权，连同所有附属于土地的明示或默示权利、特权及从属权利，均应授予该登记人。

（2）一旦某人被登记为拥有绝对权利的完全保有地的有限权利人，则土地的永久地产权，连同所有附属于土地的明示或默示权利、特权及从属权利，应按照财产授予契据的标的中包含的地产权和权益分别授予该登记人及其他共同权利人。

（3）无论何种情况，已登记权利人的地产权须受制于——

（a）将影响土地的已登记负担，

（b）根据第72条规定，即便未登记，仍可约束土地的负担，

但不受其他任何权利，包括国家权利的约束。

（4）如果登记的权利人是作为受托人持有该土地，则本条中的任何内容不影响其作为受托人的义务和责任。

38. （1）首次登记时，若将某人登记为拥有占有性权利的完全保有地的完全或有限权利人，则该登记不应对任何不利于或减损该权利的其他权利产生影响或损害，也不应影响或损害登记之时即存在的权利或能够产生的权利，除上述条件之外，该登记与拥有绝对权利的登记具有相同效力。

（2）第（1）款中的"权利"包括任何由于被视为对其以往在土地上的权益具有确定抵押权的权利人的权益而存在的权利或者衡平法上的权利，而其他任何法律中，凡提及根据衡平法登记的土地，均应包括登记时须受该款所规定的权利或衡平权利制约的土地。

39. 首次登记时，若将某人登记为拥有适格权利的完全保有地的完全或有限权利人，则该登记与拥有绝对权利的登记具有相同效力，但适格权利的登记不应对任何未在登记簿上未记载的权利的行使产生影响或损害。

租 赁 权 益

40. （1）对未登记的租赁权益进行权利登记时，申请人将按登记取得

绝对权利、有效的租赁地产权、适格权利或占有性权利。

（2）登记申请应由指定的人以规定形式提出，同时提供规定的权利证明。

（3）申请登记的对象应为绝对权利、有效的租赁地产权或占有性权利。

（4）若任何可能存在的租赁权益、完全保有地产权及中期租赁权益均为登记官所认可，则申请人可登记为拥有绝对权利的所有人。

（5）有关租赁权益的权利一经登记官认可，申请人即应登记为拥有有效的租赁地产权的权利人。

（6）提出绝对权利或有效的租赁地产权的登记申请时，若登记官认为，无论出租人的复归权利还是承租人享受租赁权益的权利，均只能存续有限期间，或须受特定保留条件约束，则登记官可在登记簿上作相应记录，免除下列权利的登记效力：

（a）在指定日期之前产生的权利，

（b）根据指定的文书产生的权利，

（c）在登记簿中特别描述的其他权利，

在受以上任何例外情形规限下登记的权利应称为适格权利。若权利登记并非强制，则未经申请人同意，登记官不得按本条款行使权力。

（7）申请人只有提供了规定的权利证明，才能登记为占有性权利的所有人。

（8）提出绝对权利或有效的租赁地产权的登记申请时，若登记官认为没有正当理由将其登记为绝对权利、有效的租赁地产权或适格权利，则登记官可将申请人登记为拥有占有性权利的所有人。若权利登记并非强制，则未经申请人同意，登记官不得按本条款行使权力。

（9）提出占有性权利的登记申请时，若登记官认为有正当理由将其登记为绝对权利、合格的租赁地权力或适格权利，则无论申请人同意与否，均可将其登记为上述权利的所有人。

41. 在对租赁权益的权利进行首次登记时，登记官应将检查权利时发现的所有影响权益的负担记在登记簿上，第72条规定的即使不登记认可约束权益的负担除外。

42. 截至本法生效之日，若租赁权益的权利登记中带有附注，说明出租人的出租权利经调查后，已证明充分且正当，则租赁权益的权利应视为绝对权利。若没有这样的附注,则根据第 43 条,该权利应视为有效的租赁地产权。

43. 截至本法生效之日,若租赁权益的登记权力为适格或占有性权利,则应视具体情况,将该土地的权利视为本法所指的适格或占有性权利。

44. (1) 一旦某人被登记为拥有绝对权利的租赁权益的完全权利人,则租赁权益,连同所有附属于租赁权益的明示或默示权利、特权及从属权利,均应授予该登记人。

(2) 一旦某人被登记为拥有绝对权利的租赁权益的有限权利人,则土地的永久地产权,连同所有附属于土地的明示或默示权利、特权及从属权利,应按照财产授予契据的标的中包含的地产权和权益,分别授予该登记人及其他共同权利人。

(3) 无论何种情况,已登记权利人的权益须受制于——

(a) 将影响权益的已登记负担,

(b) 根据第 72 条规定,即使未登记,仍可约束权利人权益的负担,

(c) 所有附带于已登记权益的明示或默示的契据、义务或责任,

但不受其他任何权利,包括国家权利的约束。

(4) 如果登记的权利人是作为受托人持有该权益,则本条中的任何内容不影响其作为受托人的义务和责任。

45. 首次登记时,若将某人登记为拥有有效的租赁地产权的租赁权益的完全或有限权利人,则该登记不应对任何不利于或减损出租人租赁权利的权利产生影响或损害,也不应影响或损害登记之时即存在或能够产生的权利,除上述条件之外,该登记与拥有绝对权利的登记具有相同效力。

46. 首次登记时,若将某人登记为拥有占有性权利的租赁权益的完全或者限权利人,则该登记不应对任何不利于或减损此人权利的权利产生影响或损害,也不应影响或损害登记之时即存在或能够产生的权利,除上述条件之外,该登记与拥有绝对权利的登记具有相同效力。

47. 首次登记时,若将某人登记为拥有适格权利的租赁权益的完全或有限权利人,则该登记不应影响或损害任何未在登记簿上登记的权利的行使,除此之外,视情况而定,该登记应与拥有绝对权利或有效的租赁地产权的登记具有相同效力。

48. 如果根据任何法令规定,将已登记的租赁权益转换为永久租佃地

产权或永久财产权,则登记官应按规定方式在登记簿上记录转变事实。一旦按规定对权利进行了检验,土地租赁权益权利人的登记簿将转换为完全保有地权利人的登记簿。但是,根据本法,上述转换完成之前,租赁权益的登记权利人对该土地不享有任何相对于未转换时的进一步或其他权利。

时效法规下的权利

49.（1）根据本条的规定,1957年的时效法规适用于已登记土地,正如其适用于未登记土地。

（2）如果任何人声称已通过占有取得了已登记土地的权利,则可向登记官申请,将自己登记为土地的权利人。若登记官认为申请人对权利的获取符合规定,便可酌情将申请人登记为拥有绝对权利、有效的租赁地产权、占有性权利或适格权利的权利人,但同时不得损害任何未因上述占有而消灭的权利。

（3）一旦完成上述登记,则对于收回土地的诉权已期满终止的人,其权利将失效。

（4）1957年时效法规第24条中"1891年法第52条"据此为"1964年权利登记法第49条"所替代。

已登记权利的转换

50.（1）在土地已登记了适格权利、有效的租赁地产权或占有性权利的情况下,登记官可以主动或应权利人及其他有资格的人的申请,在符合规定的情况下,根据实际需要,将权利登记为绝对权利或有效的租赁地产权。

（2）以下规定应适用于已登记土地,依据1891年法第23条第(1)款或本法第26条进行登记的土地除外——

（a）如果登记的权利是占有性权利,则申请对具有有价对价的转让或其他具有对价的处分进行登记时,应附同所有表明申请人的占有或控制权利的文件(包括合同、摘要、律师意见、书面请求及答复,以及其他类似文件)以及可能要求的宣誓书,除非另有相反规定;如果登记的权利是适格权利,则申请应附同所有有关免于登记效力的事项的文件及可能要求的宣誓书。

（b）在适用(a)项的任何情况下,登记官在收到必需的文件之前,可拒绝或推迟登记。

(c) 若土地的占有性权利已登记了 15 年,只要适用(a)项,且登记官确信登记权利人占有该土地,则登记官应在按规定发出通知之后,作出如下登记:若为完全保有地,则将权利登记为绝对权利;若为租赁土地,则将权利登记为有效的租赁地产权。

(3) 下列规定应适用于依 1891 法第 23 条第(1)款或本法第 26 条进行登记的土地:

(a) 如果已登记的权利为占有性权利或视为占有性权利,且土地的权利登记已超过 30 年,则在财产处分登记或因死亡导致的财产转移登记时,只要登记簿的记载事项符合要求,或者没有不利于或减损登记权利人权利的权利存在,也没有权利受占有性权利的保护,登记官可以将权利登记为绝对权利;

(b) 如果

(i) 已登记的权利为占有性权利或视为占有性权利,并且

(ii) 土地权利的登记已超过 12 年,并且

(iii) 申请对具有有价对价的转让或其他有对价的处分进行登记,并且

(iv) 在该土地的首次登记之后,但不早于申请的 12 年之前,已登记过一次具有有价对价的转让,

则只要登记簿上的记载事项符合要求,或者没有不利于或减损登记权利人权利的权利存在,也没有权利受占有性权利的保护,登记官可将权利登记为绝对权利。

(c) 在(b)项适用的任何情况下,登记官可要求申请人提供其认为适当的权利证明,在要求得到遵照之前,登记官可拒绝或推迟登记。

(4) 如果有任何不利于权利人的权利主张提出,则在这些主张得到解决之前,不得依据本条进行登记。

(5) 如果有权利人以外的人由于根据本条进行的登记而遭受损失,则应仿照土地登记处出现错误的情形,执行第 120 条。

转　让

51. (1) 如果已登记的土地权利人为有限权利人,则根据限制处分土地法,该权利人可将土地或其任何部分转让,受让人应登记为被转让土地的权利人。

(2)转让文件应按规定的格式或其他登记官认为合适的格式签订,但只有受让人被登记为所转让土地的权利人后,该文件才生效。

(3)一旦对受让人进行了登记,登记官应向其颁发土地证。

(4)如果仅转让部分土地,登记官应允许让与人保留其土地证,并在土地证上记载已转让部分,或者向其颁发只包含保留土地的新土地证。

52.(1)一旦受让人登记为拥有绝对权利的完全保有地的完全权利人,转让文书就成为不动产转让法中的不动产转让契据,已转让土地的永久地产权,连同所有附属的明示或默示权利、特权及从属权利均将授予登记的受让人,但需受下列负担的限制:

(a)将影响土地的已登记负担,

(b)根据第72条,即使未登记仍会制约土地的负担,

但不受其他任何权利,包括国家权利的制约。

(2)如果该转让未涉及有价对价,则对受让人及对其有权利主张(除有价对价之外)的人而言,转让将受到让与人所转让的土地上所有未登记权利的限制。

(3)如果完全保有地的受让人登记为拥有绝对权利的有限权利人,则该登记与受让人成为拥有绝对权利的完全权利人的登记具有相同效力。只是,该登记所赋予的永久地产权(连同所有的明示或默示权利、特权及从属权利)应按照财产授予契据的标的中包含的地产权和权益,分别授予该受让人及其他共同权利人。

53.若完全保有地登记的是占有性权利,则该土地的转让不应对任何不利于或减损首次登记权利人的权利行使产生影响或损害,也不应影响或损害该权利人登记之时即存在或能够产生的权利的行使;这些权利包括任何由于被视为对其以往土地上的权益具有确定抵押权的权利人的权益而存在的权利或衡平法上的权利;但是,除上述条件之外,这类转移一经登记,即与土地被登记了绝对权利的情形具有相同效力。

54.若完全保有地登记的是适格权利,则土地的转让一经登记,即与登记了绝对权利的情形具有相同效力,只是上述转让不得影响或侵害任何未在登记簿上登记的权利的行使。

55.(1)一旦受让人登记为拥有绝对权利的租赁权益的完全权利人,转让文书就与不动产转让法中的不动产转让契据具有相同效力,转让的租

赁权益,连同所有附属的明示或默示权利、特权及从属权利均将授予登记的受让人,但需受下列负担的限制:

(a) 将影响权益的已登记负担,

(b) 根据第72条,即使未登记仍会制约权益的负担,

(c) 所有附属于已转让权益的明示或默示的契据、义务和责任,

但不受其他任何权利,包括国家权利的制约。

(2) 如果该转让未涉及有价对价,则对受让人及对其有权利主张(除有价对价外)的人而言,转让将到让与人所转让的权益中所有未登记权利的限制。

(3) 如果租赁权益的受让人根据财产授予契据被登记为具有绝对权利的有限权利人,则该登记应与受让人成为拥有绝对权利的完全权利人的登记具有相同效力。只是,该登记所赋予的租赁权益(连同所有附属的明示或默示权利、特权及从属权利)应按照财产授予契据的标的中包含的地产权和权益,分别授予该受让人及其他共同权利人。

56. 若租赁权益登记的是有效的租赁地权利,则权益的转让一经登记,即与登记了绝对权利的情形具有相同效力,只是上述转让不应对任何影响或减损出租人租赁权利的权利产生影响或损害。

57. 若租赁权益登记的是占有性权利,则权益的转让不应对任何不利于或减损首次登记权利人权利的权利(无论租赁人的权利或其他权利)产生影响或损害,也不得影响登记之时即存在或能够产生的权利的行使,除此之外,该转让一经登记,即与登记了绝对权利的情形具有相同效力。

58. 若租赁权益登记的是适格权利,则权益的转让一经登记,即与登记了绝对权利的情形具有相同效力,只是上述转让不得影响或损害任何未在登记簿上登记的权利的行使。

59. (1) 本法不影响其他任何法律对土地的转让、让与、分割或转租所作的禁止性或限制性规定。

(2) 登记官有责任在登记簿上以规定方式注明此类禁止性或限制性规定;但即使未登记,根据第72条,这些规定也应视为土地的负担。

60. (1) 在土地登记权利人的地产权或权益归于无效的情况下,即下列情形下:

(a) 在土地初次登记前,借由抵押获得出售土地的权力,

（b）依据土地条令或其他任何具有同样效力的法律条文，存在一个生效的单方契据，

（c）执行任一法院作出的判决或命令而导致土地被出售，

（d）存在指定的财产接受人，

（e）存在财产转移令，

（f）有其他法令规定，

（g）其他本法未规定的指定情形，

若将土地权利转与他人，但并非通过登记权利人或其遗产代理人进行转让，则根据一般规则，登记管在接受者提出申请并按规定提供证据之后，应将其登记为土地权利人。

（2）除非登记官确信申请已获登记权利人的同意，或者在登记权利人死亡的情况下，若登记权利人为完全权利人，则确信申请已获其遗产代理人的同意，若登记权利人并非完全权利人，则确信已获指定人员的同意，否则，根据一般规则，登记官在将申请人登记为土地权利人之前，应将申请通知登记权利人，若登记权利人已死亡，且登记权利人为完全权利人，则通知其遗产代理人，若其并非完全权利人，则通知指定人员；如果登记官认为适当，可拒绝将申请人登记为土地权利人，执行法院命令除外。

转 移

61.（1）若土地的权利人凭借财产授予契据被登记为有限权利人，并在该权利人的地产权或权益得到确认之后，将土地转与他人，则只需按规定方式提出申请，便可视具体情况将受让人登记为土地的完全或有限权利人。

（2）若土地的唯一登记完全权利人死亡，或者若干名登记完全权利人中仍在世者没有登记为分权共有人（在本条余下条款中将称权利人为已故权利人），则登记官应认定已故权利人的遗产代理人独自拥有任何土地权利，代理人对土地所作的任何已登记处分与其登记为土地权利人的情况下所作的处分具有相同效力。

（3）（a）若非遗产代理人凭借允许书或符合规定的转让文书宣称依法对已故的登记完全权利人的土地享有权利，并提出申请，则登记官可视具体情况将其登记为土地的完全权利人或有限权利人。

（b）登记官没有义务，也无权要求提供允许书或转让文书的制作原因，

他必须假设遗产代理人对以上申请、允许书或转让文书采取的行为正确无误、且上述行为均在其权力范围内。

(4) 若有人根据第(3)款被登记为土地的完全权利人或有限权利人,则相关登记费用应由其承担。

(5) 若高等法院或巡回法院依1959年《地产管理法》第20条第(4)款,命令将已登记土地授予某人,则也可同时命令将其登记为土地的权利人。

(6) (a) 本法及1959年《地产管理法》中没有任何条款要求登记官将遗产代理人登记为土地的权利人。

(b) 登记官应在登记簿上记录土地的登记权利人死亡事实及其遗产代理人姓名。

(7) 若土地的已故登记完全权利人的继承人提出申请,要求将自己登记为该土地的权利人,且法院确信:

(a) 已故完全权利人去世已超过6年,

(b) 已故完全权利人的遗产代理人已去世或在管辖范围之外,

则即使1959年《地产管理法》和本法另有规定,法院亦可在认为适当的情况下,免除申请人向已故完全权利人进行陈请或向其遗产代理人发出通知的步骤,下达将申请人登记为土地权利人的命令。

(8) 第(2)款和第(6)款仅适用于在1959年6月1日当天或之后死亡的情形。

(9) 由1942年《权利登记法》第27条所修正的1891年法第37条第(2)款及1942年《权利登记法》的第二个附表,应继续适用于1959年6月1日前死亡的情形,尽管这些规定现已废止。

担　　保

62. (1) 根据本法规定,土地的登记权利人可为清偿款项将土地设定为担保,不论是否有利息,也不论是以年金方式还是其他方式。担保的权利人也应按规定登记。

(2) 创设担保时,应按规定格式签订担保文书(或登记官认为适当的其他文书,只要这份文书明确说明将以土地为担保款项的支付提供担保或保留),而不可通过遗嘱。但在担保的权利人登记前,该文书不应向担保的权利人授予任何土地权益。

(3) 以附有回赎条款的转让或出租及转租方式设定的抵押,不得自行对已登记土地设定担保或者被登记为已登记土地的担保。

(4) 任何以提供抵押的方式借入或借出款项的权力,无论是以何种方式获得,均应视其包括以已登记担保的方式借入或借出款项的权力。

(5) 一旦完成担保权利人的登记,登记官应向其颁发一份按规定格式制作的担保证明书。

(6) 若土地的担保是为偿还本金(无论是否带有利息)而设定,则对担保权利人进行登记时,担保文书应与不动产转让法中通过契据设定的抵押具有相同效力。此外,为实施担保,登记的担保权利人应享有通过契据设定的抵押所享有的全部权利和权力,包括出售所担保的地产或权益的权力。

(7) 在担保文书所担保的本金到清偿期时,担保的登记权利人或其遗产代理人可通过简易程序向法院申请对土地或其任何部分实行占有,一经申请,如果法院认为适当,可以命令将土地或其要求的部分移交申请人占有,而申请人一旦占有该土地或其任何部分,即应视为占有抵押权人。

(8) 对以年金方式设定担保的权利人进行登记时,担保的权利人应享有1881年《不动产转让法》第44条(已由1911年《不动产转让法》第6条所修正)所规定的救济方式,即对年金的支付进行追讨或强制执行。

(9) 如果土地的已登记担保权利人,根据第(6)款授予的权力将土地出售,则受让人应登记为土地的权利人,并且该登记应与已登记权利人基于对价进行的转让登记具有相同效力。

(10) 如果受让人根据第(9)款被登记为土地的权利人,则担保及其后的所有地产权、权益、负担和记载事项均将被解除。

(11) 若担保文书中明确表示,某人承诺偿还被担保的本金,则意味着该人对已登记权利人承诺,在担保期间内,将按照担保文书中指定的时间和利率支付担保的金额和可能产生的利息;并承诺,若该笔金额或其中一部分未在指定时间支付,则将按照规定的利率,每半年一次支付未付金额的利息。

63.(1) 在本法案生效之前登记的担保,不得以下列理由而失效或被视为无效:

(a) 仅因为该担保明确指出系通过抵押的方式而创设,或者

(b) 仅因为由这些抵押所创设的任何出租或转租没有取得土地委员会

或公共建设工程专员的同意或者其他任何法律规定的支持；

并且，作为已登记土地负担的担保，其登记不得以上述任一理由而失效或被视为无效。

（2）在本条中，"抵押"包括通过出租或转租设定的抵押，以及通过带回赎条款的不动产转让或财产转让设定的抵押。

64.（1）担保的登记权利人可将担保转让给他人，受让人应登记为担保的权利人。

（2）转让担保应按照规定的格式或其他登记官认为适当的格式签订文书，但在受让人被登记为担保的权利人之前，该文书不得将担保中的任何权益授予受让人。

（3）登记官应向登记的受让人颁发一份按规定格式制作的担保证明书。

（4）一旦登记了担保的受让人，转让文书就应与不动产转让法中的不动产转让契据具有相同的效力，并且受让人应当——

（a）享有与本法中土地登记受让人的土地权利相同的担保权利，无论该转让有无有价对价；

（b）在执行其担保时，拥有的权利和权力与假定该担保最初即以其为受益人的情形相同。

65.（1）若已登记土地的已登记担保或其任何一部分得到履行，或者应担保权利人的请求或因下文所述方式及其他规定方式提供的证据，使已登记土地的任何部分从已登记担保中得到豁免，则登记官应在登记簿上加以批注，担保即就批注的范围停止实施。

（2）在本条中，担保的已登记权利人的收据应能充分证明担保或其任何一部分已得到履行，而担保的已登记权利人签署的豁免文书应能充分证明担保的已登记土地或其任何一部分已得到豁免。

66. 本法案中有关已登记土地的转移以及登记权利人地产权或权益的废止的规定，经过规定的修改，应当适用于土地已登记担保的转移和废止。

67.（1）担保的登记权利人，不可仅由于担保权利人的身份，而有权占有担保所制约的已登记土地的土地证。

（2）与土地的已登记担保有关的任何约定，无论在担保创设之前或之后，若将该土地的土地证交与担保的登记权利人保管，则该约定归于无效。

已登记土地的其他权益

68. (1) 依据本法规定,土地的登记权利人有权通过登记的处分独自对土地进行转让或担保,担保的登记权利人有权通过登记的处分独自对担保进行转让。

(2) 本法对某人因任何已登记土地或已登记担保而获得任何权利均无禁止,但所有这些权利应当服从本法中关于具有有价对价的土地的转让或担保的登记规定。

(3) 登记土地的未登记权利(非第72条所规定的土地负担)不应影响通过有价对价所创设的土地担保的已登记权利人。

69. (1) 下列负担可以被登记为影响已登记土地的负担——

(a) 任何在土地首次登记时就已存在的产权负担;

(b) 任何在土地首次登记之后正当创设的担保;

(c) 任何租金费用(尽管未登记,但不包括第72条规定的土地租金)或由土地产生的自由保有土地租金或其他永久性租金;

(d) 通过支付货币将土地设为担保的任何权力,无论是在土地首次登记之前或之后创设或产生;

(e) 在土地首次登记之后创设或产生的用于担保货币的任何信托;

(f) 由于未支付购买价款而产生的对土地的任何留置权;

(g) 任何终身租约或可终止租约、超过21年的租约,或租期系针对任何较少的地产权或权益而设定,但占有却与之不符的租约;

(h) 法院下达的任何判决或命令,无论在土地首次登记之前或之后;

(i) 任何判定抵押、保证金、国债、调查或未决诉讼,无论在土地首次登记之前或之后发生;

(j) 任何在土地首次登记之后存在的地役权、共同用益权及明示授予的采矿权或保留权益;

(k) 任何有关使用土地或其指定部分的条款和条件;

(l) 任何寡妇地产权;

(m) 任何与1946年《森林法》第54条有关的负担;

(n) 土地委员会或地方机关出于任何目的铺设管道的权利及其附属权利;

（o）在一段时间内就财产的地产权或权益进行处置的权力,该段时间以终身为限,或不超过生存年限及此后 21 年之和。

（p）扣押或侵占的权利；

（q）针对财产的具留置权性质的货币权利,如抚养权或居住权（不论是否为专有居住权）,以终身为限；

（r）依法或法定权力创设的负担,但并非第 72 条所规定的未登记也可约束已登记土地的负担；

（s）其他任何规定的负担。

（2）如果土地的登记权利人或其他任何对负担享有权利或权益的人提出申请,可依据本条对负担进行登记,但如果申请未经土地的登记权利人或规定的其他人同意,除非依据法院的命令,否则不应登记。

（3）任何根据本条登记的契据或条款,只要能向法院证明该契据或条款不可随土地转移,或者不能对抗土地的权利人,或者将其修改或撤销有利于对其享有主要权益的人,就可以由法院下达命令进行修改或撤销；或者,经所有对其享有权益的人同意,可由登记官进行修改或撤销,而无需上述法院命令。

（4）登记官可以依据规定的证据及条款,对依据本条作出的非前述契据和条款中的负担记录进行修改或删除。

70. 能够根据第 69 条进行登记的负担的权利,应登记在依据本法保存的登记簿上。

71.（1）将判决登记为抵押时,若土地已登记,则根据 1850 年《判定抵押法》（爱尔兰）第 6 条所要求的宣誓书应以规定形式登记,并按规定记载。

（2）在本法生效之后登记的宣誓书中,应对土地作充分描述,说明登记簿的页码和土地所在的郡。

（3）宣誓书应由上述 1850 年法第 6 条所指定的债权人或者 1858 年爱尔兰《判定抵押法》第 3 条所授权的人作出。

（4）依上述几条及本条所作的宣誓书,在登记后,应能将判定债务人的权益设定为担保,这些权益受到以下制约：

（a）将影响其权益的已登记负担,

（b）根据第 72 条,即使未登记,仍可约束其权益的负担,

（c）在宣誓书登记时,所有受判定债务人享有的权益约束的未登记

权利,

为根据法院命令执行该担保,债权人应当享有上述权利和救济方式。

72.(1)根据第(2)款,下列负担将暂时影响土地,故所有已登记土地应受其约束,而无论其登记与否——

(a)不动产遗产税、遗产税、前王室租费、什一税租费和代替什一税或什一税租费而应支付的款项;

(b)土地改良费和排水费;

(c)根据土地购买法规定,用于清偿买价预付款的年金或租费;

(d)土地委员会或者任何人凭借依土地购买法发出及公布的财产转移令、公寓授予令、最后清单或者移交令所取得的权利;

(e)土地委员会根据1927年《土地法》第37条执行占有令的权利;

(f)公众或公众的任何阶层享有的权利;

(g)习惯权利、专营权和由保有形式所产生的责任;

(h)地役权和共同用益权,除非它们是在土地的首次登记之后分别由明示授予的权利或者保留条件所创设的;

(i)租期不超过21年或者地产权或权益较少的租佃,且该租佃具占有性质;

(j)对土地存在事实占有或者收取租金或利润的任何人的权利,除非询问后发现这些权利并未披露;

(k)在土地登记了占有性权利、适格权利或者有效的租赁地产权的情形下,所有不受登记影响的权利;

(l)被登记为已登记土地上的负担的优先于其他同类租金(本条称之为已登记租金)的永久年租(本条称之为优先租金),在需要免除上述已登记土地的义务时,该租金将先于其他已登记租金而优先偿付。

(m)创设优先租金的契据或其他文书中所包含的会影响土地的契诺或条款;

(n)对依1936年《劳工法》下达的财产转移令中标的房屋应支付的购买年金;

(o)1936年《劳工法》对根据该法所购住房的抵押或担保施加的约束;

(p)根据1957年《时效法规》所获得或将获得的权利;

(q)第59条或73条适用的负担。

(2)如果能向登记官充分证明,已登记或者将登记的土地已经免除或无须缴纳任何不动产遗产税、遗产税、前王室租费、什一税租费、代替什一税或什一税租费的应付款项、土地改良费、排水费及前述清偿购价预付款的年金或租费,则登记官可在登记簿上注明以上事项。

(3)如果能向登记官充分证明上述任何负担的存在,则经登记权利人或登记申请人同意,或者依据法院的命令,登记官可以在登记簿上注明相关事项。

73.(1)权利人可以登记为土地权利人,同时登记或不登记该土地中所有或部分矿及矿物的权利,也可以登记为任何矿及矿物的权利人。

(2)一旦登记为土地权利人,就不可仅凭该登记而被视为土地中矿和矿物的权利人。

(3)若有人被登记为土地权利人,但登记的效力并未延及土地中的矿或矿物,则所有暂存于土地,且并非由土地首次登记后明示授予或保留的开采权、通行权、供水和排水权及其他与采矿有关的权力、地役权、权利和特权,即使并未登记,也均应成为土地的负担。

74.除非登记上有相反的记录,同一块土地上存在的多个负担,若未登记,则按创设的时间顺序决定优先顺序;若已登记,且为土地首次登记之后所创设或产生,则应按登记顺序而非创设顺序决定优先顺序,并且应优先于土地首次登记后创设或产生的、虽未登记但亦不属于第72条规定的任何其他负担。

75.(1)如果任何土地的已登记担保明确表示,其创设目的是为了保证将来预付款(无论当前是否有预付款)的清偿,则担保的登记权利人相对于此后的任何担保,有权优先获得该预付款的任何支付款,但后来的担保拥有明确书面通知,且上述预付款在后来的担保创设日期之后发生的情形除外。

(2)在本条中,将来的预付款包括往来账户上的应付款及当事方按照协议或商业惯例视为付费保证金的预付款。

76.如果将已登记土地设为担保或将已登记土地设为担保货币的信托的权力被登记为土地的负担,则可通过创设已登记担保的方式实施或执行该权力;并且,根据这些权力或信托授权某人将土地设为担保以支付价款时,该受权人应当享有与土地登记权利人相同的就土地创设已登记担保的权力,且该担保将具有适当的优先权。

77.（1）若有人根据或凭借任何法律对已登记土地享有任何金额的担保或设定担保的权力,则其应享有与土地登记权利人相同的就土地创设已登记担保的权力。

（2）根据本条对担保作出的登记应与根据其他任何成文法作出的登记具有相同的效力。

78.如果为利用已登记的土地筹措款项而将定期地产转让给某受托人或其他人,无论是在本法通过之前还是之后,这种转让应当与已登记土地上担保货币的信托或将已登记土地设为担保的权力具有相同的效力,可通过创设已登记担保的方式进行实施;并且,根据这些权力或者信托授权某人将土地设为担保以支付价款时,该受权人应当享有与土地的登记权利人相同的就土地创设已登记担保的权力,且该担保将具有适当的优先权。

79.（1）如果在首次登记之前,为利用已登记的土地筹措款项,而将定期地产转让给某受托人或其他人,则无论是在本法通过之前还是之后,在土地的首次登记时,该转让应当与已登记土地上担保货币的信托或将已登记土地设为担保的权力具有相同的效力,可通过创设已登记担保的方式实施;并且,根据这些权力或者信托授权某人将土地设为担保以支付价款时,该受权人应当享有与土地的登记权利人相同的就土地创设已登记担保的权力,且该担保将具有适当的优先权。

（2）如果在首次登记之前,土地已经受限于任何真实存在的抵押,包括通过出租或转租设定的抵押及限定期限的抵押,则在土地进行首次登记（如果登记为具有绝对权利、适格权利或有效的租赁地产权）或者转换为绝对权利或有效的租赁地产权（如果登记为具有占有性权利）之时,这些抵押,包括通过出租或转租设定的抵押及限定期限的抵押均应作为土地上的担保,且只可被登记为担保。

80.（1）如果某个根据1963年《公司法》注册的公司依据本法被登记为已登记土地或担保的权利人,则对该公司的任何抵押、担保、债券、可转换债券、信托契据或其他产权负担,登记官不应予以干涉,而那些根据已登记的处分主张有价对价的人也不应受其影响,但上述产权负担根据本法被登记为负担或者受警告或禁令保护的情况除外。

（2）买方根据已登记的转让从该公司获得任何权益时,因免于未登记或未受保护的产权负担影响,因此无须支付第 120 条规定的补偿。

81. 已登记土地上的居住权,不论是一般居住权还是土地某部分上的专有居住权,均应视为受益人的专有权利以及具留置权性质的货币权利,而不应在土地上创设出任何衡平法上的地产权。

82. 如果登记权利人或其他享有权利的人提出申请,并向登记官充分证明各种附属于已登记土地的权利、特权和从属权的存在,登记官应在登记簿上作相应记载以表明其存在。

无形遗产和其他权利的登记

83. 对于第 8 条(b)项所规定的登记簿上的登记以及为该登记而对本法规定进行的必要修改或适用,应当由一般规则作出规定。

登记地图和边界

84. (1) 中央办事处应保存一份由地形测量局绘制的全国地图。

(2) 应根据一般规则作出规定,在此类地图(本法中称登记地图)上应以规定的方式标注或确定已根据本法登记了权利的土地,并在登记簿中注明地图的查阅方式,同时在规定的时间,以规定的方式和条件将地图向公众公开,接受公众的检查。

(3) 登记官应当拥有且视为始终拥有,在任何特定情况下,出于登记的目的而采用任何其认为合适的地图的权力。在本法及其他已废止的法律中,这些地图一经采用,即应成为或始终被视为登记地图。

85. 描述已登记的土地时,应采用地形测量局绘制的包含该土地的地图中所使用的名称或称述,并应采用登记官认为的最精确的方式。但是,除非本法另有规定,登记簿或地图中对土地的描述对于土地的边界或范围并不具有最终性质。

86. 如果任何爱尔兰设负地产出售专员、地产法院的法官或土地法官,根据《地产法院法》或 1870 年《地主与承租法》(爱尔兰)中的条款所执行的任何财产让与,以及土地委员会根据《土地购买法》的任何条款所执行或下达的财产让与或财产转移令,对任何已登记土地的边界进行了确定,则在以上各种情况下,如果登记官认为合适,可在按规定发出通知之后,在登记簿上将边界记为最终边界,此时,该边界对各方当事人亦为最终边界。

87. (1) 应相邻土地的登记权利人或者土地的登记权利人以及相邻未登记土地权利人的申请,只要符合规定的条件,登记官可以随时确定这些土地或其任何部分之间的边界,并在登记簿上将其记载为最终边界,如有变更,也同时按协议结果记载该变更。

(2) 根据本条作出的记载事项应当仅在提出申请的当事人以及各自的权益继承人之间具有最终性,不可用于确认边界已经明确的土地的权利。

88. (1) 若将部分已登记土地转让,只要符合指定的条件,登记官即可在登记簿上将已转让部分与未转让部分之间的边界记载为具有最终边界。

(2) 在任何已登记土地的转让中,若有人对被转让土地的边界或者范围提出质疑,则应让与人或受让人的申请,登记官有权对此作出裁决,并可在合宜情况下,采用让与人和受让人同意或由登记官指定的任何人的决议。

89. 在本法有关边界问题的规定中,未登记土地的权利人是指占有并且声称享有完全保有不动产或租赁权益的第一地产权人,或是由具有法定管辖权的法院所指定的,并且依据该法院的命令接管该不动产或权益的接管人。

补 充 规 定

90. 若有人在将被登记为已登记土地或担保的所有人之时,由于土地或担保所有人的死亡、不动产或权益的灭失或者根据本法所作的转让文书而使其权利转移,因此该权利人想在自己被登记为土地或担保的所有人之前——

(a) 对上述土地进行转让或者担保,或者通过留置留下土地证的方式,在土地上创设留置权(若该权利人为土地委员会,想要行使其他任何所有者权利,包括空占权利),

(b) 对上述担保进行转让或者担保,或者通过留置担保证书创设留置权,

则其实施上述行为时,会受一旦其成为登记权利人便会影响其登记簿上所记载权益的所有负担或权利的制约,并受制于本法有关具有有价对价的已登记交易的规定,这些制约的方式和效力均与假设其在转让、担保、质押执行之时即为登记权利人的情形一样。

91. (1) 若权利人只享有土地或担保的一份或多份未分割权益,则在

登记时,可在登记簿上按规定附加记载,表明其持有的权益份额。

(2) 按照规定的方式和规定的条件,可将两个或两个以上的人登记为同一块土地或其担保的权利人,一旦登记,除非登记簿上将其记载为分权共有人,否则即视为联权共有人。

(3) 若将两个或两个以上的人登记为同一块土地或担保的权利人,则经其同意,可在登记簿上作相关记载,示明如果权利人数量减至某规定数量以下,则除非凭借法院的命令,否则不得作出任何土地或担保的登记处分。

(4) 若有两个或两个以上的人被登记为同一块土地或担保的权利人,只要权利人数少于全体权利人数,且登记官确信该数量的权利人有权对土地或担保作出登记处分,登记官便应在登记簿上作相关记载,示明该数量的权利人无须法院命令,即有权对土地或担保作出登记处分,此时不适用前款规定。

92. (1) 根据本法规定,信托通知不得在登记簿中记载。

(2) 若登记官只是收到有关土地登记的文书,则下列任何人都不会因此而受该文书中包含的或因其中所包含事项而产生的任何信托通知的影响——

(a) 登记官,

(b) 通过有价对价取得土地的登记受让人,

(c) 通过有价对价在土地上创设担保的登记权利人,

(d) 通过有价对价对土地上已登记的负担拥有权益主张的人。

(3) 在本条中,"信托"包括明示、默示和法定信托。

93. 如果——

(a) 在申请对任何土地进行权利人登记时,要求就权利进行检查,或

(b) 登记官在履行职责时,需要对已登记土地的权利或土地上的负担进行调查,

则应作出宣誓书,示明宣誓人将尽其所知及所信,将与权利有关的契据、遗嘱、有关权利及影响权利的负担的文书和所有事实材料披露给登记官。

(2) 登记官可以要求任何人依据本条提供宣誓书,说明其通过何种方式熟知本条中提到的若干事项;如果登记官认为有必要或希望获得任何进一步的证据,则在获得进一步的证据之前,登记官可以拒绝进行登记或在登

记簿上进行记载或删除。

94. 在下列情况下——

（a）有对土地权利人进行登记的申请提出，或者

（b）登记官在履行职责时，需要对已登记土地的权利或土地上的负担进行调查，

如果任何人持有或保管有任何对权利有影响的契据、遗嘱或者文书，而申请人或其受托人有权要求出示上述文件，或登记官认为，在任何此种情况下，文件的出示对于调查是必要的，则登记官可要求此人在限定时间内，给出不交出这些契据、遗嘱、文书的因由，若该因由不能令登记官满意，登记官可以命令在其认为合适的时间和地点，以其认为合适的方式，在合适的范围内提供这些契据、遗嘱或文书，所产生的费用由申请人负担。

95. 根据一般规则，如果登记官认为合适，可在将某人登记为土地权利人之前要求其提供登记官认为必要的权利文件；在登记官向购买者或其他任何与土地处置有关的人发出登记通知，告知登记事实并加盖印章或其他标记之后，或者凭借其他方式，登记官确信登记的事实不会向购买者或其他与土地处置有关的人员隐瞒，则登记官可将提交的文件加盖印章或作出其他标记。

警告和禁止令

96. （1）任何人若主张对未登记土地享有权益，因此有权反对未经其同意而对该土地作出处分，或者主张自己是未登记土地的产权负担持有人，并且，若该主张并非依契据登记处登记的文书而提出，则该主张人可按规定的格式提交其权益宣誓书，以此向登记官提出警告，提示若有人申请对这块土地进行权利人登记，警告者有权得到通知。

（2）因此，在下达要求警告者出席并抗辩的通知之前，且在通知下达之后的规定时间内或者警告者呈交应诉书之前，以上两个时间以先出现为准，不可对土地权利人进行登记。

（3）如果有人根据本条呈交警告却没有提出合理因由，则应向任何因此受损的人作出赔偿，该赔偿可作为简单合同债项予以追讨。

97. （1）任何人若对已登记的土地或担保享有权利，只要以规定格式提交关于其权利的宣誓书，就可向登记官呈交一份警告，示明在通知到达警

告者之前,不得对登记权利人的那部分土地或担保作出任何处置。

（2）因此,若无警告者的同意,登记官不应对土地或担保的任何处置进行登记,除非登记官已通知警告者,提醒其警告已过规定的有效期。

（3）有效期满之后,除非登记官下达相反的命令,否则警告将失效;与失效警告有关的土地或担保将如没有提交警告的情形受到处置。

（4）若在期满之前,应登记官要求,警告者或其代表出席并提供足够的保证金,对每个因土地或担保的延迟处置而受损的人进行赔偿,且登记官认为合适,则可将土地或担保的处置登记延迟到登记官认为合理的时间。

（5）若有人根据本条呈交警告却没有给出合理因由,则应向任何因此受损的人作出赔偿,该赔偿可作为简单合同债项予以追讨。

（6）在警告系由法定机关的代表呈交时,经登记官酌情决定,可以接受一份符合规定格式的证明文件以代替宣誓书。

98.（1）应任何对已登记土地或担保具有权益的人申请,法院或登记官(已向法院提出上诉的情况下)在进行了必要的调查并下达通知且对其认为合适的人进行聆讯之后,可以下达命令或进行记录(在向登记官提出申请的情况下),规定在某段时间内,或者命令或记录中规定的事件出现之前,或者没有得到某些特定的人同意或通知这些人之前,或者一般在下一个命令或记录制定之前,禁止对该已登记土地或担保作出任何处置。

（2）应根据本条获得法院命令的人申请,登记官应以规定的方式,在登记簿上记载与该命令有关的事项。

（3）法院或登记官可以在上述任何命令或记录上附注任何其认为合适的条款或者条件,也可以将上述命令或记录解除或删除,或按照案件要求行使一般的管辖权;但登记官无权解除法院下达的命令。

（4）(a) 本条中的任何内容都对任何施加于终身地产权保有人或依《限制处分土地法》享有终身地产权保有人权力的人的权力限制均不予认可。

(b) 应账簿上显示的所有当时权益人的请求,根据本条作出的任何记载录均可被撤销或修改。

限制处分土地

99.（1）若根据财产授予契据将某人登记为有限权利人,则该财产授予契据的受托人姓名应在登记簿中记载。

(2) 在登记限制处分土地的有限权利人时，不应——

(a) 授予已登记权利人比依限制处分土地法成为终身地产权保有人的人效力更强的土地处置权力，从而对抗依该财产授予契据主张权利的人；

(b) 授予有限权利人的受让人、受遗赠人、遗产代理人、破产清算人或破产管理人比该有限权利人更多的产权或权益；

(c) 减损受托人根据财产授予契据本应享有的任何土地处置权力。

(3) 若某人依法律或其他原因成为土地有限权利人的受让人，则一经申请，即应在登记簿上登记其姓名，并附上"受让人"或其他规定的字样。若上述记载出现错误，则有限权利人的登记应继续具有与没有转让时相同的效力。

(4) 担保的登记权利人，若已登记为已登记有限权利人不动产上的负担，则不得成为且视为从未成为本条中上述有限权利人的受让人；但本款对《限制处分土地法》中第50条所述的担保申请没有任何阻碍。

(5) 指定新受托人时，若已提出申请并提供规定的证据，登记官应记载该受托人姓名。

(6) 本法中关于有限权利人的登记规定不适用于1882年《限制处分土地法》第63条所指的限制处分土地，除非财产授予契据将1882年《限制处分土地法》授予终身地产权保有人的权力授予有限权利人，或者在登记申请时，依1884年《限制处分土地法》作出的命令仍有效。

(7) 在对已登记土地下达上述命令时，应当示明，根据本条行使土地终身地产权保有人权力的人应登记为土地的有限权利人，需受制于适当的禁止令，此外，该命令不必登记为未决诉讼。

(8) 根据财产授予契据将某人登记为有限权利人，或在登记簿上记录财产授予契据的资料之后，任何财产授予契据的信托通知均不会对该权利人造成影响。

受 托 人

100. (1) 如果受托人或其他享有受托权限的人对本法准予登记的人或本法要求或授权此人所采取的行动存在疑问，可以向法院申请，要求提供指示。

(2)受托人或者其他具受托权限的人在本法或本法规定的任何规则所要求或授权的诉讼程序或申请中发生的或相关的合理费用,应视为行使信托职责过程中发生的合理费用,若该费用发生在此前的诉讼程序或申请中,则登记官最后可确认并公布这笔费用。

无行为能力人

101.(1)若土地或担保的登记权利人为婴儿,则应在登记簿上如实描述,但应规定的申请,可将该描述删除。

(2)本法中,可由规定的或法院指定的人代表婴儿。

102.(1)本法中,若在调查中发现权利人为精神病人,则可由其产业的受托监管人进行代表。

(2)本法中,对于调查中未发现的精神不健全者,可由1871年《精神病管制法》(爱尔兰)指定的受托监管人或监护人进行代表;如果没有上述指定受托监管人或者监护人,则由法院指定的监护人进行代表。

(3)本法中,暂时不能管理自己事务的心智较弱者,可由1871年《精神病管制法》第103条指定的监护人进行代表;如果没有上述指定监护人,则由法院指定的监护人进行代表。

破　产

103.(1)接到破产申请或债务重整申请时,法院的司法常务官应向登记官提供申请通知,登记官应在登记簿上记录,自申请提出之日3个月内,禁止对已登记土地或可能受影响的担保作出任何处置。

(2)如果对债务人身份有任何疑问,或者对以债务人名义登记的担保难以核实,则登记官在收到申请通知后,应进行调查并发出必要的通知,随后尽快采取其认为适当的行动。

(3)在根据本条发出申请通知后,如果——

(a)申请随后被驳回或没有得到处理,或者

(b)登记权利人被判破产但随后判决被废止,或者

(c)在债务重整时,登记的土地或担保没有因债务重整而发生转移,

则法院的司法常务官应向登记官发出通知予以说明,登记官应随即删除根据第(1)款所作的任何记载。

(4)若为了登记权利人的债权人利益,依法将登记的土地或担保授予受让人或受托人,则受让人或受托人应登记为土地或担保的权利人,若该土地为限制处分土地,则应登记为登记权利人的受让人。进行上述登记后,登记官应删除根据第(1)款所作的任何记载。

印 花 税

104. 在将购买者首次登记为土地的权利人及对已登记土地的任何处分进行登记之前,登记官有义务核实,在土地通过未登记处分转让给购买者之时,或者即将登记的处分原为未登记处分的情况下,所有应当缴纳的印花税均已缴纳。

证明书和通知

105.(1)根据一般规则,在登记土地权利人或土地上的担保时授予的土地证或担保证明书,若后来发生与土地或担保有关且需登记的交易,则应交给登记官,由其视情况需要进行删除或修改,使其与登记簿保持一致。

(2)根据一般规则,若登记权利人提出申请,或者由登记官认为有权要求交出土地证或担保证明书的人提出申请,登记官可以命令任何保管证明书的人提交证明书,以免由于未获证明书保管人的同意而影响任何与已登记土地或担保相关的交易。

(3)依本条交出证明书后,不应改变证明书的保管权利,也不应影响任何人的留置权。

(4)土地证或者担保证明书应为其中包含的若干事项的表面证据。

(5)在不影响任何登记权利的前提下,为了在证明书所涉及的土地或担保上创设留置权,留置土地证或担保证明书应与留置未登记土地或担保的权利契据具有相同的效力。

106.(1)登记簿中记载的土地或担保的所有权利人、担保人、有权接收任何通知者或具有其他身份的人,均应向登记官提供其国内地址。

(2)根据一般规则,依本法要求向上述任何人发送通知时,均应由登记官亲自送达,或通过邮递以挂号信方式送达,信封外需用规定的方式加以标记,寄送地址为其向登记官提供的地址,除非该信被退还,否则若无相反证据,则视收信人已在规定的期限内收到信件。

（3）对于提供有价对价的登记购买人，若有关方面未依本法发出通知或该购买人未收到通知，则该购买人不会因此受影响，但其在登记之前已知悉通知未发出或未收到的情况除外。

检索和优先次序

107.（1）任何人均可在规定的时间和条件下检索登记簿或任何登记地图上的任何记录或索引。

（2）任何人都可以向登记官申请对登记簿或登记地图进行正式检索，并要求登记官开具检索结果证明。

108.（1）如果登记官确信，正式检索结果证明的开具对象已就证明所涉及的土地签订购买合同、订立租约或以在土地上设定担保为条件出借款项，则应其请求，登记官应在登记簿上按照规定格式进行记录。

（2）在任何这类情况下，如果申请对文书进行登记以完成合同，只要申请符合规定，并在证书开具后14天内送达中央办事处，则该申请应比同期其他任何有关土地的登记申请优先受理。

第四部分　由于死亡而发生的财产转移和未留遗嘱而死亡的继承

109. 本部分适用于所有已登记土地。

110. 因死亡而发生不动产权利转移的相关法律不仅适用于不动产，同样适用于所有已登记土地。

111. 转移给死者遗产代理人的所有已登记土地，在无遗嘱的情况下，应按动产的分配方式进行分配。

112.（1）通过特别占有进行继承和财产转移的所有现存规则、方式和准则仅适用于限嗣继承的不动产，而不适用于所有已登记的完全保有地。

（2）寡妇地产、鳏夫保有的地产和充公地产不适用于上述土地的相关规定。

113.（1）本部分前述规定仅适用于在本法生效之后死亡的情形。

（2）对于本法生效之前的死亡，1891年法第四部分的规定仍继续适用于截至本法生效之时所有仍适用该部分规定的土地。

114. 对于已登记的完全保有地,下列规定应当具有效力——

（a）任何在本法通过之前或之后通过或执行的法律、契据或文书中作为限制型用语使用的"继承人"一词,应当具有如本法未通过时同样的效力;

（b）任何在本法生效之前或之后通过或执行的法律、契据或文书中作为指定性用语使用的"继承人"一词,应当具有如本法未通过时同样的含义;

（c）任何在本法生效之后通过或者执行的法律、契据或文书中作为指定性用语使用的"继承人"一词,除非另有相反意图,否则应解释为对未立遗嘱而去世的被继承人的动产享有实益权的非债权人。

（d）如前所述,任何在本法通过之前或之后通过或执行的法律、契据或文书中提到的任何人的继承人,应解释为其遗产代理人。

第五部分　其他规定

115. 在已登记土地的出售或担保合同及已登记担保的转让合同中,若有任何条款将阻止购买人、未来担保权人或未来受让人（视情况而定）对通常的负担或第72条中规定的可能影响土地的特定负担提出请求,则该条款应归于无效。

116.（1）根据本法对任何土地的地产权或权益进行的权利登记,在登记当日或之后,该地产权或者权益应不受契据登记处相关法律规定的约束;与该地产权或权益有关的契据或其他文件,或者在登记当日或之后已经签订或将开始签订的契据或其他文件,除非与未登记土地有关,否则不要求在契据登记处登记。但该土地上任何对其他地产权或权益享有权利的契据或文书（而非创造该地产权或权益的契据和文书）不得因上述权利的登记而免于契据登记处的登记。

（2）若已根据本法对土地上任何地产权或权益进行了权利登记,则应将按规定格式所作的登记摘要提交契据登记官,契据登记官应有义务不收取任何费用,立即将该摘要在契据登记处登记。

（3）若有任何法律要求在特定期限内将任何契据或其他文件在契据登记处登记,则这些契据或其他文件所规定权利的登记应当符合相关法律规定（若要求了登记期限,则应符合该期限）。

117.（1）若根据本法对负担进行了登记,则该登记的效力应当与该负担的任何相关契据或文件在契据登记处的登记具有相同效力,并可使这些契据或文件免于契据登记处的登记。对租赁权益而言,若没有根据本法进行权利登记,则仅可使其租约本身免于登记,而不能将豁免权延及租赁权益的任何其他权利契据或文件。

(2)(a)就土地各个方面而言,若将判决、命令、调查、保证金或国债登记为负担,则上述登记应当与其在判决登记处的登记具有相同效力。

(b)上述任何判决、命令、调查、保证金或者国债,在登记之日起5年期满后,均不应对已登记土地的购买者、抵押权人或债权人构成约束,但在转让契据、财产授予契据、抵押、租约或其他通过有价对价将地产权或权益上任何合法权利或衡平权利转移或转让给任何购买者或抵押权人的文书签订之前的5年内,或在债权人的权利产生之前的5年内,以规定的方式对上述负担进行了重新登记的情形除外,此类情况下,每5年期满之时均应进行重新登记。

118. 登记机关及任何按照机关要求或本法规定的任何命令和一般规则行事的人,对因本法或任何依本法所作的命令或一般规则的执行或推定执行过程中采取的任何善意行动或不行动而产生的任何诉讼不负责任。

119.(1)如果任何人犯有以下罪行,即——

(a)在登记官或法院依本法进行的任何诉讼程序中,为了隐瞒任何人的权利或主张或者证实某种虚假主张,而隐藏、试图隐藏或参与隐藏任何文件或者事实,

(b)以欺诈方式导致、试图导致或参与导致登记簿上任何记录的删除或更改,

(c)在本法或任何依本法所作的命令或一般规则所要求或授权的任何宣誓书中,故意就任何要项进行虚假陈述,

则此人犯有轻罪,一经公诉程序定罪,可处不超过2年的监禁或者不超过500镑的罚款。

(2)被本法宣判为轻罪的任何诉讼或定罪判决,都不得妨碍受害人有权享有的赔偿。

(3)本法中没有任何地方授予任何人在任何诉讼法律程序中有拒绝完全披露信息或者在任何民事诉讼程序中有拒绝回答问题或质询的权力;但根据本法,在任何刑事诉讼程序中,这些披露或回答均不得作为可接受的证

据对抗此人。

120. （1）本条适用于任何人由于以下原因而蒙受的损失——

（a）法院对任何登记中产生的、根据第 32 条第（1）款应补救的错误所作的补救；

（b）任何在登记中出现的源自土地登记处且无法按上述第（1）款进行补救的错误（无论是登记簿或登记地图中的错误陈述、错误说明、遗漏或其他错误）；

（c）由于伪造或欺诈而导致登记簿或登记地图上出现或删除的任何记录；

（d）在正式调查中由登记机关或其官员造成的任何错误；

（e）登记簿、登记地图的正式副本或摘录中出现的偏差，或者存放在土地登记处的任何文件或者图则的正式副本或摘录中出现的偏差。

（2）若有任何人遭受本条所适用的损失，且该损失非由本法、受损人或其代理人的疏忽或错误所导致或主使，则该受损人及任何从其产生的权利人都有权根据本条要求对损失进行赔偿。

（3）在法院根据第 32 条第（1）款对错误进行补救的情况下，申请人为了取得补救而发生的任何费用，应当视为本条所适用的损失。

（4）所有根据本条应支付的损失均应由国会拨款支付。

（5）下列规定适用于本条所述的所有赔偿的索求：

（a）索赔应当以规定的方式向登记官作出，并应向财政部长提交通知；

（b）登记官应当对索赔作出裁定，该裁定为最终性质，除非财政部长或索赔人对裁定不满意，在这种情况下，任何一方都可向法院提出上诉；

（c）自索赔权产生之时起 6 年之后提出的索赔，登记官将不予受理，除非期满时索赔权人处于无行为能力状态，在这种情况下，自无行为能力状态终止之日起 2 年后提出的索赔，登记官将不予受理，但其可对登记官就索赔作出的拒绝或准许裁定进行上诉；

（d）在（c）项中，应将索赔权的产生日期视为——

（i）对于占有的任何地产权或权益，在引起被要求补偿的损失的登记当天；

（ii）对于任何剩余或复归的地产权或权益，如果不存在前述登记，则为该地产权或权益的占有当天；

（e）赔偿应包括申索者为了确立其申索而发生的费用。

（6）如果根据本条对任何人进行了赔偿——

（a）赔偿（而非费用）可通过解除该受损人在与应支付赔偿有关的土地或担保上的地产权或权益的任何产权负担的方式进行；

（b）财政部长享有向造成损失者或损失的受益者追讨赔偿的权利，其权利应与受损者对造成损失者或损失受益者享有的权利相同。

121.（1）如果登记官在登记中发现可纠正的错误，由于在发现错误与纠正错误之间进行登记可能会发生损失，从而引起赔偿申索，因此为保护中央基金免受上述申索影响，登记官可在登记簿上记入禁止令，在其认为适当的时候，禁止对受该错误影响的土地或负担进行处分。

（2）根据本条在登记簿上记载的禁止令不应影响中央办事处在记载上述禁止令时的未决登记，也不应阻止该登记完成。

（3）一旦登记官根据本条记载了禁止令，即应按登记簿的显示向可能受错误影响的人及规定的其他人发送有关该禁止令及导致禁止令的错误的通知。

122.（1）如果某人被登记为拥有或视为拥有占有性权利的土地权利人，则无论该权利人自身还是透过其提出申索的任何人均不得仅因为登记的原因而成为1957年《时效法规》中的土地受托人。

（2）此处用第（1）款替代已为本法废止的1957年《时效法规》第2条第（2）款（c）项。

123.（1）已登记完全保有地的转让文书中若没有限制性用语或任何同等表述，则该文书应将转让人有权转让的土地的永久产权或其他全部权益进行转移，除非文书上表示出相反的意图。

（2）在将已登记的完全保有地转让给公司的转让文书中若只写明公司名称，而没有"继承人"字眼，则除非文书上另载有相反意图，否则转让给受让人的应为受让人有权转让的土地上的永久产权或其他全部权益。

（3）在已登记土地的转让文书中，不得仅因为没有明示财产系因受让人的用益或利益而转让，而暗示让与人的归复用益或者归复信托。

（4）本条仅适用于本法生效之后签订的转让文书。

124.在登记官所主持的程序中作出或使用的宣誓书可在治安专员面前宣誓，该治安专员应有权对誓言进行监督。

125. 如果登记官认为土地权利人的登记申请中所指的土地含有1933年《海滩法》所规定的海滩,则登记官应向运输与动力部长发出书面通知。

126. (1) 根据1936年《法院法》第73条成立的委员会应继续称为权利登记规则委员会。

(2) 经司法部长同意,为了实施本法,权利登记规则委员会可以制定一般规则,特别是在不限制前述权力的情况下,可就下列事项制定一般规则:

(a) 中央或地方办事处的业务处理,登记官、地方登记官和所有隶属于中央和地方办事处的官员及人员的权力和义务;

(b) 中央办事处和地方办事处之间的关系;

(c) 转让的处理及与转让有关的信息的发布;

(d) 登记簿的制作和保存及其索引的制作,以及与权利有关的文件的鉴定和保存;

(e) 所有与登记有关的事项中应遵循的程序、采取的预防措施、发出的通知和援引的证据,以及审查要登记土地上任何权利的条件及提交对象;

(f) 所采取的与财产交易的登记有关的程序;

(g) 记录、修改或删除登记簿上的记录时应采取的形式和条件;对同一块土地的相关事项进行记录的命令,以及登记簿、登记地图或与登记有关的任何文件中对文书错误的修正;

(h) 按本法要求或授权制作或使用的任何文书、证明书、摘要、宣誓书或其他文件的形式和内容;

(i) 颁发新土地证或担保证明书以取代丢失、磨损或毁坏的证明书的条件;

(j) 土地登记处的官员不时获得的任何文书的保管;

(k) 土地登记处所保管的任何登记簿或文件或其摘录的查阅及副本的制作;

(l) 下列将由律师或其他人收取的成本和费用:在登记中产生的或由于登记而产生的;为实施本法所必需的其他事项产生或导致的费用;登记机关履行本法或其他任何法令规定的义务时产生的费用,以及上述费用收取人要求以佣金、百分比或其他形式支付费用的权力;

(m) 费用的评定和评定与收取诉讼费用的人;

(n) 根据本法提起上诉时诉讼费用担保的设定;

(o)本法指示或授权应予规定的任何事项,或者本法指示或授权应当制定的一般规则。

(3)一般规则应当在不对各利益方造成损失的情况下,对根据1865年《权利记录法》(爱尔兰)所记录的权利登记作出规定,并应在规则中注意保护根据这些记录而获得的任何权利。在登记前,应如同本法未通过之时适用1865年爱尔兰《权利记录法》。

(4)(a)登记官或契据登记官主管的所有办事处应在司法部长的命令中指定的日期和时间向公众开放。

(b)1883年《契据登记处假期法案》(爱尔兰)就此废止。

(c)尽管有第(2)款的规定,本款将在本法通过之日起生效。

127. 本法不会影响国家对任何无主财产的权利。

2006年爱尔兰契据权利登记法[*]

第一部分 总 论

1.（1）本法可称为2006年《契据权利登记法》。

（2）1964年《权利登记法》与本法（除第76、77条）可以合称为1964年与2006年《契据权利登记法》，并可解释为一部法。

2.（1）根据第（2）款，本法在部长通过一般性指令或针对特定目的或条款下达的指令所指定的日期生效。不同目的或条款生效日可以不同。

（2）第76和第77条于本法通过之日起生效。

3. 在本法中

"1964年法"是指1964年《权利登记法》；

"机关"是指根据第9条成立的财产登记机关；

"一般规则"是指1964年法第48条或第126条中的规则；

"部长"是指司法、平等及法律改革部长。

4.（1）本法附表中所列的法律按照第三栏指定的程度废除。

（2）1964年法中提及的登记机关和登记官，以及1964年法和其他任何法律中提及的权利登记官或契据登记官均已删除，而用机关代替。

（3）因此，本法或其他法律中用于指代登记机关或登记官以及权利登记官或契据登记官的代词均已删除，而代之以与新称呼相对应的代词。

（4）通过删除1964年法第8条、108条第（2）款和第121条第（2）款中的"中央办事处"并加入"土地登记处"，1964年法得到进一步修正。

5. 根据本法和1964年法发生的与机关有关的费用以及部长为实施这

---

[*] 韩露璐翻译，高健校对。

些法而发生的任何其他费用,在财政部长认可的范围内,由国会拨款支付。

6. 根据 1964 年法第 21 条或第 24 条所作的命令以及任何一般规则均应在制定之后尽快提交国会各议院,提交之后,若任一议院在 21 天的议会开会期内通过废止决议,则该命令或规则将因此而废止,但这不会损害之前根据该命令或决议所采取的任何行为的效力。

第二部分　财产登记机关

7. 就本法而言,部长应以命令形式指定成立日。
8. 在这部分中,"行政长官"是指机关的行政长官。
9. (1) 在成立日将成立一个名为财产登记机关(这部分称为"机关")的机构,其职能由本法授予。
(2) 机关——
(a) 是一个永久存续并拥有公章的法人团体,
(b) 能以其法人名称进行诉讼及被诉讼,
(c) 经部长同意,可获得、持有或处置土地、土地上的权益或其他财产。
(3) 根据本法,机关独立行使职能。
(4) 机关的印章可由以下方式进行鉴定——
(a) 主席或其他由机关授权代表机关行事的人的签名,
(b) 行政长官及机关授权的其他职员的签名,
(5) 司法通知上应加盖印章。
(6) 在任何诉讼程序中,若有文件声明系由机关制作或发布,并加盖了机关印章,则无须其他证据,就可将该文件及其所有加盖了印章的副本接纳为该文件及其中所提事项的证据。
(7) 任何合同或文书,如果由个人订立或执行,且不要求加盖印章,则可由机关的普通代表或为某个特别目的而特别授权的机关代表签订。
10. (1) 机关的职能是:
(a) 管理和控制契据登记和土地登记,
(b) 促进和扩大土地权利的登记,
(c) 处理根据 1978 年《地主与承租法》(地租)(第 2 号)第三部分提出的申请,

(d) 承担、委托、合作或帮助与土地权利登记有关的研究计划或其他活动,包括编辑统计数据和提供与登记有关的服务,

(e) 行使任何由第(4)款授予的额外职能,

(f) 随时向部长提供与土地权利登记有关的进程,并协助其进行与登记有关的政策改革。

(2) 机关应在其认为适当的限度内,以其认为适当的方式,发布与其所提供服务有关的信息。

(3) 机关可以在服从本法的前提下,做其认为对行使职能乃必不可少或有利的事情。

(4) 如部长认为适当,可通过命令向机关授予一些与其现有职能有关的额外职能。

(5) 根据本条,命令应——

(a) 经过财政部长同意,并事先征询机关的意见之后作出,

(b) 遵从命令中指定的条件,并且

(c) 可包含部长所认定的对命令完全生效乃必不可少之附带条文、增补条文及继起性条文。

(6) 部长可通过命令对根据本条所作的命令进行修改或废除,其中包括根据本款下达的命令。

11. (1) 机关成员不应超过11名。

(2) 尽管有第(1)款的规定,但在根据第(5)款(d)项从职员中选出一名机关成员并对其进行首次任命前,机关成员不应超过10名。

(3) 机关成员由部长指定,并且部长应指派其中一名成员作为机关主席。

(4) 挑选机关成员时,部长应当根据第(5)款,考虑他们是否具有以下几方面的知识或经验,即财产转让的实务和流程、商业、金融、管理、行政、消费者事务或其他在部长看来对机关行使职能有帮助的事务。

(5) 在机关的成员中——

(a) 一名成员应为爱尔兰出庭律师总理事会指定的有经验的大律师,

(b) 一名成员应为爱尔兰事务律师协会理事会指定的有经验的律师,

(c) 一名成员应为部长的官员,

(d) 一名成员应由机关职员中通过不记名投票选举出来,方式

如下——

(i) 如果在成立日之前已发出进行第一次选举的通知,则以部长书面指定的方式,

(ii) 在其他任何情况下,经部长同意,采取机关决定的方式。

(6) 根据第(7)款,机关成员的任期为自任命之日起4年。

(7) 首次任命的五名机关成员(不包括主席),其任期应为自任命之日起3年;成立日之后,为挑选这些成员,应尽快举行机关会议,在该会议上将由主席以抽签方式进行挑选。

(8) 成员可以向部长递交辞职信辞职。

(9) 辞职信在部长收到之日起生效。

(10) 成员在任期内将一直任职,除非他/她因死亡、辞职、被撤职或其他原因而无法继续任职。

(11) 部长在某些情况下可以随时撤销成员的职位,只要其认为该成员有不正当行为或以下任何一种情形:

(a) 该成员的健康恶化以至于他/她无法再履行职能,

(b) 要履行机关职能就必须将该成员撤职。

(12) 当成员出现以下任何一种情形时,就不再是机关的成员:

(a) 被宣告破产,

(b) 与债权人签订债务重整协议,

(c) 被判处监禁,

(d) 被裁定犯有涉及欺诈或不诚实行为的罪行,

(e) 被取消或者限制作为任何团体领导人的资格,

(f) 不再是本国的普通居民,

(g) 在任命时他/她符合第(5)款任何一项的规定,但现在已不符合。

(13) 主席将一直任职至其作为机关成员的任期届满,除非他/她因死亡、辞职、被撤职或其他原因而停止任职,但如果将其再次指定为机关成员,则他/她有资格被部长再次任命为主席。

(14) 在任命机关成员时,部长应注意使每个性别都有成员代表,并应确保这方面保持适当平衡。

(15) 机关所有成员均为兼职,其报酬和津贴经财政部长同意,由部长决定支付。

12.（1）根据第16条第（2）款，即使机关成员出现空缺，机关仍应照常运作。

（2）如果机关中有成员死亡、辞职、停止任职或被撤职，部长应当指定他人填补空缺。

（3）被指定顶替空缺的人其任职期限为被顶替者任职期限的剩余期限，并且有资格被指定为再连任一届。

（4）出现空缺时，部长应尽快采取措施填补空缺。

13.（1）当成员出现以下任何一种情形时，该名成员不再是机关的成员：

（a）接受作为上议院成员的提名，

（b）被选举为国会任一议院的成员或欧洲议会的代表，

（c）根据1997年《欧洲议会选举法》第二附表第8部分的规定被选入议会。

（2）如果某人根据议事规则有权出席国会上下两院或出任欧洲议会的代表，则其在机关中的任命将被撤销。

14.（1）如果机关或咨询委员会的成员或者机关指定的顾问与机关或咨询委员会将审议的任何事项具有金钱上的利害关系或其他实益权益，他/她应当——

（a）在该事项审议之前，视情况向机关或咨询委员会披露该权益以及其性质，

（b）不影响也不试图影响任何与此有关的决定，

（c）不提出任何与此相关的建议，

（d）不参与与之相关的任何审议，

（e）不出席有关审议或讨论该事项的任何会议或会议部分，

（f）在所有此类审议或讨论中不算作法定人数，

（g）不对任何与该事项有关的决定投票。

（2）在不损害第（1）款一般性的原则下，为实施第（1）款，下列人士将被视为具有实益权益——

（a）他/她或其任何亲属及其任何代理人或代理人的任何亲属是某个对机关或咨询委员会所审议的事项享有实益权益的公司或其他实体的成员，

(b) 他/她或其亲属与对这些事项享有实益权益的人合伙,或受雇于此人,

(c) 他/她或其亲属是与这些事项有关的土地协定或协议(无论能否执行)的当事人,

(d) 有任何亲属对这些事项享有实益权益。

(3) 就本条而言,如果某人、某公司或其他实体及第(2)款中所指的人享有的权益过于不相关或太过轻微,以至于不认为该权益有可能影响其他人对执行任何职能有关事项的考虑、讨论或者表决,则不能仅因其享有该权益而认为其享有实益权益。

(4) 有关某人所从事的行为是否会使其无法遵守第(1)款规定,该问题应由机关或咨询委员会决定。有关该决定的细节应在相关会议的会议记录中记载。

(5) 如果依据第(1)款向机关或咨询委员会进行披露,则披露的详细资料应在相关的会议记录中记载。

(6) 如果机关成员没有依据本条进行披露,则部长应当决定采取何种适当措施(包括免职)。

(7) 如果非机关成员没有依据本条进行披露,则部长应当决定采取何种适当措施(包括对咨询委员会的成员进行免职或者终止合同)。

(8) 在本条中,"亲属"是此人的配偶、父母、兄弟、姊妹、子女或者其配偶的子女。

15. (1) 除非法律另有规定,未经部长同意,任何人不得披露其履行机关或咨询委员会的成员职责或机关的顾问职责期间所获得的机密信息,包括作为履行结果的机密信息。

(2) 如违反第(1)款,一经简易判决定罪,将处以不超过2500镑的罚款。

(3) 在本条中,"机密信息"包括机关明确指出的应保密的特定信息或特定类别和种类的信息。

16. (1) 为充分履行其职能,机关每年必须召开一定次数的会议,至少3个月一次。

(2) 根据第11条第(7)款(c)项,出席会议的人数应为4人或4人以上。

（3）部长应当确定机关第一次会议的日期、时间、地点。

（4）在机关会议上——

（a）如果机关主席出席，则以其为会议主席，

（b）如果机关主席未出席或主席的职位空缺，则应由出席会议的机关成员选举一名成员作为会议的主席，

（c）每个问题均应由出席会议的成员投票决定，服从多数原则；如果双方票数相同，会议主席可以投第二票或者决定票。

（5）根据这部分的规定，机关可以管理自己的流程。

17.（1）经部长批准，机关可不时委托一定数量的咨询委员会、顾问和指导协助机关充分行使职能。

（2）咨询委员会、顾问和指导协助机关的委托以机关认为适当的时间、期限和条件进行。

（3）支付给咨询委员会、顾问和指导协助机关的任何费用必须先经财政部长批准，再经部长批准。

（4）咨询委员会中必须包括拥有与实现咨询委员会的目的有关的特殊知识与经验的人。

（5）机关可以随时解散咨询委员会。

（6）机关必须确保咨询委员会中男女成员比例的平衡。

（7）机关应当通过合同聘用一些人员为机关服务，人员数量与合同的条款和条件，应经部长及财产部长同意之后，由机关决定。

18.（1）机关应当在成立之后尽快准备并向部长提交一份今后3年的战略计划，此后每隔3年，均要在成立日之前的6个月内提交这样的战略计划，以备部长作必要修改后予以批准。

（2）战略计划中应当——

（a）列出机关的关键目标、成果和相关策略，包括资源的使用，

（b）遵守部长就计划准备的形式和方式所发出的任何指示，

（c）考虑到确保机关资源得到最有利和最有效的运用的需要。

（3）部长应在批准战略计划后，尽快将一份副本交给国会的上下议院。

19.（1）机关每年应不迟于6月30日，向部长递交一份有关上一年职能行使和活动的报告。

（2）部长应将一份副本交给国会的上下议院。

(3)报告应采用机关认为适当的形式,并包含机关认为适当的内容,部长可以随时对此进行指示。

(4)机关可以不时向部长报告其职能的行使情况。

(5)机关应向部长提供他/她所要求的下列信息——

(a)任何有关机关的政策和活动的事项,

(b)任何由机关准备的专门文件或账目,

(c)第(1)款或第(4)款所提到的报告。

(6)第(1)款中所提到的"上一年"为机关成立之日起至下一个12月31日。

20.(1)部长可以根据情况需要,不时以书面形式向机关就其认为必要的,与土地权利、契据登记有关的政策或机关的任何其他职能作出一般性指示。

(2)机关在行使其职能时,应当遵守所有依本条所作的指示。

(3)本法中的任何内容都不得解释为部长可以对机关的任何特定案件行使权力或控制。

21.(1)经财政部长同意,部长可以根据第(2)款,通过命令的形式确定机关所收取的服务费;任何此类命令均可撤销或修正,包括根据本款下达的命令。

(2)所确定的费用应足以清偿薪水、报酬和其他根据本法和1964年法应支付的费用和执行本法与1964年法过程中发生的费用。

(3)若有任何本法规定或一般规则要求或授权机关做任何事情或发出任何文书,则意味着,只有在按规定支付相关费用之后,才能做这些事情或者发出这些文书。

(4)根据本条所收取的所有费用,均应按照财政部长的指导,进行集中和分拨,并按有利于国库的原则进行支付和处分。

(5)1879年《公共机关费用法》不适用于根据本条收取的费用。

22.(1)机关应有一名行政长官官员(在这部分称为"行政长官")。

(2)部长应按照公职任命机关的推荐任命行政长官。

(3)行政长官是政府公务员。

(4)他/她的任命——

(a)应当符合部长确定的任期和条件,并经财政部长同意,

(b) 应服从 2004 年《公职管理（征募和任命）法》和 1956 年至 2005 年的《文官管理法》。

(5) 行政长官应当——

(a) 贯彻机关的政策和决定；

(b) 管理并控制机关的职员、行政工作和业务；

(c) 行使本法或机关授权他/她行使的其他职能。

(6) 行政长官就以下事项向机关负责——

(a) 行使他/她的职能；

(b) 向机关提供机关不时要求的与行使职能有关的信息（包括财务信息）。

(7) 经机关同意，对于行政长官指明的某些职能，可以授权机关职员代表其履行。

(8) 当行政长官缺席或者行政长官的职位空缺时，他的职能应由机关指定的成员履行。

(9) 尽管有第（2）款的规定，但截至成立日仍是契据权利登记官的人，将成为机关的首任行政长官，其职位的任期和条件应不逊于前述登记官的任期和任命条件。

23. 根据 1866 年至 1998 年的《总审计长法》，行政长官是分管机关拨款账户的会计官。

24. 1993 年《总审计长法》（修正案）第 18A 条之后已加入以下条款：

18B、本法将财产登记机关视同一个部而对其适用。

25. （1）根据第（2）款，应任一国会委员会的书面要求，行政长官应当到场就包括机关战略计划在内的管理情况作出说明。

（2）在本条中，"国会委员会"是指由国会的任一议院所指定或由国会的上下两院共同指定的委员会或者所指定的委员会的小组委员会。

26. （1）根据第（3）款和第 22 条第（2）款，机关应当按事先确定的人数任命其职员。

（2）根据第（3）款，机关应当决定职员的级别和各级别职员的数量。

（3）机关根据第（1）、（2）款作出的决定应当经过部长的批准和财政部长的同意。

（4）机关的职能由机关授权的职员代表机关履行。

（5）除非有相反的证明，任何机关职员行使机关的任何职能都被推定为机关授权其代表机关行使职能。

（6）机关的职员是政府公务员体制内的公务员。

（7）机关是其职员的主管机关（含义同1956年《文官专署法》和1956年至2005年《文官管理法》中的规定）。

27. 截至成立日，土地登记处或契据登记处的职员自动成为机关的职员。

28.（1）在成立日这天——

（a）截至当天归属于部长、财政部长或者公共工程专署，并且经财政部长同意，由部长指定，只能用于与机关的职能有关的用途的土地，

（b）任何与该土地有关的权利、权力或者特权，

无须任何不动产转让契约，均都将转让给机关，因为截至成立日当天，其地产权或权益已经归属（a）项中提到的人，但须受制于影响土地的任何信托或者衡平法上的权益。

（2）在成立当天，无须任何转让契据，契据登记官或权利登记官或契据权利登记官为行使其职能而正在使用且与机关的职能有关的财产，除土地之外，包括一切权利动产，均自动成为机关的既定财产。

（3）在成立日及之后，根据第（2）款归属于机关的权利动产，机关可以以自己的名义进行诉讼、追讨或者执行，并且机关或者部长无须通知任何受该动产约束的人。

（4）在成立当天，所有截至当天仍由土地登记处或契据登记处持有的文件和记录归属机关所有。

（5）应机关的请求，部长应作出证明，指出哪些财产适用本条，哪些财产不适用本条。

（6）在任何诉讼程序中，被推定为按上述方式发出的证明书，无须进一步的证据，即可被接纳为其中陈述事项的证据。

29. 任何合同、约定、协定——

（a）若在部长和契据登记官、权利登记官或契据权利登记官之间作出，或

（b）在任何其他人和以上登记官之间作出

并且截至登记日仍然是有效的，

(i) 在登记日及之后仍继续有效,

(ii) 将合同、约定和协议中以上登记官的名字换成机关的名字后仍继续有效。

30. 如果在成立日之前,契据登记官、权利登记官或契据权利登记官是任何法院或法庭任何未决诉讼中的一方当事人,则机关将代替以上登记官参与诉讼程序,程序不会因为上述替代而停止。

31. 本法的任何内容均不会影响成立日之前契据登记官、权利登记官、契据权利登记官或其代表所发布的任何法令的有效性,并且,只要这些法令在成立日前一天仍在实施,则成立日及之后将由机关或其代表继续实施。

第三部分 契据登记

32. (1) 在本条中,除非文意另有所指——

"契据"是指一份创设或转让土地上的地产权或权益、对土地上的地产权或者权益设定担保或者使土地上的地产权或权益受到其他影响的文件,无论是否加盖印章。包括下列影响土地的文件:

(a) 财产转让契据,

(b) 未经证实的文件,

(c) 根据1965年《继承法》所做的允许书,

(d) 根据1978年《地主与承租法》所做的财产授予证明书,

(e) 根据1988年《破产法》将财产转让给官方受托人的证明书,

(f) 根据1893年《工业与福利协会法》第43条、1896年《互助会法》第53条、1976年《建筑协会法》第84条第(1)款以及1988年《住宅法》第18条第(1)款所做的收据,

(g) 依照1850年爱尔兰《判定抵押法》所做的宣誓书或清偿证明书,

(h) 法院的判决、判令或者命令以及法院对权利、表决或分配所作的宣告,

(i) 根据1949年《国土整治法》发布的通告或命令,

(j) 根据1976年《家庭住房保护法》所下达的通知,

(k) 经过公证的根据1976年《家庭住房保护法》第3条第(8)款(c)项所作声明的复印件,

（l）1964年法第116条第（2）款中提到的土地的任何动产权或权益的登记记录，

（m）以电子形式或其他非可阅形式出现的、并能转化为上述文件的信息，

（n）其他可能要求的文件；

但不包括：

（i）任何可能影响已登记土地的文件，

（ii）一份租期不超过21年（或者其他可能规定的期限）但实际占有与租约的规定不符的租约；

"土地"包括：

（a）属任何保有形式的土地，

（b）被水覆盖的土地，

（c）房屋或其他建筑物和任何构筑物，以及用垂直、水平或其他任何方式划分的部分房屋、建筑物或构筑物，

（d）矿藏或矿物，无论是否与地表分离，

（e）无形不动产；

"租约"是指任何租赁合同和租契协议；

"记录"是指任何账册、索引或文件和以电子形式或其他非可阅形式出现的、并能转化为永久可阅形式的信息；

"登记簿"是指根据第35条保存的契据登记簿；

"登记处"含义见第33条；

"废除的法律"是指被本法所废除的法律。

（2）在本条中，除非文意另有所指——

（a）对某条或附表的提述即是对本法中某条或附表的提述，

（b）对某款或某项的提述即是对该提述所在部分的条文中某款或某项的提述，

（c）所提及的任何法律，应指被后来的法律所修正、延伸或修改后的法律，不论该修正、延伸或修改是在本法生效之前还是之后。

33.（1）为进行契据登记，应当设立一个办事处。

（2）该办事处称为"契据登记处"（本部分称为"登记处"）。

（3）登记处应当由财产登记机关进行管理和控制。

34. （1）根据附表第一部分所提到的任何法律保存的登记簿或记录，应当构成根据本部分或一般规则所保存的适当的登记簿或记录的一部分。

（2）根据附表第一部分所提到的任何法律制作或发布的、并在本条生效前仍有效的文件，应当继续有效，其效力与根据本条制作或发布的文件相同。

35. （1）机关应当保存契据登记簿。

（2）登记簿——

（a）应当符合规定的形式，

（b）应当包含规定的信息，

（c）可以是电子或其他非可阅形式，但能够转换为永久可阅形式。

36. （1）契据登记的申请应当按照规定的形式提出。

（2）应对登记的实施方式作出规定。

37. 根据本部分的规定，将会按照规定的方式为每个登记申请分发一个序号。

38. （1）根据本部分登记的契据将视为在法律和衡平法两方面均良好和有效，并依据第37条所分配的序号确定执行的优先顺序，在执行中产生的任何权利、权属、权益或责任，其优先度由分配到的序列号决定。

（2）未经过登记的契据不能对抗影响该土地的已登记契据。

（3）本条不会损害以下情形中根据任何法律或者衡平法上的规则提出的申请：根据已登记契据提出主张的某人知悉或者被视为已经知悉在先的未登记契据。

39. （1）在满足第（2）款规定的前提下，对1707年《契据登记法》第6条规定而言，被担保人根据契据执行担保的人证所提供的契据执行证据，应当，并且自始应当，被视为与担保人根据该契据执行担保的人证同样有效。

（2）第（1）款不影响任何与契据的执行有关的——

（a）在本条生效之前任何诉讼程序，包括上诉程序所作的判决或命令，

（b）在本条生效时未决的任何诉讼程序。

40. （1）当登记发生错误时：

（a）征得登记申请人和其他利害相关人的同意，机关可以按照当事人书面同意的条件纠正错误，

（b）如果认为错误的纠正不会给任何人造成损失，机关可以在按规定发出通知后纠正错误。

（c）如果认为错误的纠正不会对任何人造成不公平,巡回法院可以采取货币或法院认为公平的其他形式纠正错误。

（2）根据本条授予巡回法院的审判权,应由相关土地或土地的任一部分所在的巡回法院法官行使。

41. 任何取得或试图取得契据登记的人,如果他/她；

（a）知道某些材料是虚假的,

（b）知道上面的签名是虚假的,

将构成犯罪并可能——

（i）循简易程序定罪,被处以不超过3000磅的罚款或不超过12个月的监禁或罚款与监禁并罚,

（ii）循公诉程序定罪,被处以罚款或不超过5年的监禁或罚款与监禁并罚。

42. （1）机关应按规定保留与契据登记有关的记录。

（2）在向机关递送的任何文件中包含的信息应当进行记录,并以电子或其他非可阅但可以转换成永久可阅形式的形式保存。

（3）在任何法令中提到机关所发布的任何文件时,应提到相关信息的交流方式,包括采取各种电子形式或其他非可阅读的形式的信息。

（4）如果要求对任何这类文件进行签署或认证,则它可以采取其他任何规定的方式进行鉴定。

43. 对按本部分规定所保存的记录进行检索时,应当按照机关决定的方式和方法进行。

44. 在机关规定的时间内,任何人均可按照机关规定的方式,在机关规定的条件下对根据本部分保存的记录进行检查、检索、复印、审查、摘录或者作出记录。

45. 在不损害第9条第（6）款的前提下,若一份文件被推定为——

（a）是登记簿中记载事项或其他任何根据本部分要求保存、制作或发布的记录的复印件或复制品,包括以电子或其他非可阅的形式保存的信息转换成可阅读形式而产生的文件,

（b）是由机关的职员所证实的复印件或复制品,

则无须进一步的证据,就可在任何诉讼程序中将其接受为有关事项的证据。

46. 根据 1832 年爱尔兰《契据登记法》第 17 条设立的土地索引被视为已在 1946 年 12 月 31 日终结。

47. 任何没有按照 1832 年《契据登记法》(爱尔兰)的规定进行保存的日记账、摘要账簿、副本摘要账簿、抄本账簿和名称索引的副本,将被视为在未保存之时即已终结。

48. 经部长同意,根据第 74 条成立的契据与权利登记规则委员会可以为了充分履行本部分的规定而制定一般规则,并可在不损害前述条文的一般性的前提下,在一般规则中制定有关下列事项的条文:

(a) 登记簿和记录的形式、内容与索引的制作、

(b) 契据登记申请的格式、

(c) 登记时应遵守的相关程序,包括登记申请序号的分配和申请被拒绝时序号的取消、

(d) 登记簿中记载事项的记录、修正和删除的形式和方式、

(e) 本部分所规定的其他事项。

49. 本部分的任何内容都不会影响以下契据的登记或优先顺序——

(a) 在本条生效之前提出或提交申请的契据,

(b) 根据本条生效之前的有效法律登记的契据。

第四部分　对 1964 年《权利登记法》的其他修正

50. 1964 年《权利登记法》的第 3 条第(1)款修正如下:

(a) 加入"'索引'是指根据本法所保存的索引,包括并且被认为总是包括任何以电子或其他非可阅但能转换成永久可阅形式的形式保存的索引;'记录'包括任何账册、索引或文件和任何以电子或其他非可阅但能转换成永久可阅形式的形式存在的信息;'登记地图'是指第 84 条中提到的地图",

(b) 用"判定抵押"和"判决宣誓书"替代"权利宣誓书",

(c) 删除"土地购买法"和"1869 年爱尔兰教堂法"的定义,

(d) 在"租赁权益"的定义中加入——

(i) 在"21"之后加上"(或者其他可能规定的数字)",

(ii) 在"可确定是终生"之后加入"根据 1957 年《时效法规》所阻止权利或权益、对租赁权益所有人的诉讼权",

(e) 删除"中央办事处"、"地方办事处"、"地方登记官"和"登记机关"的定义,

(f) 用下列定义替换"登记簿"的定义:

"'登记簿'是根据本法保存的登记簿,包括并且被认为总是包括以电子或其他非可阅但能转换成永久可阅形式的形式保存的登记簿"。

51. 用下面这条取代1964法第7条(中央和地方办事处)(由1997年《权利法》修正):

"7.(1) 应当成立进行土地权利登记的办事处。

(2) 办事处应称为土地登记处。

(3) 土地登记处应由财产登记机关管理和控制。"

52. 对1964年法第23条(强制登记)进行以下修正:

(a) 在第(1)款(a)项中,删除"或视为"及后面的语句,

(b) 在第(1)款(c)项中,在"第(2)款"之后加入"或第(2A)款",

(c) 在第(1)款之后加入以下条文:

"(1A) 如果根据1869年爱尔兰《教会法》将土地进行出卖、转让或归属,但没有进行土地权利登记,则视为从未因出卖、转让或归属而要求进行土地权利登记。",

(d) 在第(2)款(b)项中,在"第(2)款"之后加入"或者第(2A)款"。

53. 1964年法第24条(强制登记的范围)的第(1)款和第(2)款分别被以下条文替代:

"(1) 司法、平等及法律改革部长在与机关商议之后,可通过命令在指定日期或下达该命令至少6个月后,规定将本条适用于——

(a) 指定的区域,包括2000年《地方政府法》第10条所规定的地方政府区域,

(b) 指定的土地,

(c) 在上述区域内指定的土地。

(2) 凡本条适用的土地权利登记,若尚为非强制性登记,则应将下列事项变为强制性登记——

(a) 完全保有地通过买卖进行的转让,

(b) 租赁权益的授予或通过买卖进行的转让。

(2A) 可根据本条下达命令规定,本条适用的土地权利登记,如果尚为

非强制性登记,则指定的土地处置,而非第(2)款所提到的处置应变为强制性登记。

(2B)部长可以通过命令修正或废除根据本条或本款作出的命令。"

54. 1964年法第25条(强制登记中错误登记的效力)被以下条文替代:

"25. 在土地处置所涉及的土地权利登记变为强制性登记之后,任何人不得取得按第24条第(2)款或第(2A)款中所规定的处置进行处置后的土地上的地产权或权益,除非在处置执行之后的6个月内或者机关(若其拒绝,可由法院认可)基于任何特殊情况而认可的更晚的时间内,此人被登记为地产权或权益的所有人,但是一旦进行上述登记,此人的权利将追溯到处分执行之日,而任何登记之前对土地进行的处置均将对其具有效力。"

55. 第32条(登记错误的纠正)第(1)款由以下条款修正:

"在土地登记中,若由于土地登记处的原因而出现任何错误(不管是错报、描述错误、遗漏或其他情况,也不管是登记簿错误还是登记地图错误)——

(a)征得登记申请人和其他利害相关人的同意,机关可以对错误之处按当事人书面同意的条款进行纠正,

(b)如果纠正错误不对任何人造成损失,机关可以在按规定进行通知后纠正错误,

(c)如果纠正错误不会对任何人产生不公,巡回法院可采用货币或其认为公平的其他方式纠正错误。"

56. 1964年法第33条(可进行登记的完全保有地类别)由以下条文替换:

"33. (1)未经登记的完全保有地一旦登记,登记人将按登记取得绝对权利、适格权利或占有性权利。

(2)登记申请应由指定的人以规定形式提出,同时提供规定的权利证明。

(3)申请登记的对象应为绝对权利、适格权利或占有性权利。

(4)权利一经机关认可,申请人即应登记为拥有绝对权利的所有人。

(5)在下列情况下,申请人将被登记为拥有适格权利的所有人——

(a)机关认为该权利只能存续有限的期间或须受特定保留条件的约束,且

(b) 机关可在登记簿上作相应记录,免除下列权利的登记效力——
(ⅰ) 在指明日期之前产生的权利,
(ⅱ) 根据指定文书产生的权利,
(ⅲ) 在登记簿中特别描述的其他权利。
(6) 申请人只有提供了规定的权利证明,才能登记为占有性权利的所有人。
(7) 提出绝对权利的登记申请时,若机关认为没有正当理由将其登记为绝对权利或适格权利,则可将申请人登记为占有性权利的所有人。如果权利登记并非强制,则未经申请人同意,机关不得按本条款行使权力。
(8) 在权利登记并非强制的情况下,机关不可——
(a) 未经申请人同意,将绝对权利的登记申请人登记为拥有适格权利的所有人,
(b) 未经申请人同意,将未申请占有性权利登记的申请人登记为拥有占有性权利的所有人。"

57. 1964 年法第 40 条(可登记的权利类别)由下列条文替换:
"40. (1) 对未登记的租赁权益进行权利登记时,申请人将按登记取得绝对权利、有效的租赁地产权,适格权利或占有性权利。
(2) 登记申请应由指定的人以规定形式提出,同时提供规定的权利证明。
(3) 申请登记的对象应为绝对权利、有效的租赁地产权或占有性权利。
(4) 如果租赁权益、完全保有地产权及任何中期租赁权益均为机关所认可,则申请人可登记为拥有绝对权利的所有人。
(5) 有关租赁权益的权利一经机关认可,申请人即应登记为有效的租赁地产权的所有人。
(6) 在下列情况下,应将申请人登记为拥有适格权利的所有人——
(a) 在机关看来,无论是出租人的复归权利还是承租人享受租赁权益的权利,均只能存续有限期间,或者须受特定保留条件的约束,
(b) 则机关可在登记簿上作相应记录,免除下列权利的登记效力——
(ⅰ) 在指定日期之前产生的权利,
(ⅱ) 根据指定的文书产生的权利,
(ⅲ) 在登记簿中特别描述的其他权利。

(7) 申请人只有提供了规定的权利证明,才能登记为占有性权利的所有人。

(8) 依据本条提出登记申请时,如果机关认为没有正当或适当的理由向其授予申请的权利,则根据第(9)款,可将申请人登记为其认为正当且适当的权利的所有人。

(9) 如果权利登记并非强制性,机关不可——

(a) 未经申请人同意,将绝对权利或有效的租赁地产权的登记申请人登记为拥有适格权利的所有人,

(b) 未经申请人同意,将未申请登记占有性权利的申请人登记为拥有占有性权利的所有人。"

58. 1964年法第51条(已登记的土地的转让)第(2)款之后加入以下条款:"(2A)在本条中,'转让'包括'出租',与此相关的词语也应据此解释。"

59. 1964年法第69条(可登记的影响已登记土地的负担)第(1)款(g)项的"21年"之后加入了"(或者其他可能规定的期限)"。

60. 1964年法的第72条(影响土地的未登记负担)的第(1)款第(i)项的"21年"之后加入了"(或者其他可能规定的期限)"。

61. 1964年法第84条(保存在中央办事处的地形测量图)由下面条文替换:

"84. (1) 一般规则应就下列事项作出规定——

(a) 在地图(本法中称"登记地图")上标注已根据本法登记了权利的土地,

(b) 在登记簿中注明地图的查阅方式。

(2) (a) 为了进行登记——

(i) 在2006年《契据与权利登记法》第61条生效之前,登记官被视为在任何特定情况下都拥有采用其认为适合的地图的权利,

(ii) 生效之后,机关被视为在任何特定情况下都拥有采用其认为适合的地图的权力。

(b) 在本法和其他已废止的法律中,任何地图一经采用就成为并始终被视为登记地图。

(3) 登记地图应符合规定的形式,包括可转化为永久可阅读形式的电

子或者其他非可阅形式。"

62. 1964年法第85条(登记土地的描述)由以下条文替代——

"85. (1)登记的土地应当按照规定的形式,参照登记地图进行描述和识别。

(2)除非本法另有规定,登记簿中对土地的描述及参照登记地图对土地的识别对土地的边界和范围都不具有最终性。

63. 1964年法第90条(有权被登记为土地或者担保的所有人的权力)由以下条文替代——

"90. (1)本条适用于——

(a)任何即将被登记为已登记土地或者担保所有人的人,由于土地所有人的死亡、不动产或权益的灭失或者根据本法或租约所作的转让文书而使其权利发生转移,并且

(b)该权利人在被登记为土地或担保的所有人之前,意欲采取下列与土地或担保有关的措施——

(i)在已登记土地的情形下——

(I)对土地或者其中任何一部分进行转让或者设定担保,

(II)通过质押土地证的方式创设留置权,

(III)授予租赁权,

(IV)创设地役权或者共同用益权,包括行使空占权利,

(ii)在已登记担保的情形下——

(I)对担保进行转让或者设定担保,

(II)通过质押担保证明书的方式创设留置权。

(2)本条所适用的人,可以采取第(1)款所提到的任何措施,且其方式和效力应如其在措施当天已为登记的所有人一样,同时须受一旦登记即会影响登记簿上所记载权益的负担或权利的制约,并应遵守本法中对具有有价对价的已登记处分的规定。

64. 1964年法第104条(印花税)将由以下条文替代——

"104. 对于为登记而提交的文件,如果机关有合理理由怀疑印花税没有缴纳或没有按正确的数额缴纳,则机关不应继续进行登记,除非登记申请人提供足够的证据,使机关确信,不需缴纳印花税或者已按正确的数额缴纳印花税。"

65. 1964年法第107条(登记簿和地图的检索)第(1)款中,在"索引"后面加上"的保存形式或可读副本"。

66. 1964年法第108条(由正式检索证明所确定的优先顺序)将由以下条文替代——

"108. (1) 如果机关确信,有人已就已登记土地签订购买合同、订立租约,或以在土地上设定担保为条件签订借款合同,则应此人申请并向合同的另一方当事人发出通知之后,机关应按照规定形式在登记簿上作出相应记录。

(2) 如果此人申请完成合同,只要申请符合规定,并在记录之日起21内(或规定的更长期限内)送达机关,则该申请应比同期其他任何有关土地的申请优先受理。

(3) 在第(2)款中决定是否规定一个长于21天的期限及该期限的持续时,契据与权利登记规则委员会应当考虑——

(a) 在根据第(1)款和第(2)款所提出的申请之间发生的变化,

(b) 对合同的相关当事人给予充分保护的需要。"

67. 1964年法第116条第(2)款(土地的契据登记处登记的豁免)由以下条款替代:

"(2) 如果土地上的任何不地产权或权益依据本法进行了权利登记,机关应免费按规定的形式为其在契据登记处的登记进行记录。"

68. 1964年法第119条(对于欺诈的罚则)第(1)款中"此人犯有轻罪,一经公诉程序定罪,可处不超过2年的监禁或者不超过500镑的罚款。"由下列条文替代——

"此人犯有罪行,并可能——

(i) 循简易程序定罪,处以不超过12个月的监禁或不超过3000镑的罚款或同时处以监禁和罚款,

(ii) 循公诉程序定罪,处以不超过5年的监禁或罚款或同时处以监禁和罚款。"

69. 1964年法第120条(对有关登记的错误、伪造和欺诈的赔偿)修改如下——

(a) 在第(1)、(3)款中,删除了"法院",

(b) 在第(5)款中,由下面这项代替(b)项:

"(b) 如果申索未得到处理,申索人或财政部长可向法院申请,请求法

院决定应支付的赔偿金额;"

70. 1964 年法第 123 条(转让文书中用语的影响)第(4)款由以下条文替代——

"(4) 若已登记的完全保有地上的地役权或共同用益权的授予文书,或包含着对地役权或共同用益权的授予或保留的文书中没有任何限制性用语或其他同等表述,则该文书应可对地役权或共同用益权中授予人曾有权授予或保留的全部地产权进行转让或保留。

(5) 若已登记的完全保有地上的地役权或共同用益权的授予文书,或包含着对地役权或共同用益权的授予或保留的文书是以公司为对象,但只写明公司名称,未出现'继承人'字样,则该文书应可对地役权或共同用益权中授予人曾有权授予或保留的全部地产权进行转让或保留。

(6) 本条第(1)、(2)和(3)款仅适用于 1967 年 1 月 1 日及之后签订的转让文书,而第(4)、(5)款仅适用于 2006 年《契据和权利登记法》第 70 条生效之后签订的转让文书。"

71. 1964 年法第 124 条之后加上下列条文——

"124A、若推定某文件——

(a) 为登记簿中的记载或任何其他根据本部分所保存、制作或发布的记录的复印件或复制品,包括以电子或者其他非可阅形式保存的信息转换成可阅读形式而产生的文件,

(b) 为机关职员所证实的复印件或复制品,

则无须进一步的证据,即可在任何诉讼程序中将其接受为有关事项的证据。"

72. (a) 1964 年法第 126 条(制定规则和命令的权力)修改如下——

(a) 第(1)和第(2)款由下列条文替代——

"(1) 根据 2006 年《契据与权利登记法》第 74 条成立的契据与权利登记规则委员会,为全面实现本法目标,经司法、平等及法律改革部长同意,可制定一般规则,特别是在不损害前述条文的一般性的前提下,就以下事项制定一般规则:

(a) 登记簿和登记地图的形式、内容和索引的制作;

(b) 与权利有关的文件的鉴定;

(c) 所有与登记有关的事项中应遵循的程序、采取的预防措施、发出的

通知和援引的证据;

(d) 审查申请登记的土地权利时,审查的条件及审查的提交对象;

(e) 记录、修改或删除登记簿上的记录时应采取的形式和方式;

(f) 要求对土地相关事项进行记录的命令;

(g) 登记簿、登记地图以及任何与登记有关的记录中错误的纠正;

(h) 按本法要求或授权制作或使用的任何文件的形式和内容;

(i) 颁发新土地证或担保证明书以取代丢失、磨损或毁坏的证明书的条件;

(j) 土地登记处所保管的任何登记簿或文件或其摘录的查阅及副本的制作;

(k) 土地登记处记录的保管和保存;

(l) 任何与登记有关的诉讼程序中诉讼费用的评定和应评定及收取诉讼费用的人;

(m) 根据本法提起上诉时诉讼费用担保的设定;

(n) 本法中提到的应规定的其他任何事项。

(2) 为实施本法,委员会在确定下列事项时应将机关促进和扩大土地权利登记的职能考虑在内,并要考虑机关可利用的行使职能的资源——

(a) 是否变更本法所规定的租约期限或租约的未届满期限,

(b) 如果是,改变的程度如何。"

(b) 删除第(4)款。

第五部分 其 他

73. (1) 机关应停止根据 1964 年法发出土地证和担保证明书,并据此——

(a) 废除 1964 年法第 28 条、第 32 条第(2)款、第 32 条第(3)款、第 51 条第(3)款、第 51 条第(3)款、第 51 条第(4)款、第 62 条第(5)款和第 64 条第(3)款;

(b) 规定,第 105 条(证明书)——

(i) 仅适用于本款生效之前发出、且尚未废除的土地证和担保证明书;

(ii) 在第(2)款生效满 3 年后不再有效。

(2）根据第（3）款，在第（1）款生效之前发出、且尚未废除的土地证和担保证明书，在本款生效满3年之后，将不再具有任何效力。

（3）下列条文在第（2）款所提到的期限内具有效力：

（a）机关应当发布足够的通知，告知第（2）款的实施，并说明该款的实施对土地证和担保证明书的持有者及其他可能受到影响的人的含义，包括对通过质押相关证书而对登记土地或者登记担保享有留置权的人的影响；

（b）上述享有留置权的人可向机关申请，按照机关决定的方式，对留置权进行登记；

（c）申请人应就申请事宜向土地或担保的登记所有人发出通知，申请应附同有关的证明书；

（d）根据1964年法第69条，留置权应视为一旦登记就会影响土地的负担；

（e）机关应免费对上述留置权进行登记。

（4）尽管有第（2）款的规定，如果留置权的持有人由于没有在第（3）款所提到的期限内向机关申请将留置权登记为影响土地的负担而遭受损失，则向财政部长发出通知后，持有人可以向法院申请就损失进行赔偿。

（5）一经申请，如果法院信纳——

（a）申请人是所涉及的留置权的持有人，

（b）持有人之所以不能向机关作出第（3）款中的申请，是因为其处于无行为能力状态下（1957年《时效法规》第48条所指的）和其他特殊情况，并且因此遭受了经济损失，

（c）可用的追讨损失的补救方法已经用尽，

（d）持有人遭受损失是明显不公平的，

法院可以宣告持有人有权取得损失的赔偿，并确定其损失金额。

（6）对法院宣告有权取得赔偿的人，应由财政部长用国会提供的款项支付赔偿。

（7）对造成损失或从损失中受益的人（如果损失系由其对持有人造成），财政部长应具有与留置权持有人相同的追讨权。

（8）财政部长根据第（7）款追讨的任何款项，都可以要求支付利息，利息从支付赔偿之日算起，利率按当时有效的、由1840年《债务人法》第26条所指定的利率计算。

(9) 在本条中——

"持有人"是留置权的持有人,包括任何从留置权持有人处取得权利的人;

"发布"是指在全国性的日报和公众接收的广播上发布公告,无论广播是否为人实际收听。

74. (1) 本条生效之日,将成立一个契据与权利登记规则委员会,行使1964 年法第 48 条和第 126 条(已由第 72 条修改)授予的职能。

(2) 委员会应由下列成员组成——

(a) 高等法院院长专门指派的高等法院的法官,

(b) 机关的主席,

(c) 机关的行政长官,

(d) 由爱尔兰出庭律师总理事会指定的一名执业大律师,

(e) 由爱尔兰事务律师协会理事会指定的一名执业律师。

(3) 指派的高等法院法官将成为委员会主席,而机关的行政长官将成为委员会秘书。

(4) 指定的大律师或律师应从指定之日起任职 5 年,除非他/她死亡、辞职或不再是执业大律师或律师。

(5) 指定的大律师或者律师,如果其成员资格由于期满而失效,有资格被再次指定。

(6) 委员会的法定人数是 3 人。

(7) 即时成员出现空缺,委员会仍继续行事。

(8) 依本条制定的规则在完成以前,由权利登记规则委员会制定的规则以及在本条生效前仍然有效的规则,在完成必要的修改后,应继续有效。

75. (1) 契据与权利登记委员会秘书应负责委员会会议的召集,至少一年一次,日期由委员会主席决定,会议上应对根据 1964 年法和本法采取的实践、程序和管理及法的实施和效果进行审议。

(2) 每次会议之后,委员会应尽快向部长作出报告,说明为改善上述法的实施和效果,对依据上述法的实践、程序和管理是否应进行修改及如何修改。

76. (1) 1978 年《地主与承租法》(地租)(No.2)第 16 条(取得永久产权的权利限制)修改如下——

(a) 在第(2)款(e)项中,删除"法",加入"法,或者",

(b)在第(2)款(e)项之后加上以下内容:

"(f)根据第(3)款,对于不适用本部分的承租人所承认的土地分租——

(i)在2006年2月27日或之后,

(ii)若在这天之前,除非早于下列日期——

(I)分租承租人根据1967年法第4条发出的意欲取得永久产权的通知送达之日,或者

(II)分租承租人根据本法第三部分向权利登记官提出申请之日。"

(c)加入下列条款——

"(3)第(2)款(f)项不适用于下列情况——

(a)在分租当日,本部分不适用于承租人的唯一理由是,承租人提出的在土地上建造永久建筑物的承诺没有充分履行,并且,

(b)在当天之后,该承诺仍未被分租承租人充分履行。

(4)在本条中,"分租承租人"包括拥有分租承租人权利的遗产代理人和继承人。"

77.(1)1978年《地主与承租法》(地租)(No.2)第28条(永久产权的取得对租约条款的影响)第(1)款由以下条款替代——

"(1)根据第(1A)款,对于本法第二部分的适用者,若根据1967年法或本法第三部分获得土地的永久产权——

(a)则此人据以持有土地的租约中,所有影响土地的条款(除了那些列在第(2)款中的)将会失效,并且

(b)在转让永久产权时,除非经其同意,否则不得制定新的影响土地的条款。

(1A)如果土地的永久产权在2006年2月27日或之后取得,第(1)款将具有效力,但在下列日期之前取得除外——

(i)此人根据1967年法案第4条发出意欲取得永久产权的通知,或

(ii)此人根据本法案第三部分向权利登记官递交申请。"。

78.(1)1980年《行政监察专员法》第一个附表的第一部分中,在"契据登记处"后加入"财产登记机关"。

(2)2002年《儿童行政监察专员法》附表一的第一部分中,在"爱尔兰国家博物馆"后加入"财产登记机关"。

1908 年契约登记法*

1908 年第 40 号

本法用于整合某些汇编的有关土地契约登记的法规。

1908 年 8 月 4 日

1. 简称及其他

（1）本法简称为《1908 年契约登记法》。

（2）本法由附件一中提到的法规整合而成，并且下列条款将适用于这些法规：

（a）在本法中，所有根据附件一中的法规而产生并且在本法案的实施过程中继续存在或有效的行政区、办公室、任命、图章、规章、规则、公告、枢密院令、命令、保证、登记簿、簿册、登记、记录、法律文件以及其他所有的授权行为，应当与根据本法案中的相应条款所产生的上述内容一样具有完全相同的效力；因此，在必要时候，就将其视为由本法中相应条款而产生。

（b）根据附件一中的法规产生并且在本法的实施过程中还在进行或者未决的事项和程序，将根据本法继续、完成并被强制执行。

2. 不适用于本法案的法律文件

本法不适用于：

（1）受《1952 年土地转让法》》以及目的类似的有效法案管辖的土地；

（2）现在或今后根据这些法案颁发的、用于代替国有土地授予证书的土地权利证书；

（3）影响上述土地的法案所要求的法律文件。

---

* 康文义翻译，高健校对。

3. 释义

在本法中,如果不与上下文相抵触:

"法律文件"包括任何国有土地授予证书、契约、合同、遗嘱、遗嘱附录、遗嘱正本或经核实的副本、遗嘱检验文件、遗嘱命令、证书、通知、请愿书、地图、平面图,以及其他与土地有关、并且有本法案或其他法案授权从而可以根据本法案和其他目的类似的有效法案进行登记的文件。

"土地"包括取消了"毛利权利"的土地上所有的地产权或权益,但受《1952年土地转让法》管辖的土地除外。

"登记行政区"或者"行政区"指按照本法组建的行政区。

比较:1868年第51号法案第3条

4. 登记行政区

(1)就本法而言,每个省级行政区就是一个登记行政区。

在本法生效之前已经存在的登记行政区,无论是按照特别法或一般法产生,均被视为按照本法案组建的行政区。

总督通过枢密院令可以随时界定和改变行政区的界限,也可以创建新的行政区。

(2)每一个这样的枢密院令均应自其中确定的生效日期开始生效,并应在公报上刊载。

比较:1868年第51号法案第4、5条

5. 契约登记处

(1)每个行政区应设置一个称为契约登记处的办公室,负责登记法律授权对其进行登记的土地法律文件。

(2)一个契约登记处可以管辖两个或两个以上的行政区。

比较:1868年第51号法案第6条

6. 契约登记官

(1)按照《1952年土地转让法》第4条任命的土地登记总长为所有契约登记处的登记官。

(2)登记官可以按照《1952年土地转让法》第5条,将本法案赋予登记官的任何权力和义务委托给他人。

7. 登记官的保证

考虑到已有的有关新西兰文职官员的法律都没有对登记官的忠诚义务

作出规定,登记官必须按照总督认为合适的方式和程度履行他的义务。

比较:1868年第51号法案第11条

8. 登记处的图章

每个登记处均应设有一枚图章,只要加盖该图章,就无须提供图章已加盖的证据或其他相关证据,而在所有的法庭上获得司法认知。

比较:1868年第51号法案第12条

登记事项

9. 和土地有关的法律文件

新西兰境内所有国有土地授予证书与所有影响新西兰土地的法律文件,都可以在该土地所在的行政区登记处进行登记。

但是任何租赁期限不超过7年的租约或租赁协议及其让与证书,都不需要登记。

比较:1868年第51号法案第14条

10. 在土地转移给受让人之前国有土地授予证书的登记。

(1)土地转移给受让人或其他有权接收土地的人之前,每个国有土地授予证书均应在该证书涉及的土地所在的行政区进行登记。

使国有土地授予证书送交登记并收取相应的登记费和其他应付的相关费用,是每个国有土地专员或其他负责国有土地转移的官员的义务。

比较:1868年第51号法案第15条

11. 颁发国有土地授予证书之前制作的法律文件

若有法律文件涉及为在新西兰建立殖民地而从国王、新西兰公司或坎特伯雷协会处购得的国有荒地,则尽管没有颁发国有土地授予证书或产权转让证书,也可以进行登记。只要交易土地的位置和边界已在其所处行政区的国有土地办公室的地图上得到准确界定,且该地图已用区段号码或其他名称进行了标记。此处的"区段号码或其他名称"是指用来描述国有土地授予证书或产权转让证书上土地的区段号码或其他名称。

比较:1868年第51号法案第16条

12. 按照上一条对法律文件进行登记的效力

尽管没有颁发国有土地授予证书或产权转让证书,但所有已登记或今后将登记的法律文件,在这些法律文件的当事方及所有将从其主张权利的人之间(但仅限于他们之间),将产生与这些法律文件登记前颁发了前述国有土地授予证书或产权转让证书的情形相同的效力。

比较:1868年第51号法案第17条

13. 在前述登记之后颁发国有土地授予证书的效力

如果在与这些土地有关的法律文件登记之后颁发国有土地授予证书,则该证书产生的效力将与在颁发国有土地授予证书之后进行上述登记的情形相同。

比较:1868年第51号法案第18条

14. 只可在正确的办公室登记,否则登记无效

(1) 如果已依法组建了登记行政区,且影响该行政区内土地的法律文件已在行政区组建之后登记,则除非将该法律文件在该行政区的登记簿上进行登记,否则不将其视为已经适当登记。

(2) 尽管登记行政区的边界发生变化,但若法律文件在变化之前已在原行政区的契约登记簿上适当登记,则应认为该法律文件已经适当登记。

比较:1868年第51号法案第58与59条

15. 已登记法律文件核正后的副本

(1) 若核正的副本带有任一契约登记处的图章,因此可证明其为该登记处登记的文件的副本,或为上述已登记文件的一个已经记录的副本的副本,则该副本可以采用与原件相同的登记方式,在登记原件的其他任何行政区登记。

(2) 经过上述核正的副本一经登记,从登记之时起,将产生和按如此方式登记的原件相同的法律效力。

比较:1868年第51号法案第19与20条

16. 授权书

授权代理人进行土地交易的授权书,连同附随的宣誓书和声明书(若有的话),可采取其在登记处的记录方式进行登记。

比较:1868年第51号法案第23条

17. 判决及其他

高等法院的所有判决、裁定、命令,按照本法在高等法院的登记官办公室进行的所有判决履行登记,高等法院的所有未决诉讼,以及所有向法院提出的对公司进行停业清理的请求,每一例破产,每一项非公知法,如果将对

任何土地或土地权利产生影响,则可将相关的请愿书存放在该土地所处行政区的契约登记处,并在该登记处进行登记。

比较:1868 年第 51 号法案第 24 条

18. 请愿书

(1) 关于未决诉讼的请愿书应该包含下述内容:该诉讼的开始日期,诉讼的名称,诉讼程序的种类和目标。另外,该请愿书还应由高等法院的登记官进行核实。

(2) 关于向法院请求对公司进行停业清算的请愿书应该包含下述内容:请求者的姓名、公司名称、请愿书的呈交日期。另外,该请愿书还应由高等法院的登记官进行核实。

(3) 关于影响土地权利的判决、裁定或命令的请愿书应该包含下述内容:判决、裁定或命令的日期,诉讼的名称,以及判决、裁定或命令中影响土地权利的内容。另外,该请愿书还应由高等法院的登记官进行核实。

(4) 关于收回资金的判决、裁定或命令的请愿书应按照高等法院《民事诉讼法典》中关于土地扣押偿债令的规定及其他相似的适用规定详细说明相关细节。

(5) 关于按照本法进行判决履行登记的请愿书应该包含下述内容:原告和被告的姓名(名称)、上述登记的时间、上述判决履行登记中清偿的债务数额。另外,该请愿书应由有权进行上述登记的官员签名进行核实。

(6) 关于破产的请愿书应该包含破产者的名称、住所、身份或职业以及判决破产的日期。另外,该请愿书应由宣判法院的合适官员签名进行核实。

(7) 关于非公知法的请愿书应该包含该法案的名称、生效日期及序号。

(8) 每一个请愿书还应对该请愿书涉及的土地进行描述,注明该土地的区域号码或者登记簿中指派给该土地或其中地块的其他区别号码,在必要情况下,还应注明登记簿中指派给相邻土地的号码。

比较:1868 年第 51 号法案第 25~31 条

19. 法律文件副本的登记

(1) 根据申请,如果高等法院的法官确信,申请人在申请登记时不能提供遗嘱或其他对土地有影响的法律文件,但可提供一个让法官满意的、经核实的遗嘱或法律文件副本,则该申请人可以通过在副本上亲笔背书来授权对该副本进行登记,登记的方式与对原件进行登记的方式相同。

（2）在上一款的情形下,副本的登记将产生和原件登记相同的法律效力。

比较:1868年第51号法案第32条

20. 对毛利语法律文件的翻译

呈交登记的所有毛利语法律文件必须附上英文译本,为了符合登记官的要求,该译本的正确性必须由经《1953年毛利事务法》许可的翻译员或其他符合条件的人进行核实,且该翻译件应作为原始契约的一部分进行记录。

比较:1868年第51号法案第33条

登 记 模 式

21. 主登记簿

登记官应备有主登记簿,其中应包括在该登记处登记的所有法律文件的登记号码、登记法律文件的档案簿中所有登记条目的卷册号和页码及其他登记官认为合适的细节和事项,登记簿中上述编号及事项均按序排列。

比较:1868年第51号法案第34条

22. 对呈交的法律文件进行标注以及在索引簿中进行登记

（1）在呈交需要登记的法律文件时,登记官应对法律文件进行编号,并在上面进行标注,注明接受该法律文件的日期和时间,并应在标注末尾盖上登记处图章,然后将该文件登记在主登记簿上。

（2）如果呈交该法律文件的当事人要求登记官当面履行上条中的职责,则登记官必须遵从。

（3）登记官应采用合适的名称将该法律文件登记在索引簿上,同时注明呈交法律文件的日期和时间以及该文件的种类。

授权委托书不需要在索引簿上进行登记。

比较:1868年第51号法案第35与36条

23. 如何登记

（1）索引簿中的登记条目应有名称或标题,表明该登记条目所涉及土地的各组成部分。

（2）上述所有登记条目必须按照用于登记的法律文件的呈交顺序进行制作。

比较:1868年第51号法案第37与38条

24. 登记错误

（1）如果索引簿中的登记存在错误，则登记官应采取便利的方式重新登记以进行纠正，并应详细说明每次纠正的日期和时间。

（2）错误的登记不得抹掉或删去。

比较：1868 年第 51 号法案第 39 条

25. 表明收到法律文件的收据

所有为了登记而向登记处呈交法律文件的人都可以要求登记处出具收据，表明已收到该法律文件，收据应加盖登记处的图章，还应指明法律文件的种类和数量以及登记官收到该法律文件的日期和时间。

比较：1868 年第 51 号法案第 40 条

26. 包含土地平面图的法律文件

为了便于识别各法律文件所对应的土地，除非本法案或下文的规章中有不同规定，所有呈交登记的法律文件均应在页边空白处画出对应土地的平面图，或者在文件上注明或附上相关土地的平面图，平面图上应该标明该土地的范围、边界、相对位置以及分配给该土地的区域号码。

在有授权书或按照《1950 年皇家诉讼法典》制作的备忘录的情况下，不需要上述平面图。

比较：1868 年第 51 号法案第 43 条

27. 前述规则的例外

关于弃权或任命受托人的契约或者其他法律文件，尽管没有对其所影响的土地进行描述，也没有包含该土地的平面图，只要满足下列条件，仍然可以进行登记：

（1）对创设信托的契约或者遗嘱进行了登记；

（2）在弃权或者任命受托人的契约上用手写的方式背书或者用其他方式撰写了一份备忘录，标明了日期、登记号码、原始契约或者遗嘱的登记日期、当事人的名称（姓名）、受呈交登记的弃权契约或者任命受托人契约影响的土地的细节，总之，包含一切足以使人相信该土地就是原始契约或遗嘱中所包含土地的细节。

比较：1868 年第 51 号法案第 44 条

28. 注明先前登记的法律文件的登记号码

除非有授权委托书或者按照《1950 年皇家诉讼法典》制作的备忘录，所有呈交登记的法律文件都必须注明上一次登记的法律文件的登记号码,这里说的"上一次登记的法律文件"指的是为同一土地的全部或者部分提供保险、或者对同一土地的全部或者部分进行交易或者产生其他影响的法律文件。

如果登记官确信上一次登记的法律文件已经丢失或不可能获得,则应按前款所述注明先前登记过的同一土地的其他法律文件(如果有的话)的号码;如果先前登记的关于同一土地的所有法律文件都已丢失或不可能获得,并且找不到在这些法律文件上注明的任何登记号码,则登记官无须按前述方式进行注明。

比较:1868 年第 51 号法案第 45 条

29. 登记顺序

每个契约登记处应按收到法律文件的顺序进行登记。

比较:1868 年第 51 号法案第 46 条

30. 法律文件的复制

(1) 请愿书以外的所有法律文件都应该清楚地复制在簿册中,该簿册因此被称为"档案簿"。

(2) 应备有字母索引表作为查阅已登记的授权书和请愿书的工具。

比较:1868 年第 51 号法案第 41 与 42 条

31. 副本的查验

在将任何已经登记的法律文件归还呈交该法律文件进行登记的人或者被授权接收该法律文件的人之前,上述文件接收人应确定在登记处的档案簿中记录的副本是正确的,并应在该副本的尾部或页面空白处签上自己的姓名,证明该副本的正确性。

比较:1868 年第 51 号法案第 47 条

32. 对平面图中未描绘的土地有影响的法律文件

(1) 在法律文件已经登记之后,若登记官事后发现该文件涉及契约或附随平面图所描述土地以外的其他土地,则应将该土地的平面图附上某些可信之人的法定声明,在登记该法律文件的契约登记处进行登记。

(2) 登记官应在与上述"其他土地"有关的索引簿或标题簿中进行适当的登记,并对该平面图和声明进行记录。这些法律文件的登记从该土地的平面图呈交之时起生效。

(3) 登记官应在按前款登记的法律文件的已记录副本上制作一个备忘录,该备忘录应该标明平面图和声明在档案簿中所处的页码,以及登记官认为不可缺少或适宜的其他事项。

(4) 前述声明应该注明已登记法律文件的登记号码和日期,并且表明:尽声明者所知和所信,附有该声明的平面图所描述的土地受到前述已登记法律文件的影响。

比较:1868 年第 51 号法案第 48 条

33. 对国有土地授予证书的背书

在国有土地授予证书登记之后,如果在证书上进行背书,对该证书所包含土地的价款支付日期或受让人有资格受让该土地的日期进行证实,或者对该土地的界限进行更准确的描述,则可通过在登记证书的契约登记簿中所登记副本上进行背书或制作其他批注的方式对该背书进行登记。

比较:1868 年第 51 号法案第 49 条

地区代理人

34. 通过地区代理人的登记

(1) 总督可以不时地在每个行政区为该行政区任命一个合适的人选作为地区代理人,该地区代理人可以接收任何要求或授权登记官进行登记的法律文件,并将其转交登记官;在对法律文件进行登记后,还可代表有权占有该法律文件的人从登记官处接收该法律文件。

(2) 通过地区代理人转交登记的法律文件,应按照文件在代理人处的提交顺序进行登记;但是与其他法律文件相比,提交代理人的法律文件有权优先送达登记官进行登记。

(3) 在登记官通过代理人归还任何法律文件时,第 31 条应不再适用,而代之以登记官证明该法律文件已登记副本的正确性。

(4) 总督可以规定按照本条登记时应收取的费用,在必要或有利的情况下,也可以制定与前述事项有关的规则。

比较:1886 年第 28 号法案第 3~6 条

赋予优先权的登记

35. 未登记契约或合同的无效性

任何依本法授权进行前述登记的契约或者合同,只要会对土地产生影响,则在有人根据随后订立并依法登记的契约或者合同主张有效对价时,将归于无效,除非前述契约或合同在后来的契约或合同登记之前已经先行登记。

比较:1868 年第 51 号法案第 50 条

36. 遗嘱的无效性

任何遗嘱,只要会对土地产生影响,则在有人根据下列依法登记的契约或合同主张有效对价时将归于无效:

(1) 立遗嘱人死亡后由法定继承人依法订立的契约或合同;

(2) 立遗嘱人死亡后,根据先前的遗嘱主张是立遗嘱人的受遗赠人或遗嘱执行人的人,或者根据先前的附属遗嘱或其他文件主张是遗产管理人的人订立的契约或合同;

(3) 在前述遗嘱没有执行的情况下,任何已经订立上述契约或合同的其他人所订立的契约或合同。

前述遗嘱在后来订立的契约或合同登记之前已经进行登记的除外。

在立遗嘱人死亡之后 2 年内对遗嘱进行登记的,其效力如同在立遗嘱人死亡后立即登记。

比较:1868 年第 51 号法案第 52 条

37. 判决等的无效性

任何一个判决、裁定、命令、未决诉讼、向法院请求对公司进行停业清算的请愿书、破产及所有的非公知法案,只要对土地有影响,对于根据后来订立并依法登记的契约或合同主张有效对价的人来说全部归于无效,除非相关请愿书在后来订立的契约或合同登记之前已经进行了登记。

比较:1868 年第 51 号法案第 53 条

38. 没有实际占有的租约的无效性

上文中任何一个禁止登记的租约或租赁协议,只要没有实际占有土地,对于根据后来订立并依法登记的契约或合同主张有效对价的人来说全部归于无效。

比较:1868 年第 51 号法案第 51 条

39. 登记不得对抗明示的通知

如果前述条款中的主张有效对价者在据以主张有效对价的契约或者合

同执行之前出现下列情况,则赋予该主张者的优先权将不再有效:

（1）已经明知某些事情构成欺诈,

（2）在交易时亲自或通过律师得到明确的书面通知,告知了先前已经存在的合同,无论是否登记。

比较:1868 年第 51 号法案第 54 条

40. 特定情形下对无偿受让人的保护

（1）从已主张有效对价的人处无偿受让某个权利的人,将受到与该主张有效对价的人相同的保护。

（2）废止

比较:1868 年第 51 号法案第 55 条

41. 从未登记的法律文件获得权利的法律文件是无效的

任何契约或合同,尽管已依法登记,但只要该契约或合同的权利是从依据未登记的契约或合同主张权利的人处取得或约定取得的,则对根据后来订立且依法登记的契约或合同——该契约或合同的权利从依据已登记契约或合同主张权利的人处取得或约定取得——主张有效对价的人全部归于无效。

比较:1868 年第 51 号法案第 57 条

法律文件的存放

42. 授权书

任何授权书及其依法执行的证明（如果有的话）,基于安全保管和供他人查阅的目的,可以存放在登记处。

比较:1868 年第 51 号法案第 60 条

43. 通过存放文件免除合同所规定的提供义务

（1）如存在依法订立的明示或默示合同,表示将提供任何依本法进行登记的法律文件或授权委托书,则持有该法律文件或授权委托书的人（不管他是明示合同的订约人还是默示合同的订约人）可将上述法律文件和授权委托书存放在登记处,以便安全保管和供他人查阅。该存放行为将免除所有明示或者默示合同提供上述法律文件和授权书的义务。

（2）任何人若有义务订立旨在提供任何依本法进行登记的法律文件或授权委托书的合同,则其可将上述法律文件和授权委托书存放在登记处,以便安全保管和供他人查阅,从而代替订立上述合同。

比较:1868年第51号法案第61与62条

44. 对所存放的法律文件进行编号

(1) 对于按前述方式存放的法律文件,登记官应进行编号,并在文件上进行批注,表明收到的日期和时间,同时在批注尾部加盖登记处的图章。

(2) 所有按前述方式存放的法律文件,包括已经存放的法律文件,均应从"1"开始连续编号。

(3) 废止。

比较:1868年第51号法案第63条

45. 对法律文件的保存

登记官必须确保所有存放的法律文件已经编入索引并标上存放日期,还应确保这些法律文件在登记官的保管之下可以合理地获取以进行查阅和复制。

46. 存放法律文件的收据

(1) 所有依据本法存放法律文件的人都可以要求出具一张存放收据。

(2) 这些收据应加盖登记处的图章,并列出在法律文件上背书的登记号、收到日期、存放日期和当事人的名称(姓名)。

(3) 上述所有收据及已凭登记处图章获得核实的上述法律文件复印件,均可作为证据证明上述收据或复印件对应的法律文件已经依照本法存放在登记处。

比较:1868年第51号法案第65条

行政区边界的改变

47. 如果行政区的边界发生变更,原始登记簿的副本将有相同的法律效力

(1) 如果登记行政区的边界发生变更导致原行政区的土地划归其他行政区,则登记官可将包含该土地的原始登记簿副本存放在其他行政区(即该土地现在的行政区)的登记处。

(2) 在本法中,上述副本和原始登记簿有同样的效力;对受边界变更影响的土地而言,该副本可被视为原始登记簿并可接受为原始登记的证据。

(3) 在本条中,"登记簿"包括本法或下文其他规章要求保存的所有登

记簿、档案簿、索引和查阅簿。

比较:1902年第18号法案第2与3条

其　他

48. 提供已登记的法律文件及将其作为证据

在对土地享有或者主张权利的人提出书面申请并支付相关费用之后,登记官应该:

(a)在新西兰任何法庭的任何审判或听证中,为核对证词及为根据任何法律或法庭规则任命的仲裁员提供证据或其他必要情况下,提供土地权利文件,这里所说的"土地权利文件"指为了登记而由登记官保管或持有的或是为了安全保管而存放其办公室的土地权利文件。

但前提是所有应收取的有关法律文件费用或法律文件的登记费用、受法律文件影响的土地权利的登记费用已按时足额支付。

(b)向申请上述法律文件的副本或摘录的人递交副本和摘录,并应对副本和摘录进行检查和核实。所有凭契约登记处图章核实的副本或摘录可被接受为次级证据。

比较:1868年第51号法案第66条

49. 没有法官的命令,登记官没有义务提供登记簿

不管前款如何规定,本法在此处宣告:登记官没有义务在所处行政区登记处以外的任何法庭或其他地方提供登记簿或其他以登记官的名义依本法保管的法律文件,也没有义务以登记官身份在任何法庭或其他地方出席作证,除非有高等法院的法官命令——该命令只有在法官确信登记官出席和提供登记簿以及法律文件是必须的,且上述核实的登记簿和法律文件不能提供所要求的证据时才能发布。

比较:1889年第29号法案第7条

50. 法律文件的副本或摘录

(1)登记官应将:

(a)根据本法需要保存的索引簿或标题簿的副本或摘要,或

(b)已经登记或存放的法律文件的副本或摘要,或

(c)或已经存放的请愿书,

提供给有权获得这些副本或摘要的人,

而且这些人为确定所提供副本或摘要的正确性,有权检查索引簿、所记录的副本、法律文件和请愿书。

(2) 废止。

(3) 废止。

(4) 在按前述方式提供的所有副本或摘录上,应在登记处的图章下方作出批注,证明该副本或摘录是已获核验的前述索引、已记录的副本、已存放的请愿书或其他法律文件的副本或摘录。

(5) 每个经过如此核验的副本或摘录均可作为次级证据,证明某个被推定为副本或摘录的法律文件或登记条目中的内容属实。

比较:1868 年第 51 号法案第 67—70 条。

51. 强制登记

任何人若凭借依本法登记的法律文件对土地享有权益,可以要求该文件的持有人对文件进行登记;如果遭到拒绝,高等法院的法官可根据一个简易申请发布命令,要求对该法律文件进行登记,并支付其他认为合适的登记费用。

比较:1868 年第 51 号法案第 71 条。

52. 登记费用

(1) 登记官有权收取附录 2 中列明的费用或者依据总督按照本法制定的规则(用来代替附录 2 的规定)收取应支付的费用。

(2) 所有费用均应预缴。

(3) 所有按照本法收取的费用应该计入公共账户,并构成国家银行账户的一部分。

比较:1868 年第 51 号法案第 72 与 77 条。

53. 规章

(1) 登记官可就下列事宜制定规章:

(a) 对呈交登记的文件进行编号、背书、整理和区分,及对查阅文件进行登记。

(b) 制作、整理及保存索引簿和其他查阅簿,及指定应在这些簿册中进行登记的事项。

(c) 识别并描绘受已呈交登记的法律文件影响的土地。

(d) 制作、整理和保存已登记法律文件所对应土地的地图或平面图,及区分地图和平面图上的各个地块。

(e) 标明并区分上述地块的各细分地块。

(f) 为安全保管而对存放文件。

(g) 按照本法,宣布已存放文件的相关应付费用,无论保存目的是为了安全还是登记,及规定收取费用的方式。

(h) 变更附录2中规定的费用表,规定按照本法应支付的新费用或其他费用,及规定应付费用的相关事项。

(i) 将上述法律文件归还和递交合格的当事方。

(j) 保管登记簿、管理登记方式及安全保管文件,管理登记处的业务和程序,及执行其他现行法律对法律文件的登记和安全保管所作的规定。

(2) 上述所有规章可适用于所有登记行政区,也可仅仅适用于某个或某些行政区。

(3) 上述所有规章必须提交总督批准,一旦批准,应在政府公报上刊登,并从公布之日起具有法律效力。

(4) 废止。

(5) 按照本法应支付费用的明细表应挂在各登记处的显著位置。

比较:1868年第51号法案第73、75与76条

54. 契约登记处的业务

登记官可以制定与契约登记处的业务有关的规章,但这些规章不得与本法条款相抵触。

附录1

所整合的法规

1868年第51号——1868年契约登记法。

1886年第28号——1886年契约和法律文件登记法,在可以适用的范围内。

1889年第29号——1885年土地转让法的1889年修正案第7条,在可以适用的范围内。

1902年第18号——1902年土地和契约登记行政区法,在可以适用的范围内。

附录 2
费用表

	第 52 条和 53 条
	$
任何法律文件的登记	1.00
法律文件的记录和比较,每页(72 个单词)	0.05
根据呈交登记的法律文件所绘制或随附的地图或平面图中所含的每个地块或地块的每个部分(不包括与该法律文件无关但必须绘制以显示该文件所交易的土地边界的地块)	0.10
已记录或保存的法律文件或请愿书的副本或摘录,每页(72 个单词):	0.05
上述法律文件中所含的每个地块或地块的每一部分	0.10
一般索引的副本或摘录,每行	0.05
索引、已记录或保存的法律文件的查阅,查阅的每份财产或地块	0.10
除了每页的复制费之外,每份证明已记录或保存的文件副本或摘录真实性的加盖图章的证书	0.50
为安全保管而存放文件	1.00
按照本法第 48 条出席提供任何法律文件,每出席一天(不足一天以一天计算)	2.10
附有法定声明的地图或平面图的登记	1.00
每页记录(72 个单词)	0.05
描绘的每个区段或区段的一部分	0.10
任何毛利语法律文件的记录及毛利语法律文件已记录副本的副本,每页(72 个单词)	0.10
任何毛利语法律文件翻译的记录,每页(72 个单词)	0.05

本法由司法部执行。

1952年土地转让法*

1952年第52号

本法案用于整合和修订有关土地权利登记和转让的法规。

1. 简称和生效

本法案可称为《1952年土地转让法》,于1953年1月1日生效。

2. 释义

在本法以及所有声称按照本法制定和执行的法律文件中,除非上下文有其他规定:

"破产"是指:根据有合法管辖权的法院授权以及财产转让协议或其他文件,为了债权人的利益,将债务人的地产权或其他权益转让给某个人或某些人。

["计算机登记簿"与其在《2002年土地转让法(计算机登记和电子存放)修正案》第4条原文中的含义相同。]

"国有土地授予证书"指由政府颁发的土地授予证书,包括用以代替授予证书的权利证书。

"交易"指所有按照本法对地产权或其他权益进行的转让、转移、抵押、出租和设定负担的行为。

["部门"指新西兰土地信息部,或其他根据总理的授权暂时负责执行本法的部门。]

本法中,"行政区"指土地登记行政区。

["每个登记官"或"登记官"均指登记总长,负责每个行政区的事务。]

["电子法律文件"与其在《2002年土地转让法(计算机登记和电子存

---

* 康文义翻译,高健校对。

放)修正案》第 4 条中的含义相同。]

"背书",除了通常的含义以外,包括任何为了实现本法目的而在任何法律文件尾部撰写的信息[和类似的非纸质附加信息]。

"地产权或权益"指土地上的全部地产权以及按照本法对土地设定的抵押及其他负担。

"先前的《土地转让法》"指《1915 年土地转让法》、《1908 年土地转让法》、《1885 年土地转让法》及上述所有法案的修正案,包括所有被上述法案废止的法案。

["法律文件"

(a)指任何与土地转让或其他交易有关或证明土地权利的文件、地图或平面图,无论手写还是打印;

(b)包括 155A 条第 1 款所指的备忘录和电子法律文件]

除非特别指明,"土地"包括各种有形和无形的宅基地、租用地、可继承地,以及上面的地产权或权益,还包括所有附属其上的道路、水流、水道、使用权、地役权和特权,及上面或下面的种植园、花园、矿山、矿物、采石场及所有林木。

["媒介"包括

(a)任何电子、电磁、光学、数字或照相程序或系统;及

(b)任何纸质物;及

(c)其他任何记录或储存信息的手段。]

"抵押"指按照本法对土地设立的负担,用于保证:

(a)偿还贷款或清偿现存的债务;

(b)偿还预付款项,以及支付或偿还任何将来的或不确定的债务或责任;

(c)向抵押人发行的公债、债券、本票或其他证券的持有人付款,无论是否可转让,也无论在抵押设定之前还是之后发行;

(d)每年或者定期向某人或某些人付款,或者支付其他年金、租金或不同于债务的资金。

"抵押权人"指的是抵押的所有人。

"抵押人"是被设定了抵押的地产权或权益的所有人。

["纸质法律文件"指非电子版法律文件。]

[从业者:无有效定义。]

"所有人"指按照普通法或者衡平法拥有土地上的地产权或权益的人,不论是实际拥有还是将来可期待拥有。

["登记簿"包括电脑登记簿。]

"登记官和审查官":该定义已废止。

["登记总长"指按照本法第4(1)条任命的土地登记总长,登记官也具有相应的含义。

"测绘局长"指根据《1986年测绘法》或其他法律用此头衔担任公职的人。

"《土地转让法》"指本法,也包括先前的所有《土地转让法》及《2002年土地转让法(计算机登记和电子存放)修正案》

"转移"指通过法律程序取得地产权或权益。

"工作日"指依本法制定的规章所规定的土地登记处对外开放的日子。
比较:1915年第35号法案第2条;1925年第20号法案第6条

[2. 一个对政府有约束力的法律

本法对政府有约束力。]

第一部分 行 政 管 理

(第3条至第9条)

土地登记行政区、土地登记官及其他

[3. 土地登记行政区

(1)在《1998年土地转让法(自动化)修正案》生效时存在的土地登记行政区将继续存在,除非按本条第(2)款进行变更。

(2)总督通过枢密院令,可以随时:

(a)变更行政区的界线;

(b)合并两个或两个以上的行政区;

(c)创设新的行政区;

(d)为某个行政区命名;

(e)废除所有行政区。

(3)按照第(2)款颁发枢密院令并不需要改变或合并任何登记簿、《2002年土地转让法(计算机登记和电子存放)修正案》所指的电脑登记簿、临时登记簿、簿册以及索引,但在适当时候,登记官可以这么做。]

[4. 土地登记总长

(1)必须按照《1988年国家部门法》任命土地登记总长。

(2)只有高等法院的律师才可被任命为登记总长,并应按照《1988年国家部门法》第62条第1款的规定,行使登记总长的权力并履行登记总长的义务。

[[(3)在行使登记官的权力和履行登记官的义务时,登记官和所有登记官的代理人必须致力于下述目标:

(a)确保一个有效率且有成效的土地登记系统。

(b)管理可能发生的欺诈和非法交易。

(c)确保公众对土地权利系统的信任。

(d)确保维持登记簿的完整性以及按照第11部分索赔的权利。]]]

[5. 登记官的权力和义务的委托

(1)无论普通场合还是特殊情况,登记官随时可以将[[本法或者其他法律]]赋予其的权力和义务委托给部门行政长官的任何雇员或[[任何其他合适人选]],但下列权力和义务除外:

(a)根据本法第172、173、175、216、217、218、222、225、226、229、231、232和238条产生的权力和义务;

(b)本条授予的委托权。

(2)登记官可以将权力和义务委托给特定的某个人或某些人,或特定部门的领导。

(3)所有的委托都可采用书面方式随时撤销。

(4)委托不影响或阻止登记官行使权力和履行义务,也不影响登记官在根据本法提起的诉讼中的责任。

(5)即使登记官,即登记处的领导者发生变化,委托继续依其目的有效。

(6)根据登记官的一般或者特别的指令,受托人行使权力和履行义务的方式应与直接授予其权利义务而非接受委托的情况相同,产生的效力也应与之相同。

(7) 在没有相反证据的情况下,如果部门行政长官的雇员声称其行事乃基于根据本条的委托,则应推定该雇员行事符合委托条件。

[[(8) 在没有相反证据的情况下,如果某个并非部门行政长官雇员的人声称其行事乃基于根据本条的委托,则应推定其行事符合委托的条件,但在必要情况下,必须出示委托的证据。]]]

[6. 登记官应持有登记处的图章

(1) 登记官必须持有并使用登记处的图章,图章应带有新西兰盾形纹章,还应刻有"土地登记总长,新西兰"的字样。

(2) 在没有相反证据的情况下,任何盖有登记官图章并且声称代表登记官发布的法律文件被视为按照登记官的指令而发布。

(3) 本条不影响任何在《1998年土地转让法(自动化)修正案》生效以前签署的并带有地方土地登记官盖印或皇家徽章(用来代替新西兰徽章)盖印的法律文件的有效性。]

7. 仅在某些登记处任命律师(废止)

比较:1915年第35号法案第7条;1939年第7号法案第2条

8. 受公共服务规章规制的官员(废止)

比较:1915年第35号法案第8条

9. 登记官持有及使用登记处图章(废止)

比较:1915年第35号法案第9条

第二部分　适用于本法的土地

(第10至32条)

10. 什么土地适用于本法

下列土地将适用于本法:

(a) 适用于先前的《土地转让法》的所有土地,无论以何种方式适用;

(b) 所有从政府处受让的土地或者约定将从政府处受让的可继承土地;

(c) 根据现行有效的毛利土地法发布的命令,归属于某人自由保有的土地;

(d) 按照新西兰国会颁布的法律,由某人现实占有且不限制继承的土地。

比较:1915 年第 35 号法案第 10 条;1947 年第 59 号法案第 I 部分

11. 关于受毛利土地法规制的土地的特别条款

如果某土地自从所在的行政区构建之时起就已取消了"毛利权利",但该取消行为发生在 1874 年 31 日以前(即《1870 年土地转让法之 1874 年修正案》通过之日),则本法中关于登记国有土地授予证书或者登记代替国有土地授予证书的权利证书的条款应适用于该土地。

比较:1915 年第 35 号法案第 11 条;1947 年第 59 号法案第 I 部分

用以代替国有土地授予证书的权利证书

12. 发行权利证书代替国有土地授予证书

(1) 国有土地授予证书并非颁发给所有受本法管辖的土地;但为了替代国有土地授予证书,总督可以通过授权书指示登记官:

(a) 按照附录一中表格 1 的格式颁发土地权利证书;或者

[(b) 为土地创建电脑登记簿,如果该土地并非通过电子交易方式进行交易,则应相应地颁发权利证书。]

(2)(a) 按照本条第 1 款(a)项颁发权利证书,在签名并登记完毕后;或

(b) 按照本条第 1 款(b)项在登记簿上记录信息,在记录完毕后,

权利证书就产生和国有土地授予证书相同的效力。

(3) 本条以及第 14、17 和 18 条要受到《1948 年土地法》第 116 条的约束,并且

(a) 权利证书的格式,或

(b) 在登记簿上记录信息的格式,

可根据本条实施的需要有所变化。

比较:1915 年第 35 号法案第 12 条;1951 年第 60 号法案第 8 条

13. 授权书中要说明的细节

每一份授权书

(a) 应该详细说明有权获得授予证书的人的姓名(名称)和介绍,如果不只一个人,则需指明是按份共有人还是共同共有人;还应该指明该证书之权利产生日期,并应对该土地进行描述以便充分识别;描述的正确性应由测

绘局长或由其任命的其他人进行核实。无论该土地将通过信托持有而成为公共保留地或其他类型的土地,还是属于公路或者其他保留地和限制地,都应该进行上述说明。

(b) 应该由登记官在其办公室存档以供查阅,并且对登记官而言,应构成其载明事项的终极证据。

比较:1915 年第 35 号法案第 13 条

14. 可以将证书颁发给从授权书中指定的人处主张权利的人

如果临时登记簿表明:授权书指定有权获得国有土地授予证书的人,其地产权已经归属于从此人处主张权利的人,则登记官可以直接将权利证书颁发给看起来有权获得此证书的人[或者进行适当的电脑登记]。

比较:1915 年第 35 号法案第 14 条

15. 颁发的证书要受到已经存在的土地负担的约束

按照前述方式颁发的权利证书[或者进行的电脑登记],应受到临时登记簿上显示的,在颁发证书之日仍对土地有影响的土地负担、地产权或权益的约束。

比较:1915 年第 35 号法案第 15 条

16. 依据本法无需授权书的情形及其他

如果在 1871 年 3 月 1 日以后,根据[新西兰国会颁发的]任何法律、或枢密院依这些法律所发布的公告和命令[或者内阁成员发布的通知],将土地转让他人,使土地由其现实占有且不限制对该土地之继承(无论在本法生效之前还是之后),则向此人颁发权利证书时不需要授权书。

比较:1915 年第 35 号法案第 16 条

17. 授权书确定权利获得日

(1) 用于代替国有土地授予证书的权利证书所包含的土地,从总督授权书中确定的获得权利之日起,就视为受到《土地转让法》的管辖;无论基于何种目的,该日期将被视为"权利获得日",其意义与该土地国有土地授予证书上的"权利获得日"一样。

(2) 如果在声称依照某个授权书颁发的权利证书上注明"权利获得日",则该注明将被视为"权利获得日"的最终证据,证明该日期如证书所表明,系由总督的授权书所确定。

(3) 对于"毛利所有者"在 1889 年 9 月 16 日之前(即《1885 年土地转

让法之 1889 年修正案》生效日）执行的法律文件,只要在上述日期之前该法律文件无效或不能进行登记,就不得根据本条认为该法律文件按照《土地转让法》进行的登记是有效的。

比较:1915 年第 35 号法案第 17 条;1947 年第 59 号法案第 I 部分;1951 年第 60 号法案第 8 条

18. 通过授权书对公路的保留

（1）授权书所包含的对公路权利或划出公路的权利的保留,将从授权书颁发之日起生效,其效力如同该保留已在同样的日期被包含在国有土地授予证书中。

（2）上述所有保留及根据保留而存在的权利,应被视为受到任何权利证书所包含的一般保留的充分保护（根据此等"一般保留",政府有权根据任何［新西兰议会］法案而划出公路用地）,且该权利证书的合法性不得因其不确定性或包含了上述保留而受到怀疑。

比较:1915 年第 35 号法案第 18 条

自愿申请让土地受本法管辖

19. 怎样使得土地受本法管辖

自政府手中转得或者已约定将从政府手中转得,且接受之后可以继承的土地,若按前述条款不受本法管辖,则可采用下文提供的方式置于本法的管辖之下;但若某块土地没有获颁国有土地授予证书,则任何欲使该土地置于本法管辖之下的申请均不能接受,除非申请已被测绘局长或其特别任命的人批准且获得总督同意。

比较:1915 年第 35 号法案第 19 条

20. 由谁提出申请

（1）为了前述目的,每个地区的登记官应该接受用本法附录 2 中表格 A（或其他规定的表格）的形式制作的申请,只要申请人为:

（a）根据普通法或衡平法受让土地上的非限制继承地产权且现实拥有该地产权的人（或声称自己是这样的人）。

如果公共保留地受托人之外的其他信托受托人没有明确的权力出售其试图置于本法管辖之下的土地,则主张对土地有受益权的人应共同提出申请。

（b）主张现实享有终身地产权的人,终身租赁除外。

主张享有土地复归权和剩余地产权的人应共同提出申请。

（c）根据普通法或者衡平法有权处置其现实享有的非限制继承地产权的人,但如果该处置须经他人同意,则提出申请也须经该人同意。

（d）任何将持有土地作为公共保留地的自然人或法人,但这种情况下要受到影响该保留地的信托的约束。

（e）任何未成年人的监护人,应以未成年人的名义提出申请。

（f）以精神错乱者的名义提出申请的公益信托或根据具体情况指定的地产权管理人；该精神错乱者是《1992年精神健康法(强制评估和治疗)》所指的精神错乱者,是该法所指的病人。

（g）以被保护者的名义提出申请的地产权管理人(在根据《1988年人身和财产权利保护法》对某人颁发了一个有效的保护令的情况下)。

（h）以财产所有人的名义提出申请的持有授权书的代理人,该授权书授权他在财产所有人不在场时出售所有人的完全保有地产权(除非授权书明确禁止他提出申请)。

（2）下列申请将不会被接收：

（a）主张对土地享有未经分割之份额的人提出的申请,除非对该土地享有其余未经分割之份额的人与其共同申请将整个土地置于本法管辖之下。

（b）土地的抵押人提出的申请,除非抵押权人同意提出此种申请。

（c）土地的抵押权人提出的申请,除非其行使包含在抵押中的出售权。

（3）如果代表在新西兰注册的公司或其他法人申请将土地置于本法管辖之下,则该申请必须按照本法制定的规章提出。

比较：1915年第35号法案第20条

21. 申请人提交权利契约

每一个申请人在提交申请时,应该向登记官提交所有由其保管或在其控制之下的、且产生其权利或对其权利有影响的法律文件,并应提交一个法律文件清单(必要时还应提交一份权利摘要),此外,还应制作并签署一份有关申请中所作陈述的真实性的声明,并提交一份欲置于本法管辖之下的土地的平面图以显示该土地的边界和相对位置。

比较：1915年第35号法案第21条

22. 申请程序（废止）

23. 刊载申请公告

如果登记官确信,申请书所提到的土地确由申请人持有,且申请人因此享有申请中指定的地产权或权益,并确信,除定期租赁的承租人之外,所有土地权利人均为该申请的当事人,则登记官可在政府公报和土地所在地出版的报纸上对该申请进行公告,并在公告中限制或指定一个不短于规定期限的期限,在该期限内可以提出书面申明以阻止将土地置于本法的管辖之下。

比较:1915年第35号法案第23条

24. 如果申请人是原始受让人,可以免于此种公告

如果申请人是从政府处受让土地的原始受让人,而且除国有土地授予证书之外,其他所有影响土地权利的法律文件及事项均未登记,则登记官可以免于进行前述公告,在此情形下,登记官可以立即向申请人或其亲笔书面指定的人颁发一个按照本法附录1中表格2制作的权利证书,从而将土地置于本法的管辖之下。

比较:1915年第35号法案第24条

25. 登记官何时可以拒绝申请或者命令送达通知

如果登记官认为任何对土地享有权利的人(定期租约的承租人除外)均非申请当事人,或申请人所举出的、用以证明其需要证明的主张或者事实的证据存在实质性缺陷,登记官可以拒绝该申请,或者自行限定一个前述公告期间——在这个期间内可以提出申请,阻止将土地置于本法的管辖之下。如果采用后一种方式,登记官可以命令申请人以其认为必要的方式将通知送达土地的权利人处;除上述23条中指定的广告之外,还应在政府公报或者新西兰或其他地方出版的报纸上对申请通知进行公告,公告费用由申请人承担。

比较:1915年第35号法案第25条

26. 申请通知应张贴在相应的登记处

登记官除了进行前述通知之外,还应该将前面提到的所有申请通知张贴在相应登记处的显著位置或其他他认为能够达到目的的地方,此外还应将通知的副本转寄给申请人所指定的土地占有人(如果有的话),或者相邻土地的占有人或所有人。

比较:1915年第35号法案第26条

27. 如果没有人阻止申请,登记官可以将土地置于本法管辖之下

(1) 如果在申请的限定期间届满之时,登记官认为:

(a) 进行了所有必要的通知;且

(b) 没有人提出阻止;且

(c) 没有充分的反对理由出现,

则登记官必须以本条第2款的方式将申请书中所指的土地置于本法的管辖之下。

(2) 登记官必须

(a) 给申请人或申请人亲笔书面指定的人颁发一个用本法附录1中表格2的形式制作的土地权利证书。

(b) 为土地创建一个电脑登记簿,如果该土地并非通过电子交易方式进行交易,则应相应地颁发权利证书。

比较:1915年第35号法案第27条

28. 如果通知送达失败,期限可以延长

如果登记官认为在前述期限届满之时通知仍未成功送达,而该通知的送达又必不可少,则登记官可以拒绝该申请,或再限定一个期间,在新的期间内仍可如前所述提出阻止申请,在新的期间届满之时,若有证据表明通知已经送达,且没有人提出阻止申请,则登记官可以通过前述方式颁发证书,将土地置于本法管辖之下。

比较:1915年第35号法案第28条

29. 经土地权利人同意,申请可以撤销

经权利证书所载明的权利人同意,申请人可以在颁发权利证书之前撤销申请。在这种情况下,登记官应该向申请人或者在申请书上提到的对申请书享有留置权的人归还所有申请人交存的用于支持其申请的权利文件。

比较:1915年第35号法案第29条

30. 颁发权利证书后对先前的权利契约的处理

(1) 一旦颁发一个权利证书将土地置于本法管辖之下,登记官应该通过盖印或者其他方式注销申请人据以取得权利的产权转让证书或者其他法律文件。但是,如果该法律文件涉及或者包括权利证书所包含的土地以外的财产,登记官可以通过在该法律文件上背书的方式,仅仅在权利证书所包含的土地的范围内注销该法律文件,该法律文件中与其他土地有关的部分

将继续完全有效。

（2）所有仅仅与该土地有关的权利文件将被登记官保存，并且除非有申请人或者向申请人主张权利的人的指令或高等法院的命令，任何人无权提供这些文件。

比较：1915 年第 35 号法案第 30 条

31. 租约上的复归权并不因为土地置于本法管辖之下而取消

租约上的预期复归权不会因为设定了租赁的土地被置于本法的管辖之下而取消，登记簿上显示的依法拥有租约所指土地的人，在所有普通法法庭和衡平法法庭上都将被裁定为享有租约上的预期复归权及所有法律授予复归权人的权力、权利和补偿，同时受到所有明确规定应由出租人履行的契约和条件条款的约束。

比较：1915 年第 35 号法案第 31 条

32. 没有必要按照《契约登记法》对"国有土地授予证书"进行登记

在申请将国有土地授予证书所包含的土地置于本法管辖之下的过程中，登记官没有必要将送交其登记的"国有土地授予证书"按照《1908 年契约登记法》进行登记。

比较：1915 年第 35 号法案第 32 条

第三部分 登 记

33. 登记官应该持有登记簿

（1）每个登记官应该持有一个登记簿，以簿册或其他形式皆可，登记簿中应包含其所处行政区的土地的授予证书或权利证书副本，每份授予证书或权利证书副本应在登记簿中单独成页，登记官应该在该页中详细记载所有本法要求登记的、对这些授予证书或权利证书所包含的土地有影响的法律文件、交易或其他事项。

（2）在登记簿或者登记簿的一部分并未成册的情况下，与登记簿、登记簿或登记簿册中装订的授予证书或权利证书、登记簿或登记簿册的任何卷册有关的本法或其他法案、规章、规则、次要法规、命令或其他法规的条款及契约、法律文件或其他法律文件，应根据登记簿所采用的具体形式，对其含义作必要的调整。

34. 何时法律文件被视为已经登记

（1）在本法中，一旦授予证书或者权利证书被登记官注明其收录在登记簿中的卷册号和页码，则视其已按照规定进行了登记。

（2）一旦登记簿中土地的现存授予证书或权利证书所在的登记页上登记了下文所述的请愿书，则认为所有声称按照本法转让该土地或对该土地产生影响的转让备忘录或其他法律文件已经登记。

比较：1915 年第 35 号法案第 34 条第（1）、（2）款

35. 已登记的所有人

授予证书、权利证书或其他法律文件中所指定的人如果被登记为拥有地产权或权益，则视该登记人为该地产权或权益的已登记所有人。

比较：1915 年第 35 号法案第 34 条第（3）款

36. 法律文件应该一式两份

（1）任何呈交登记的法律文件（除转让备忘录之外）都应该一式两份，如果呈交该法律文件的人要求一式三份则应做成一式三份，且必须经过证人证明。

如果法律文件涉及的土地位于两个以上的行政区，则在将法律文件呈交其中一个行政区的登记官就其所在行政区的土地进行登记时，登记官可以要求另外呈交一份该法律文件的已签字生效之副本，或者其他登记官（即已将签字生效之副本在其行政区存档的登记官）核实为真实副本的该法律文件之副本，以在其办公室存档。

（2）登记一式三份的法律文件时，其中一份必须注明"三份中之一"，在该份上不需注明任何本法 40 条所规定的请愿书。

（3）对于下列法律文件，登记官可以不要求在呈交登记时必须一式两份：

（a）任何法律文件；

（b）任何种类的法律文件；

（c）呈交给登记官特定办公室的、特定种类的法律文件。

（4）呈交登记的法律文件必须一式两份或一式三份的要求不适用于任何按照《2002 年土地转让法（计算机登记和电子存放）修正案》进行登记的土地。

比较：1915 年第 35 号法案第 35 条第（1）、（2）款

37. 按照登记时间确定优先权

（1）所有法律文件应按照各自呈交登记的时间顺序进行登记。

（2）已经登记的关于同一地产权或权益的法律文件,无论是否有任何明示、默示或推定的通知,应按照各自的登记时间而非本身的时间顺序确定优先度。

比较:1915 年第 35 号法案第 35 条第（3）、(4)款

38. 登记程序

（1）对法律文件进行登记时,登记官应将法律文件或法律文件的一份（在一式两份或一式三份的情况下）在办公室存档,其余（若有的话）则交付给呈交其进行登记的人。

（2）一旦法律文件(本法 155 条所指的备忘录除外)采用下列形式之一进行登记：

（a）本法附录提供的形式；

（b）为了同一目的而允许的、且符合本法的形式；

（c）依照本法制定的规章所指定的形式，

则按照本法,它将被视为并等同于收录在登记簿中成为其中一部分。

（3）废止

（4）如果在登记官的办公室存档的法律文件与按照本条第一款交付给呈交该法律文件进行登记的人的文件存在冲突,前者将优先于后者。

比较:1915 年第 35 号法案第 35 条第（5）、(7)款

39. 请愿书的内容

（1）每一个在登记簿中登记的请愿书应注明其对应的要登记法律文件的种类及制作的日期和时间。在合适的情况下,还应指明依照该法律文件享有权利的人。此外,该请愿书还应该用数字或符号注明该法律文件,并要由登记官签名进行核实,或者由经过登记官同意的某位土地登记处官员用某种方式进行核实。

（2）由非登记官的官员对请愿书进行的核实将作为最终证据,表明该官员有权这么做,同时表明登记官认可该官员核实请愿书的方式。

比较:1915 年第 35 号法案第 36 条

40. 请愿书被记录在授予证书副本或其他法律文件副本上

（1）若法律文件的请愿书已在登记簿上登记(转让或其他交易行为已

在租赁或抵押备忘录上背书的情形除外,见下文所述),登记官应将该请愿书在授予证书、权利证书、租约或其他可证明对要交易或要影响的地产权或权益享有权利的法律文件的副本上进行记录,除非登记官按下文规定可不必作此记录。

(2)登记官应在已登记的法律文件上背书一个证明书,证明前述请愿书在登记簿上的登记日期和时刻(即按照本法39条登记在登记簿上、并按照该条被依法核实的请愿书中所指的法律文件的提交登记日期和时间),并签名盖章,以证实该证明书。

(3)上述证明书均会被所有法庭接受为该法律文件已依法登记的最终证据。

比较:1915年第35号法案第37条

41. 法律文件在登记簿上登记之前没有效力

(1)没有法律文件可以按照本法对地产权或权益进行有效转移,或者对某块土地设定担保,以担保某笔资金的支付。但是一旦按照本法或《2002年关于电脑登记和电子存放的土地转让法修正案》对法律文件进行了登记,则该法律文件所指定的地产权或权益将被转让,或者根据具体情况,该土地将成为担保品,并受到该法律文件所设定的、或者根据本法而默含在类似法律文件中的契约、条件及或有费用的约束。

(2)如果将同一个所有人签署生效的、宣称对土地的同一地产权或权益进行转让或设定负担的两个或两个以上的法律文件同时呈交登记官进行登记和背书,则登记官只对呈交了土地授予证书或权利证书的所有权主张者提交的法律文件进行登记和背书。

(3)第(2)款不适用于任何电子法律文件,该法律文件的登记针对采用电子交易形式交易的土地。

(4)如果法律文件中不包含使其有效实施的实施条款,则在登记时:

(a)将该法律文件中所指的地产权或权益转移给被认定为取得该地产权或权益的一方;

(b)在抵押的情况下,法律文件所包含的土地成为担保物;

(c)在放弃、解除或者变更法律文件的情况下,相关权利也相应消灭或变更。

(5)本条第(4)款应:

（a）受制于法律文件中指明、包含或暗示的契约、条件及或有费用；

（b）在解除抵押的情况下，至多解除全部或部分本金、年金或其他资金的范围内，受制于第111条。

（6）在法律文件中没有条款作出相反规定的情况下，该法律文件所注明的计算机登记簿的唯一标识符编号将被当做计算机登记簿所登记的所有地产权或权益的编号。

比较：1915年第35号法案第38条

42. 不符合法定形式的法律文件不能登记

只有用此处提供的方式，或其他授权按照本法对法律文件进行登记的法案所提供的方式，登记官才可以对声称按照本法转让土地的地产权或权益的法律文件，或用其他方式交易或影响土地地产权或权益的法律文件进行登记，除非该法律文件不符合本法或者其他法律的规定。

比较：1915年第35号法案第39条

43. 如果存放的法律文件没有按顺序登记

（1）除非本法的规则另有规定，如果存放在登记官处用于登记的法律文件不符合本法规定的顺序，登记官可以：

（a）将该法律文件及存放的所有其他相关法律文件，或其认为合适的法律文件，退还给存放法律文件的人，如果找不到这个人，就退还给登记官认为有权接收的人。

（b）在对登记官要求纠正的事项进行纠正的期间，该法律文件应保留在登记官的办公室中。

（1A）如果登记官按照本条第1款作出了裁决，但在作出裁决之前已经退还了存交登记的法律文件（并非按本条第1款a项退还），则登记官必须通知存放该法律文件的人，说明：

（a）归还法律文件将被视为按照本条第1款a项所为；或者

（b）法律文件将被视为按照本条第1款b项保留，

然后，法律文件必须按上述方式退还或保留，以符合本条要求。

（2）如果登记官如前所述提出保留法律文件以便纠正的要求，但存放法律文件的人或法律文件的授权人没有在登记官的通知所指定的时间内服从此要求，则登记官可以：

（a）拒绝完成或继续法律文件的登记，或拒绝采取任何相关行动或进行相关记录。

（b）将该法律文件及存放的其他相关法律文件、或其认为合适的法律文件退还存放该文件进行登记的人，如果找不到这个人，就退还给登记官认为有权接收的人。

（3）如果法律文件按照本条第1款a项被退还，登记官可以决定：

（a）没收向登记官支付的该法律文件的相关费用；或者

（b）没收向登记官支付的全部费用，除非：为使法律文件得以登记而需要纠正的事项已经得到纠正，且在登记官指定的期间内将该法律文件重新存放在登记官处。

（4）如果法律文件按照本条第二款b项被退还，则向登记官支付的该法律文件的相关费用应该没收。

（5）废止

（6）如果法律文件按照本条被退还，则将认为该文件没有呈交登记。

（7）废止

44. 登记官可以免于制作法律文件副本

（1）如果登记官有合理的理由，在其行政区内按照本法对土地进行转让或者交易时，登记官可以免于为了根据本法要求登记请愿书而制作任何授予证书、权利证书、租约或其他法律文件。

（2）如果免于前述制作，则在对转让或其他交易进行登记时，登记官应在其所在行政区登记簿册内的请愿书中宣告，请愿书没有在授予证书副本或法律文件副本上进行登记，且该转让或交易如同请愿书经如此登记一样有效。

在登记上述转让或交易之前，登记官应该：在一个不短于法定期间的预告期间内，在政府公报以及至少一家当地出版的报纸上，预告其将要对交易进行登记。

比较：1915年第35号法案第40条

45. 将已登记法律文件核实后的副本作为证据

如果申请人向登记官申请提供某个已登记法律文件核实后的副本，且该法律文件有关登记官所在登记区内的土地，则登记官应向申请人提供该副本；在法律文件原件可作为证据的情况下，所有已由登记官签名盖章所核实的副本，也应接受为证据。

登记官可以颁发查阅副本

如果授予证书、权利证书、租约、许可证或契约根据《1948年土地法》在登记簿中登记成页,且申请人申请提供该授予证书、权利证书、租约、许可证或契约的副本,则登记官应向申请人提供该副本。

46. 公开登记簿以供查阅

任何人有权为了调查而在本法的规则所指定的日期和时间使用登记簿。

比较:1915年第35号法案第42条

47. 呈交法律文件进行登记

(1)按照某个法律文件主张权利者或其代理人可采用下列方式将法律文件呈交给指定的土地登记处:

(a)在公共柜台人工递交;

(b)将文件存放在专为此提供的安全设施里;

(c)邮寄给该办公室。

(2)对本条第1款来说,指定的登记处指登记官为此而指定的任何土地登记处。

(3)除非本条第(4)、(5)、(6)款另有规定,按照本条呈交登记的法律文件应该按照第37条的规定确定优先权。

(4)采用本条第1款(b)和(c)项的方式呈交登记的法律文件,被视为在登记官接收的日期以后呈交登记,在登记当天,若有任何其他有关同一土地的事项,则视该法律文书先于这些事项呈交。

(5)如果任何基于《1976年财产(关系)法》的中止程序申请或索赔通知采用本条1款(b)和(c)项的方式呈交登记官,且当天还有其他法律文件采用相同的方式呈交登记官,则这些申请或通知被视为后于这些法律文件呈交登记。

(6)除本条第5款所适用的情况,如果两个或两个以上的法律文件采用本条1款(b)和(c)项的方式呈交,则这些文件之间的次序应按照如下规则确定:

(a)如果这些法律文件适用第41条第2款,则按照该款规定确定;

(b)如果这些法律文件不适用第41条第2款,则按照登记官接收上述文件时印上的日期和时间确定顺序。

48. 如果行政区界线变更,原始登记的副本作为证据(废止)

比较:1915 年第 35 号法案第 44 条;1950 年第 24 号法案第 3 条

地区代理人

49. 通过地区代理人进行登记(废止)

临时登记

50. 在设置登记簿之前,对土地进行临时登记

按照本法在登记簿中为土地设置登记页之前,所有影响土地的交易、请愿书与登记应该采用下文提供的方式进行临时登记,即:

(a)在临时登记及所有交易和登记的记录中,应用土地局长颁发的确认买价已支付的证书,或毛利土地法庭发布的、宣称土地应由自由保有人持有的命令,取代国有土地授予证书。

(b)上述所有证书或命令均应按一式两份的形式颁发,且颁发人有义务将其中一份转交该土地所在行政区的登记官。

(c)登记官应将上述副本收录在簿册中,或采用其他方式存档(下文称为临时登记簿),所有证书或命令将在其中单独成页,并相应地进行编号,一旦编号完毕,则视其已正当登记。

比较:1915 年第 35 号法案第 46 条;1920 年第 43 号法案第 30 条;1925 年第 20 号法案第 6 条;1947 年第 59 号法案第 4 条

51. 如果设置了登记簿,则临时登记应该停止。

(1)一旦最终设置了土地登记簿,登记官应该停止该土地的临时登记,并将对土地有影响且为保存现有利益所需要的请愿书和登记条目的记录转移到登记簿上。

(2)登记官也应将上述事项记录在授予证书副本、相关的请愿书及登记条目之上,与之相关的交易将与将其直接登记在登记簿上产生相同的效力。

(3)如果某个交易的请愿书或登记条目已直接登记在登记簿上,或者已用前述方式转移到登记簿上,则认为该交易已经最终登记。

比较:1915 年第 35 号法案第 47 条

52. 临时登记簿上的登记作为权利的证据

只要土地已在临时登记簿上登记,则除代替授予证书的证书以外,不得颁发其他相关的权利证书。但是临时登记簿上的登记条目,如果声称乃依

法制作和签署,则任何普通法法庭和衡平法法庭都可将其接受为其所表明的事实的证据,而且,对于原始证书或法庭命令所指定的人或从其主张权利的人而言,该条目应作为最终证据,表明条目上指定的人作为明确规定的已登记所有人,依法享有相应的地产权或权益。

比较:1915 年第 35 号法案第 48 条;1925 年第 20 号法案第 6 条

53. 对于坎特伯雷教育保留地的特殊条款

(1) 如果某块土地根据《1876 年坎特伯雷教育保留地买卖和租赁法》或其修订案和替代法案而出售,则土地局长出具的关于该土地价款的收据,应该一式两份,并应将其中一份送交登记官。

(2) 登记官应该将这些收据作为土地局长出具的用来证明支付国有土地价款的证明书,收录在其所在行政区的登记簿中。并且,在用下文所述的方式为其颁发权利证书之前,所有购买人或通过购买人主张权利的人所做的关于该土地的交易将只登记在临时登记簿中。

(3) 本法中没有任何规定排斥此种登记:它是针对具备正当形式的法律文件所进行的登记,并且是实施任何前述法律,将采用前述方式销售的土地转让给收据上表明的购买人所必需的登记。但在颁发土地权利证书以前,除根据下文可以在临时登记簿上进行登记的交易以外,任何其他土地交易都不得登记。

(4) 在对下列证书进行登记时,包括:

(a) 上述土地的国有土地授予证书;或

(b) 按照授权书颁发的用来代替授予证书的权利证书;或

(c) 按照土地局长以及测绘局长的证明书颁发的权利证书;以及

(d) 依法签署生效的转让证书,

登记官应该注销与所转让土地有关的授予证书或权利证书,并向购买人或其他相应人等颁发土地权利证书,同时受证书上登记的、对于实施临时登记簿上的交易是必不可少的请愿书和登记条目的约束。

比较:1915 年第 35 号法案附录 Ⅱ;1880 年第 8 号法案第 10 条;1920 年第 43 号法案第 30 条;1951 年第 60 号法案第 8 条

54. 本法对临时登记簿的适用

除非此处包含的特殊条款另有规定,本法中的所有条款,只要案件情况允许,将适用于临时登记簿上的土地,也适用于法律文件和影响该土地的其他文件的登记;但是临时登记簿上的任何地产权或权益所有人的地产权或权益,仅对原始证明书或命令所指定的人或其他从其主张权利的人有效。

比较:1915 年第 35 号法案第 49 条;1925 年第 20 号法案第 6 条

55. 在支付费用之前,不能对交易进行登记(废止)

比较:1915 年第 35 号法案第 50 条;1924 年第 32 号法案第 27 条

法律文件遗失

56. 高等法院可以调查法律文件丢失案件

若已登记的所有人为了按照本法创设、转移或用其他方式交易地产权或权益,或者按照本法对土地设定抵押和其他负担,而要执行某个法律文件,但该法律文件在登记之前丢失或损坏,则主张按照丢失的法律文件有权被登记为地产权或权益所有人的人可以向高等法院提出申请以对其请求进行调查和宣告。

比较:1915 年第 35 号法案第 51 条

57. 法院可以命令申请人被登记为所有人

(1)若有证据使法院相信下列事实:确实存在前述遗失或损坏;这些法律文件并非由于申请人的纵容而被故意损坏;申请人有权如前所述被登记;申请人的适当通知已经送达将受到影响的土地、地产权或权益的已登记所有人以及所有其他有必要通知的当事人,则法院可以发布命令,界定和宣布申请人按照该法律文件所享有的地产权或权益,并要求登记官将其登记为这些地产权或权益的所有人,而登记官必须遵守此命令。

(2)所有按上述方式进行的登记从登记日起产生与原始法律文件被正当登记相同的效力;在本法中,该法律文件将被视为并等同于符合该命令所表述的条款并具有该命令所宣布的效力。

(3)法院在按照本条与上一条审理和裁决案件时,应力图发现案件的真实正义,并应依据法院认为最符合本案情况的证据作出裁决。

比较:1915 年第 35 号法案第 52、53 条

未达权益

58. 在登记簿上公告未达权益

在将土地置于本法管辖时,将影响所有人地产权的租赁、抵押、负担或其他地产权或权益(下文称为"未达权益"),只要在申请书中得到披露或者可通过其他方式确定,应该在登记簿上以保留其优先权的方式进行报告;同

时,尽管其形式各不相同,但今后的交易将与根据本法直接产生的这些权益相同,所有交易都将暗含依据本法进行类似土地交易时所附带的权力、条件和契约。

比较:1915 年第 35 号法案第 54 条

59. 按照《契约登记法》登记的权益将得到承认

(1) 如果某些地产权或权益系依据《1908 年契约登记法》登记的法律文件而存在,该文件会对自其所处的行政区建立之日起"毛利权利"就被取消的土地产生影响,则这些地产权或权益将被视为本法所指的"未达权益",应予以公告。

(2) 如果这些地产权或权益在授予证书中的"权利获得日"创设,或者在 1874 年 8 月 31 日以后创设,则不会得到承认。

比较:1915 年第 35 号法案第 55 条;1947 年第 59 号法案第 I 部分

60. 因为忽略要求登记的人而提出索赔

如果某人据以主张地产权或权益的契约或法律文件可能根据当时有效的有关新西兰境内契约登记的法律被进行登记,则他不能以"将土地置于本法管辖之下导致地产权或权利被剥夺"为由对政府主张权利或提起诉讼,除非该契约或法律文件已经被如此登记,或登记官已当面收到该主张的书面通知,或登记官实际上已经知晓事实,却由于忽略而没有认识到。

比较:1915 年第 35 号法案第 56 条;1930 年第 6 号法案第 53 条;1931 年第 5 号法案第 25 条

已登记的所有人

61. 被共同登记的人成为按份共有人

除非现行有效的、关于毛利族占有土地的任何新西兰议会法案另有规定,如果国有土地授予证书或法律文件依照本法签字生效,且其指定的地产权或权益之受让人、抵押权人或所有人为两个或两个以上,则除非有相反的规定,应将这些人视为享有生存者权利的按份共有人;这些法律文件一旦登记,将因此生效。

比较:1915 年第 35 号法案第 57 条;1947 年第 59 号法案第 I 部分

62. 已登记所有人的享有最高地位的地产权

尽管其他人也享有地产权或权益(无论这些权益是否来自政府的让渡),而且如果没有本法,这些地产权或权益可能具有最高地位或享有优先权[但是要受到《1963年土地转让法修正案》第一部分条款的约束],但是本法所规定的土地或土地上的地产权或权益的已登记所有人,除非存在欺诈,否则将拥有这些土地、地产权或权益,并受到可在土地授予证书或权利证书所在的登记页上公告的负担、留置权、地产权或权益的约束,但是绝对免受其他任何负担、留置权、地产权或权益的约束,除非:

(a)是凭借依据本法登记在先的权利证书或授予证书而对该土地主张权利的所有人的地产权或权益;

(b)创设或存在于土地上的任何通行权或地役权遭到忽略或错误描述;

(c)由于地块或边界的描述错误,将土地的任何部分错误地包含在表明已登记所有人权利的授予证书、权利证书、租约或其他法律文件中。

比较:1915年第35号法案第58条

63. 已登记所有人免于驱逐

(1)如果为了获得根据本法属已登记权利人所有、且已按照本法登记的地产权或权益,而针对这些权利人提起要求占有土地或复原土地的诉讼,则该诉讼不会得到许可或支持,但下列情况除外,即:

(a)抵押权人对违约的抵押人提起诉讼的案件;

(b)出租人对违约的承租人提起诉讼的案件;

(c)在某人通过欺诈获得土地的案件中,针对通过欺诈登记为土地所有人的人提起诉讼,或者针对从通过欺诈而获得登记的人处取得权利的、而且并非善意支付对价的受让人提起诉讼;

(d)由于错误描述其他土地或其他土地边界,有人被剥夺了其他土地的授予证书或权利证书中所包含的土地,或者有人对其他土地的授予证书或权利证书中所包含的土地主张权利,因此针对该其他土地的已登记所有人提起诉讼,称其并非受让人,或者并非通过善意支付对价而成为受让人;

(e)在登记日之前,已登记所有人基于权利证书根据本法主张权利的情况,在这些情况下,针对同一块土地,可能根据本法登记了两个或两个以上的授予证书,或者两个或两个以上的权利证书,或一个授予证书和权利证书。

(2)尽管普通法或衡平法有相反的规定,除上述情况之外,任何情况下,在针对作为诉讼标的的土地的已登记权利人或承租人提起的诉讼中,登记簿或登记簿的经核实副本的出示,将在每一个普通法法庭或衡平法法庭上构成绝对的抗辩,且绝不容置疑。

比较:1915年第35号法案第59条

64. 保证已登记所有人享有权利

除非《1963年土地转让法修正案》第一部分另有规定,在土地受到本法约束以后,没有任何土地证书或有关土地上的权利、特权及留置权的证书,能够通过占有、时效使用或废除已登记所有人的权利证书而获得。

比较:1915年第35号法案第60条

第四部分 权利证书

65. 已登记所有人有权获得权利证书

(1) 每一个基于本法而产生的、即时完全保有地产权的已登记所有人有权获得用本法附录1中表格2的形式制作的地产权利证书或者最能表达该权益性质的证书。

(2) 不能为不确定的权益颁发权利证书。

比较:1915年第35号法案第61条

66. 关于租赁权益的权利证书

(1) 在租赁的情况下(包括在登记官办公室的登记簿上建立了登记页的租赁),如果登记官认为登记页或者登记簿册中登记条目的数量和种类使得颁发权利证书是合宜的举措,则登记官可以为了已登记所有人的租赁权益向其颁发权利证书。

(2) 权利证书应该注明出租人的权利证书(若有的话)和租约,还应该注明租约所指定的生效日期、租赁期限或租赁期限的到期日。此外,权利证书应该采用本法附录1表格2的形式并作出必要的修改,同时,权利证书应受到租约条款或本法中与租赁有关的条款约束。

(3) 在租约终止时(不包括由于期限届满而终止),登记官应该在登记簿的登记页上背书以注销权利证书;在租约期限届满之日,权利证书应视为自动注销。

(4) 登记官应该将颁发权利证书的请愿书登记在租约及仍然存在的副本上,并在出租人权利证书的登记页上(如有的话)登记。此后,所有租约的交易或转移应在权利证书上登记,但无须在出租人权利证书的登记页、由租约构成的登记页及仍然存在的租约副本上登记。

(5)本法中所有关于权利证书的条款,经过必要的修正,都适用于按照本条颁发的有关租赁权益的权利证书。

(6)废止。

比较:1925年第20号法案第3条

67.证书所记载的现有土地负担

登记官应该采用可保留优先权的方式,在每个证书上注明在颁发证书时对土地产生约束的有关未实现之抵押权,其他已实现或未实现之租赁权、地产权或权益的请愿书;在将证书颁发给未成年人或无法定能力的人时,登记官应将自己知道的缺陷情况在证书上详细注明。

比较:1915年第35号法案第62条

68.如何记载证书的日期

(1)所有基于依照本法进行的交易而颁发的证书应该记载该交易的登记日期,除非该交易已经在临时登记簿上进行了初始登记,这种情况下,证书应该记载国有土地授予证书的登记日期,或者登记官收到总督有关颁发证书来代替授予证书的授权书的日期,或者登记官收到按本法第12条具有授权书效力的证书的日期。

(2)以已登记所有人的名义颁发的、用来代替被注销证书的权利证书,应明确说明将从最初颁发给所有人的、关于同一地产或权益的证书生效之日起产生效力。

比较:1915年第35号法案第63条;1951年第6号法案第8条

69.如何对有关地役权的请愿书进行登记

如果为了附属于其他土地或者与其他土地共同使用,按照本法创设了地役权或无形权利(适用本法的土地上的年金和租金除外),则登记官应将创设该地役权或无形权利的法律文件的请愿书登记在该其他土地的授予证书或权利证书上,从该请愿书被登记之日起,授予证书或权利证书中的地役权和无形权利即对其所描述的土地生效。

比较:1915年第35号法案第64条

70.从登记簿移除地役权以及他人土地上的用益权

(1)如果地役权或者他人土地上的用益权已经终止或者消灭,或者登记官认为其为多余,则在有证据使登记官确信该权利已经终止或者消灭、或者地役权为多余时,登记官应在登记簿上进行登记。

(2)在本条第1款中,出现下列情况时,可认为地役权为多余:

(a)如果需役地或者需役地的一部分由于分割或其他原因已经同供役地分离;以及

(b)地役权不再对需役地有用。

(3)如果某人希望登记官作出记录,表明地役权为多余,则应向登记官提出申请,并向登记官作出法定的声明,表明存在符合下列情形的特定情况:

(a)本条第2款设定的标准;或

(b)登记官为了确定地役权为多余而制定的其他标准。

(4)登记官可以作出记录,表明地役权已终止、消灭或为多余,如果他(她):

(a)向所有其认为根据地役权享有一定权益的人发出了通知;并

(b)按规定为其行动给出了公告期限;且

(c)没有收到任何反对意见。

(5)地役权或在他人土地上的用益权的已登记所有人以及从这些已登记所有人处主张权利的人的地产权或权益,一旦在登记簿上登记即宣告终止,但这并不解除任何人在登记时应该承担的义务。

(6)如果终止或取消是由于期限届满或混同而产生,则不需要按照本条第4款发出通知。

71. 从权利中移除赃物的收购契约

如果某土地受到赃物的购买契约或协议的约束,一旦对该土地享有已登记地产权或权益的人提出申请,则只要登记官相信没有人已从或将从该契约或协议中获得利益,或者所有已经或将如此获利的人同意撤销该契约或协议,登记官就应该在登记簿及相关的权利文件上作出登记,表明该契约或协议已被撤销,从而导致该契约或协议失效。

比较:1939年第7号法案第10条

72. 共同共有人有权获得非共享证书

当两个或两个以上的人作为共同共有人对土地享有未经分割之份额时,每个人都有权收到一份有关其拥有的未分割份额的非共享证书。

共同共有人并不一定要获得非共享证书,只有在他们要求对各自的权益分开进行交易时,登记官才会根据自己的判断,要求他们为各自的权益取得非共享证书。

比较:1915 年第 35 号法案第 65 条;1950 年第 24 号法案第 4 条

73. 在某些案件中,颁发证书可能被阻止

在申请通知需要公告的情况下,直到法定公告期间届满,登记官并非必须要应申请而颁发权利证书。

比较:1915 年第 35 号法案第 66 条

74. 以死者的名义颁发的证书并非无效

如果某个证书以已经死去的人的名义颁发,无论是否是第一次将土地至于本法管辖之下,证书均不会因此而无效,但该证书所包含的土地将如同该证书在死者临终之前颁发一样进行转移。

比较:1915 年第 35 号法案第 67 条

75. 证书作为所有权的证据

(1)每一个由登记官的签名和印章正当核实的权利证书将在所有普通法法院和衡平法法院上作为证据,证明该证书上表达和背书的事实,并证明它们已在登记簿上登记;除非登记簿以及登记簿的经核实之副本证明了相反的事实,该证书将作为最终证据,证明权利证书或权利证书上其他登记条目所指定的人(即拥有权利证书所描述的土地,或者享有该土地上的地产权或权益的人),从证书的日期或证书的明示生效日期开始,已经拥有或占有该土地,取得了权利证书上描述的地产权或他权益;并证明,证书中所包含的财产已经被正当地置于本法的管辖之下。

(2)本条不适用于以电子方式交易的土地。

比较:1915 年第 35 号法案第 68 条

76. 由没有被实际登记的人签署的法律文件

(1)任何宣称按照本法交易土地、地产权或权益的法律文件,都不会仅仅由于在签署该法律文件的人还没有被实际登记为该土地、地产或权益的所有人时,法律文件就已经签字生效而被视为无效。

(2)应扩展本法第 17 条第(3)款,使其适用于本条。

比较:1915 年第 35 号法案第 69 条

77. 在登记未经授权的情况下,不能取得对公共土地或公共保留地的权利

任何公共土地或公共保留地的权利,都不得凭借权利证书中未经授权的内容,或凭借对宣称"交易未经法律授权之权利"的法律文件进行登记,而被获得或视为已经获得。

比较:1915 年第 35 号法案第 70 条

78. 证书不容置疑

任何权利证书(或者《2002 年关于电脑登记和电子存放的土地转让法修正案》所定义的计算机登记簿),都不得因为在申请将权利证书所描述的土地置于本法管辖之下没有进行通知或者该通知有缺陷,或者因为在申请过程中或申请之后的程序中存在错误、疏忽或非正式行为而被质疑或者废止。

比较:1915 年第 35 号法案第 71 条

79. 在某些情形下证书无效

在首次将土地至于本法管辖之下时颁发的任何权利证书——无论基于申请而颁发、还是通过法律的规定或任何法院的命令而颁发,以及针对该土地或土地一部分颁发的每一个权利证书,对于所有从这个首次登记的所有人处主张或者取得权利的人来说,如果是针对在将该土地置于本法管辖之下时已经时效占有该土地且对该土地享有合法权利,并在随后颁发与该土地有关的证书时继续这样占有土地的人的权利,则上述证书归于无效。但是[除非《1963 年土地转让法修正案》第一部分另有规定],上述证书针对其他人的权利是有效的,与上述时效占有不存在的情况相同。

比较:1915 年第 35 号法案第 72 条

80. 登记错误可以纠正

(1) 如果有足够的证据,登记官可以根据本法制定的规则,在权利证书或登记簿上或者其中的任何登记上,纠正错误或弥补疏漏,并可以为此召回任何仍然存在的法律文件。

[(2) 登记官可以取消或者纠正任何电脑登记簿,在适当情况下,可以创设一个新的电脑登记簿,以纠正电脑登记簿中的任何错误或弥补其中的任何疏漏。]

比较:1915 年第 35 号法案第 73 条

81. 收回通过欺诈获得的法律文件

(1) 如果登记官认为权利证书或其他法律文件颁发错误,或者其中对土地或者界线的描述存在错误,或者登记或背书的制作出现错误,或者授予证书、证书、法律文件、登记或背书是因欺诈或错误而获得或保有,则登记官可以要求这些授予证书、证书、或法律文件的接受者或保留者交出文件,并视具体情况将其注销或进行纠正。

[(2) 如果登记官确信,本条所指的任何情况确实存在,而电脑登记簿中也存在类似情况,则登记官可以注销或纠正任何电脑登记簿,在适当情况下,可以创设一个新的登记簿。]

[(3) 如果没有通知可能会受到影响的人,也没有给出相应的合理期间,则登记官不需要根据本条第 2 款采取任何行动。]

比较:1915 年第 35 号法案第 74 条

82. 没有归还法律文件的人将被传唤到法庭

(1) 如果有人拒绝遵守或忽视前述请求,或者找不到该人,登记官可以向高等法院提出申请,要求其发布命令,命令此人按照前述方式交出授予证书、证书或其他法律文件。

(2) 如果接到申请通知的人忽视这一要求或者拒绝在指定的时间到庭,高等法院可以发布令状,授权并指令将受到如此通知的人逮捕并带到法庭以供审问。

比较:1915 年第 35 号法案第 75 条

83. 拒绝归还法律文件的人可能被判处监禁

一旦某人被通知到庭或者根据前述令状被带到法庭,法院应该要求其宣誓作证以对其进行审问;并可以命令其交出上述授予证书、权利证书或法律文件;若其拒绝遵守或忽视该命令,可以判处其适当的监禁。

比较:1915 年第 35 号法案第 76 条

84. 颁发新的权利证书及其他

如果前面所说的人已经潜逃,以致申请通知不能送达,则根据情况需要,登记官应向土地所有人颁发在授予证书或权利证书丢失、错放或毁损时应该颁发的权利证书和其他法律文件,并且应该在登记簿中登记颁发该权利证书或法律文件的通知、据以颁发的环境以及登记官认为必须登记的其他情况。

比较:1915 年第 35 号法案第 77 条

85. 法庭可以命令注销以前的权利证书

通过在高等法院进行诉讼从已登记的所有人处收回土地、地产权或权益时,只要这种诉讼没有受到明确禁止,法院就可以命令登记官注销任何权利证书或其他文件,以及与该土地有关的登记簿上的任何登记和请愿书,并命令登记官根据案件具体情况的需要替换这些权利证书或登记。登记官应该按照要求实施这个命令。

比较:1915 年第 35 号法案第 78 条

86. 单个证书取代一些证书或者一些证书取代一个证书

[(1)如果某个已登记所有人根据几个分开的授予证书或权利证书、或者一个授予证书或权利证书而持有土地,应此人的申请,或经其同意,只要符合现行有效的规章,登记官可以就整块土地为该所有人颁发一个权利证书,或者分别就土地的各个组成部分颁发几个证书。]

(2)颁发上述证书时,登记官应该注销授予证书或先前的权利证书,并应在上面注明用以取代的权利证书。

比较:1915 年第 35 号法案第 79 条

87. 在丢失原始证书时颁发临时证书

(1)在授予证书或权利证书丢失、错放或毁损时,已登记的所有人及其他知晓此种情况的人(若有的话),应尽其所知和所信,发布一个法定声明,表明情况事实、已登记所有人的姓名(名称)和种类,对土地或土地权利有影响的抵押、负担及其他事项的具体情况。

(2)如果登记官确信声明的真实性,可以颁发一个临时权利证书,该临时权利证书应该包含原始授予证书或权利证书及其所有备忘录和背书的副本,还应包含临时证书据以颁发的事实声明。

(3)同时,登记官应在登记簿上登记颁发此临时证书的通知和颁发日期,以及据以颁发的事实。

(4)在颁发临时证书以前,登记官至少应当在政府公报或至少一家新西兰出版的报纸上发布公告(并给出公告期限),对其将要采取的措施予以通知。

(5)上述所有临时登记簿应该能够达到已经丢失或误放的授予证书或权利证书本可以达到的目的,也应该具有已经丢失或误放的授予证书或权利证书本可以具有的用途,并且几乎在所有方面和已经丢失的授予证书或权利证书一样有效。

（6）登记官在采用与本条第4款所提供的方式相类似的方式进行通知之后，可以在登记页上进行背书，注销该权利证书，并为该土地颁发一个新的权利证书以代替原证书，以此替代前述颁发临时权利证书的方法。

比较：1915年第35号法案第80条

88. 有关租约或抵押文件丢失的规定

（1）上一条规定，只要可以适用并进行了适当的修改，就应该适用于已经制作的副本丢失、误放或毁损的任何租约、许可证、租赁备忘录或抵押备忘录。

（2）上述同一条规定，只要可以适用并作出了适当的修改，还应该适用于其已经制作的副本被销毁或毁坏、并且已提交登记官进行注销的任何租约、许可证、租赁备忘录或抵押备忘录，但在这种情况下，上条第（1）款所说的法定声明及第（4）款所说的通知就并非必需。

比较：1915年第35号法案第100条；1925年第20号法案第6条

89. 没有原证书时颁发权利证书

如果某转让行为已经根据《2002年地方政府（级别）法》，在没有出示仍然存在的权利证书的情况下被登记，且登记官确信，该仍然存在的证书无法取得并被注销，则登记官可以不注销该仍然存在的证书，而以购买人的名义颁发一个新证书，并为此注销现有的登记页。

比较：1915年第35号法案第81条

第四部分 通 行 权

（第[89A]条至第[89E]条）

89A. 相邻所有人申请通行权

（1）在将土地分成细块的情况下，如果仅为了给地块到现有的公路或街道之间提供通道而单独划出一个地块（本法这部分称为"通道"），与该通道相邻的所有地块上的非限制继承地产权的已登记权利人，根据本法此部分的规定，可以向登记官提出申请，将该通道置于本法的管辖之下；如果申请者只有一个人，则以该申请者的名义申请；如果申请者不只一个人，则以作为共同共有人的多个申请者名义申请（按照本法第89E条的规定），此时他们之间的份额按照各自与前述通道(他们已登记为通道的所有人)相邻的地块数量比例确定。或者,在必要情况下,可向登记官提出申请,就该通道上的非限制继承权颁发权利证书,如果申请者只有一个人,以该申请者的名义颁发;如果申请者不只一个人,则以作为共同共有人的多个申请者名义颁发(按照本法第89E条的规定),其份额按前述方式确定。

(2) 在本法这一部分,如果在按照本条第(1)款提交申请前,该细分地块被进一步细分为两个或两个以上的部分,则经过这次细分而产生的所有与该通道相邻的地块将被视为原始地块的组成部分。

(3) 除非出现下列情况,否则本条第(1)款将不适用:

(a) 在登记官进行了其认为合理的调查之后,没有找到该通道上非限制继承地产权的所有人;或者

(b) 在找到该通道上非限制继承地产权的所有人的情况下,该所有人同意这个申请。

(4) 在本条第(3)款中,与通道上的非限制继承地产权有关的"所有人"一词是指:

(a) 如果通道受到本法管辖,则指"已登记所有人",并包括有权通过已登记所有人被登记为所有人的人。

(b) 如果该通道不受本法管辖,则指按照《1908年契约登记法》登记的法律文件中规定的受让该非限制继承地产权的人,并包括任何有权通过此人获得非限制继承地产权的人。

(5) 如果对该通道所在行政区内的公路、街道、服务小路或通行道路享有管辖权的地方当局承认、接受或者宣告该通道为公路、街道、服务小路或通行道路,则本条第(1)款不再适用。

89B. 如果相邻地块的所有人不是申请当事人

无论本法第89A条如何规定,尽管该通道相邻地块的非限制继承地产权的已登记所有人中有人并非申请当事人,但只要该已登记所有人书面同意该申请,并有证人对其同意作出适当的证明,则仍然可以按照该条提出申请,且同意不能以不合理的方式撤销。

如果登记官进行了自认为合理的调查之后没有找到这样的已登记所有人,则该已登记所有人的同意就并非必需;但是该通道或部分通道上有利于其地块的任何权利,无论明示或暗示,都不得因为该申请的提交而受到

损害。

89C. 如何处理申请

（1）除非本法此部分有其他的明确规定,根据本法第 89A 条提出的任何申请,有关通知、平面图、费用以及其他所有事项,应依据本法中有关"申请将土地置于本法之下"的条款进行处理,只要这些条款可以适用并进行了必要的修改。

（2）除这些条款之外,如果该通道是公路、街道、服务小路或通行道路,登记官应该书面通知对公路、街道、服务小路或通行道路享有管辖权的地方当局,并在通知中指定一个不少于法定通知期限的期限,在该期限内,该当局可以采用本法附录 2 表格 M 的形式（可进行必要的修改以适用具体情况）提出一个阻止申请。如果按照本款提出与通道有关的阻止申请,则本法第 144 条中提到的"命令"或"指令"的含义将有所扩展,扩展后的命令或指令将包含制止登记官按照该申请颁发权利证书。

89D. 给该通道颁发权利证书

（1）不论其他法律如何规定,对依据本法此部分提出的申请而言,如果登记官相信:

（a）本法此部分的规定已经得到完全遵守;以及

（b）所有需要发布的通知均已发布;以及

（c）所有需要终止的期限已经终止;以及

（d）根据本法规定,所有阻止申请已经失效或者撤销;以及

（e）没有足够的理由出现相反的情况,

则登记官应该采用本法附录 1 中表格 2 的形式,根据具体情况,将该申请所指通道上的非限制继承地产权的权利证书颁发给申请者,或根据适当的比例（按照本法第 89E 条的规定）颁发给共有该通道的多个申请者们,同时该证书要受到该证书仍在服从的、未达权益的约束。

（2）在不对本条第(1)款(e)项作出限制的情况下,如果该通道并非仅仅用于提供从该申请地块到公路或街道的便利,则登记官应根据自己的判断拒绝上述申请。

89E. 为通道颁发权利证书所适用的条件:

如果登记官按照本法第 89D 条为某通道颁发权利证书,则下列规定将予以适用:

(a) 某通道上的非限制继承地产权的任何已登记所有人,都不得为了某人的利益而处置与该通道相邻的地块或在其上设定负担,除非他同时以同样的方式、为了同一个人的利益而处置自己在通道上的份额或在其上设定负担,或者视具体情况,对通道的某部分进行处置或在其上设定负担——其具体范围根据本法 89A 条第 1 款以及被其处置的、或在其上设定负担的相邻地块的所有权数量而确定。在本段中,根据《1964 年共同家庭法》以共同家庭的名义对这些地块进行的转让,不被视为对地块的处置。

　　(b) 登记官应在为通道颁发的权利证书及为该通道相邻地块上的非限制继承地产权颁发的权利证书的登记簿副本上进行登记(该权利证书的已登记所有人是如前所述颁发的权利证书上所指定的已登记所有人或者其中之一),表明相邻的土地受到本条(a)项的制约。

　　(c) 如果根据本法为通道上的非限制继承地产权颁发了其他的权利证书,只要这些权利证书涉及通道,则登记官应将这些权利证书注销,并在注销的请愿书中表明该注销行为是依据本条的授权进行的。

　　(d) 在颁发的非限制继承地产权权利证书上指定的人合法享有非限制继承地产权的情况下,此前其他人所享有的该通道上的非限制继承地产权应予以终止。

　　(e) 如果根据本法第 89A 条第(1)款,某人在通道上的份额由地块决定,当该地块由两个或两个以上的人以按份共有人或共同共有人的身份享有时,则他们将以按份共有人的身份享有该通道上的份额,或以共同共有人的身份按照其享有地块的份额享有该通道上的份额,具体视情况而定。

　　(f) 如果与通道相邻的地块在颁发权利证书时受已登记的抵押约束,且该抵押人根据他对地块所享有的所有权已登记为通道上非限制继承地产权的所有人,那么任何在抵押中明示或暗示的权利——凭借该权利,抵押权人可以在出现抵押条款所规定的违约行为时出售该地块或其中一部分——应视为扩展到"出售抵押人在通道上所享有的、根据其对地块的所有权而确定的地产权或权益"的权利(或者,在只对地块享有部分所有权的情况下,相应的,上述权利也只能扩展到出售该通道上的地产权或权益中他所享有的份额),如同该地产权或权益已包含在抵押中,成为担保财产的一部分。此时登记官应在抵押的登记簿副本上进行记录,如果给抵押权人也提供了副本,还应该在抵押权人的副本上进行登记,表明这项规定适用于该抵押。

（g）如果适用于本条（f）项的地块，在颁发了权利证书之后，根据《1964年共同家庭法》成为共同家庭财产，则无论通道上的份额是由丈夫和妻子共有还是由两人之一所有，本条（f）项都可适用。

（h）在本条（f）项中，"抵押"一词包括了留置权、负担或其他为了保证支付而设定的担保；"抵押人"和"抵押权人"也具有相应的含义；本项规定只要可以适用并进行必要的修正，应该相应地适用于这些留置权、负担或担保。

（i）无论本法 172 条如何规定，在根据本条（d）项终止按上述方式颁发的权利证书中所包含的土地上的非限制继承地产权时，该地产权的任何所有人均不得以此为理由对政府或登记官提起诉讼，除非已登记所有人：

（i）由于申请者（们）在根据本法这部分内容提出申请的过程中存在欺诈而丧失该地产权，或者由于登记官或者登记官的下属以及书记员在处理此申请的过程中存在错误、疏忽或不法行为而丧失该地产权。

（ii）被本法禁止提起诉讼以占有或者恢复该土地或该土地上的地产权。

1952年土地转让法[*]

1952年第52号

第11部分 对权利之保证

（第172条至第183条）

赔偿损失

172. 由于登记官的错误或不法行为而进行赔偿

任何人如果

（a）由于登记官、部门行政长官的雇员或任何按照本法第5条委派的代表在按照本法行使权力或履行义务和职责（无论是强制的还是授权的）的过程中出现的疏忽、错误或违法行为而遭受损失；或者

（b）由于将土地置于本法的管辖之下或将其他人登记为该土地的所有人，或由于权利证书或登记簿上的登记或请愿书的错误、疏忽或错误描述而被剥夺了土地或土地上的地产权或权益；或者由于错误地将该土地包含在前述任何证书中而遭受损失；或者被本法禁止就占有或恢复该土地、地产权或权益提起诉讼，

可以对政府提起诉讼以补偿自己受到的损失。

比较：1915年第35号法案第186条

172A. 对查阅之后、登记之前发生的损失的赔偿

（1）在本条中，除非上下文有其他规定：

"第一运作期限"，就本条适用的交易而言，指的是从达成交易日往前数

---

[*] 康文义翻译，高健校对。

的第 13 天开始的、为期 14 天的期限。

"买价",就抵押而言,包括抵押权人由于转让抵押而预付的一笔资金。

"查阅副本",就授予证书或权利证书而言,指的是为了本条的目的而由登记官根据本条准备和出具的该授予证书或权利证书的"查阅副本"。

"第二运作期限",就本条适用的交易而言,指的是从交易达成日的第 2 天开始的、为期 2 个月的期限。

"本法适用的交易",指的是任何有关受到本法管辖的土地的协议,凭借这个协议或安排,一方(在本条中称之为"买方")通过支付有效对价,从另一方(在本条中称之为"卖方")将取得或已经取得该土地上的地产权或权益。

(2)在本条中,除当事人明确同意之外,当买方在完全支付或支付了必要的价款或其他对价,或使得卖方可以获得该价款或对价时,交易即已达成,买方有权按照该交易的相关协议,要求卖方完成该协议所要求的任何事情,使买方可以对该交易涉及的地产权或权益进行登记。

(3)如果按照本条进行交易的买方在第一运作期间获得了与作为该交易标的的土地有关的查阅副本,并且由于按照本条将与该土地有关的法律文件或其他文件进行登记或存放而遭受损失,只要满足下列条件,买方就可对政府提起诉讼以补偿损失:

(a)登记簿上任何与登记或存放行为有关的记录或请愿书均未出现在查阅副本上;而且

(b)该登记或存放行为在第二运作期限截止之前的任何时间生效,或在实施该交易必不可少的所有法律文件或其他文件登记之前就已生效。

(4)在依据本条提起的诉讼中,根据买方提出的申请(无论是在第二运作期限之前还是之后),法庭可以将"第二运作期限"延至其认为公平的期限,只要法庭确信,使该交易生效的所有法律文件或其他文件尚未在该期限内完成登记,而且该登记的延迟并非由买方或其律师或代理人所致。

173. 起诉通知被送达司法部长和登记总长

(1)有关对政府的诉讼及其诉讼原因和索赔金额的书面通知,应该至少在诉讼开始 1 个月以前,送达司法部长与登记总长。

(2)如果上述官员同意上述索赔主张应得到承认,无论是同意全部索赔还是其中一部分,则不需要诉讼,在共同证明上述内容之后,索赔金额(不超出本条规定的范围)就可以从政府账户中全部或部分支付给按照证书有权获得该赔偿的人。

（3）在上述承认的通知送达原告及其律师或代理人以后,如果原告继续进行诉讼,且获得的赔偿不超过承认的金额,则原告没有权利要求对该诉讼中发生的成本进行赔偿,此外,他还应该为政府在辩护中所花费的成本承担责任,其承担责任的方式应与判决被告承担此种责任的方式相同。

比较:1915年第35号法案第183条;1925年第20号法案第6条

174. 原告承担诉讼成本的责任

如果在上述诉讼中,判决政府胜诉,或者原告撤诉,或原告的诉讼请求被驳回,则原告应该对政府在诉讼中发生的辩护成本负责;这些成本在确定之后,将由政府采取与其他诉讼相似的执行程序予以征收。

比较:1915年第35号法案第189条

在欺诈的情况下,对所付的赔偿额和成本进行补偿

（1）当资金已从政府账户中取出,依法对损失进行赔偿时,若损失是由于下列原因引起：

（a）在将土地置于《土地转让法》管辖时,由于所有人的欺诈、欺诈性不作为、错误描述或错误陈述；或

（b）在某人通过与已登记所有人进行交易或从该所有人处转移财产,而根据《土地转让法》将自己登记为所有人的过程中存在欺诈行为,

则该赔偿金连同应对该主张或诉讼时发生的成本,将视为对该欺诈行为、欺诈性不作为、错误描述或错误陈述负有责任的人对政府的一笔债务,政府将以登记总长的名义,通过法律诉讼,从该责任人或其个人代表处获得补偿；在破产的情况下,上述赔偿将构成债务,应该以其财产进行偿还。

（1A）在不限制本条第（1）款的情况下,如果一笔资金已经从公共账户中划出,以赔偿本法第172A条所适用的损失,而该损失完全或部分是由于买方经办人的疏忽所引起,则该赔偿额（连同应对该主张或诉讼时发生的成本）,在可归于经办人疏忽的范围内,应被视为经办人对政府的一笔债务,并将以登记总长的名义,通过法律诉讼,从该经办人或其个人代表处获得补偿；在破产的情况下,上述赔偿将构成债务,应以其财产进行偿还。

（1B）就本条（1A）款而言,任何经办人都不会仅仅因为没有查看登记官保管的任何日志或其他记录,而依赖根据本法第172A条出具的查阅副本

就被认定为疏忽大意,除非在特定的情况下,谨慎而适格的经办人会查看该日志或其他记录。

(2)一份由财政部长签署的、用以证明已从政府账户中划出资金进行支付的证明书,将构成该支付行为已按前述要求得到履行的最有说服力的证据。

(3)任何通过前述诉讼收回的资金将计入政府账户的贷方。

比较:1915年第35号法案第190条;1930年第6号法案第53条第(3)、(4)款;1931年第5号法案第25条第(2)款

176. 针对逃债者的判决,及其他

(1)当任何资金由于某人逃避债务或者无法在高等法院的管辖区内找到此人而从政府账户进行支付时,如果此人在新西兰境内留有不动产或个人财产,则经司法部长的申请,并在出示财政部长签署的、用于证明"已经支付一笔资金以履行针对政府的判决"的证明书之后,高等法院可以允许司法部长立即签署判决,令此人对政府账户中支付的赔偿金及申请费用作出补偿。

(2)上述判决应为最终判决,应如同在反诉中由于一方坦白或缺席而作出的终审判决,对该判决进行签署,并可立即发布执行令。

比较:1915年第35号法案第191条

177. 执行针对逃债者的判决

如果此人没有在新西兰境内留下足够的不动产或个人财产以偿还签署执行令中确定的金额,则只要在高等法院的管辖区内找到此人,政府即可通过起诉此人来取得该笔金额或该金额的未支付部分。

比较:1915年第35号法案第192条

178. 在某些案件中,政府不负责任

政府在任何条件下都不对由于下列事情导致的损失负责,尽管登记已经产生了此等效果:

(a)信托的已登记所有人违约;或者

(b)同一土地包含在两个或两个以上的国有土地转让证书中;或者

(c)对公司或者法人图章的不正当使用;

(d)对无法定能力的人签署的法律文件进行登记,除非该缺陷已在据以登记为所有人的法律文件中透露出来;

(e)不适当地行使销售权或进行重复登记。

比较:1915 年第 35 号法案第 193 条;1930 年第 6 号法案第 53 条第(4)款;1931 年第 5 号法案第 25 条第(2)款

179. 损失的衡量

在土地或者土地上的地产权或权益发生损失时,从政府处获得的赔偿不能多于以下几项之和:

(1)在损失发生时该土地、地产权或权益的价值;

(2)在损失发生以前就已存在于土地上的家庭住宅和出租房的价值;

(3)在损失发生前就所做的土地改良的价值;

(4)以上三项资金在判决日期以前发生的、按照5%的年利率计算的利息。

比较:1915 年第 35 号法案第 194 条;1930 年第 6 号法案第 53 条第(4)款;1931 年第 5 号法案第 25 条第(2)款

180. 对诉讼的限制

(1)除非在提起该诉讼的权利产生之日起 6 年内提起诉讼,否则任何要求政府赔偿损失的诉讼均得不到支持;但若此人未成年或者存在心智缺陷,则可在这类缺陷消失之日起 3 年内提起诉讼。

(2)在本条中,"提起该诉讼的权利产生之日"指原告知道(或者若非自身疏忽应已知道)有权提起诉讼之日。

比较:1915 年第 35 号法案第 195 条;1950 年第 65 号法案第 35 条第(2)款

181. 如果已证明存在疏忽,那么原告起诉将被驳回

上述诉讼或者为了恢复土地的诉讼中的原告,只要其损失是由于将土地置于《土地转让法》的管辖之下而产生,如果法院确信:原告或者原告从其主张权利之人,在提起诉讼之前已经当面签收了送来的通知、或者用其他方式获得通知、或者已经知道有人提出申请将土地置于《土地转让法》的管辖之下,而他仍出于故意或疏忽或者与人共谋而不提出阻止申请或任由阻止申请失效,则该原告的起诉将被驳回。

比较:1915 年第 35 号法案第 196 条

对买方的保护

182. 已登记所有人的买方不受通知影响

在不存在欺诈的情况下,尽管普通法或者衡平法有相反的规定,任何与已登记地产权或权益的已登记所有人签订合同或进行交易的人,或者从其受让或打算从其受让地产权或其他权利的人,不会被要求去调查或者确认"被怀疑的地产权或权益的已登记所有人或任何更早的已登记所有人被登记时所处的环境或者所考虑的事由",也不需要查看有关价款或者部分价款的申请,而且也不受有关信托财产或未登记权益的通知影响,无论该通知直接与否;即使知道这些信托财产或未登记权益存在,也不会因此而构成欺诈。

比较:1915 年第 35 号法案第 197 条

183. 善意的购买人或抵押权人不需承担责任

(1)如果买方或者抵押权人根据本法(或者《2002 年土地转让法(电脑登记和电子存放)修正案》)善意地支付了有效对价而被登记为所有人,则本法(或者《2002 年土地转让法(电脑登记和电子存放)修正案》)不能因为卖方或抵押人通过欺诈或错误、或根据无效的或可撤销的法律文件被登记为所有人,或者从这样的所有人处取得权利(无论此等欺诈或错误是存在于对边界或地块的错误描述还是存在于其他地方),而使买方或抵押权人受到有关赔偿损失或者占有地产权或权益的起诉,或者剥夺其地产权或权益。

(2)本条应理解为受到本法第 77 条和第 79 条的约束。

比较:1915 年第 35 号法案第 198 条

后 记

书稿终于完成,本书的基础是我受国土资源部委托,负责"域外不动产登记报告"项目的阶段性成果,因此特别感谢国土资源部的信任和资助。不仅如此,国土资源部还向我们提供了大量的一手研究资料,在此一并为谢。

本书形成的时间跨度约为两年,其正文部分和翻译部分以报告形式向国土资源部提交后,又经过数次讨论和修改,最大的修改源于我们完稿后国土资源部和原建设部分别在2007年底和2008年2月出台了《土地登记办法》和《房屋登记办法》。

我负责本书附录一"不动产登记要素比较总表"的构思和本书正文部分的架构,唐勇协助我组织人员撰写、翻译和校稿。正文部分具体执笔人如下:唐勇撰写前言、第一章"不动产登记模式的固化和开放"和余论;康文义撰写第二章"不动产界定比较研究"、第六章"登记簿比较研究"、第七章"登记查阅比较研究"、第八章"登记时间比较研究";于宁负责撰写第三章"房地关系比较研究";韩露璐撰写第四章"登记机关比较研究"、第五章"登记类型比较研究";邹丹莉撰写第九章"登记费用比较研究"、第十章"登记赔偿制度比较研究";最后由我和唐勇、石珩统稿并定稿。

楼建波
2008年12月于北京